사랑철학 성(性)철학

사랑철학 성(性)철학

펴낸날 || 2024년 3월 15일 초판 발행

지은이 || 김일우
편낸이 || 유영일

펴낸곳 || 올리브나무 출판등록 제2002-000042호
경기도 고양시 일산동구 정발산로 82번길 10, 705-101
전화 031-905-8469, 070-8274-1226, 010-7755-2261
팩스 031-629-6983 E메일 yoyoyi91@naver.com
인스타그램 olive.tree.books
인쇄 || 현진기획인쇄

ISBN 979-11-91860-33-7 03190

값 22,000원

카마수트라보다 더 넓고 더 깊은

21세기 세계인의 성전

(性典)

사랑철학

성(性)철학

김일우 지음

오리브
올나무

시작에 앞서

성추행 관련 뉴스가 없는 때가 없습니다. 성(性) 때문에 명예 잃고 패가망신하는 인간들이 허다합니다. 또한 청소년기 성(性)의 방향이 인생을 결정하는 경우가 너무나 많습니다. 성(性)은 행복 아닌 것이 행복인 듯이 모든 나를 속이는 '진흙탕, 골탕 늪'입니다. 성(性)은 목적일 수 없는 '패가망신 망나니'요, '초월하여야 할 낭떠러지'입니다.

성(性)을 초월하는 길은 진여(眞如, 참으로 있는 것)를 알고, 나를 알고, 성(性)을 알고, '항상 나로 깨어서 사는 데' 있습니다.

나는 육신과 성(性)과 생각 감정 사상보다 영원히 먼저 있는 '영원한 절대불변 창조근원 0 · 무생각 · 무의식 · 순수의식'입니다. 이 순수의식 마음이 본래 자유이고 본래 행복입니다.

성(性)의 본질은 공(空)입니다. 석가 부처님은 "현상은 환(幻)이고, 실상은 공(空)이다."라고 하셨습니다.

일체의 현상이 생겨나서 변화하고 사라지는 환(幻)입니다.

실상은 창조된 바 없고 생겨난 바 없는 '절대 무(無) 현상, 무 속성'입니다. 실상은, 절대 무(無) 속성이므로 끊어질 속성, 나누어질 속성, 분리될 속성이 없으며, 결코 무엇으로도 없이 할 속성이 없습니다.

실상은 불로 태워도 태워질 속성이 없고, 물로 적셔도 적셔질 속성이 없고, 칼로 잘라도 잘라질 속성이 없고, '무엇으로도 파괴할 속성 없이할 속성'이 없고, '결코 무엇으로도 변하게 하거나 사라지게 할 속성'이 없습니다. 실상은 창조된 바 없고 생겨난 바 없이 무한영겁 모든 곳에 가득하며, 사라짐이 없는 '텅 빈 가득한 바다'(하늘 空 마음)입니다.

우리는 현상(헛것)을 존재로 알며, 공(空)을 근원이 아닌 비존재로 아는 뒤바뀐 인식으로, 환(幻)일 뿐인 현상에 속고 살고 있습니다.

레오나르도다빈치는 "인류가 발견한 발견들 가운데 가장 위대한 발견은 무(無)를 존재로 인지하는 것이다."라고 하였습니다. 양자역학이 발견한 무(無)가 그렇습니다.

우리는 신을 인간 같은 모양 형상으로 인식하고 있고, 드라마를 보면서도 드라마 속의 '왕과 왕비, 공주, 왕자, 재벌가의 아들 딸'을 참으로 존재하는 실상인 것으로 인식하며, 드라마 속의 '거지, 장애인, 노동자, 농부'를 실상으로 인식합니다. 이러한 착각인식으로 우리는, '실생활 실사회' 속에서도, '진여실상으로 인간을 평가하지 못하고, 인간을 바깥 모습 현상(헛것)으로만 봄으로써 현상(헛것)에 속으며 살고 있습니다.

'거지, 장애인, 노동자, 농부' 현상(헛것)과 '부모 형제 자매 아들 딸' 현상, '왕과 왕비, 공주, 왕자, 재벌가의 아들 딸' 현상(헛것), '정치인, 장관, 판검사, 검경총장, 장군' 현상(헛것)은, 본질이, 먹고 마시고 나이 들며 화장실 가고 병들고 죽고 해골이 되는 속성이고, '세균, 바이러스, 곰팡이, 병균, 지진, 해일, 태풍, 홍수, 가뭄, 불, 물, 총칼, 핵폭탄' 등으로 파괴되고 사라지고 없어지는 허상이요 환(幻)입니다. 그 허상을 창조하고,

그 허상 속에서, '허상을 사역하고 있는 정신 생명 마음'은, 영원한 무현현으로 무한영겁 무생 무멸 영존하는 '0'입니다. 그 창조근원 '0'이 무생 무멸 영존이며, 영원히 모양 형상이 아닌 마음(하늘 空)입니다. 이 마음(하늘 空)이, 근원이고 '위없는 자유 환희'라는 데에, 위없는 희망이 있습니다.

'아무리 젊고 건강하고 아름다울지라도, 육신은 대소변 하는 속물'이고, '생기고 변하고 늙고 병들고 죽고 해골'이 되는 속물입니다. 육신을 가치로 목적으로 알고, 육신만을 위하고 성(性)만을 위하여 살다가 무너지고 사라지는 헛삶을 살지 않고, '영원히, 생멸 없이, 위없는 자유 환희'인 '마음(氣, 神)'을 깨닫고, '깨어있는 마음'을, '현상으로 파묻음이 없는 삶'을 사는 것이, 살아야 할 이유이고 존재의 목적입니다.

'마음은 영원히 생겨나지 않고, 태어나지 않습니다.' 마음은 영원히 생겨나지 않고, 태어나지 않으므로, 영원히 나이가 없습니다.

마음은 영원히 모양 형상이 아닌 영원한 무 형상입니다. 마음은 '남성도 여성도' 아니고, '잘남도, 못남도, 늙음도' 없는 '영원한 무 형상 공(空)'입니다.

마음(하늘 · 空 · 氣 · 神)은 영원히, '생겨날 속성 사라질 속성'이 없는 진여실상입니다.

불의 근원이 마음(하늘 · 氣) 입니다. 비의 근원이 마음(하늘 · 氣)입니다. 구름의 근원이 마음(하늘 · 氣) 입니다. 지진, 해일, 화산폭발의 근원이 마음(하늘 · 氣) 입니다. 천둥 번개 홍수 태풍의 근원이 마음(하늘 · 氣) 입니다. 마귀 괴물 악마의 근원이 마음(하늘 · 氣)입니다. 인간형상 신의 근원이 마음(하늘 · 氣)이고, 종교의 근원이 마음(하늘 · 氣)이고, 신앙의 근원이 마음(하늘 · 氣)입니다. '세균의 근원, 바이러스의 근원, 암의 근원, 병의 근원'이 마음(하늘 · 氣)입니다.

'전자, 전파, 컴퓨터, 로봇, 스마트폰, 소프트웨어'의 근원이 마음(하늘 · 氣)입니다. '무수한 은하계들 천체들, 우주 만물 만상 모든 것'의 근원이 마음(하늘 · 氣) 입니다. '황금 보석 자본 돈'의 근원이 마음(하늘 · 氣) 입니다. '임금님, 대통령, 판검사, 권력 계급'의 근원이 마음(하늘 · 氣)입니다.

'조상, 부모, 자녀, 부부, 아들 딸'의 근원이요, '육신의 근원'이요, '성씨의 근원'이요, '나의 근원'이, 마음(하늘 · 氣)입니다. 모든 법률과 학문의 근원이 마음(하늘 · 氣)입니다. 자유와 행복의 근원이 마음(하늘 · 氣) 입니다. 성(性)의 근원이 마음(하늘 · 氣)이고, 사랑의 근원이 마음(하늘 · 氣)입니다. 따라서 탐구하고 밝히고 정립하고 확립해야 할 핵심이 바로 마음(하늘 · 氣)입니다.

불행은 '임금님, 대통령, 판검사, 계급권력자본의 근원, 황금보석과 돈의 근원, 미남 미녀의 근원, 성(性)의 근원, 사랑의 근원'을 위하지 못하고, '임금님, 대통령, 판검사, 계급권력자본, 황금보석과 돈, 공주 왕자, 성(性)' 현상(헛것)에 속아서, 현상(헛것)의 노예 되어 사는 데 있습니다.

자유와 행복은 '임금님, 대통령, 판검사, 계급 권력 자본, 황금보석과 돈, 공주 왕자, 성(性)' 현상(헛것)에 속지 않고, 현상(헛것)의 근원인 마음(하늘 · 氣)을 통찰하며 마음(하늘 · 氣)을 아무것으로도 파묻지 않는 데 있습니다.

무수한 은하계들 태양들이 사라지고 없어질지라도, 사라지지 않고 없어지지 않는 실상은, 결코 무엇으로도 없이할 속성이 전무(全無)한

공(空, 하늘 · 氣 · 神 · 마음)입니다.

'창조된 바 없고 생겨난 바 없이 모든 곳에 가득한 텅 빈 충만'(무극 無 바다)이, 무극이고, 진여이고, 근원이고, 법신이고, 일신(一身) · 일신(一神)이고, 기(氣)이고, 마음입니다.

우주 창조 공식은, 본체는 결코 끊어질 수 없고 나누어질 수 없고 분리될 수 없는 유일무이한 불이의 '무극 무(無)' 하나이면서, 쓰이기는, 하나에서 분화하고 하나가 되는 '무한 수'들로 분화되고, '무한 수'들이 각각 서로 합하면 0이 되는 서로 정반대로 꼭 같은 힘 '+와 –, 양+과 음–으로' 분화하고 합하여, '+ – 0'이 되고 '– + 0'이 되는 중도 파동(+ ⇆0⇄ –)에 있습니다.

'무극 무(無) · 무극 0'은, 결코 어떠한 크고 작은 부분으로도, +만큼 –되고 '+ – 0'이 되며 결코 끊어지지 않고 나누어지지 않고 분리되지 않는 무극이 되고, –만큼 +되고 '– + 0'이 되며 결코 끊어지지 않고 나누어지지 않고 분리되지 않는 무극이 되는 파동(+ ⇆0⇄ –)으로, 모든 것을 현상하는 0(마음)입니다.

모든 것이 0(마음 · 하늘 · 氣)에서 생기고 있습니다. 따라서 "물질에서 마음(0 · 하늘 · 氣)이 생기는 것이 아니라, 마음에서 물질이 생기고 있습니다. 유전자(물질)에서 마음이 생기는 것이 아니라 마음에서 유전자가 생기고 있습니다. 뇌(물질)에서 마음이 생기는 것이 아니라 마음에서 뇌가 생기고 있습니다. 육신(물질)에서 마음이 생기는 것이 아니라 마음에서 육신이 생기고 있습니다." 이런 섭리로 마음이 우주를 창조하고 있습니다. 그래서 일체유심조입니다.

우주는 오직 마음과 생각으로 이루어지고 있습니다.

마음은 창조되고 생겨난 무엇보다도 가장 먼저 있으며, 모든 것을 창조하는 '영원한 절대불변 창조근원 0 · 무생각 · 무의식 · 근본지'입니다. 생각(무의식 마음그림)은, 우주만유 삼라만상 말과 언어 사상 등 모든 것을 현상하는 원질입니다. 따라서 창조되고 생겨난 일체의 현상들이 모두 생각으로 이루어진 것들입니다. 따라서 우리가 알아야 할 것은 오직 마음과 생각이 있을 뿐입니다.

우리가 꿈을 꿀 때 우리의 생각(무의식 마음 그림)이 바로 우주만유 삼라만상의 질료인 것같이, 우주만유 삼라만상 현상이 되는 원질이 바로 생각(무의식 마음 그림)입니다. 그래서 깨달은 이들은 '현상은 생각이다.'고 하고 있습니다.

마음과 생각은 같은 것이 아니라, 근본적으로 전혀 다른 별개의 것입니다.

마음은 영원히 생각보다 먼저 있는 '영원한 절대불변 창조근원 0 · 근본지'입니다. 그런데 우리의 마음은 항상 창조되고 생겨난 덮개들로 뒤덮여 있어서, 순수의식이지 못하고 감추어지고, 생각 의식만이 존재인 듯이 나타나고 있습니다.

생각은 마음에서 끝이 없이 끊임없이 생기며 사라지는 찰나변화 연속생멸입니다. 생각은 '끝이 없이 끊임없는 찰나변화 연속생멸'이므로 참으로는 없는 것입니다. 참으로는 있지도 않는 생각 질료로 모든 현상이 생겨나고 있습니다. 그래서 생각은, 있지 않은 것이 있는 것같이 보이는, 참으로 없는 것입니다.

마음만이 참으로 있는 것이고, 마음이 모든 나이며, 생각은 '나'가 아닙니다. 생각은 본디 없는 것이면서, 본디 없는 것을 있는 것같이 보이는 속임씨 원소입니다.

우주만유 삼라만상 무엇보다도 마음이 먼저 있으며, 마음이 우주를 창조하고 있습니다. 마음(창조근원 0 · 중도 · 진여)은 마치 화가와 같고 화필과 같습니다. 화가는 화필과 같고 화필은 마음과 같습니다. 화가의 화필이 끝이 없이 끊임없이 그림을 그리고 있을지라도 화필은, 그림보다 끝이 없이 끊임없이 앞서 있어서 영원히 그림이 아닙니다. 화가의 화필이, 그림 그려지고 있는 그림보다 끝이 없이 끊임없이 먼저 있고, 앞서 있어서, 화가의 화필이 영원히 그림이 아닌 것과 같이, 마음도, 생겨나고 있는 생각(무의식 마음그림)보다 끝이 없이 끊임없이 먼저 있고, 앞서 있습니다. 따라서 마음은, 끝이 없이 끊임없이 생각을 생기고 있으면서 생각이 아니라, 생각보다 끝이 없이 끊임없이 먼저 있고, 앞서 있는, 영원한 절대불변 '창조근원 0'입니다. 그래서 마음은 영원히 생각이 아닙니다.

마음은, 생겨남 없고 사라짐 없이 생각보다 영원히 먼저 있는 무생각이고, 끝이 없이 끊임없이 생겨나고 있는 생각보다 끝이 없이 끊임없이 앞서 있는 무생각입니다. 결코 한 생각도 일어나기 전의 생각 없는 무(無)가 마음이고, 모든 나의 근원 실상입니다.

생각은, 끝이 없이 끊임없이 생기고 변화하고 사라지고 있는 현재 '말 · 언어 · 관념 · 감정 · 사상'이며, '과거 · 현재 · 미래 시간'입니다. '말 · 언어 · 관념 · 감정 · 사상 · 생각'은 '나'가 아닙니다.

영원히 육신이 아니요, 생각이 아닌 마음이, 생각에 갇혀서 생각이 되어 있는 생각이, 부자유이고 불행입니다. 자본도, 권력도, 사상도, 이념도, 남성도, 여성도, 육신도, 성(性)도 생각이요, 생기고 변하고 사라지는 것입니다.

나고 죽음 변화함 없이 무한영겁 무생무멸 영존하는 것은, 영원히 생각이 아니고, 영원히 현상이 아닌 마음(진여 실상)입니다. 이 마음(진여 실상)이 모든 나입니다.

진여 실상인 마음이 본래 부처이고, 불성이고, 자유이고, 행복입니다. 마음(진여 실상)이 본래 자유이고 행복인 것인데, 영원히 현상이 아니고 생각이 아닌 마음이 '말 · 언어 · 생각 · 의식 · 사상 · 육신 · 성(性) 생각'에 속고 있음이 잠듦이요, 노예 됨이고, 부자유이고, 불행입니다.

따라서 영원히, 끝이 없이 끊임없는 찰나변화 연속생멸 생각보다 끝이 없이 끊임없이 앞서 있으며, '생각 없이 깨어있는 영원한 절대불변 창조근원 0 · 무생각 · 무의식 · 마음'이, 끝이 없이 끊임없는 찰나변화 연속생멸 생각을, 끝이 없이 끊임없이 알아차리면서, 끝이 없이 끊임없이 알아차리고 있는 생각보다 끝이 없이 끊임없이 마음(창조근원 0)이 앞서 있으며, 마음이 생각으로 파묻힘이 없이 보고, 마음이 생각으로 파묻힘이 없이 듣고, 마음이 생각으로 파묻힘이 없이 말하고, 마음이 생각으로 파묻힘이 없이 생각하고, 마음이 생각으로 파묻힘이 없이 행하는 것이, '나'가 '나'로 깨어있는 것입니다.

마음은 하늘과 같고, 생각은 구름과 같습니다. 마음은 하늘과 같이, 영원히 현상이 아닌 영원한 무 현상으로 '무생 무멸 영존'하는 실상이고, 생각은, 구름과 같이, 생기고 변하고 사라지는 헛것입니다. 구름만이 생기고 변하고 사라질 뿐, 구름이 사라지면, 영원한 무 현상으로 항상 있는 하늘이 드러나서, '영원한 절대불변 창조근원 0 · 생각 없는 마음'만 존재하게 됩니다. 이 청정심 마음이 위없는 자유이고, 위없는 행복이며, '영원히 창조된 바 없고 생겨난 바 없는 나'입니다.

인간이 성(性) 현상에 속아서 망하게 되는 원인은, 무엇보다도 가장 먼저 있으며 모든 것을 창조하는 마음(하늘)이, 항상, 생각(구름) 없는 근원으로 깨어있지 못하고, 끝이 없이 끊임없이 생각(구름)을 일으키며 생각(구름)에 파묻혀서, 생각(구름)이 되어, 마음(하늘)이 생각(구름)의 노예 되며, 남근 여근 육신 현상에 속고 있는 데 있습니다.

남성도 여성도, 남근도 여근도, 세균 바이러스 곰팡이 병균으로 썩고 사라지고 없어지는 헛것이고, 성 감각 쾌감도 실체가 아닌 헛것입니다. '남근 여근 합일 사정' 때 '정(精) · 기(氣) · 신(神)'을 잃으며 느끼는 15초 찰나 순간 쾌감은, 사정하는 순간만 행복인 것 같다가 사정이 끝나는 곧바로 '불결함, 허망함, 무기력, 불쾌감'으로 드러나며 인간의 건강한 육신과 정신을 무덤화하는 파괴력입니다.

성(性) 현상이 인간들의 운명을 좌우하는 원흉이 되고 있습니다. 성(性) 현상은, 마음(진여 실상)을 생각으로 파묻는 '초강력 덮개'요, 변심 왕이며, 종국(終局)에는 인간을 패가망신하게 하는 망나니입니다. 그래서 성(性) 현상을 뿌리까지 알며, 성(性) 현상에 속지 않는 탄트라(성 현상 속에서 성 현상에 파묻히지 않는 테크닉)가 절대 요긴합니다.

남근과 여근의 합일이 아니라, 영혼과 영혼의 합일이 사랑이고, 청정심과 청정심의 합일이 사랑입니다.

이 책은, 신(神)과 나(진여 마음)를 알게 하고, 성(性) 철학(근원을 탐구하며, 근원 지식을 정립하고 근원 지식을 확립하는 근원 지식 인식체계)과 탄트라 성(性)을 밝히고, '인간의 진여 마음'이 '남근 여근 합일 사정 쾌감 감각'에 속지 않도록 하여, 모든 남녀 부부가 항상 진여 마음으로 깨어서 삶으로써, 성문제로 파멸하게 되는 일 없이 항상 행복하기를 바라는 마음에서 쓰여졌습니다.

차례

제4장 사랑마을 사랑언덕

제5장 사랑나라 사랑마을

제1장 사랑의 서곡

'남$^+$녀$^-$ 음$^-$양$^+$ 에너지'는, 서로 끌어들이고 서로 끌어당기며 서로 끌어 붙는 힘이다. 서로 끌어들이고 끌어당기며 서로 끌어붙는 힘이 사랑이다. 이 힘(사랑)이 전신에 골고루 퍼지기 시작하며, 하나하나의 세포들이 모두 깨어나기 시작하고, 세포들 하나하나마다 진동하기 시작한다.

온몸의 전체 세포들이 진동하기 시작할 때 '남$^+$녀$^-$ 음$^-$양$^+$ 몸 세포'들과의 만남이 일어나게 되며, 남$^+$녀$^-$ 두 몸에게 사랑 에너지의 진동이 일어난다. 그때 몸의 모든 세포들이 뿌리까지 진동하게 되며, 세포들 하나하나마다 모두 빛과 같은 진동수로 진동하게 된다. 이것이 탄트라 성(性)이다.

1—1. 남녀합근 법도

하늘이는, 결혼 전 아버지로부터 가르침 받은 부부합방 법도를 결혼생활의 기둥으로 삼고 있어서, 방중법도를 잘 지키고 있는 모범 남편이다.

성실이도, 딸자식의 행복한 결혼생활을 위하여 어머니가 결혼 전에 가르쳐준 방중술을 잘 따르게 되었다.

"음양 교접에도 법도가 있느니라. 여자한테는 지켜야 할 법도가 남자보다 한 가지 더 있지 않더냐? 그리고 남자의 그것이 일어나도 힘이 없는 것은 기(氣)가 모자란 것이고, 그것이 일어나도 따뜻하지 않는 것은 신(神)이 모자란 것이다. 이런 때는 보(保)하는 약으로 양기를 보하여 주어야 하느니라. 네가 그러한 방중 법도를 잘 따라서, 삼가야 할 때 삼가며 조화를 잃음이 없이 교접하면, 젊음과 건강을 누리면서 행복하게 될 것이니라. 이 말을 명심하고 남편을 잘 섬기도록 하거라."

하늘이와 성실이는 부부 도리를 지키며 서로 믿고 받드는 성실한 부부로서 중년을 넘기고 있다.

따뜻한 봄날, 하늘이와 성실이 부부는 모처럼 시간을 내어 해변 강가의 모래사장으로 나와 바위 위에 앉아서, 신(神)의 위대한 작품이 펼치고 있는 하늘과 땅 사이 시방(十方) 세계를 바라보고 있었다.

멀리 흰 모래가 눈부시고 맑은 강물이 고요한데 돛단배들이 떠 있고,

강변 곳곳에 꽃나무들이 늘어선 자리마다 서 있는 모양 뛰어난 온갖 꼴 바위들과, 나무들 풀들의 봄빛 싱그러움이 그윽한데, 날씨마저 고요하고 평화로운 정취에 잠겨 담담한 사색에 빠져들었다.

벌 나비는 갓 피어난 싱싱한 꽃만을 찾아다니다가 늙고 죽고 사라지는 구름 같은 것! 꽃의 아름다움은 빠르게 시든 후 자취 없이 사라지는 것, 인간의 젊은 육신도 화무십일홍 같은 것, 그것이 무엇이든지 현상은, 본디 없는 것이 있는 것같이 생겨난 것이라, 흔적도 없이 사라지는 구름 같은 것! 실상은 생멸이 없는 하늘(마음)이다.

청춘은 꽃과 같이 한시적인 짧은 동안만 그럴듯하다가, 결국은 사라지는 것인데, 젊음이 영원할 것이라고 착각하고 있는 동안에, 자신도 모르는 사이에 늙음이 되고 마는 허울이니, 육신은 참으로 있는 실상이 아니다.

허공 하늘은, 창조된 바 없고 생겨난 바 없는 '텅 빈 가득함'으로, 결코 어디에도 있지 않음이 있을 수 없는 무소부재 일신(一身)이고, 결코 무엇도 하지 않음이 있을 수 없는 무소불위 일신(一神)이다. 시작도 끝도 공간도 시간도 없는 무극으로 '무궁무진 무한한 전체 허공 0'이, 창조된 바 없고 생겨난 바 없는 바다(근원)요, 마음이다.

바다는 끊어질 수 없고 나누어질 수 없고 분리될 수 없는 하나이다. 하나 속에 모든 것이 있으며, 하나가 모든 것 속에 있다. 마음 속에 모든 것이 있으며 마음이 모든 것 속에 있다.

무수한 별들이 있는 허공에서부터, 우리들의 입으로 코로 우리들 속으로 드나들고 있는 허공에 이르기까지, 결코 어디에도 있지 않음이 없이 모든 곳에 가득한 무궁무진 무한한 전체 허공이, 마음이다. 모든 것이 마음 속에 있고, 마음이 모든 것 속에 있다. 우리들 속에 있는 허공이 마음이고, 우리들 밖에 있는 허공이 마음이다. 이 마음이 참 실상이고 진여이다.

마음은, 우주보다도, 육신보다도, 호흡보다도, 생각보다도, 의식보다도 영원히 먼저 있는 '창조근원 0'이다.

마음이, 늘, '육신이 있기 전의 0, 생각이 있기 전의 0, 근원'을 떠남이 없이 보고, 근원을 떠남이 없이 듣고, 근원을 떠남이 없이 말하고, 근원을 떠남이 없이 생각하고. 근원을 떠남이 없이 알고, 근원을 떠남이 없이 행하는 것이, '나'(영원히 생각보다 먼저 있는 영원한 절대불변 창조근원 0 · 마음)가 '나'로 존재하는 것이다.

모든 것을 창조하는 근원이며, 모든 것을 인식하는 근원인 나(창조근원 0 · 마음)는, 영원히 '창조된 바 없고, 생겨난 바 없고, 변화한 바 없고, 사라진 바 없고, 호흡인 바 없고, 생각인 바 없고, 육신인 바' 없는, '영원한 절대불변 창조근원 0 · 근본 무(無)'인 것인데, 영원히 육신이 아니고 호흡이 아니고 생각이 아닌 '영원한 절대불변 창조근원 0 · 무생각 · 마음, 나'가 '나'를 인식함이 없이, 육신에 파묻히고, 호흡에 갇히고, 생각에 갇혀서, 육신을 나로 알고, 호흡을 나로 알고, 생각을 나로 아는 육체 자아 · 생각 자아가 되어, 인생을 '허무하다, 허망하다' 하고 있으니, 그것이 무지이다.

'나'는 영원히 태어난 바 없고, 육신인 바 없고, 죽은 바 없는 창조근원 마음이고, 마음은, 결코 '태어나는 현상 · 창조되는 현상 · 변화하는 현상 · 죽는 현상 · 나이 드는 현상 · 늙는 형상 · 병드는 형상' 등, 결코 어떠한 현상도 아닌 '영원한 무 현상'인 것인데, '남성 여성, 젊음 · 늙음' 등, 현상을 나로 아는 무지가, 무상함이고 허망함이다.

'생겨나고, 나이 들고, 늙고, 죽는 육신'을 나로 알고, 끝이 없이 끊임없는

'찰나변화 연속생멸 현재' 끝이 없이 끊임없는 '찰나변화 연속생멸 생각'을 나로 아는 '육체 자아 · 생각 자아'야말로, 꿈속의 나와 다름이 없는 허망한 나이다. '육체 자아 · 생각 자아', 이것이 참나가 아닌 가짜 나요, 에고이다.

봄날 사색은, 하늘이와 성실이 부부의 일상생활을 더욱 명상적이고 사색적이게 하며, 늘 '생각보다 먼저 있는 마음'으로 상존하는 수행도반이 되도록 하고, 부부의 도를 흔들림 없이 탄탄하게 지켜나가게 하며, 서로를 소중하게 여기는 마음이 확고하게 자리 잡히게 되고, 부부방중 법도도 어김이 없는, 깨어있는 부부가 되도록 하고 있다.

어느 날 하늘이는 등반 길에서 한 수행녀를 만나게 되었는데, 자신도 모르게 불 같은 욕정에 사로잡히고 말았다. 수행녀는 하늘이의 욕정을 만류하며, "먼저 내 말에 답을 하면 인연을 맺을 것입니다. 찰나변화 연속생멸 현재 당신은 어디 있습니까? 지금 당신이 있는 현주소는 어디입니까?"

수행녀의 생각 밖의 물음에 하늘이는 '말 길 · 생각 길'이 끊겨버리고, 온통 '나는 지금 어디에 있는가? 끝이 없이 끊임없는 찰나변화 연속생멸 현재 나는 어디에 있는가?' 하는 물음에 주의집중되며, 성욕 생각 같은 건 이미 달아나 버리고 없었다.

그러한 때, "자기(마음)가 있는 현주소를 보라."고 일깨우는 질문은, 상대로 하여금 반드시 깨달아야 할 당처를 깨닫도록 하면서, 인간의 성욕 생각을 날려버리는 묘법이 되는 것이었다.

"결코 어떠한 삶 속에서도, 생각이 나오는 근원 자리에 마음을 두고, 결코 생각이 나오는 근원 자리를 떠나지 않는 마음이 진여마음이다.

진여마음, 참마음이 나이다."

하늘이는 "내가 그만, 나를 망각한 어리석음이 되고 말았습니다. 결례를 용서하십시오. 덕분에 나는 '항상 내가 있어야 할 현주소가 어디인가?' 하는 질문을 해야 한다는 깨우침을 얻게 되었습니다. 감사합니다. 부디 '진여마음으로 해탈하는 성불'이 이루어지시기를 기원합니다."

하늘이는 성실이의 성실한 사랑과 여행길 수행녀의 감화로, 맹목적인 성욕의 노예 되지 않는 깨어있는 삶을 살 수 있게 되었다. 그러므로 그는 늘, '건강한 마음 · 건강한 몸'으로 가정과 직업에 헌신할 수 있게 되어, 관직에서 승승장구하며 자신의 명예를 세상에 길이 드높일 수 있게 되었다.

우주만유 삼라만상을 현상하는 최초 원리가 파동 '+ ⇆0⇄−' 공(空)이고, 파동 '+ ⇆0⇄−' 공(空)의 +와 −는, 무극 공(空)에서 분화되어 무극 공(空)이 되는 태극(부분무극) 공(空)들이 분화하고, 태극 공(空)들이 무극화(化)하기 위하여 '+ −'로 갈리고 합하여 0이 되며 무극이 되는 과정에, 본래 없는 것이 있는 것같이 보이고 사라지는 그림씨 그림자일 뿐, 실상이 아니다. 실상은, 오직, 무극 공(空)이 태극 공(空)이 되고 태극 공(空)이 무극 공(空)이 되는 '무극 태극 · 공(空) 마음'이 있을 뿐이다.

파동 입자로 우주만유 삼라만상이 현상되고 있다. 파동 입자 원자의 99.95%가 전자가 회전하고 있는 공간이며, '원자의 0.05%인 원자핵'도 '초고속으로 회전하고 있는 초고속회전 공(空)'이다. 파동회전하고 있는 공(空)일 뿐인 원자들이 모여서 분자들이 되고, 분자들이 모여서 유전자들이 되고, 유전자들이 모여서 세포들이 되며, 세포들이 모여서 육신이 되고 있다. 그러니 육신은, 회전하는 공간들이 쌓여 형상을 이룬 공(空)일 뿐이다. 남성 여성 육신도 공(空)이고, 실상은 '영원한 절대불변 창조근원 0 · 중도 마음'이 있을 뿐이다.

생각으로 파묻힘이 없는 항상 '창조근원 0 · 중도 마음'이 자유이고 행복인 것인데, 참으로 '나'가 아닌 '육체 자아 · 생각 자아'라는 '가짜 나'가, '참나'도 모르게 불현듯, 성 욕망 생각을 일으키므로, 마음이 성 욕망 생각으로 파묻히게 되어, 생각보다 영원히 먼저 있는 마음이 생각의 부림을 당하게 되는 것이 성 추행이다.

부처님은 "무절제한 성욕 탐닉은, 그것이 무덤인 줄을 모르고, 무덤 속에서 해골과 노는 것과 같다."고 하였다.

이 나라에는 대통령을 수행하고 외국에 잠깐 동안 나가 있던 수행원이 외국에서 성추문을 일으켜서, 대통령의 위신은 물론 국가의 명예까지 더럽힌 일이 있었고, 장관 국회의원 국회의장 출신 인사가 골프장에서 성추행을 하여 언론을 도배한 일도 있으며, 차기 대통령 후보 유망주도 성추행한 것이 들통나서 추락해 버린 바가 있고, 민선 삼선 서울시장도 성추행한 사실로 언론의 지탄을 받게 되자 자살로 생을 마감한 바가 있다.

인류 역사를 보면, '서시, 양귀비, 클레오파트라' 같은 미인들의 문은, 영웅들이 빠져드는 '하마 입안' 같은 무덤이었다. 그리고 동서양을 막론하고 인류의 역사에는 미녀 여성의 덫에 걸려들어 일시에 명예와 목숨을 잃거나, 일신을 망친 군왕 재상 대신들이 허다하였다. 우리나라에도 장기 독재를 한 대통령이 미녀들과 난잡하게 놀아난 사실이 세상에 알려져서 명예를 먹칠한 바가 있었다.

어느 나라 성 풍속사이든, 인류의 성 풍속사를 보면, 임금님도, 정승 판서도, 선비도, 교육가도, 종교가도, 사법관도, 장성도, 군경도, 정치가도,

문화계 인사들도, 성의 늪에 빠져서 계급 권력 명예를 잃고 폐가망신 하는 일이 예나 지금이나 끊이지 않고 계속되고 있다.

그런 반면, 미녀들의 문을 '악어의 입 안 · 하마의 입 안'이나, '해골 무덤'으로 알고 색욕의 덫에 걸려들지 않는 이들이 있었다. 그런 이들이 역사에 이름을 날리고 큰일을 성취할 수 있었다.

성에 빠지지 않는 것이 성공을 위한 필수이고, 성공하고도 결코 절대로 성에 빠지지 않는 것이 성공을 지키는 길이다. 또한 결코 절대로 성의 노예 되지 않고 성 탐욕에 빠지지 않는 것이, 성공의 비결이다.

다음의 '방중법도'를 숙지하고 '방중(房中) 도(道)'를 지킬 줄만 알아도 성탐욕에 빠지지 않을 수 있게 될 것이다.

① 남근이 지나치게 '극강'하게 발기한 때 결코 교합해서는 안 된다. ② 소변이나 대변을 참은 상태로 교합해서는 안 된다. ③ 음식을 배부르게 먹고 난 '직후'인 때, ④ 심한 노동을 하여 몸이 피로한 때, ⑤ '목욕을 한 후 또는 땀을 많이 흘리고 난 후 피부가 마르기 전'인 때 성교하면 건강을 크게 해친다. ⑥ '화를 낸 뒤, ⑦ 길을 많이 걷고 난 뒤, ⑧ 먼 길을 여행한 뒤, ⑨ 술 마신 뒤, ⑩ 임신 중인 때, ⑪ 출산 후 100일 이내, ⑫ 월경기간 중, ⑬ 질병이나 사고가 난 후, ⑭ 지나친 근심 공포 긴장 뒤'에는 성관계를 피해야 한다. ⑮ '몸이 건강하지 않을 때'에는 절대 교접하지 말라. ⑯ '초승달과 상현달 때, ⑰ 보름달 때, ⑱ 그믐 하현달 때, ⑲ 번개가 치고 폭풍우가 칠 때, ⑳ 천지가 캄캄할 때, ㉑ 지진이 있을 때' 성교하지 말라. 이런 때 성교하면 건강을 해칠 뿐만 아니라, 이런 때 성교하여 태어난 자식은 천수를 다하지 못한다.

㉮ '사정 성교 후 찬 음식을 먹거나 찬 기운을 쬐면 즉사할 수 있다.' ㉯ 겨울철의 1회 사정은 봄철의 100번 사정에 해당한다. ㉰ 4월과 5월 봄에는 3일에 한 번, ㉱ 여름과 가을에는 1개월에 두 번, ㉲ 겨울에는 정(精)을 닫고 사정하지 말라. ㉳ 60세 이후부터는 정(精)을 완전히 닫고 절대로 사정하지 말라. 교합하더라도 절대로 사정하지 말라.

위의 방중법 중 ①~㉑인 때 성교를 피할 줄만 알아도, 항상 심신건강하며 방종하지 않을 수 있다. 그리고 ㉮~㉳ 사항은 여자들보다 남자들의 수명이 짧은 원인과 이어지는 사항이다.

남성은 교합할지라도 결코 절대로 사정하지 않고 교합을 끝낼 줄만 알아도, 용(성 에너지 · 용솟음 · 힘)을 잃지 않게 되어 건강을 지키고 항상 아내를 안을 수 있어서, 아내에게 무시당하는 남편이 아닐 수 있다.

교합할지라도 절대로 사정하지 않을 수만 있어도, 간음 간통 강간으로 남자의 귀중한 용(龍)을 잃는 어리석음을 저지르지 않을 수 있게 되고, 부도덕한 성에 빠져서 패가망신하지 않는, 깨어있는 인격일 수 있게 된다.

교합할지라도 절대로 사정하지 않을 수 있게 되면, 깨어있는 인격일 수 있게 되고, 항상 깨어있는 인격일 수 있으므로, 부도덕한 성에 빠지지 않을 수 있게 되는 것이다.

위의 방중법도를 알고 잘 지켜서, 아무 때나 성교하지 않을 수 있도록 깨어서 사는 삶을 산다면, 연중 성교할 수 있는 날과 때가 흔치 않게 되어 있다. 이 방중법도를 알고 지킬 수만 있어도, 파멸을 부르는 방탕한 성교에 빠지지 않게 되어 있는 것이다.

1-2. 성의 벼랑

인간은 자기를 알고 항상 자기로 깨어서 존재함으로써만 인간일 수 있다.

인간이 성 탐욕에 빠지거나 성 유혹에 넘어가서 멸망하게 되는 원인은, '영원히 생각보다 먼저 있으며, 생각 없이 깨어있는 영원한 절대불변 창조근원 0 · 무생각 · 무의식 · 마음, 나'가 생각에 휩쓸리고, 생각에 파묻힌 사상 감정이 됨으로 있는 일이다.

'영원히 생각이 아닌 창조근원 0 · 마음'을 알고, '마음'이 생각에 갇히지 않아야, '나'가 '나'로 존재하는 것이다.

'영원히 생각보다 먼저 있는 영원한 절대불변 창조근원 0 · 마음'이, '생각이 아닌 근원'에 있으며, 생각이 아닌 마음으로 보고, 듣고, 말하고, 행함으로써, 결코 어떠한 때에도 마음이 생각에 파묻히지 않아야, 깨어있는 것이다.

모든 생명의 최고 목적은 마음을 깨달아서 항상 자기로 존재하는 것이다. 모든 나의 근원이 마음이다. 그러므로 모든 삶에서 마음을 아는 것이 먼저이고, 세상을 아는 것은 나중이다.

마음은 영원히 생각이 아니다. 진실로 마음은 생각이 아니다.

마음은 창조근원 0이다. 생각에 빠지면 생각이 마음을 지배하고, 깨달으면 마음이 생각을 지배한다.

마음은 '생각 없는 근원 0'이다. 진여마음은 영원히 생각보다 먼저 있는 '창조근원 0'이다. 그래서 마음은 영원히 생각이 아니다.

항상 존재의 근원인 마음 안에만 머물고, 항상 존재의 근원인 마음을 보며, 항상 존재의 근원인 마음을 떠나지 않는 자가, 깨달은 자이다.

가장 고도한 차원의 각성은, 항상, 생각이 나오는 근원 자리인 마음을 떠남이 없이, 영원히 생각보다 먼저 있는 '창조근원 0 · 무생각 마음'으로 보고, '창조근원 0 · 무생각 마음'으로 듣고, '창조근원 0 · 무생각 마음'으로 말하고, '창조근원 0 · 무생각 마음'으로 생각하고, '창조근원 0 · 무생각 마음'으로 행하는 것이다.

무엇을 하든 생각이 나오는 근원 자리를 놓치지 않는 것이 깨어있는 것이다. 무엇을 하든지 생각이 나오는 근본 자리에 마음을 두고, '창조근원 0 · 무생각 마음'으로 생각이 나오는 근원 자리를 보며, 생각이 나오는 근원 자리를 떠나지 않는 것이다.

어떠한 일을 하든 생각이 나오는 근원 자리에 마음을 두고, 생각이 나오는 근원 자리를 결코 떠나지 않으며, 명상을 할 때는, 생각이 나오는 근원 자리를 깊이깊이 파고드는 삼매에 들어야 한다.

마음이 근원에 이르고서만, 위없는 지유 환희 자체인 진여마음과 만나게 된다.

'영원히 생각이 아닌, 영원한 절대불변 창조근원 0 · 무생각 · 무의식 · 마음'이, 영원히 생각으로 뒤덮임이 없이, 보고 · 듣고 · 말하고 · 생각하고 · 행하며, 마음을, 끝이 없이 끊임없이 생각이 있기 전의 생각 없는 무(無)로 돌려놓으면서, 보고 듣고 말하고 생각하고 행함으로써, 비록 남녀합신일신(男女合身一身) 중일지라도, 마음이 '창조근원 0 · 생각 없는 무(無)'를 벗어남이 없어야 깨어있는 것이다.

사춘기 아이들의 운명은, 성충동 생각 의식의 방향성에 따라 결정되고 있는 것이 현실이다. 성의 잘못된 선택으로 아이들의 운명의 방향이 아무렇게나 결정되고 마는 일은 비극이고, 애석하고, 어이없는 일이다.

남성은 교합을 하고 난 후에 남성 활력을 잃고 '기(氣) 상실감, 자괴감, 무기력감'에 빠지게 된다. 그리고 참담하게 작아지고 만 남근에 비하여 터무니없이 크기만 한 여근에 환멸을 느끼며, 교합하고 난 여성과 멀어지려고 하는 것이 남성의 속성이다.

이러한 남성과 섣부르게 교합을 하고 난 미혼 여성은, 임신이 되면 호소할 데 없이 홀로 외로워지는 '고통 생각 갈등 질곡 지옥'에 빠지게 된다. 분별없는 남녀의 이런 성관계가, 성관계한 남녀의 운명을 결정하게 되고 만다.

성은 남녀 인간의 운명을 결정하는 원흉이다. 때문에 어른들은 물론이고, 사춘기 자녀들이 성의 벼랑을 슬기롭게 넘을 수 있도록 하기 위해서도, 부모들과 자녀들이 무엇보다도 가장 먼저 해야 할 공부가 바로 '나를 알고 항상 나로 깨어서 존재하는 수행'이다.

인간은 누구나 나를 알고, 항상 나로 깨어서 살며, '현상에 속지 않고, 생각에 속지 않을 수 있음으로써만' 컴퓨터게임 중독이나, 도박이나, 마약이나, 술 담배의 노예 되지 않으며, 성의 낭떠러지로 추락하지 않을 수 있다.

남성은 여성과 교합을 하고 나면, 참담하게 작아지고 만 남근에 비하여, 바다같이 크게만 느껴지는 여근에 환멸을 느끼며, 잃어버린 정(精)으로 '상실감, 자괴감, 무기력, 허탈감, 불쾌감'에 빠지는 허망함이 된다. 남성은, 교합 후의 이런 후유증을 철저하게 기억하고, '섹스란 이런 것이다. 섹스는 결코 행복한 것이 아니다.'고 세포에 각인하며, 교합 후 처절한 상실감을 몸에 기억하여 뇌에 각인시킴으로써, 결코 성욕 탐욕이 되지 않을 수 있도록 하고, 비록 교합할지라도 결코 절대로 사정하지 않을 수 있어야 행복할 수 있다.

무궁한 전체 허공이 결코 어떠한 부분으로 분화되어도, '상(+) 하(−) 좌(−) 우(+) 4대칭 공간'이 '$\begin{smallmatrix}+ & -\\ - & +\end{smallmatrix}$'로 연기하여 '+ − 0'이 되고, '− + 0'이 되며, '전(−) 후(+) 내(+) 외(−) 4대칭 공간'이 $\begin{smallmatrix}- & +\\ + & -\end{smallmatrix}$'로 연기하여, '− + 0'이 되고 '+ − 0'이 되는 '$\begin{smallmatrix}+ & -\\ - & +\end{smallmatrix}$ · $\begin{smallmatrix}- & +\\ + & -\end{smallmatrix}$' 연기로 영원히 언제나 항상 '전체가 되고, 무극이 되고, 하나'가 되는 파동을 하게 된다.

허공의 불멸진동 파동이 창조하는 시간이요 사랑(끌어들이고 끌어당기며 끌어붙는 힘)이다. 우리는 사랑 속에 있으며 사랑이 우리 속에 있다. '항구적이며 참으로 황홀한 기쁨'(법열 · 환희)은, 육신을 통한 남근 여근 합일에 있지 않고, 우리 몸이 '불멸진동 파동'하고 있는 '우주진동과의 합일'에 있다. 따라서 남성은 '남녀합근 일신' 속에서도 결코 절대로 사정(射精)함이 없어야 사랑을 잃음이 없게 되며, 항상 사랑을 몸 안에 보호하여 간직하고 있음이 되어, 항상 용솟음하는 사랑일 수 있다.

교합할지라도 절대로 사정하지 않을 수 있어야, 불륜성교나 시도 때도 없는 성추행자가 되어 폐가망신하는 일도 없게 될 뿐만 아니라, 바라지도 않는 불청객으로 아이를 낳게 되어, 남녀 일생을 망치고 태어나는 아이의 일생을 그르치는 일도 없게 되며, 너에게도 좋고 나에게도 좋은 사회일 수 있다.

또한 완전한 행복은 '마음이 영원히 언제나 항상 청정함'에 있다.

성교의 결과는, 남녀 육체의 문(門)이 하나 되는 데 정신이 팔리며, 극히 짧은 15초 동안 사정(射精)으로 몸 밖으로 용이 배출되자마자 곧바로 "끌어들이고 끌어당기며 끌어 붙는 힘"(사랑)을 잃어버리게 되며, 발기력이 사라지는 상실감(무기력, 불쾌감, 허망감, 실망감, 허탈감), 불쾌감이다.

사정 쾌감은 '15초 동안 사정(射精)되는 동안뿐'인 극히 짧은 순간이다. '사랑'이 육신 안에 깃들어 있는 동안의 '끌어들이고 끌어당기며 끌어 붙는 힘'(사랑)이, 15초 동안뿐인 사정 쾌감으로 몸 밖으로 배출되며, 행복이 아닌 것이 행복인 것같이 '사랑'을 빼내가고 마는 속임수가 사정 쾌감이다.

그래서 사정을 하고 말면, 더 이상 계속 남녀합근 일신이 어려워지거나 불가능하게 되고 만다. 반면에 사정(射精)을 하지 않고 사정 없이 끝내는 교합을 하면, 긴 교합이나 계속 교합이 가능하게 되며, 남녀합신유희(男女合身遊戲)가 몇 배나 배가되는 것이다.

때문에 행복이 아닌 것이 행복인 듯이 보이고 '사랑'을 빼내 가며 '사정(射精)되는 15초 동안뿐인 쾌감'으로 상실감 허탈감 실망을 주는 사정쾌감에 절대 속지 않고, 절대로 사정은 하지 않는 교합을 함으로써 몸 안에 반드시 '사랑'을 간직하고 교합을 끝내는 교합이, '남근여근 만족축복'이 되는 공식이며, 성추행 성폭행이 되지 않을 수 있는 지혜이고, 참 즐거움이 되는 지혜이다.

남성은, "교합하되 결코 절대로 사정하지 말라. 아이를 가질 때가 아닌 한, 교합할지라도 결코 절대로 사정하지 말라."는 이 방중비법을 알고 실행할 수만 있어도, 교합하며 반드시 깨어있지 않을 수 없고, '정액 사정'이야말로 바로 '바보 중의 바보짓'인 것을 알게 되며, '사정을 하고 마는 무모한 성교'의 노예가 되지 않을 수 있게 된다. 또 그럼으로써 방중법도를 따라 부부간의 성(性) 경영을 바르게 할 수 있게 된다. 이러한 남녀합근(男女合根) 묘법(妙法)을 실행할 수 있는 자는, '바보 중의 바보'가 되는 성추행이나 성 폭행 함정에 빠지지 않게 마련이다.

성욕은, '영원히 생각보다 먼저 있는 창조근원 0 · 중도'로, 항상 생각 없이 깨어있어야 할 '영원한 절대불변 창조근원 0 · 진여마음'을 망각하게 하고, 육체감각에만 빠져들도록 하고 마는 속임수이며, 행복이 아닌 것을 행복인 것같이 착각시키는 속임수이다.

성의 벼랑을 잘못 건너다가 벼랑 아래로 떨어져서, 한순간에 명예와 권위를 잃는 남성 여성들이 허다하다. 성교 쾌감을 행복으로 알며, 자기 실상(진여마음)이 무엇인지도 모르고, 늘 자기로 존재하지 못하고 있는 중생일 뿐인 남성 여성은, 언제나 성의 벼랑 아래로 떨어질 '성 교통사고' 가능성들이다.

제비족이라는 신조어가 대중적으로 자리잡은 시기는 지금으로부터 수십 년 전이라고 생각되어서, 옛날 이야기 같아진다. 그런 옛날에, 50대의 어느 의학박사 부인이 남편 몰래 제비족 젊은 남성과 '2층'이 된 때문에, 그것이 굴레가 되고 멍에가 되어 9억 원이나 제비에게 뜯겼다는 이야기가 언론에 시끄럽게 알려진 적이 있었다. 성장한 자녀들을 둔 여성이 늘 자기로 존재하지 못하여 이제까지 착실하게 쌓아온 삶의 탑을 한 순간에 허물어 버리고, 남편을 우스운 처지로 만들며, 자녀들의 잔잔한 마음

호수에 들어 올릴 수 없는 바위를 던져 놓고 만 셈이 되었다.

그 50대 유부녀는, '성 교통사고'를 내고 제비에게 9억 원이나 쏟아부으며 사회악이 살찌도록 사회악을 도와주는 삶을 살다가 들통이 나서, 남편과 자녀들과도 헤어지는 결과를 맞이하게 되고 말았으니, 그런 어처구니없는 인생도 있는 것이었다.

그런 불륜을 당하고 그런 약점을 미끼로 협박당하며 협박에 맹종하게 되는 삶은, 결국 비참한 결말로 끝나게 되어 있는 것이 공식이다. 9억 원까지 뜯기고 나서 파멸할 것이 아니라, 첫 협박을 당할 때, "나도 모르게 그만 불륜이 되고 말았다."고 스스로 주위에 선포하여 버림으로써, 협박당할 거리를 없애 버리고, 아무런 생각 관념 감정도 짊어짊 없는 무아(창조근원 0 · 마음)의 자유로 존재하는 것이 현명하고 지혜로운 선택일 수 있었다. 그것이 제비족의 음모를 말살하고 사회악이 발붙일 수 없도록 하면서, 자신은 생각 갈등 질곡으로부터 해방되어 자유 평화할 수 있는 길이었다.

한국도 지금은 다문화사회가 되어, 다문화 사람들이 우리 사회의 보편적인 구성원들이 되어 있다. 그런데, 흑인 부모는 흑인 자녀를 낳게 되고, 백인 부부는 백인 자녀를 낳게 되는 것인데, 한국인 황인 집안 황인 부부의 부인이 검둥이 아기를 낳아서, 한국인 황인 남편과 한국인 황인 시부모와 한국인 황인 인척들을 놀라게 하고, 한국인 황인 이웃들을 어리둥절하게 한 일이, 세상에 알려진 적이 있었다. 한국인 황인 남편의 한국인 황인 아내이면서, 흑인 아기를 낳고 만 그녀 또한, 생각으로 파묻힘이 없이 항상 '창조근원 마음'이지 못하고, 마음이 성 현상 생각으로 휩쓸리고 파묻히고 만 결과, 그런 패가망신을 초래하게 된 것이었다.

그녀도 평생 어떠한 상황 속에서도, 결코 말 언어 생각의 부림을 당하지 않고, 생각 · 의식 · 관념의 갈등 · 질곡 · 불행이지 않기 위하여, 늘 생각 없이 깨어있는 무생각 · 무의식 · 진여마음을 떠남이 없는 청정심 수행을 하는 인생을 산다면, 늘, 날마다 좋은 날이 될 것이다.

17세 여고생이 화장실에서 아기를 낳고 비닐에 싸서 화장실 밖으로 던져버린 일이 방송으로 세상에 알려진 적이 있다. 그 여고생은, 자신이 받은 씨를 사랑으로 거두어서 자신이 키워야 한다는 의식이 있었어야 했다. 그녀를 임신시킨 남학생도 그 사실을 받아들이고 아버지로서의 책임을 졌어야 했다. 그들 남녀의 부모들도 그들 남녀를 수용하는 의식이 있었어야 했다. 그게 어려운 처지라면 그 아기를 낳고 그 아기가 누군가의 사랑의 손길에 안겨서 큰 인물이 될 수 있도록 해야 했다. 그럼으로써 '무생 무멸 영존하는 영혼 존중의식'과, '업(業) 인연(因緣) 존중의식'과, '인간 존중의식'을 지녔어야 했다.

또한 '임신을 책임질 수 없는 인간은 섹스할 자격이 없다'는 자각도 있어야 했고, 그러한 제도권교육 가정교육이 있어야 하는 것이다.

육신이 태어나고 변화하고 늙고 죽을 뿐, 그 육신을 창조하여 그 육신의 주인이 되고, 그 육신을 사역하는 영혼(창조 원리 의식원리)은, 윤회를 거듭하면서 '전생에 자기가 행한 업(業)의 대차(貸借)를, 대차(貸借) 없는 0이 되도록 하는 대가'(서로 합하면 0이 되는 서로 정반대로 꼭 같은 값 + -)를 치르고 있다.' 이것이 업의 법칙이다.

불법에서는, 주위에 보는 사람이 없다고 해도 섹스 남녀의 주위에는 항상 인간의 눈에 보이지 않는 무수한 중음신(죽은 육신을 떠나서 다음 生을 받을 때까지 동안의 意識身[의식질료로 이루어진 몸])들이 다시 몸을 얻으려고 지켜 서서 보고 있으며, 그 중음신들 가운데 인연 있는 중음신이 자기와 인연이 맞는 자궁으로 홀려 들어가서, 그 섹스 남녀의 자식으로 태어나게 되는 것이라고 하고 있다.

수정란(생명체)에는, 수정란을 인체로 형상화해 낼 의식신(意識身, 제9식 마음+제8식 아뢰야식+제7식 말나식)이 이미 들어가 있기 때문에, 아직 태아로 형상되기 이전의 수정란을 체외로 배출하여 폐기하고 마는 행위도, '업(業)의 대차(貸借)'가 된다는 것은, '업의 법칙'상 자명한 이치이다.

어떠한 일을 아무도 몰래 하더라도, 결코 어디에도 있지 않음이 없는 하늘(창조근원 0 · 진여마음)은 모든 것의 모든 것을 있는 그대로 파동주파수로 무한일관중합 기록하고 있다. 이 기록에는, 인간들 각자가 '자연에, 인간에, 세상에' 지고 있는 업장 대차대조표 장부가, 한치의 오차도 없이 기록되며 프로그램되고 있다. 마음이 행한 것은 무엇이든지 있는 그대로 '아뢰야식 업장 대차대조 의식'에 무한일관 중합 기록되고 있다. 그것이 업이다.

미혼인 소녀가 부모 몰래 남몰래 임신한 사실을 숨기고 감추는 노력과, 임신시킨 남자로부터 소외당하는 외로움 분노와, 미혼인 섹스 남녀 부모들로부터의 배척에 대한 갈등 감정과, 주변의 이목에 대한 부끄러운 감정과, '아기를 낳고 버린 양심의 가책'이 얽히고설키는 감정 갈등 질곡 생각에 지옥이 있다. 그리고 아무도 몰래 아기를 낳고 아기의 숨을 끊어버린 양심의 고통으로 평생을 아파할 죄의식에 지옥이 있다.

그 고뇌로 스스로 자기 육신의 숨을 끊어버린다고 할지라도, 육신이 죽고 사라질 뿐, 나고 죽음 없는 영생인 '마음+아뢰야식 창조 원리 · 의식 원리'가, 육신이 살아있을 때 풀어버리지 못한 갈등 · 질곡 · '생각 의식 관념 감정 생각 작업 · 생각 노동'을 끝이 없이 끊임없이 계속하게 되며, 고통이 계속되는 것이다. 때문에 육신이 죽는다고 해서 문제가 해결되는 것이 아니다.

육신의 삶이 고통스럽다고 자살을 하게 될지라도, 나지 않고 죽지 않으며 모든 생각 의식 관념의 주체요 본체이고 영생인, '창조근원 0 · 무생각 · 무의식 · 진여마음'이, 아뢰야식(무한 전생에서부터 현생의 끝이 없이 끊임없는 현재까지 이어지는, 말 · 언어 · 생각 · 의식 행위 파동주파수로 무한일관 중합 기록되고 있는 의식)과 결합하여 있으며, 저승에서도 스스로 끝이 없이 끊임없는 '생각 작업 · 잡념 노동'으로, 육도세계를 만들어 내는 고통을 자초하게 된다. 그것이 깨어있지 못한 중생의 의식구조이고 숙명이다.

다음의 호주 남부 사막민인 참사람 부족의 메시지에 의미심장한 뜻이 담겨 있다.

> 우리 참사람 부족이 보기에, 무탄트(모양 형상이 아닌 신을 모르고 물질만 알며, 자기를 모르고, 자기를 육신 · 생각 · 의식으로 알고 있는 문명인)들이 신을 좀처럼 정의하지 못하고 있는 까닭은, 현상에 집착하기 때문입니다. 우리에게 신(神)은 눈에 보이는 존재가 아닙니다.
>
> 무탄트들은 눈에 보이지 않거나 모양 없는 것을 존재로 인식하지 못하고 있습니다. 신(神)은 색깔도 냄새도 크기도 무게도 모양도 없으며 있지 않는 곳이 없습니다. 신(神)은 우주 어디에나 있지 않은 곳이 없는 우주의식입니다. 신(神)은 모양 형상이 아니요, 인간 형상이 아닙니다.
>
> 신은, '우주의식 에너지'이고, '우주의식 에너지'로부터 대기와 물과 땅이 생겨났습니다. 의식은 에너지로 파장을 바꾸어 소리와 색깔과 모양이 됩니다. 그 의식이 모든 것으로 화했습니다. 의식은 바위와 식물, 동물과 인간 속에도 존재합니다. 우주는 의식의 파장인 소리(노래, 말씀,

파동 진동)를 통해서 창조되었습니다.

사물에 대해서 우리가 느끼는 인식 감정은, 우리 몸의 모든 세포, 인격의 중심, 마음 속 그리고 우리의 영원한 자아 속에 기록됩니다. 우리는 삶의 순간순간에 어떤 감정으로 살았는가를 기록한 성적표를 지니고 이승을 떠납니다. 훌륭한 사람과 하찮은 사람을 구별해 주는 것은 우리의 영혼을 채우고 있는, 눈으로는 볼 수 없는 무형의 감정이고 의식입니다.

모든 사람들은 이 세상을 잠시 방문한 영들입니다. 모든 영혼은 영원한 존재입니다. 다른 사람과의 모든 만남은 하나의 경험이고, 모든 경험은 영원히 연결됩니다. 우리 참사람 부족은 모든 경험의 순환 고리들을 그때그때 완성을 시킵니다. 어떤 경험이 끝나면 그것을 축복하듯이 고맙다고 말하고 평화롭게 떠나는 것이 좋습니다. 우리 참사람들은 무탄트들처럼 경험을 마무리하지 않는 채로 놓아두지 않습니다.

만일 당신이 어떤 사람에게 나쁜 감정을 품고 그와의 경험을 마무리하지 않고 그냥 떠난다면, 훗날 당신 인생에서 그 일이 되풀이될 것입니다. 그렇게 되면 고통은 한 번으로 끝나지 않고, 당신이 깨달음을 얻을 때까지 끊임없이 계속되어 끊임없이 쌓이게 되며 무거운 업(業)이 됩니다. 그렇기 때문에 삶에서 경험하는 일들을 잘 관찰하고 거기서 깨달음을 얻어서 전보다 현명해지는 것이 좋습니다.

—『무탄트 메시지』(말로 모건 지음/ 류시화 옮김/ 정신세계사) 중에서

"어떤 경험이 끝나면, 그것을 축복하듯이 고맙다고 말하고 평화롭게 떠나는 것이 좋다."고 하는 말의 의미를 기억할 일이다. 성 추행을 하고 감정 갈등 · 질곡을 빚어내는 일, 여자를 임신시키고 무책임 무심 냉정하는 일, 아이를 낳고 폐기하는 일은, 피해자나 희생자에게 무거운 빚을 지는 일이고, 금생이나 후생 언젠가는 그에게 반드시 갚아야 하는 빚이다.

모든 감정의 주체는 마음이고, 마음은 생각보다 영원히 먼저 있으며 끝이 없이 끊임 없는 '찰나변화 연속생멸 생각'보다 끝이 없이 끊임없이 앞서 있다. 영원히 마음은 생각이 아니다. 마음은 영원히 생각이 아닌 창조근원 0 · 중도 · 순수이다.

'영원히 생각인 바 없는 영원한 무생각'으로 깨어있는 '영원한 절대불변 창조근원 0 · 진여마음'이, 결코 어떠한 생각에도 뒤덮이지 않게 되면, 성 유혹에 빠질 것도 없고, 남에게 어떤 해악을 범할 것도 없다.

항상 '창조근원 0 마음'이면서 한 순간 어두워진 마음으로 죄를 짓게 되었을 때는 곧바로 '잘못을 깨닫고, 뉘우치고, 반성하고, 참회하고, 잘못했다, 미안하다, 고맙다'고 말함으로써, 그때그때 감정을 마무리하게 되면, 마음이 항상 '생각 없는 0으로 깨어있는 0 · 진여마음'으로 회복되며, 나도 상대도 모든 감정으로부터 해방되는 자유 평화일 수 있게 되는 것이다.

1-3 결혼 자격자

육신과, '말 · 언어 · 생각 · 의식 · 관념 · 사상 · 감정' 등은, 생기고 변화하고 사라지는 환영 상이다.

진여실상은, 창조된 바 없고 생겨난 바 없이 모든 곳에 항상 있으며, 결코 무엇으로도 없이 할 수 없고, 없어질 수 없는 하늘 0이다. 무한영겁 모든 곳에 가득한 공(空, 바다)이, 무궁무진 무한한 전체이고, 무생(無生) 무멸(無滅) 영존(永存)이며, 시작도 끝도 시간도 공간도 없는 무극이다. 공(空)의 무극이, 존재요, 근원이요, 바다요, 진여요, 기(氣)이고, 마음이고, 실상이다.

진여(마음)는, 결코 생겨났다 없어졌다 하는 것이 아니며, 없어졌다 생겨났다 하는 것보다 영원히 먼저 있는, 영원한 절대불변 창조근원 0 · 공(空)이다.

마음은, 창조된 바 없고 생겨난 바 없이 무한영겁 모든 곳에 가득한 '하늘 · 0 · 공(空)'이요 무극이며, 무생(無生) 무멸(無滅) 영존(永存)이고, 본래 생겨나는 법이 없고, 사라지는 법이 없고, 변화하는 법이 없는 영원한 '텅 빔'이요, 바다이고, 영원한 무현상이다.

마음은, 영원히, 창조된 것이 아닌 0(空 · 無 · 虛)이요, 영원히, 창조된 것보다 먼저 있는 0(空 · 無 · 虛)이고, 영원히, 끝이 없이 끊임없는 찰나변화 생멸연속 생각보다 끝이 없이 끊임없이 먼저 있는, '영원한 절대불변 창조근원 0(空·無·虛)'이다. 이 0(空·無·虛)이 진여 실상이요 마음이다.

마음은, '영원히 생각보다 먼저 있으며 영원히 생각 없이 깨어있는, 영원한 절대불변 창조근원 0·무생각·무의식·궁극침묵 근본지'이다.

마음을 보는 수행은, '영원히 생각보다 먼저 있는 영원한 절대불변 창조근원 0 마음(진여마음)'이, 끝이 없이 끊임없는 찰나변화 연속생멸 생각을 끝이 없이 끊임없이 알아차리며, '창조근원 0·무생각·마음'이 끝이 없이 끊임없는 찰나변화 연속생멸 생각보다 끝이 없이 끊임없이 '먼저 있고, 앞서 있음'을 알아차림으로써, 천상천하 '창조근원 0·무생각 마음'만 존재하도록 하고, 항상 '창조근원 0·무생각·마음'을 떠남이 없는 것이다.

자나 깨나 앉으나 서나 가나 오나 무엇을 할 때나 어디에서나 언제나 영원히, '중도 마음'이, '중도 마음'을 떠나지 않고 '중도 마음'에 있으면서, '중도 마음'이 생각으로 뒤덮임이 없이 보고, 듣고, 말하고, 생각하고, 행함으로써, 영원히 언제나 항상 '중도 마음'이, 생각으로 휩쓸림이 없는 것이, '나'가 '나'로 존재하는 것이고, '나'가 '나'로 깨어있는 것이다. 이 '중도 마음'이, 위없는 가치이고, 위없는 보배이다.

'한반도하나국토 한반도하나조국 한반도하나역사 한반도하나의식 한반도하나국가'이던 옛적에, 과부 업어 가는 풍속이 있었다. 그때 과부 진여인은, 자신은, '육신 현상·여성 현상·생각 현상'보다 영원히 먼저 있는 '영원한 절대불변 창조근원 0·무생각 마음'인 것을 잘 알고, 항상 '중도 마음 수행'을 하는 여자였다.

어느 날, 밖에 나갔다가 돌아온 조카 너씨 총각이 숙모 '진여인'에게 말하였다.

"윗동네에 살고 있는 나씨 홀아비가 오늘밤에 숙모님을 업어간다는 소문이 쫙 퍼져 있어요."

"그래?! 그렇다면, 좋은 수가 있다."

"좋은 수라니요?"

"오늘밤에 '나 홀아비' 일행이 우리 집에 오기 전에, 조카가 내 옷으로 갈아입고 내 방에서 잠을 자고 있어라."

"아 항! 알겠어요. 나 홀아비를 속여먹자는 거지요?"

"그래, 조심할 것은, 업혀가서도 얼굴을 가리고 있어야 한다는 것이야. 그리고 '너의 남자 목소리'가 문제가 되니까, 말을 해서도 안 된다!"

"예, 알겠습니다."

한밤중이 되자 윗동네의 '나 홀아비'가 장정들을 이끌고, 잠자리에 들어 있는 '여장 남자 너씨 총각'을 이불로 똘똘 말아서 '나 홀아비' 집으로 떠메어 갔다. 그리고 '나 홀아비'는 그날 밤 진과부와 2층이 되려고 서둘렀다. 그러자 과부를 업어오는 데 힘을 모았던 친구들이 한마디씩 말하는 것이었다.

"뭐여, 싸우기는 도요새와 조개가 싸우고 먹기는 어부가 먹더라고! 그래, 우린 네 여편네 업어 오느라고 혼쭐이 났는데, 너는 잔치도 없이 여편네 배부터 타겠다는 거냐?"

"하하하하… 그 말이 맞다! 내가 마누라 배 탈 일만 생각하느라고, 그만 깜빡했지 뭐냐. 업혀온 내 마누라도 놀랐을 터이니, 오늘밤은 내 누이동생과 함께 자도록 하고, 날이 밝으면 간단하게 잔치를 치를 것이니, 오늘밤은 우선 술을 사겠네. 자 우리, 밖으로 나가세."

나 홀아비의 누이동생 '나 처녀'는 '여장 남자 너 총각'을 새언니가 될 '진여인'으로 알고 가까이 바짝 다가앉아서 말한다.

“언니, 내일 간략한 잔치를 치르고 나면, 언니는 정식으로 내 언니가 되는 거유! 우리 오빠가 오늘 밤 언니를 업어오게 된 건, 고깝게 생각 말우. 우리 오빤 언니를 남에게 빼앗길까 봐, 빨리 언니를 얻어 오겠다고 벼르던 것이 그만 그렇게 된 거예요.”

“…….”

“어머, 언니, 무척 피곤한가 봐요. 우리 긴 이야기는 나중에 하기로 하고, 오늘밤은 이만 일찍, 자기로 해요 네?”

이불이 펴지고, 불이 꺼졌다. ‘여장 너 총각’을 ‘진 과부 언니’로만 알고 있는 ‘나 처녀’는, ‘여자끼리 한 이불 속에 한 잠자리’인 줄로만 알고 ‘너 총각’ 곁에서, ‘마음 놓고 마음껏 잠들어 버리게 되었다.’

그런데 참으로 있을 수 없는 희귀한 행운을 맞이하고 있는 ‘여장남자 너 총각’은, 나 처녀와 함께 한 이불 속에 눕게 되자, ‘여자를 한 번도 안아 본 적이 없는 동정남’이어서, 가슴이 쿵쾅거리면서도 남근이 용솟아 오르는 것을 억누를 수가 없었다.

‘너 총각’은, 마음 놓고 마음껏 자기 곁에서 잠들어 있는 ‘나 처녀’ 가슴을, 쿵쾅거리는 마음으로 어루만지고 주무르다가 ‘나 처녀’의 ‘아랫마을 검은 숲 언덕 사랑 문’을 열고 들어가서, ‘나 처녀’의 ‘아랫문’과 하나 되는 일을 하게 되고 말았다.

날이 밝았다. ‘나 홀아비’는, 어젯밤에 업어온 진 과부와 잠을 자고 있는 누이동생을 깨우려고 방을 노크하였으나, 도무지 대답이 없다. 방문을 열어 보았다. 그러자 누이동생은 웬 총각과 서로 껴안고 껴안겨서 날 밝은 줄도 모르고 깊이 잠들어 있는 것이었다.

‘나 홀아비’가 업어 온 진 과부는 뜻밖에도 ‘너 총각’으로 둔갑을 하고 있는 것이었다. 때문에 집안은, 이미 동정을 제사 지내고 만 ‘동정녀 나 처녀’와 ‘동정남 너 총각’의 혼사를 치르지 않으면 안 되게 되었다.

결혼 첫날밤은, 동정녀 동정남끼리일 때, 감동이 있고 신성한 결합일 수 있다. 결혼 첫날밤은 순결한 동정남과 동정녀 사이 첫 결합일 때, 서로 신성한 감동일 수 있는 것이니, 일생일대의 이 신성하고 거룩한, 한 밤을 위한 동정남 동정녀가 축복 받은 남녀이고, 거룩하고 신성한 결혼자격자임에 틀림이 없다.

인도의 지혜를 담은 이야기책 『히또빠데샤』에는 다음과 같이 권면한다. "현명한 사람은 늙음도 죽음도 없는 듯이 지식과 지혜를 구하고, 진여를 밝히는 수행을 한다. 학문은 모르는 것을 알게 하고, 모든 것을 알게 하는 안내자이다. 지식은 아무도 빼앗아갈 수 없고, 닳아 없어지지도 않는다. '좋은 책, 유익한 책'은, 여러 가지 의문을 제거해 주고, 눈에 보이지 않는 고귀한 가치를 안겨주며, 바른 삶을 가르쳐 준다. 유익한 책을 읽는 것이야말로 모든 보배로운 것 가운데서 가장 소중한 것이니, 값을 매길 수 없는 것이다. 또한 진여를 밝히는 수행이야말로 위없는 가치를 얻는 길이다."

책은, 인간과 '인간 세계 전체'와 우주 전체를 담는 그릇이다. 이것이 독서가 필요한 이유이고, 독서가 필수인 이유이다. 한 권의 책에는 작가만이 쌓아온 작가의 일생 전체의 인생 노하우가 담겨 있게 마련이다. 그런 한 권의 책을 읽는다는 것은, 작가만이 쌓아온, 작가의 일생 전체의 지식을 얻는 것이 된다.

제갈 공은, '책과 독서, 진여'를 사랑하는 미혼 동정남이었다.

동정남 동정녀인 남성 여성은, 사춘기를 지나서도 '자기 육신 꼴 초가시적인 '빛 몸 · 오라 몸 · 에너지 몸'이 방출하는 기(氣)로 감싸여서, 얼굴 몸이 빛을 내게 된다. 사춘기를 맞이하고도, 비록 수음으로일지라도 '성(性)의 기(氣)를 몸 밖으로 방출한 적이 없는 동정남 동정녀의 몸 얼굴'은,

늘 강한 오라 빛을 발산하고 있게 마련이다. 동정남인 제갈 공의 얼굴도 그러했고, 동정녀인 보은의 얼굴도 늘 밝고 환한 신비한 빛을 강렬하게 발산하고 있었다. 동정남 제갈 공과 동정녀 보은이 결혼을 하게 되었다.

진리 진여 탐구 독서로 지혜가 다져진 제갈 공은, "서로 끌어들이고 서로 당기며 서로 끌어 붙는 기(氣)로써 감동이 없는 남녀 교합은 죽은 교합이며, 기(氣)로써 감동하고 있는 교합이 살아있는 교합"임을 알고 있는 남자였다. 그는 '남녀의 두 기(氣)가 서로 감격하지 않으면, 서로 영적인 기(氣)로써 합일이 이뤄질 수 없다'는 것을 잘 알고 있었다. 제갈 공은, 보은을 처음 안았을 때 보은이 부끄러움으로 몸이 굳어 있는 것을 알고, 서두르지 않고, 보은이 부끄러움으로부터 해방되어, 자연으로 성에 눈뜨고, 본능으로 스스로 성을 바라고, 성에 이끌려 오도록, 보은의 '성 본능 일깨우기 성 감각 자극'을 성실하게 한 다음에, 보은과 '서로 끌어들이고 서로 당기며 서로 끌어 붙는 기(氣)의 끌림'을 따라, 첫 교합을 하였다. 그러므로 그것이 일생의 '거룩한 추억'이 되고, '신성한 추억'이 되고, '아름다운 추억'이 되는 것이었다.

현대는 그런 '기(氣)의 합일'을 중시함이 없고, 그런 '기(氣)의 합일'을 체험하지 못하고들 있어서, 참으로 서로 끌어들이고 서로 끌어당기며 서로 끌어 붙는 사랑도 체험함이 없이, 오직 남근과 여근의 합일만이 전부인 것으로 인식하는 세태가 되어 있다.

보은은 남편을 참으로 성실하게 받들 줄 아는 현모양처형 성품이었다. 제갈 공도 참으로 성실한 사랑으로 아내를 아끼고 품어 안을 줄 아는 현명한 성품으로서, 무(無) 사정(射精) 긴 교합으로 아내의 성 생리를 주기적으로 돌볼 줄 아는 남성이었다. 따라서 제갈 공과 보은은 순수한 영혼으로 서로 아끼고 존중하고 사랑하는 부부가 되었다.

제갈 공은, 자기가 무엇이고, '자유 · 평화 · 행복'이 어떠한 것인지를 잘 알고 있는 참사람 성품인 '중도 마음'이다. 제갈 공은 아내 보은과 함께 늘, 마음을 밝히는 수행을 생활화하였다. 따라서 '제갈 공과 보은 부부'는 모든 것에 대하여, 늘, 생각보다 먼저 있는 '중도 마음'을 벗어남이 없이 보고 듣고 알고 말하고 생각하고 행하며, 영원히 생각 이전의 '중도 마음을 삶의 '기둥 의식'으로 삼을 줄을 알게 되었다.

늘 '중도 마음'이 기둥이 되어 있는 제갈공과 보은 같은 부부가, 늘 평화하며 순결을 잃지 않고, 신의를 잃지 않는 성실한 인간일 수 있으며, 성실한 부부일 수 있다. 이들이 결혼자격자이다.

'육체 · 육체 감각 · 육체 자아 · 생각 자아'가 전부인 남녀의 결혼은, '찰나변화 생멸연속 생각 작업 · 생각 노동'으로 맺어진, '일시적 한시적인 감정'과의 결합이고, 꽃과 같이 빠르게 시들고 사라지고 말, 육신끼리의 결합일 뿐이다.

'육체와 육체 감각 · 말 · 언어 · 생각 · 의식 · 감정 현상'이라는 것은, 생기며 잠시도 쉴 사이 없이, 끊임없이 변화하며 사라져 없어지는 연속이다. '정형 성형 외과적인 몸매 얼굴' 미(美)만 보고, 그것을 실상으로 아는 '육체 자아 · 생각 자아'로 맺어진 결합은, '참으로 있지 않는 가짜들, 거짓된 것들, 일시적인 것들, 잠시 있다가 사라지고 말 한시적인 것들'로만 맺어진 가짜끼리의 결합이다.

'몸체 · 몸매 · 얼굴' 현상은, 참된 것이 아니면서 참된 것인 듯이 속이는 가짜이고, 진여 실상은, 영원히 현상이 아니요 현상보다 영원히 먼저 있는 영원한 절대불변 창조근원 0 · 중도 마음이다. 참으로 아름다움은 '몸매 · 얼굴' 현상에 있지 않고, 영원히 현상이 아닌, 영원한 무현상인,

진여마음에 있다.

마음이 항상 맑고 순수하게 깨어있는 자가, 아름다운 자이고 결혼자격자이다.

자기가 무엇인지 각성이 없는 남녀육신 교합이야말로, 생기고 변화하고 사라지는 가짜이면서, 유일한 가치요 진여(창조근원 · 인식근원 · 마음)인 실상을, 성 감각 생각 현상으로 파묻는 '칠흑 암흑 어두움'이다.

'맹목적인 육체 본위 남녀 합신 사정목적 교합'이야말로 진여마음을 성 탐욕 생각으로 빠져들도록 하여 순결할 수 없도록 하며, 육신을 건강하게 하고, 육신을 살아있도록 하며, 육신에 초능력을 부여하고, 면역력이 되는 정(精)을 잃게 하여 활력을 무기력하게 하며, '건강도 젊음도, 도덕도 신의도' 무너뜨리고 파멸하게 하는 파괴력이다.

성 탐욕이나, 성의 벼랑으로 추락하여 파멸하게 되는 원인은, 육신을 나로 알고, 생각을 나로 알며, 성 욕망을 나로 알고, 성 감각 쾌감을 실상으로 인식하도록 하는 생각이 원인이다. 육신을 나로 알고 생각을 나로 알고 있는 삶은, 실상이 아닌 가짜에 속아서, 육신의 주인이요 창조자인, '창조근원 0 · 중도 마음'이, 육신의 노예 되고, 생각의 노예 되어 부자유한, 헛삶이다.

신의 없고, 순결 없으며, 서로 속 태우는 불성실한 사이가 부부라면, 남녀가 결혼해야 할 의미가 전혀 없는 것이다.

'인간의 그 어떠한 장애된 모습과, 그 어떠한 생리생태 현상'도, 바로 나의 육신과 동일한, 같은 속성이다. '부부 어느 쪽 현상'이 어떻게 변화할지라도, 흔들림 없이 24시간 날마다 언제나 영원히 현상이 아닌, '영원한 절대불변 창조근원 0 · 중도 마음'을 생각으로 파묻음이 없는, 항상 '중도 마음' 인간이, 불의의 어떠한 육체감각 유혹에도 넘어가지 않는 결혼자격자이다.

영원한 무 현상으로 무생 무멸 영존하는 영혼(창조 원리 · 인식 원리)의 진화를 위하여 살며, 날마다 24시간 '진여마음 청정심'으로 항상 하나인 남녀가 결혼자격자이다.

우주 본체 무극 공(空)에서 분화되어 무극 공(空)이 되는 태극 공(空)들이 분화되고, 태극 공(空)들이 +에너지(남성원리)와 −에너지(여성원리)로 분화하고 합하여 0이 되며, 무극 공(空)이 되는 중도로, 우주만유 삼라만상이 현화하고 있다. 이러한 무극 공(空)의 창조력을 인체적인 사랑으로 상징한 것이, 티베트불교의 '남녀합체일신 상'이라고 인지할 수 있다.

천지만물은, 무극에서 분화되어 무극이 되는 '+에너지(남성원리)와 −에너지(여성원리), n+극 자력과 s−극 자력, +전기와 −전기, 양+과 음− 2극성 2원성을 합일한 0 창조력'의 그림자이다. '2원성 합일 0 창조력'의 '양+과 음− 2원성 양쪽 상대성'은, 결코 어느 쪽도 한쪽만으로는 존재일 수 없고, 반드시 서로 합하여 0이 되고 하나가 되고 무극이 됨으로써만 존재일 수 있는 허상이고, 진여실상은 '무극 · 태극 · 0 · 마음'이다.

우주만유 삼라만상은, 서로 분리되어서는 결코 존재일 수 없고, 반드시 서로 합하여 0이 되고 하나가 되고 무극이 됨으로써만 존재일 수 있는, '+에너지(남성원리)와 −에너지(여성원리), n+극 자력과 s−극 자력, +전기와 −전기 '음−양+ 2원성 양쪽 상대성'이 합일됨으로써만 존재일 수 있는 허상들이다.

이러한 '양+과 음− 2원성 양쪽 짝 합일 0 창조력'이 신(神)이고 사랑이다. 남성과 여성이 바로 그런 2원성 양쪽 짝이다. 사랑은, 남성 여성 육신을 초월하여 있는, '+기(氣)와 −기(氣)의 합일 0'이다.

남성과 여성의 +에너지(남성 원리)와 −에너지(여성 원리)는, n+극 자력과 s−극 자력과 같으며, '+전기와 −전기'의 인력과 같다. 이러한 음$^-$양$^+$ 기(氣)는, 서로 끌어당겨서 서로 끌어들이고 서로 끌어 붙으며 0이 되고 하나가 되고 무극이 되는, 2원성 양쪽 짝이다. 우주자연은, 이러한 '음$^-$양$^+$합일 0 창조력'으로 창조되고 있다. 이 창조력이 신이요 사랑이다.

사랑은 서로 끌어들이고 서로 끌어당기며 서로 끌어 붙는 힘이다.

부부는 기(氣)로써 영원히 분리될 수 없는 하나를 이룬 '음$^-$양$^+$합일 0'일 때, 무한능력이게 된다. 그럼으로써 부부는, 아무것도 모자랄 것이 없는 신(神)이요 사랑이 된다. 이와 같이 육체 자아 · 생각 자아를 초월하여 있는 '중도 마음(진여마음) 남녀'로서, 서로 끌어들이고 서로 끌어당기며 서로 끌어 붙는 기(氣)의 남$^+$녀$^-$가 결혼 자격자이다.

남성과 여성은, +에너지(남성 원리)와 −에너지(여성 원리)이다. +에너지(남성 원리)와 −에너지(여성 원리)는, 서로 합하면 0이 되고 하나가 되는, 서로 정반대로 꼭 같은 짝으로서, 결코 어느 쪽도 분리되어서는 존재일 수 없는 미완성(未完成)이고, '티베트 불교의 남녀합체 일신상'과 같은 하나가 되고, 전체가 됨으로써만 존재일 수 있는 미완성이다.

칼릴 지브란은 "결혼은 하나 되기 위하여 남편(양 에너지)과 아내(음 에너지)가 함께 태어나는 것이다."고 하였다. 양 에너지와 음 에너지는 하나가 되기 위하여 동시에 생기고 동시에 사라지는 것이며, 양 에너지와 음 에너지는 서로 합하여 0이 됨으로써만 존재일 수 있는 하나이다.

존재란 영원히 모양 형상이 아닌 '0'이다. 오직 '0'만이 무한영겁 무생무멸 영존하는 존재이다. 오직 '0'에서 $\begin{smallmatrix}+&-\\-&+\end{smallmatrix}$ 연기와 $\begin{smallmatrix}-&+\\+&-\end{smallmatrix}$ 연기가 나오며, 끝이 없이 끊임없는 찰나변화 연속생멸 파동($\begin{smallmatrix}-&+\\+&-\end{smallmatrix} \leftrightarrows 0 \rightleftarrows \begin{smallmatrix}+&-\\-&+\end{smallmatrix}$)으로 무한

수 우주 현상이 현상되고 있다.

"결혼은 영원히 하나 되기 위하여 남편과 아내가 함께 태어나는 것이다"고 한 칼릴 지브란의 명언을 인지하고, 기억하고, 영원히 하나 되기 위하여 양(+氣, 남성)과 음(-氣, 여성)이 함께 태어나듯이, 티벳 불교의 '남녀합체일신상(+氣와 -氣 합일 相) 같은, 하나 된 남녀'가 결혼자격자이다.

1-4 진 선 미

허공은, '텅 빔'으로 모든 곳에 가득하여, 결코 어디에도 있지 않음이 있을 수 없는 무소부재 일신(一身)이다. 무한 수 천체들이 허공 속에 떠 있는 사실이, 허공이 바다(일신 · 무극 · 전체 · 하나)인 증거이다.

허공은 끊어질 수 없고 나누어질 수 없고 분리될 수 없는 전체(바다 · 한 몸 · 하나)이다.

허공은 끊어지지 않고 나누어지지 않고 분리되지 않는 전체(하나 · 바다 · 一身)이므로 존재이고, 끊어짐 없고 나누어짐 없고 분리됨 없는 무극이다.

허공은 전체이고 무극이므로 기(氣, 근본에너지 · 창조에너지)이고, 무엇이든지 할 수 있는 마음이고, 신(神)이다.

무극은, '+극도 -극도 · 시간도 공간도 · 시작도 끝도' 없는 0이고, 유일무이한 불이의 무궁무진 무한한 전체(하나)이고, 결코 끊어질 수 없고 나누어질 수 없고 분리될 수 없는 바다(전체)이다.

태극은, 무극에서 분화하여 무극이 되는 부분무극이다.

무극은, 무극에서 분화되어 무극이 되는, 크고 작은 다양한 무한 수 태극(부분무극)들을 분화하는 본체이다.

무극에서 분화하여 무극이 되는 무한 수 태극(부분무극)들이 분화되고, 무한 수 태극들이, 서로 합하면 0이 되는 서로 정반대로 꼭 같은 힘, ‘$\substack{+\,-\\-\,+}$ 연기와 $\substack{-\,+\\+\,-}$ 연기들’로 분화하고 합하여 0이 되며 무극이 되는 중도 파동($\substack{+\,-\\-\,+}$ ⇆ 0 ⇄ $\substack{-\,+\\+\,-}$, + ⇆ 0 ⇄ −)으로, 입자들이 현상되며, 파동 입자들 중합으로 천지 만물이 현화하고 있다.

우주만유 삼라만상을 화현하는 파동(+ ⇆ 0 ⇄ −) 서클(원)에서 ‘+와 −, 2극성 2원성 상대성 인연성’은, ‘0’(창조근원 0 중도)을, ‘1’이 아닌 ‘2’인 짓길이 보이며 ‘양쪽’을 ‘0’화(化)하는 파장성의, 그림자(그림씨 · 만듦씨 · 꾸밈씨 · 모양씨)일 뿐이고, 참으로 있는 실상은, ‘0’(중도 · 진여 · 무극 · 근원 · 창조력 · 사랑 · 神 · 마음 · 하나 · 전체 · 황극)이 있을 뿐이다.

우주만유 삼라만상을 현상하고 있는 파동(+ ⇆ 0 ⇄ −) 서클(원)에서 ‘+’(+작용 · +크기 · +값 · +힘 · +에너지)는 양(陽)이고 ‘헤겔 정반합변증법’의 정(正)이며, ‘−’(−작용 · −크기 · −값 · −힘 · −에너지) 는 음(陰)이요 ‘헤겔 정반합변증법’의 반(反)이고, ‘0’은, ‘헤겔 정반합 변증법’의 합(合)이다. ‘0’이 진여요, 중도요, 무극이요, 근원이요, 전체요, 무궁무진 무한한 허공 하늘이요,· 창조력이요, 마음이요, 절대정신이요, 신(神)이요, 사랑이다.

우주만유 삼라만상을 현화하는 ‘정$^{+}$ ⇆ 반$^{-}$ ⇆ 합^{0} 파동(+ ⇆ 0 ⇄ −)’ 서클(원)에서 정(+)과 반(−) 양쪽은, +만큼 −되고 ‘0’이 되며 무극이 되고, −만큼 +되고 ‘0’이 되며 무극이 되는 ‘0’(전체 · 무궁무진 무한한 하나 · 마음 · 절대정신 · 神 · 사랑)이 있음으로써만 있을 수 있는 그림자이고, ‘0’이 없으면 정(+크기 · +값 · +힘 · +작용)과 반(−크기 · −값 · −힘 · −작용) 2극성(2원성, 상대성, 인연성) 양쪽은 존재될 수 있는 것이 아니다.

이 ‘정$^{+}$ ⇆ 반$^{-}$ ⇆ 합^{0} 파동(+ ⇆ 0 ⇄ −) 과학 원리’로, 헤겔이 주창한

'정반합 변증법'은 관념론이 아니라, '우주창조 법칙'을 표현한 것이라고 해명할 수 있다.

우주만유 삼라만상 일체가, '+와 -, 양과 음, 작용과 반작용, 밝음과 어둠, 높음과 낮음, 추음과 더움, 빠름과 느림, 아름다움과 추함, 극락과 지옥, 흑과 백, 선과 악, 좌와 우…' 등 무수한 '정과 반' 2극성(서로 합하여 0이 되는 서로 정반대로 꼭 같은 짝 양쪽, 환영)들이, 정도 반도 아닌 합(合, 0 · 중도 · 창조력) 일원성(진여)과 일체를 이룸으로써 꾸며지고 있다. 참 실상은 진여('0')가 있을 뿐이고, '서로 합하면 0이 되는 서로 정반대로 꼭 같은 짝 정과 반 양쪽'은, 본디 없는 것을 있는 것같이 그림 그려 보이는 그림씨(참으로 없는 것이 참으로 있는 것같이 보이는 허울, 신기루)이다.

정(양, +, 파동마루, 작용)과 반(음, -, 파동 골, 반작용) 2극성 2진수 양쪽 짝으로 짜여 지는 '음효(陰爻)와 양효(陽爻) 64괘 주역과, 음양오행과, 십간(十干) 십이지(十二支) 육십갑자(六十甲子)'도, 그 기초 자체가 허울 허깨비인, 정과 반 2극성 양쪽 2진수를 기반으로 하여 꾸며지는, 환(幻)의 환(幻)을 표현한 것이므로, 그것에 매이는 것은 헛것(가짜, 속임수)에 매이는 것이다.

'정과 반 2극성 짝 양쪽 허울 그림씨'로 현상되고 있는 '파동 입자 원자 분자들, 유전자들, 세포들' 중합체인 우주만유 삼라만상 일체의 '모양 · 형상 · 현상'들은, '참으로는 있지 않는 환(幻)'의 '환(幻)의 환(幻)'들인 '허울 허깨비'들 중합이다. 일체 현상이, 이러한 '환(幻)'의 '환(幻)의 환(幻)'들인 정과 반 '허울 허깨비'들 현상이고, '남성 여성 남근 여근' 등 무수한 일체 현상이, 모두 허울(허깨비 · 속임씨 · 가짜 · 허상 · 환영)이다. 그런 허울에 속는 것이 부자유요 불행이고, 성 추행 성 폭행들이고,

사상 이념들이다.

정과 반, 선과 악, 흑과 백, 좌와 우 이데올로기 사상 이념은, 양쪽 둘 다 참으로 있는 실상이 아닌 허깨비 허울 환(幻)이면서, 정과 반 환(幻)일 뿐인 양쪽이, 각각 자기를 선(환幻 관념)이고 백(환幻 관념)이고 '참'이라고 주장하고, 상대를 악(환幻 관념)이고 흑(환幻 관념)이고 '가짜'라고 주장하는, 고정관념(幻 관념) 집착관념 편견(幻 관념)이 됨으로써, 좌(幻 관념)와 우(幻 관념)는, 각자 자기의 잘못도 선(幻 관념)이고 백(幻 관념)이고 '진(眞)이라는 생각'(幻, 관념)이 되고, 상대의 잘한 점도 흑(幻 관념)이고 악(幻 관념)이고 '거짓이다는 생각'(幻, 관념)이 되어, '서로가 서로를 비방하고 음해하고 모함하는 논쟁 투쟁'으로, 인간의 본성('중도 마음 · 진여마음 · 순수의식')을 실종시켜 버리고들 있다. 그것이 모든 사회 인간들의 인생살이이고, 모든 나라의 정치이다. 옳고 그른 판단 기준은 인간의 본성(창조근원 · 순수 · 진리 · 진여 · 중도 · 0)이다.

인간의 본성은, '백과 흑, 선과 악, 좌와 우' 결코 어느 쪽도 아닌 '창조근원 0 · 순수의식 0'이다.

'좌 ⇆ 0 ⇄ 우'의 좌도 우도 아닌 '0' **'합'** · **'중도'**만이, '진여 실상'인 것인데, 좌파와 우파 정치인들이, 사람들로 하여금 '생각 자아 자기 쪽은, 무조건 선이다, 백이다, 참이다' 의식이 되고, 상대의 쪽은 '무조건 흑이다, 악이다, 가짜이다' 의식이 되도록 함으로써, 인간들이 결코 자기 본성('0' · '중도' · '진여' · '순수' · '합')일 수 없도록 하여, 모든 것을, 자기 쪽의 것은 흑이라도 무조건 백이라고 생각하고, 상대 쪽의 것은 백이라도 무조건 흑이다고 생각할 줄밖에 모르는 군중들로 우민화하고들 있다.

군중은, 조직의 왕이 입력하는 이데올로기(인간의 생각 · 의식 · 행동을 근본적으로 제약하고 한정하여 규제하는 '사회적 · 제도적 · 역사적 · 보수적 · 지배적' 이념)로만 움직이며, 육신보다도, 자본 권력보다도, '이데올로기 · 사상 · 생각 · 의념'보다 먼저 있는 근원인 '창조근원 0 · 순수의식 · 중도의식 · 주체의식'으로는 존재하지 못하고 있는 '꼭두각시 · 로봇 · 허수아비'이면서, 바로 자기가 꼭두각시요 로봇이요 허수아비인 줄은 모르고, 상대만 꼭두각시요 로봇이요 허수아비라고 인식하는 '어둠의 의식'들이다.

인간이, 자기의식의 근원인 '순수의식 · 주체의식 · 중도의식'을 잃고, 선과 악, 흑과 백, 좌와 우, 테러와 반 테러… 등, '정과 반 2극성 의식'의 '어느 한쪽 집착의식 · 보수주의 의식'이 되면, '순수의식 · 중도의식 · 자기의식(창조근원 0 · 마음)'으로는 판단력을 잃고, 좌와 우, 어느 한쪽 의식으로밖에 판단할 줄 모르게 되는, 군중이 되고 마는 법이다.

정치가 · 판검사 · 경찰 · 스포츠맨 · 교육자 · 자본가 · 종교가 · 교역자들도, 언제나 어떤 때나 무엇을 할 때나, 그들의 근원인 '창조근원 0 · 중도마음'을 잃지 않고 있는 한에서만, 창조근원인 자기의식(주인의식)을 잃음이 없는 주체의식일 수 있다. 그렇지 못하고 '좌파 의식 · 우파 의식 · 자본가 의식 · 당파 의식 · 계급 의식 · 봉건주의 제왕 의식 · 인간 형상 인격신 신앙 의식'이 되어 있는 한, 그들도 '파동 공(空) 앎'인 '전기'가 들어 있는 한에서만, 앎을 낳고 앎을 알며 앎을 이루는 행위자이고 있으면서, 그들에게 최면 암시로 입력된 '소프트웨어 프로그램'의 정체를 모르고, '전기'의 실체를 인식하지 못하고 있는 로봇이나 다름이 없게 되는 것이다.

결코 어떠한 생각에도 매이거나 갇힘이 없는 '중도 마음'(진여마음) 인간들의 사회가, 인간들 각자 자주적 독창적 창의적이면서, 만인의 본성인 '중도 마음'(진여마음)으로 '하나의식 · 하나질서 사회'의 주권자들일 수 있다.

끊임없이 생기며 사라지는 생각흐름을 나로 알고 있는 육체 자아 · 생각 자아 인간들이, 사상과 조직들을 만들며, 인간이 참으로 '진 선 미'를 추구할 수 있는 기회를 실종시켜버리고들 있다.

아이에게 젖을 먹이면 유방(허상) 꼴이 우습게 되고, 그릇 닦기 하면 손이 곱지 않게 되며, 논밭에서 일을 하면 손발(幻) 얼굴(幻) 몸(幻)에 흙먼지 묻는다고, 농촌으로 시집 안 가는 여성들이, 육신(幻)의 주인인 마음(창조근원 0 · 근본지 · 순수의식)이 떠나가 버리면, 온갖 벌레들 세균들에게 먹히고 악취로 사라지고 백골이 되고 말, 똥 오줌 보따리, 육신(幻)을, '진(眞)이다, 선(善)이다, 미(美)이다'고 아는 '생각의 덫'에 걸려서, 성형외과를 찾고, '자본이 신이고, 자본이 왕'이라며, 돈하고만 한 몸이 되는 직업의 '생각 작업 · 생각 노동자'들이 되어, '식욕 · 성욕 · 감각 쾌락'에, 그들의 몸과 혼과 시간을 파묻어 장사지내고들 있다.

참으로 있는 것은, 영원히 창조된 바 없고 생겨난 바 없는 영원한 무 형상으로, '무한영겁 무생 무멸 영존하는 창조근원 0 · 마음 · 공(空)'이 있을 뿐이다. '마음 · 공(空)'은, 영원히 창조된 바 없고, 만들어진 바 없고, 생겨난 바 없고, 변화한 바 없고, 사라진 바 없고, 없어진 바 없는, 절대 무속성인 절대순수요, 결코 무엇으로도 다치게 할 수 없으며, 결코 무엇으로도 없이할 수 없는, '영원한 무현현 · 창조근원 0'이다. 무엇보다도 가장 먼저 있는 '창조근원 0 · 순수의식'이, 진(진여, 실상)이요 참이요 모든 나이다.

인간의 능력, 인간의 실상가치는, '영원한 무현현으로 무한영겁 무생 무멸 영존하는 근원(마음)'이며, '거울과 같이 항상 깨어있는 0'에 있는 것이지, '국내대회 세계대회 미인대회'에서 '브래지어 팬티 육체(幻) 미스 여성'들의 1등 2등 3등을 선발하는 '진 선 미'에 있지 않다.

진여 실체 실상은 우주만유 삼라만상의 근원이요, 영원히, 생겨난 '모양 · 형상 · 형체 · 현상'이 아닌 영원한 무현상인 마음(하늘 · 空 · 진여)이다.

진리는 우주만유 삼라만상을 있게 하는 근원이요, 창조자이며, 영원한 무형상인 마음(하늘 · 空 · 진여)이다.

진여 신(神)은, 생겨난 바 없고, 만들어진 바 없고, 창조된 바 없으며, '생겨날 속성, 불에 탈 속성, 물에 젖을 속성, 변화할 속성, 부서질 속성, 죽어질 속성, 나이들 속성, 늙어질 속성, 병들 속성, 더럽혀질 속성, 사라질 속성, 없어질 속성, 끊어질 속성, 나누어질 속성, 분리될 속성', 결코 어떠한 속성도 없는 영원한 무 속성 무형상인 '영원한 무현현 · 진여 근원 0'이다.

'만들어진 것, 창조된 것, 생겨난 것, 변화하는 것, 더럽혀지는 것, 썩는 것, 늙어지는 것, 병드는 것, 나이 드는 것, 파괴되는 것, 불에 타는 것, 죽는 것, 사라지는 것, 없어지는 것, 끊어지는 것, 나누어지는 것, 분리되는 것, 없앨 수 있는 것', '세균 바이러스 곰팡이 병균, 지진 해일 홍수 가뭄 천둥 번개, 물 불 총칼 핵폭탄, 자본 권력 계급 고문 폭력'으로 '손상되고 파괴되고 변하고 사라지고 없어지는 것'은, 진(眞, 진여, 참으로 있는 것, 실상)이 아닌 가짜이다. 그것은 참으로 있는 것이 아닌 '연극 현상 · 드라마 현상'이고 '꿈 현상'이며, '허상 · 허울 · 신기루'인 '환영'이다. 그런 '가짜요 속임수인 허울 허상'에 속아서 사는 삶이 '이데올로기 삶'이요, 불행이다.

참으로 있는 것은 '창조될 속성, 만들어질 속성, 생겨날 속성, 변화될 속성, 파괴될 속성, 썩을 속성, 물에 젖을 속성, 불에 탈 속성, 끊어질 속성, 나누어질 속성, 분리될 속성, 나이들 속성, 늙어질 속성, 병들 속성, 죽어질 속성, 사라질 속성, 없어질 속성, 없이 할 속성', 결코 어떠한 속성도 없는 '절대 무 속성 진여 근원(마음 · 空)'이다.

진(眞)은, 결코 '생겨날 · 상처 날 · 변화될 · 나이들 · 늙어질 · 병이 들 · 죽어질 · 물에 젖을 · 불에 탈 · 썩어질 · 세균 바이러스 곰팡이에 녹아질 · 끊어질 · 나누어질 · 분리될 · 부서질 · 파괴될 · 사라질 · 없어질 · 자본 권력 고문 폭력과 천둥 번개 홍수 가뭄 핵폭탄 지진 해일에 어떻게 될', 결코 어떠한 속성도 없는 '영원한 무현현 무 현상 · 창조근원 · 공(空)'이다.

진(眞)은, 육신(허상, 幻)과 호흡과 생각보다 먼저 있는 '영원한 절대불변 창조근원 0 · 무생각 · 무의식 · 무아 · 마음태양 · 반야(거울)'이다.

선(善)은, 진여 순수로 순화하기 위한, 보다 위없이 바르고 옳은 수행노력이다.

미(美)는, 진여 순수로 순화하기 위하여 보다 위없이 바르고 옳게 수행 노력한 결과 '근원 · 순수 · 진여'로 회귀한 '붓다 · 그리스도 · 달마 · 조주'이다.

1-5 영원히 보이지 않는 배우

나를 앎이 없이는 자유가 무엇인지, 행복이 무엇인지, 무엇을 위하여 어떻게 살아야 할지, 무엇이 가치인지, 무엇이 목적인지 알 수 없게 된다.

나는 마음(하늘 · 空)이다. 마음은 생겨남도 없고, 사라짐도 없다. 마음은 태어남이 없이 육신만 태어나고, 마음은 늙음이 없이 육신만 늙고, 마음은 죽음이 없이 육신만 죽고 있다.

번역자들이 다른 여러 『티베트 사자의 서』들을 종합하여 보면,

중음신 · 의생신(意生身, 생각질료로만 이루어진 몸)의 관념이, 남녀 육신을 결정하게 된다.

의생신(意生身)은, 남녀가 교합하고 있는 환영을 보고 자신이 성교하고 있는 욕망에 빠지게 된다. 이 중음신이 남자로 태어날 업식이면, 교합하고 있는 여성을 자기와 교합하고 있는 여성으로 인식하며, 남성을 질투하게 되고, 여자로 태어날 업식이면, 교합하고 있는 남성을 자기와 교합하고 있는 남성으로 인식하며, 여성을 질투하게 된다.

그래서 의생신은, 교합하고 있는 남녀로부터 정자와 난자가 방출될 때 쾌감을, 의생신인 자기의 성 감각 쾌감으로 인식하며, 자궁 속으로

끌려들고, 정자와 난자가 합일을 이룬 수정란을 감싸서, 수정란을 자기로 인식하는 희열에 안주하게 된다.

중음계에 있던 의식신 마음이 수정란에 깃들고 육신을 형성할 때, '중앙 공(空) 맥관이 들어서고, 중앙 공(空) 맥관의 좌우 공(空) 맥관인 좌맥 공(空) 맥관과 우맥 공(空) 맥관'이 합한, '기본 삼 공(空) 맥관'이 자리 잡으며, '머리 정수리 차크라(중심 역할을 하는 빛의 소용돌이)'와 '심장 차크라'와 '하단전 차크라'가, 척추 앞에 중앙 공(空) 맥관 인지선상이 수직선 도로를 형성하고, '정자세포'는, 행복에 넘친 '하얀 빛'으로 '중앙 공(空) 맥관'의 꼭대기인 정수리 차크라에 보리심(영원한 절대불변 창조근원 0 · 궁극 침묵 근본지 · 환희심)으로 자리 잡고, '난자 세포핵'은, 행복에 넘친 '뜨겁고 빨간 빛'으로 배꼽 탯줄 아래 '하단전 차크라'에 보리심으로 자리 잡는다.

처음 태내에서 수정란이 인체로 만들어질 때, 최초로, 등뼈가 될 '중앙 공(空) 맥관'이 나타나고, 중앙 공(空) 맥관 꼭대기 쪽으로는 '정자로부터 온 +기(氣)'가 자리 잡고, 중앙 공(空) 맥관 아래쪽에는 '난자로부터 온 -기(氣)'가 자리 잡게 된다.

중앙 공(空) 맥과 중앙 공(空) 맥관의 '왼쪽 공(空) 맥관'과, 중앙 공(空) 맥관의 '오른쪽 공(空) 맥관'이 되는 '기본 삼 공(空) 맥관'이 생겨나고, '기본 삼 공(空) 맥관'에서 파생되는 수많은 '심령신경 공(空) 맥관'들이 가지를 치게 되며, 이들보다 더 미세한 '지백 심령신경 공(空) 맥관'들이 전신의 털끝까지 연결되기에 이른다.

'수정란+의생신'이 몸을 형성할 때, 수정란의 정자세포 '하얀 보리심'에서 정액과 뼈와 골수가 만들어지고, 난자세포 '붉은 보리심'에서 살과 피부와 피가 생성되며, 수정란이 점점 인체로 화현(化現)하여 가게 된다.

자궁에 들어 있는 수정란은, '수정란 경혈 경맥'으로 투과 관류한 '허공 마음(무극마음 · 하늘 마음)'과, 수정란에 들어간 '마음+아뢰야식+말나식 의생신'의 마음에 의하여 5대 원소(地 · 水 · 火 · 風 · 空)가 창조되고 모아지며, 5대 원소로 지어지는 육신이 된다.

우리 육신의 살과 뼈와 냄새 맡는 기관은, 땅(地) 성품으로 형성된다. 혈액과 맛과 체액 기관은 물(水) 성품으로 형성된다. 몸의 온기와 색깔과 시각기관은 불(火) 성품으로 형성된다. 호흡과 촉감 기관은 바람(風, 움직임) 성품으로 형성된다. '몸의 빈 곳 및 육신의 모든 구멍'(눈 · 귀 · 코 · 입 · 생식기 · 항문)들은 허공 성품으로 형성된다.

'수정란+의생신'은, '마음+아뢰야식+말나식'이다. '마음+아뢰야식+말나식'의 마음은, '땅 · 물 · 불 · 바람 · 허공' 등 5대 원소가, 마음과 의식을 감싸고 인체를 형성함에 따라서, 물질의 쌓임인 색온(色蘊), 받아들임의 쌓임인 수온(受蘊), 헤아림의 쌓임인 상온(想蘊), 지어감의 쌓임인 행온(行蘊), 의식의 쌓임인 식온(識蘊) 등, 색(色) 수(受) 상(想) 행(行) 식(識) 오온(五蘊)을 자기라고 여기고, ① 무명(無明) ② 행(行) ③ 식(識) ④ 명색(名色) ⑤ 육입(六入) ⑥ 촉(觸) ⑦ 수(受) ⑧ 갈애(渴愛) ⑨ 취(取) ⑩ 유(有) ⑪ 생(生) ⑫ 노사(老死) 등, 십이연기(十二緣起) 업을 지으며, '마음은 의식에 갇힌다. 의식은 호흡에 갇힌다. 호흡은 육신에 갇힌다.'

마음은, 무명을 제거하지 못하는 한, '오온 · 십이연기 · 업'을 스스로 조성하며, '윤회전생 드라마'를 수없이 되풀이하게 된다. 마음(하늘 · 空)은 이런 '윤회전생 드라마'를 무수하게 연출하는 배우 그 자체이다.

육신의 죽음은, 오감(눈 · 귀 · 코 · 혀 · 몸)과 오대(땅 · 물 · 불 ·

바람 · 허공)가 분해되는 외적인 해체와, '생각과 감정 등 내적인 해체 과정'으로 진행된다.

호흡이 목으로 코로 빠져나가며 날숨은 점점 깊어지며 점점 길어지는 반면에, 들숨은 점점 짧아지고 점점 얕아진다. 이즈음에 피가 모여 심장의 중앙 채널로 들어간다. 마지막 날숨이 길게 세 번 몰아 쉴 때, 세 가지 핏방울이 교대로 심장의 중앙 채널로 모인다. 그리고 마지막 날숨이 끊어진다. 이때 호흡에 갇혀 있던 의식이 호흡으로부터 풀려난다.

이어서, 내적인 해체과정이 잇따르게 된다. 내적인 해체과정은, 7만 2천 심령신경 공(空) 맥관들과 3천 5백만 미세 공(空) 맥관들 속에 내재하는 생명의 모든 바람들이, 몸 안의 중요한 맥들인 24곳의 맥도들 속으로 철수하고, 24곳의 맥도들 속의 생명의 바람들도 '심장 차크라의 8맥관' 안으로 철수한다. 이 8맥관 속을 흐르는 생명의 바람들도 다시 '우맥과 좌맥 두 공(空) 맥관' 속으로 철수하고, '우맥과 좌맥 두 공(空) 맥관' 속의 생명의 바람들도 '중앙 공(空) 맥관'으로 이동하여 '심장의 중심 공(空) 맥관' 속으로 철수하게 되고, '심장의 중앙 심령신경 공(空) 맥관'을 중심으로 해서, '상부와 하부의 생명의 바람들'이, '중앙 중맥 공(空)맥관'인 심장 차크라로 모여든다.

머리 정수리 차크라에 자리 잡고 있던 '정자 세포핵의 행복에 넘친 하얀 빛'이 '심장 차크라'로 내려오고 가슴으로 향하며, 달빛이 비치는 맑은 하늘처럼 보이는 순간을 체험하게 된다. 이때 '밝은 흰색 의식'(空空)이 걷히며 분노에 속한 범속한 33가지 분별 식들이 차례로 사라지고, 의식은 지극히 맑아지며 온갖 생각의 33가지 상태가 종결된다.

그때 배꼽 아래 단전에 자리 잡고 있던 '난자세포핵의 행복에 넘친 뜨겁고 빨간 붉은 빛 정수'가 심장 채널을 향하여 떠오르기 시작하며,

맑은 하늘에 빛나는 태양처럼 붉은 체험을 하게 되고, '밝은 붉은 색 의식'(極空)이 걷히며 욕망으로부터 야기되는 생각의 상태 40가지 기능이 사라지게 된다.

따라서 심장 채널에서 붉은 정수와 하얀 정수가 만나며, 거룩한 행복 축복의 체험이 생기게 된다. 이에 따라서 육신에 갇혀 있던 의식이 육신으로부터 풀려나고, 의식은 붉은 정수와 하얀 정수로 둘러싸인다. 따라서 '심오한 칠흑 암흑 검은 색'(밝은 암흑 색 의식, 정광명과 가까이 있는 의식, 大空)이 벗겨지며, 의식에 갇혀 있던 마음이 7가지 상태 무지와 미혹과 종결을 고하게 되고, 마음이 의식에서 완전히 풀려나게 된다. 비로소 '무엇에도 덮임이 없는 구름 없는 하늘 전체 일체공(一切空, 모든 것을 꿰뚫는 空만이 홀로 또렷한 무색투명한 눈부신 빛의 독존)'이 드러나며, 눈부시게 빛나는 무색투명한 '근원 공(空) 광명' 정광명(원광명, 마음태양)이 육신을 떠나게 된다.

따라서 우리의 마음은 분노에 속한 33가지 상태 생각과, 탐욕에 속한 40가지 상태 생각과, 무지로 인한 7가지 상태 어리석은 생각을 총합한 80가지 의식으로 뒤덮여 있다는 것을 알 수 있다. 따라서 '80가지 총합의식을 벗어버린 궁극침묵 근본지 정광명 마음'이 우리의 본성이라는 것을 인지할 수 있다. 정광명 마음은 '결코 어떠한 생각 의식도 없는 거울'과 같이 깨어있는 마음인 것을 인지할 수 있다.

정광명이 나타날 때 망인의 의식이 정광명과 합일을 이루고 움직임 없는 정광명 정(定)을 이루게 되면, 성불하며, 법신 정토에 왕생(본디의 고향인 淨土로 돌아가는 일)하게 된다.

반면에 망인의 마음이, 육신이 죽은 후 나타나는 정광명을 알아차리고 정광명으로 육신을 떠나지 못하면, 정광명으로 열반 해탈할 때와는 역순 차례로 '무색투명한 눈부신 빛 정광명'(무엇에도 덮임이 없는 전체 空, 일체 空, 무극마음)이, 의식의 7가지 상태 무지와 미혹으로 뒤덮여서 '심오한 칠흑 암흑 밝은 검은 색'(大空)으로 뒤덮이고, 다시 '밝은 붉은 색 의식'(極空)으로 뒤덮이며, 욕망으로부터 야기되는 40가지의 의식에 갇히고, 다시 '밝은 흰색 의식'(空空)으로 뒤덮이며, 분노에 속한 33가지 의식에 갇힘으로써, 마음이 '범속한 80가지 분별식'(제8식 아뢰야식+제7식 말나식+제6식 육체의식)에 갇히게 되는 의생신(意生身, 의식신, 꿈속 질료인 생각 의식 질료만으로 이루어진 몸)을 형성하게 된다.

의생신은, '제8식 아뢰야식+제7식 말나식+제6식 육체의식'이 투영하는, '육체 본위 육체 중심 식욕 · 성욕 · 분노 · 두려움'으로, '어리석은 욕망 · 생각 작업 · 생각 노동'을 하는 데 따라서, 마치 마음이 악몽을 만들며 악몽에 빠지듯이, 자기 생각이 현상화(化)하고 형상 되는, '신의 심판 · 상벌 · 환영 상들'에 파묻혀서 '고문 고통' 당하는 중음신이 된다.

마치 누에가, 자기가 실을 토하여 자기가 토한 실로 자기 몸을 감싸며, '스스로 얽어 만든 누에고치' 속에 꽁꽁 묶여 갇히듯이, 중음 과정에서 중음신은, 무한 생 동안 윤회전생하여 온 자기 생각 의식이 무한하게 일관중합되어 형성된 견고한 자기 '아뢰야식 말나식 누에고치' 속에서 밖으로 해방되어 빠져나오지 못하고, 끝이 없이 끊임없이 '자기 생각 작업 · 자기 생각 노동' 속에서 나타나는 모든 것이, 모두 자기의, 끝이 없이 끊임없는 찰나변화 생멸연속 '아뢰야식 · 말나식 · 생각 의식'으로부터 투영되어 나오는, '아무런 실체도 없는 자기 생각 심상(心象) 공(空) 형상'을, 참으로 실재하는 것이라고 생각하는, '자기 관념체계'에 갇혀서 지옥 고통을 당하게 된다.

'무수한 윤회전생'도, '자기 관념체계'에 갇힌 무수한 윤회이다. 이 모두가 '깨닫지 못한 중생의 무명(無明) 마음'이 연출하는 드라마이다. 드라마는, 참으로 없는 것을 참으로 있는 것같이 조작하여 꾸며 보이는, 꿈과 같은 것이다. 마음은, 정광명으로 해탈하지 못하고, 육신과 생각 의식을 자기로 하는 '재물 욕 · 식욕 · 성욕 · 탐욕'이 되며, 호흡에 갇히고, 육신에 갇히고, 의식에 갇히는 한, '참으로 있지 않는 것을 참으로 있는 것'으로 인식함으로써, 윤회전생을 수없이 되풀이하는 배우이다. '마음은, 영원히 죽지 않으며, 영원히 보이지 않는 배우'이다.

마음은 무극이다. 모든 것이 '전체허공 · 무극(마음)' 속에 있으며, 무극(마음)이 모든 것 속에 있다. '천신 · 아수라 · 인간 · 축생 · 아귀 · 지옥' 육도의 유정에서부터, '깨닫고 해탈 열반한 부처님'에 이르기까지, 생명이 있는 모든 것들의 마음이, 무극(마음)에서 분화하고 무극(마음)이 되는 태극마음들이고, 무극(마음)의 '영원한 절대불변 창조근원 0 · 무생각 · 무의식' 자녀 마음들이다. 그래서 생명 있는 것들의 마음(무극)이 '본래 해탈 · 열반 · 무아 · 무심 · 청정'이요, 붓다라고 하고 있다. 그런 것인데 유정들의 '본래 청정한 마음'이, 생겨나고 변화하고 죽는 육신과 '8식 7식 6식과 호흡' 덮개로 뒤덮여서, 항상 청정심 · 진여마음이지 못하고 있어서 무명(無明)이다.

우리의 마음은, 본래 청정한 진여마음인 무색 투명한 눈부신 빛 정광명이다. 그런 것인데, 우리의 마음이, 생각 의식 감정, 호흡, 육신을 창조하고 육신에 갇혀서 살다가, 육신이 죽는 순간에 깨어있지 못하고, 마음이 '생각 의식 감정, 호흡, 육신'을 창조하고, 마음이 '생각 의식 감정, 호흡, 육신'에 파묻혀서, 마음이 '생각 의식 감정, 호흡, 육신'을 벗어버린 정광명을 알아차리지 못하므로, 육신이 죽고 나서도 육신일 때의 습관의식으로 육신과 같은 모습 의생신을 형성하고, 중음계를 방황하다가, 죽어서도 성 탐욕 욕망에서 해방되지 못하고, 교합하고 있는 남녀의 성문(性門) 속으로 끌려들고, 정자 난자 합일 수정란 속으로 끌려들어, 자기가 육신을 만들고, '마음은 의식에 갇히고, 의식은 호흡에 갇히고, 호흡은 육신에 갇히게' 되며, 남성 육신 아니면 여성 육신으로 존재하기를 끝이 없이 끊임없이 무수하게 되풀이하고 있다.

그렇게 자기가 만들고 자기가 만든 것에 갇히기를 무수하게 되풀이하고 있으면서도, 무명인 마음은 이 사실을 전혀 알아차리지 못하고, '윤회전생 무명 드라마'를 무수히 되풀이하며, 그런 드라마를 무수하게 되풀이하는 배우를 자초하고 있다.

영원히 마음은 태어남이 없이 육신만 태어나고, 영원히 마음은 변화함이 없이 육신만 변화하고, 영원히 마음은 죽음이 없이 육신만 죽고 있다. 마음은, 태어난 바 없으므로 나이가 없고, 마음은 영원히 육신이 아니므로 남성도 아니고 여성도 아니다. 마음은 영원히 육신이 아니요 모양 형상이 아니므로 할머니 · 할아버지 · 노인도 아니고, 거지 · 부자 · 임금님 · 대통령 · 판검사 · 장애자도 아니다.

영원히 육신이 아닌 마음이, 남성 · 여성 몸이 되고, 할머니 · 할아버지 되고, 거지 · 부자 · 임금님 · 대통령 · 판검사 · 장애자 되는 드라마를 하는 배우 노릇을 하고 있다.

배우는 영원히 드라마상의 현상이 아닌 영원한 무(無) 현현(顯現) 근본자 · 창조자이다. 그래서 배우는 드라마에서 남자 · 여자 · 아기 · 젊은이 · 늙은이 · 거지 · 부자 · 장애자 · 왕 · 판검사 · 대통령 · 군경 · 장관 · 신하 · 노예 · 재벌이기도 하다가 죽지만, 드라마가 끝나면 배우는 죽은 바가 없으며, 배우는 드라마 때 무엇을 하였든 영원한 무 현현 무형상인 근본자 · 창조자이다. 이 창조자인 마음을 알고, 청정심을 밝히고 육신이 죽을 때 정광명을 알아차려서, 정광명으로 정토로 왕생하는 수행이 존재의 목적이다.

육신에도 생각에도 갇히지 않고, 영원히 언제나 항상 무색투명한 눈부신 빛 정광명 · 진여마음에만 존재하는 것이, 천상천하 제일 자유이고 행복인 것인데, 우리의 마음은, 마음이 창조하지 않으면 없고 마음이 창조함으로써만 있는 윤회전생 드라마를 무수하게 되풀이하고 있으면서, 그것을 전혀 모르고 있는 무명이다. 이것을 깨닫고, 본래의 영원한 무색투명한 눈부신 빛 정광명 마음을 밝히고, 정광명 마음을 지키는 것이, 무명에서 벗어나는 길이다.

무한영겁 무생 무멸 영존이며 영원한 무형상인 마음으로 보면, 창조되고 생겨나고 변화하고 사라지는 권력 · 계급 · 자본 · 식욕 · 성욕 · 탐욕은, 너무나 하찮고 한시적이고 보잘것없는 허망한 것이다. 결코 생각에 파묻히지 않는 '청정심 · 정광명 마음'보다 더한 보람이 없고, 기쁨이 없는 것이다. 그것을 석가 부처님을 비롯해서 석가 부처님 이후 예수그리스도와 인류의 모든 영적 스승들이 합창하고 있다. 중생은 그런 가르침에 귀기울임이 없다.

그래서 성욕 만족을 제일 행복으로 알고들 있지만, 사실은 '성 감각 · 성 쾌감'은, 행복이 아닌 것을 행복인 것같이 보이게 하고는 10초 전후 짧은 사정 쾌감 곧바로 '무기력 · 불쾌감 · 무상함'으로 본색을 드러내는 신기루이다.

'성욕 · 육신 쾌감 추구'가 지옥 고통인 것을 각성하고 몸에 각인함이 없이, 자꾸 그것을 추구하며 그것에 속고 있음이 '성추행이니 성폭행이니' 하는 불건전 언어로 나타나고들 있다.

성이 불행인 것을 모르고 항상 성욕 탐욕에 집착하고, 성욕 생각에 파묻혀서 무지몽매한 '남근 여근 사정(射精) 쾌감'만을 좇고 있음이 중생이다. 중생이 가는 길이, 고통 불행을 자초하는 낭떠러지이다.

창조됨 없고 생겨남 없이 무한영겁 무생 무멸 영존하는 청정심이, 청정심을 모르는 무지로 무한영겁 윤회전생하고 있는데도, 그것을 전혀 인지하지 못하고 있음이 무명이고, 중생이다. 이것을 각성하고, '진여 청정심 · 마음'을 어둠으로 뒤덮는, 끝이 없이 끊임없는 찰나변화 생멸연속 생각을, 어떠한 고통을 치를지라도 타파함으로써 생각보다 영원히 먼저 있는 '영원한 절대불변 창조근원 0 · 청정심'이, 생각으로 파묻힘이 없는 '청정심 · 환희'(보리심)일 수 있도록, 청정무구한 진여마음 성찰'을 삶의 중심에 두어야 하는 것이, 존재의 유일한 목적이고 핵심이다.

중음신이 수정란에 깃들고, 다시 육신을 만들 때, '정자세포'는, 행복에 넘친 '하얀 빛'으로 '중앙 공(空) 맥관'의 꼭대기인 정수리 차크라에 보리심(영원한 절대불변 무생각 · 무의식 · 근본지 · 환희심)으로 자리 잡고, '난자세포핵'은, 행복에 넘친 '뜨겁고 빨간 빛'으로 배꼽 탯줄 아래 '하단전 차크라'에 보리심으로 자리 잡았다가, 육신이 죽을 때, 머리 정수리 차크라에 자리 잡고 있던 정자 세포핵의 '하얀 빛'이, '심장 차크라'로 내려오고, 배꼽 아래 단전에 자리 잡고 있던 '난자세포핵'의 '뜨겁고 빨간 붉은 빛' 정수가 심장 차크라로 떠올라서, 심장 채널에서 붉은 정수와 하얀 정수가 만나고 합하며, '거룩한 행복 축복'의 체험을 하게 된다. 따라서 남녀 육체교합 때 쾌감은, '육신이 죽은 다음 내적 분해 때, 심장 채널에서 붉은 정수와 하얀 정수가 만나고 결합하며 체험하는 행복 축복의, 그림자 같은 것이라고 인지할 수 있다. 이러한 사실은, 정자와 난자는 기(氣)의 표현이고, "기(氣)는 불멸이며, 기(氣)는 '+와 –' 2원성이 아니라, '0' 일원성이다."고 인식할 수 있다. 따라서 '0' 일원성이 신이고 마음이다.

육신이 죽은 다음 내적 분해 때, '하얀 빛 남성 에너지'와 '빨간 빛 여성 에너지'가 '영구합일'을 이루는 것이 사랑이다. 비로소 일체공(一切空: 무엇에도 덮임이 없는 구름 없는 하늘 전체. 모든 것을 꿰뚫는 무색투명한 눈부신 빛)만이 존재하는 차원이 드러나며, 눈부시게 빛나는 무색투명한 '근원 공(空) 광명'(정광명, 원광명, 마음 태양)이, 육신을 떠나게 된다. 여기 '여성 에너지(-)'와 '남성 에너지(+)'가 합일을 이룬 '0'이 실체라는 앎을 얻을 수 있다.

성 교합 속에서도 결코 '창조근원 0 · 무생각 · 무의식 · 근본지 · 마음'을, '성 교합 육체 감각 쾌감 생각'의 노예로 만들지 않는 것이, 최상의 존재 차원이다.

1-6 진여마음

끝이 없이 끊임없는 찰나변화 생멸연속 현재는, 끝이 없이 끊임없는 바로 지금, 끝이 없이 끊임없이 생기고 변하고 사라지는 연속 생각이고, 끝이 없이 끊임없이 생기고 변하고 사라지는 시간이다. 그래서 현재는, 찰나변화 생멸연속 시간이고, 찰나변화 생멸연속 생각이다.

주관과 객관, 있음과 없음, 고움과 미움, 높음과 낮음, 안과 바깥, 밝음과 어둠, 추움과 더움, 자유와 부자유, 잘남과 못남, 행복과 불행, 천당과 지옥, 나와 너, 선과 악, 백과 흑, 보수와 진보, 좌와 우… 등 무수한 일체의, '서로 합하면 0이 되는, 서로 정반대로 꼭 같은 짝' '관념 · 감정 · 사상 · 생각 현상'이, '영원한 절대불변 창조근원 0 · 진여마음'보다 '나중에 · 뒤에' 있다.

부자유 · 불행 · 스트레스는, 끝이 없이 끊임없는 찰나변화 생멸연속 현재(생각, 시간)보다 끝이 없이 끊임없이 먼저 있는 진여마음이, 끝이 없이 끊임없는 생각으로 뒤덮이며, 끝이 없이 끊임없는 생각에 파묻힘으로써, 영원히 생각인 바 없는 진여마음이 실종되어 버리고 있는 데 있다.

석가 부처님은 열반경에서 다음과 같이 가르친다.

"일체의 모양이 없어진 데를 '참'이라 하나니, 이것을 실상이라 하고, 법(法)이라 하고, 공(空)이라 하고, 진여라 하느니라. 법신(法)은 공(空)이니라. 공(空)이 진여이고, 법신(법法)이고, 마음이니라. 공(空)은 '생(生)도 없고 멸(滅)도 없는 법신(法)'이니라. 허공과 불성과 여래는 생멸 없는 '진여 몸'인 '법신(法)'이니라. 나란 법신(法)이고, 여래이고, 불성이고, 마음이니라. 여래는 진여(空)로부터 왔다는 뜻이니라. 여래의 성품은 아무런 상(狀)이 없는 공(空)이니라."

모양 · 형상 · 말 · 언어 · 생각 · 의식 · 사상 · 감정, 시간 등 '일체의 창조되는 것, 만들어지는 것, 생겨나는 것, 없어지는 것, 변화하는 것, 나누어지는 것, 분리되는 것'이 덮개이다.

'절대자유 · 절대행복 · 절대극락'은, '영원한 절대불변 창조근원 0 · 생각 없는 무(無) · 중도 · 진여마음'이, 결코 어떠한 덮개로도 뒤덮이지 않고, 어떠한 덮개에도 파묻힘이 없는 절대순수(진여마음)에 있다.

영원히 언제나 항상, 진여마음을 생각으로 파묻음이 없이 보고, 진여마음을 생각으로 파묻음이 없이 듣고, 진여마음을 생각으로 뒤덮음이 없이 말하고, 진여마음을 생각으로 뒤덮음이 없이 생각하고, 진여마음을 생각으로 파묻음이 없이 행하는 데에, 깨어있음이 있고, 자유가 있고, 행복이 있다.

생각으로 뒤덮임이 없이, 영원히 언제나 항상 '창조근원 0 · 근원'에 있는 진여마음이, 참으로 자유이고 참으로 행복이다. 이 진여마음에서는, 성 감각 쾌감이란, 너무도 하찮은 짧은 순간 착각 · 환각 · 환영일 뿐이다.

인간이 성의 노예 되고 성으로 파멸하게 되는 원인은, 끝이 없이 끊임없는 찰나변화 연속생멸 현재 진여마음이, '기둥의식'이지 못하고, 진여마음이 성 생각으로 파묻히며 성 현상에 속고 있기 때문에 있는 일이다.

인간이 성 욕망에 빠져 있게 되는 것은, 인간이 항상 '진여마음'이지 못하고, 육신과 생각을 자기로 아는 '육체 자아 · 생각 자아 생각'이 되어, 성 생각 · 성 현상에 파묻히기 때문에 있는 일이다.

인간은 누구나 태어난 이후, 시각과 촉각 등 오감을 설레게 하는 '육체변증법'이, 남성과 여성을 눈뜨게 하면서, 맹목적으로 성의 노예가 되고, 종국에는 '성 탐욕 · 성 탈선'으로 인한 불신과 배신을 초래시키기도 하며, 별의별 문제를 야기하고 파경을 자초하기도 한다. 그만큼 성은, 모든 나(진여마음)를 생각으로 뒤덮고, 생각으로 파묻고 마는 마력의 '여의봉 구덩이'이다. 성의 노예 되지 않고, 성으로 죄 짓지 않으며, 성으로 파멸하지 않는 '기둥의식'이 절대 필요하다.

육신과 생각을 자기로 아는 '육체 자아 · 생각 자아 생각'과 동화되지 않고, 항상 '육신보다, 생각보다' 먼저 있는 진여마음(창조근원 0 · 무생각 · 무의식 · 순수의식)이 자기인 것을 알고, 진여마음을 생각으로 뒤덮음이 없는, 항상 진여마음일 수 있어야, 깨어있는 인간이다.

'영원한 절대불변 창조근원 0 · 직접인식 거울'과 같이 '항상 깨어있는 직관지 · 근본지 · 진여마음'이, '중도마음이요 중도의식이요 순수의식'(결코 절대로, 좌파의식 우파의식이 아님)이다.

진여마음이, '결코 어떠한 말과 언어 · 사상 · 감정 · 행위 · 생각'에도 뒤덮이지 않고, 파묻히지 않고, 갇히지 않음으로써, 진여마음을 떠남이 없이 보고, 진여마음을 떠남이 없이 듣고, 진여마음을 떠남이 없이 말하고, 진여마음을 떠남이 없이 생각하고, 진여마음을 떠남이 없이 행하는 데에, 주체의식이 있다. 이 주체의식이 기둥의식이다. 항상 주체의식 · 기둥의식이, 생각으로 뒤덮임이 없고 파묻힘이 없어야 자유인이고, 깨어있는 것이고, 군중이 아니고, 꼭두각시가 아니다.

우리의 고유 미풍양속 문화만으로 순진하게 살 수 있었던 시대와는 달리, 오늘날은 대중잡지 · 만화 · 영화 · 비디오 · 인터넷을 통해서 빨가벗고 놀고 있는 포르노와 만나게 되는 시대이고, 컴퓨터로는 화면 속의 모델의 옷을 하나씩 벗기고 누드모델의 남녀 성기를 크게 확대하여 짝지어 보여주며, 짝 짓는 소리까지 따라 보내므로, 눈과 귀를 함께 사로잡는 '마음 홀리기'가, 사람들의 무의식 원시본능을 충동질하고 사로잡는 시대이다.

종교와 도덕이 아무리 성도덕을 말하고 비판하여도, 사회는 '세속 인간들의 의식구조와 조직구조를 요리하는 자본이 왕인 사람들'에게 힘이 쏠리고, 힘이 쌓이도록 꾸며져 있어서, '조직과 돈이 힘이고 왕이요 신이며 권력'인 '돈 만능 조직권능'을 무너뜨릴 수 없고, 권력을 얻고 돈을 벌기 위해서라면, 결코 어떤 수단 방법도 가리지 않는 로비스트(자본으로 대통령과 정치인들을 만드는 권력 만들기와, 입법에 방향타를 쥐는 막후정치자본가)와 마피아(안하무인 로비스트로 자본권력 · 무기권력 · 폭력권력)가 꾸미는 '정치와 자본과 폭력과 도박과 마약과 포르노 문화'와, '돈의 포로, 조직의 포로'들과 맞닥뜨리지 않을 수 없게 되어 있다.

현대는 자본주의 시대이다. 자본주의는 '자본 권력 계급 조직 없는 절대 다수'의 인간들을 기만하고 착취하며 고통과 절망만을 안겨주기 때문에, '자본주의의 그런 자기모순 약점'이 스스로 무너지며 종말을 맞이하게 되어 있다. 그래서 자본주의는 '의존할 바, 기댈 바, 믿을 바 없는 악의 축'이 되어 있다. 현대는 그런 시대여서, 구극의 가치이고, 자유 · 평화 · 행복의 근원이며, 무한영겁 무생 · 무멸 · 영존하는 진여마음을 놓침이 없는 주체의식이 없이는, 결코 자유일 수 없고 행복일 수 없는 시대이다.

믿고 의지하고 기댈 것은 오직 자기 자신의 진여마음이 있을 뿐이다. 그래서 석가님도 예수님도 "'각자 자기 속에 있는 자기'(불성, 그리스도,

진여마음)를 믿고 받들며, 자기 속에 있는 자기에게 모든 정신과 마음과 정성을 다하여 헌신하라."고 하셨다.

창조되고 생겨난 무엇보다도 가장 먼저 있는 중도의식 · 기둥의식인 '진여마음'이 '나'이다. 남이 '나'를 속이는 것이 아니다. 결코 생각이 아닌 중도의식 · 기둥의식인 '진여마음'을 생각으로 파묻음이 없이, 항상 '진여마음'으로 보고, '진여마음'으로 듣고, '진여마음'으로 말하고 느끼고 생각하고 행해야 할 중도의식 · 기둥의식 '진여마음, 나'가, 나와 남의 말 · 언어 · 행위 · 생각으로 뒤덮이고 '육체 자아 · 생각 자아'가 되어, 현상을 실상으로 알며, 현상에 속고 있는 것이다.

남이 '나'를 현혹하는 것이 아니라, '진여마음, 나'가, '나'를 생각으로 뒤덮고, '육체 자아 · 생각 자아인 가짜 나'와, '남의 말 · 언어 · 생각 · 행위'에 '나'가 파묻히며, '현상에 속고 현상에 현혹되고 있는 것'이다.

수도승들은 "온갖 장애를, 해탈을 얻는 수단으로 삼고, 장애를 통하여 해탈을 얻으라."고 말한다.

포르노가 '나'를 사로잡는 것이 아니다. 결코 생각으로 파묻힘이 없어야 할 '진여마음, 나'가, '육체 자아 · 생각자아 생각'으로 뒤덮이고 생각이 되어, 스스로 포르노에 사로잡히고 있는 것이다.

따라서 무엇보다도 중요한 것은, 어떠한 경우에도 '진여마음, 나'가, '나'를 생각으로 파묻음이 없이 보고, '나'를 생각으로 파묻음이 없이 듣고, '나'를 생각으로 파묻음이 없이 말하고, '나'를 생각으로 파묻음이 없이 생각하고, '나를 생각으로 파묻음이 없이 행함으로써, '365일 날마다 24시간 언제나, 어떤 때나, 무엇을 할 때'나, '나'(진여마음)를 생각으로 뒤덮음이 없이 보고, '나'를 생각으로 파묻음이 없이 듣고, '나'를 생각으로 파묻음이 없이 말하고, '나'를 생각으로 파묻음이 없이 생각함으로써,

결코 '나'를 생각으로 파묻음이 없는 데에, 깨어있음이 있으며, 결코 어떤 현상에도 속음이 없고, 결코 어떠한 현상에도 현혹됨이 없고, 결코 어떤 현상에도 사로잡힘이 없는 것이다.

지나가는 여성의 엉덩이를 바라보고 있는 네 마음을 보라. 그러면 여성의 엉덩이를 바라보며 일어나고 있는 그 생각이, 사라진다."

—라즈니쉬

위의 가르침을 다음과 같이 확장할 수 있다.

"빨가벗은 여성의 유방을 바라보고 있는 네 마음을 보라. 빨가벗은 여성의 문을 바라보고 있는 네 마음을 보라. 빨가벗은 남녀가 남근과 여근으로 하나 되고 있는 것을 바라보고 있는 네 마음을 보라. 그러면 그것을 바라보며 일어나고 있는 생각이, 네 마음을 뒤덮지 않게 된다. 생각은, 생각이 일어나는 것을 마음이 알아차리면 사라는 것이다."

생각의 노예 됨이 죄이고, 생각의 노예 됨이 부자유이고, 생각의 노예 됨이 불행이다.

다음과 같아야 생각의 주인이 될 수 있다.

"24시간 날마다 언제나 영원히, 끝이 없이 끊임없이 일어나고 있는 찰나변화 연속생멸 생각을 끝이 없이 끊임없이 알아차리라. 그리하여 생각이 일어나고, 생각이 변화하고, 생각이 머무르고, 생각이 사라지는 것을 끝이 없이 끊임없이 항상 알아차려서, 끝이 없이 끊임없이 모르는 때가 없어야 한다."

'진여마음'에는, 본래 결코 어떠한 생각도 없다. '불행하다, 외롭다, 두렵다, 억울하다'는 생각이 오거든, 성욕 생각이 튀어나오거든' 곧바로 그 생각을 알아차리라. 그러면 생각이 사라진다.

'보고 듣고 말하고 생각하고 행할 때 생각'을, 생각이 일어나기 전의 '생각 없는 무(無) 근원, 진여마음'으로, 바라보고, '진여마음'으로 듣고, '진여마음'으로 말하고, '진여마음'으로 생각하고, '진여마음'으로 행함으로써, 영원히 언제나 항상 오직, '생각 없는 무(無) · 창조근원 0 · 진여마음'만 존재하도록 하라.

결코 어떠한 때도 '진여마음'이, 생각의 부림을 당하지 않는 주인이 되고, '진여마음'이 생각을 부리는 왕이 되는 생활을 한다면, 부부와 자녀들 온 가족이 늘 평화하며 행복하게 될 것이다.

1-7 사랑은 기(氣) 에너지이다

여고생들을 상대로 설문조사를 한 결과, 사랑하는 남학생과 잠을 자는 것은 잘못이 아니라고 하는 답변들이 많았다고 한다.

> 연애는 아름다운 소녀와의 첫 대면에서 시작되어, 보조개가 곰보로 보일 때까지의 과정이다. ―발티모어

> 한 사람만을 평생 연모할 수 있다고 단언하는 것은, 한 자루의 초가 평생 탈 수 있다고 단언하는 것과 같다. ―톨스토이

더군다나 돈만 주면 무슨 짓이든지 다 하게 되고, 돈으로 누구든 매수하여 돈으로 누구든 지배하는, '돈이 주인이고, 돈이 왕인 마피아 사회'에서, 누가 누구를 믿고 누구를 의지하겠다는 것인가?

생각 자아 인간들은, '끝이 없이 끊임없는 찰나변화 연속생멸 현재 찰나변화 연속생멸 생각' 그 자체이기 때문에, 믿고 의지할 바가 못 되는 것이다.

무명 업식이 항상성인 인간들은, 항상 '진여마음'(순수의식)이지 못하고 있기 때문에, 육신이 죽을 때까지 사는 동안에, 예기치 못한 별의별 일들을

맞이하게 되며, 그때마다 '생각자아 생각'이 변할 수 있는 가변성이다.

더군다나 성(性)은 무엇이라고 예단하여 단정할 수 없는 성정이다. 성정은, '찰나변화 연속생멸 현재 찰나변화 연속생멸 생각'이기 때문에, 생각자아 아무도 믿을 수 없으며, 생각자아 자기 자신도 믿을 수 없는 것이다.

80% 이상의 여성들이 오르가즘이 무엇인지도 모르고 살고 있다고 하고, 여성의 음욕은 '파도 오르가즘'이다 고 알려져 있다. '파도 오르가즘'이 여성의 화냥기이다. 여성은 수많은 '파도 오르가즘'을 가지고 있는 반면, 남성은 너무도 짧은 한 순간만의 사정 쾌감 '하나의 오르가즘'밖에 없다. 성교로 여성의 몸이 깨어나게 되어 여성 에너지가 불붙게 되면, 잠을 깬 여성 에너지는 보다 높은 오르가즘으로 올라가려고 한다. 여성의 성 감각은 이제야 점점 불붙기 시작하려고 하는데, 사정을 하고 난 남성은, 더 이상 여성 욕망을 불태울 사랑(龍, 성 용솟음 힘)을 잃고, 무기력이 되고 말기 때문에, 여성은 불만이 되고, 불쾌가 되고 만다.

남성은, 삽입이 되고 사정이 이루어지기 전까지는, 영원히 불타오를 것 같이 열정적이다가, 사정(射精)이 되고 나면, 용(성 용솟음 힘)을 잃어버리고, 위축될 대로 위축되어 무기력하기만 한, 죽은 남근이 되어, 물이 가득하고 하마 입안같이 크게만 감각되는 여근에 실망하게 되며, 남근의 여근에 대한 선망이 사라지고 말게 된다. 그래서 사정을 하고 나면 여근을 혐오하게 되는 속성이 남근이요, 남성이다.

남근(여의봉)의 속성은, 성의 기(氣)가 용솟음치므로 용궁에 들어갔다가 사정이 되고 나면, '활력도 열의도 끌림도 매력도 흥미도' 잃게 되고, '자괴감 · 상실감'만 얻고 형편없이 위축된 몰골로 초라하게 용궁을 떠나가는 속물이다. 그래서 사정성교를 하고 나면, 남근은 무기력하기만 한 미꾸라지 신세가 되며, 바다 속 같은 여근에 대하여 환멸을 느끼다가 권태요, 싫증이요, 무관심이 되기에 이르게 된다. 그래서 사랑이 영원할 것이라고 믿고 있던 여근들이 배신을 당하고 실망하게 되는 것이다.

남성이 사정 쾌감만을 위하는 성행위는, 다중 오르가즘 여근을 1회용으로 사용하고 나서 버려 버리는 행위와 같다. 남근은 사랑을 방출하고 나면, 곧바로 불은 사라지고 에너지가 상실되며 무기력이 되고, 남근이 형편없이 작아지고 마는 좌절감이 된다. 그것은 남성의 귀중한 보물인 정액만 잃어버리고 만 어리석음이 된다.

남성은, 너무도 짧은 한 순간만의 사정 쾌감이 행복인 듯이 남성을 유혹하여 속이는 함정이라는 자각이 없다. 그러면서 남성은 성의 기가 차오르면 꼭 같은 속임을 당하는 사정 쾌감의 노예가 되고 있으며, 그것을 행복으로 착각하고 있다. 남성은, 사정쾌감은, 몸을 살아 있도록 하는 귀중한 보물인 정액을 몸에서 배출하는 찰나 순간만 행복인 듯이, 남성을 빠지게 하여 헤어나지 못하게 하는 '골탕 늪'이라는 각성이 있어야 할 처지이다.

또한 여근과 남근 쾌감은, '너무도 하찮은 짧은 찰나순간의 환각'이 행복인 것같이, 남성 여성을 착각시키는 속임수이다. 참되고 영원한 실존이고 행복은, 오직, 청정한 하나(하늘 空 마음, 神, 사랑)에 있을 뿐이다.

영적 지성들은 '사랑은 신(神)이다'고 말한다.

창조된 바 없고 생겨난 바 없으며, 모양도 색깔도 냄새도 없이, 무한 영겁 모든 곳에 가득한 '창조근원 0 · 청정한 실상'이, 진여이다.

'창조된 바 없고 생겨난 바 없이 모든 곳에 가득한 텅 빈 전체'가,

결코 끊어질 수 없고 나누어질 수 없고 분리될 수 없는 바다요, 진여요, 무극(전체)이다.

진여는 '생겨나지 않는 근원 0 · 사라지지 않는 근원 0'(텅 빈 가득한 바다)이다.

진여는, 결코 무엇으로도 끊을 수 없고, 결코 무엇으로도 나눌 수 없고, 결코 무엇으로도 분리할 수 없는 텅 빔으로 가득한 바다이다. 또한 진여는, 결코 무엇으로도 태울 수 없고, 결코 무엇으로도 적실 수 없고, 결코 무엇으로도 상처 낼 수 없고, 결코 무엇으로도 부술 수 없고, 결코 무엇으로도 없이할 수 없는 '텅 빈 가득한 근원 0'이다. 진여가 기(氣)이고 마음이고 신이다.

'창조된 바 없고 생겨난 바 없는 텅 빔'으로 무한영겁 모든 곳에 가득한 '무극 공(空)'에서 분화하고 '무극 공'이 되는 '음⁻양⁺ 파동(+ ⇆ 0 ⇄ −)'으로 천지만물이 현상되고 있다.

시간도 공간도 시작도 끝도 없는 무극으로 무궁무진 무한한 전체 허공의 창조력이, 사랑이고 신이다.

우주 전체로 참으로 있는 것은, '유일무이한 불이의 무궁무진 무한한 하나'(神, 곧 '0')가 있을 뿐이다. 그래서 라마크리슈나는, "오직 신(神)만이 존재하고 있다. 신이 있지 않는 곳은 결코 어디에도 없다. 신은 모든 것 밖에 있으며 모든 것 안에 있다. 신의 밖에 있는 것은 결코 아무것도 없다. 신 속에 모든 것이 있고, 신이 모든 것 속에 있으며, 모든 것 속에서 신이 모든 것을 다 하고 있다."고 하였다.

모든 것 속에 있는 신(神)이 곧 영(靈)이요, 생명이요, 마음이요, 사랑이다. 그래서 신이 사랑이다. 사랑은 신이다. 그래서 진정으로 서로 안에 있는 신과 합일을 이루는 것이 사랑이다.

'+전기와 −전기'와 같고, 'N⁺극과 S⁻극 자력'과 같이, +기(氣)와 −기(氣)와 같이, '서로 끌어들이고 서로 끌어당기며 서로 끌어 붙는 힘의 합일'이 사랑이다.

'전기의 인력, 자석의 자력'과 같이 '보이지 않는 기(氣)'의 인력 무극창조력으로, 우주만유 삼라만상이 현상되고 있다. 이러한 기(氣)의 인력 창조력이 사랑이고 신이다.

사랑은, 서로 끌어들이는 힘(氣)이고, 서로 끌어당기는 힘(氣)이고, 서로 끌어 붙는 힘(氣)이다.

사랑은, 서로 끌어들이는 기(氣, 힘 · 에너지)의 합일, 서로 끌어당기는 기(氣)의 합일, 서로 끌어 붙는 기(氣)의 합일이다.

사랑은, '마음과 마음의 합일, 기(氣)와 기(氣)의 합일, 신(神)과 신(神)의 합일'이다.

칼릴 지브란은, "부부는 영원히 하나가 되기 위하여 태어난 사이이다." 고 하였다.

꽃은 식물의 성기이다. 암꽃술⁻은 여성이고, 수꽃술⁺은 남성이다. 식물의 성기인 수꽃⁺과 암꽃⁻이 따로따로인 호로과 식물을 제외하고는, 대부분의 꽃들이, 암술⁻과 수술⁺이 한 몸을 이루고 있는 '음⁻양⁺ 합일 한몸'이며, 일생 동안 분리됨이 없이 함께 일생을 마친다. 이러한 꽃은 +성(性)과 −성(性)이 일생 하나로 태어난 것이다. 부부는 이러한 꽃봉오리로 태어나서, 꽃으로 피어나고, 꽃으로 죽는 사이이다. 사랑은, 꽃의 분리되지 않는 일생 '음⁻양⁺ 합일 한몸'에 있다.

'+와 -, 양과 음, 음⁻양⁺이라는 것'은, 분리되어서는 존재일 수 없는 비존재이고, 합일되어 '0'이 됨으로써만 존재일 수 있다. '좌와 우, 선과 악, 백과 흑' 2극성 2원성이라는 것도 '0'의 그림자일 뿐, 존재가 아닌 환영이다. 사랑은 영원히 분리될 수 없는 +기(氣)와 -기(氣)의 합일이다.

남녀 교합은, 결코 에너지의 낭비가 아니요, 에너지의 방출이 아니어야 하는 것이다.

인간은 탄트라적인 성을 통해서 전혀 정액을 방출하지 않는 사랑(음⁻양⁺ 에너지 합일 0)일 수 있다. 사랑(음⁻양⁺ 에너지 합일 0)은 가장 심오한 명상이요, 가장 심오한 기쁨이다.

성을 깨닫기 위한 수단으로 승화하는 탄트라(性을 통해서 육신이 아닌 에너지와 에너지의 합일을 이루는 테크닉)의 가르침을 보면, 남녀합신일신(男女合身一身)은, 결코 절대로 정액방출 없이 에너지의 합일을 이루는 것이다.

남성은, 정액 방출로 인하여 남근이 쪼그라들고, 여근은 정액으로 적셔져서 크기만 하게 느껴진다. 남근은 정액 방출이 되고 나면, 더 이상 여성을 연주할 수 없는 실망감 · 허망감 때문에, 여근을 혐오하게 된다.

남성은 결코 절대로 정액방출은 하지 않고, 시종일관 처음의 넘치는 에너지가 몸 안에 그대로 머물러 있도록 하고, 항상 처음의 불의 상태가 떠나지 않도록 함으로써, 에너지의 충만이 떠나지 않도록 하는 한에서만, '남녀합신에서 오는 쌍방 즐거운 유종의 미'를 거둘 수 있다.

남⁺녀⁻가 에너지로서 만나고, 정액방출 없이 처음의 불의 상태에 남아 있을 때만이, 생명학적 영적인 만남이 이뤄지며, 항상 에너지의 서클(원, O)이 가능하게 된다. 사정을 위한 수단으로 남녀합신이 되지 않고, 언제나 처음의 불의 근원에 머물러서 두 몸의 에너지가 하나 됨을 이루어야 하는 본분이 남성이다.

남성의 본분은, 남녀합신 일신으로 남성 에너지$^{+}$와 여성 에너지$^{-}$가, 마치 '+전기와 −전기 흐름 서클(원, O)'과 같고, 'N^{+}극과 S^{-}극 자력 흐름 서클(원, O)'과 같은, '남성 에너지$^{+}$와 여성 에너지$^{-}$ 합일 서클(원, O)'을 이루는 것이다.

신(神)은, '끌어들이고 끌어당기며 끌어 붙는 힘'(${}^{+-}_{-+}\,0\,{}^{-+}_{+-}$)으로 무엇이든 현상하는 창조력(${}^{+-}_{-+}\,0\,{}^{-+}_{+-}$ 神, 사랑)이다. 창조력(${}^{+-}_{-+}\,0\,{}^{-+}_{+-}$ 神, 사랑)이 신(${}^{+-}_{-+}\,0\,{}^{-+}_{+-}$)이고, 창조력(${}^{+-}_{-+}\,0\,{}^{-+}_{+-}$ 神, 사랑)이 사랑(${}^{+-}_{-+}\,0\,{}^{-+}_{+-}$) 이다. 그래서 사랑(${}^{+-}_{-+}\,0\,{}^{-+}_{+-}$)이 신(${}^{+-}_{-+}\,0\,{}^{-+}_{+-}$)이고, 신(${}^{+-}_{-+}\,0\,{}^{-+}_{+-}$)이 사랑(${}^{+-}_{-+}\,0\,{}^{-+}_{+-}$)이다.

전체 허공은, 전체 '0'(무극 · 바다 · 하나)에서 분화하여 전체가 되는 부분(전체에서 분화하여 전체가 되는 부분무극, 서로 합하면 0이 되는 서로 정반대로 꼭 같은 짝 2극성 2원성 +와 −, 작용$^{+}$과 반작용$^{-}$)들을 분화하고, 부분들을 합하여 0이 되며 '하나가 되고 전체가 되고 무극이 되는' 파동(+ ⇆0⇄ −)으로, 무엇이든 현상(창조)하는, '근본에너지 · 창조에너지 · 마음 에너지'이다.

'유일무이한 불이의 무궁무진 무한한 전체 허공'의 파동(+ ⇆0⇄ −)으로 우주만유 삼라만상이 현상되고 있다. 우주만유 삼라만상을 현상하고 있는 파동(+ ⇆ 0 ⇄ −)의 '+'와 '−'는, 있는 것이 아니면서 '+'와 '−'와 '0'과 3원리일체를 이루고 있는 한에서만, 없는 것이 있는 것같이 보여질 수 있는 그림씨이다. 그림씨는 '0'(무극 · 전체 · 무궁무진 무한한 보이지 않는 하나 · 보이지 않는 바다 · 보이지 않는 근원 · 마음 · 神)의

그림자이다.

참으로 있지 않는 것을 있는 것같이 그림 그리는 그림씨인 '+'와 '−' 파동으로 그림 그려지는 현상이, 우주만유 삼라만상이고, 우리들의 육신이요, 남근 여근 현상이다. 우주만유 삼라만상은, 참으로는 있지 않는 허상인 것이 참으로 있는 것같이 보이는 현상이다. 우주 전체를 통틀어서 참으로 있는 것은 오직 '0'이 있을 뿐이다.

무수한 천체들이 떠 있는 허공에서부터 우리들의 '코로 입으로 피부로' 우리들 속으로 드나들고 있는 허공에 이르기까지, 모든 곳에 가득한 무궁무진 무한한 전체 허공이, 결코 어디에도 있지 않음이 있을 수 없는 무소부재 일신(一身)이고, 결코 무엇도 하지 않음이 있을 수 없는 무소불위 일신(一神)이다. 그러므로 허공은 근본에너지이고 창조에너지이고 마음에너지이다.

'일신(一身) 일신(一神) 마음 에너지인 전체 허공'이, 결코 끊어지지 않고 나누어지지 않고 분리되지 않는 무극이며, 끌어들이고 끌어당기며 끌어 붙는 하나(바다)요, '$+^{\text{상}}$ $-^{\text{하}}$ $-^{\text{좌}}$ $+^{\text{우}}$ 4대칭 공간'이 $\begin{smallmatrix}+&-\\-&+\end{smallmatrix}$로 연기하여 '+ − 0 · − + 0'이 되는 파동(+ ⇆ 0 ⇄ −)이고, '$-^{\text{전}}$ $+^{\text{후}}$ $+^{\text{내}}$ $-^{\text{외}}$ 4대칭 공간'이 $\begin{smallmatrix}-&+\\+&-\end{smallmatrix}$로 연기하여 '− + 0 · + − 0'이 되는 파동(+ ⇆ 0 ⇄ −)이다. 그래서 전체 허공은 크게 분화되어도. 작게 분화되어도 결코 어떠한 크기 작기로 분화되어도 '+(상) −(하) −(좌) +(우) 4대칭 힘'(공간)이 연기한 $\begin{smallmatrix}+&-\\-&+\end{smallmatrix}$ 사랑이고, '−(전) +(후) +(내) −(외) 4대칭 힘'(공간)이 연기한 $\begin{smallmatrix}-&+\\+&-\end{smallmatrix}$ 사랑이다.

그래서 허공은 영원히 언제나 항상 '0'이며, 언제나 '0'이 되는 에너지 보존법칙이고, 결코 아무것도 창조된 바 없는 '0'이고, 결코 아무것도 창조되기 전의 '0'이고, 모든 것이 나오는 '0'이며, 영원히 결코 분해될 수 없는 유일무이한 불이의 '1'(하나)이다. 이 하나('1')가 사랑이다. 신(神)은 영원히 하나('1')이며, 사랑도 영원히 하나('1')이다.

전체 허공은 일신(一身) 일신(一神)이며, '끌어들이고 끌어당기며 끌어 붙는 힘'(사랑, $\begin{smallmatrix}+&-\\-&+\end{smallmatrix}$ 0 $\begin{smallmatrix}-&+\\+&-\end{smallmatrix}$)으로 무엇이든 창조하는 신(神)이다.

사랑은, '끌어들이고 끌어당기며 끌어 붙는 힘'($\begin{smallmatrix}+&-\\-&+\end{smallmatrix}$ 0 $\begin{smallmatrix}-&+\\+&-\end{smallmatrix}$)이다.

전기의 +전기력과 −전기력, 자석의 N(+)극과 S(−)극의 '+와 −, −와 +'는 서로 합하면 0이 되는 서로 정반대로 꼭 같은 짝 2극성 2원성으로서, 서로 끌어들이고 끌어당기며 끌어 붙는 힘이지만 서로 같은 힘인 '−와 −, +와 +'는 서로 밀어내는 힘이다.

'+ − · − + 4대칭 $\begin{smallmatrix}+&-\\-&+\end{smallmatrix}$ 연기와 '− + · + − 4대칭 $\begin{smallmatrix}-&+\\+&-\end{smallmatrix}$ 연기는 각각 '+와 −, −와 +'가 끌어들이고 합하여 0이 되는 에너지보존법칙 창조력이다. $\begin{smallmatrix}+&-\\-&+\end{smallmatrix}$ 사랑은 위와 아래 좌우로 무한으로 끌어들이고 끌어당기며 끌어 붙는 무한연속 $\begin{smallmatrix}+&-&+&-&+&-&+&-&+&-&+&-\\-&+&-&+&-&+&-&+&-&+&-&+\end{smallmatrix}\cdots$ 창조력일 수 있고, $\begin{smallmatrix}-&+\\+&-\end{smallmatrix}$ 사랑도 위와 아래 좌우로 무한으로 끌어들이고 끌어당기며 끌어 붙는 무한연속 $\begin{smallmatrix}-&+&-&+&-&+&-&+&-&+&-&+\\+&-&+&-&+&-&+&-&+&-&+&-\end{smallmatrix}\cdots$ 창조력일 수 있다. 그러나 $\begin{smallmatrix}+&-\\-&+\end{smallmatrix}$ 연기도 $\begin{smallmatrix}-&+\\+&-\end{smallmatrix}$ 연기도 각각 앞과 뒤로는 '+와 +'가 만나고 '−와 −'가 만나게 되므로 서로 밀어내는 힘이다. 그래서 끌어들이고 끌어당기며 끌어 붙는 사랑($\begin{smallmatrix}+&-\\-&+\end{smallmatrix}$ 0 $\begin{smallmatrix}-&+\\+&-\end{smallmatrix}$)일 수가 없다.

$\begin{smallmatrix}+&-\\-&+\end{smallmatrix}$ 연기와 $\begin{smallmatrix}-&+\\+&-\end{smallmatrix}$ 연기는 '+와 −' 위치가 서로 정반대이다. 때문에 앞과 뒤로는 $\begin{smallmatrix}+&-\\-&+\end{smallmatrix}$ 연기와 $\begin{smallmatrix}-&+\\+&-\end{smallmatrix}$ 연기가 만나야 서로 끌어들이는 '+와 −'가 만나고 '−와 +'가 만나게 되며, 불멸진동 파동으로 무엇이든 창조하는 사랑($\begin{smallmatrix}+&-\\-&+\end{smallmatrix}$ 0 $\begin{smallmatrix}-&+\\+&-\end{smallmatrix}$)일 수 있다. 그래서 앞과 뒤로는 무한으로 $\begin{smallmatrix}+&-\\-&+\end{smallmatrix}$ 연기와 $\begin{smallmatrix}-&+\\+&-\end{smallmatrix}$ 연기가 '+와 −'가 만나고 '−와 +'가 만나며, 서로 끌어 붙는 사랑($\begin{smallmatrix}+&-\\-&+\end{smallmatrix}$ 0 $\begin{smallmatrix}-&+\\+&-\end{smallmatrix}$)일 수 있다.

따라서 $\begin{smallmatrix}+&-\\-&+\end{smallmatrix}$ 연기와 $\begin{smallmatrix}-&+\\+&-\end{smallmatrix}$ 연기가 '상하로도 좌우로도 전후로도 내외로도'

무한연속 사랑인 것을, '우주전체 허공 좌(左)로도 우(右)로도 상하(上下)로도 전후내외로도' 「무한입체 전체허공」이 끌어들이고 끌어당기며 끌어붙는 $\substack{+-+-+-+-+-+-+-\\-+-+-+-+-+-+-+}$… 무한연속 사랑이고, $\substack{-+-+-+-+-+-+\\+-+-+-+-+-+-}$… 무한연속 사랑이라고 표현할 수가 없다. $\substack{+-\\-+}$ $\substack{+-\\-+}$…, $\substack{-+\\+-}$ $\substack{-+\\+-}$… 표기는, 좌우 평면적으로만 나타낸 표현이고, 나타내지 못한, 상하로도, 전후로도 $\substack{+-\\-+}$ 연기와 $\substack{-+\\+-}$ 연기 무한연속인 것이, '에너지보존법칙 진여실상'이다.

'에너지보존법칙 진여실상'(사랑)이, 우주만유 삼라만상을 화현(化現)하는 신(神)이다. 따라서 신(에너지보존법칙 진여실상)은 사랑($\substack{+-\\-+}$ 0 $\substack{-+\\+-}$)이고, 사랑($\substack{+-\\-+}$ 0 $\substack{-+\\+-}$)은 신(에너지보존법칙 진여실상)이라는 논리가 성립하게 된다.

'좌(左)로도 우(右)로도 상하(上下)로도 내외(內外)로도 전후(前後)로도' '무한입체 전체허공이, $\substack{+-+-+-+-+-+-+-\\-+-+-+-+-+-+-+}$… 무한연속 사랑이고, $\substack{-+-+-+-+-+-+\\+-+-+-+-+-+-}$… 무한연속 사랑이며, 불멸진동 파동(+ ⇆0⇄ −)이다. 불멸진동 파동(+ ⇆0⇄ −)이 사랑이고 신이다. 우주만유 삼라만상이 불멸진동 파동(+ ⇆0⇄ −) 사랑($\substack{+-\\-+}$ 0 $\substack{-+\\+-}$) 속에 있으며, 불멸진동 파동(+ ⇆0⇄ −) 사랑($\substack{+-\\-+}$ 0 $\substack{-+\\+-}$)이 우주만유 삼라만상 속으로 투과 관류하고 있다.

사랑($\substack{+-\\-+}$ 0 $\substack{-+\\+-}$)이 신($\substack{+-\\-+}$ 0 $\substack{-+\\+-}$)이며. 신($\substack{+-\\-+}$ 0 $\substack{-+\\+-}$)이 사랑($\substack{+-\\-+}$ 0 $\substack{-+\\+-}$)이고, 신($\substack{+-\\-+}$ 0 $\substack{-+\\+-}$) 속에 모든 것이 있으며, 신($\substack{+-\\-+}$ 0 $\substack{-+\\+-}$)이 모든 것 속에 있다. 모든 것이 사랑($\substack{+-\\-+}$ 0 $\substack{-+\\+-}$) 속에 있으며, 사랑이($\substack{+-\\-+}$ 0 $\substack{-+\\+-}$) 모든 것 속에 있다.

성(性)을 통하여 깨달음을 얻는 탄트라를 수행하는 탄트리카는, 다음과 같이 말한다.

> 사랑은, '결코 절대로 사정하지 않는 남$^{+}$녀$^{-}$ 합일 몸'으로 에너지의 합일을 이루고, '남$^{+}$녀$^{-}$ 합일 몸'의 진동을 통하여, 우주진동을 느끼며,

‘남$^+$녀$^-$ 합일 몸’의 성(性)을 초월하는 것이다.

‘남$^+$녀$^-$ 음$^-$양$^+$ 에너지의 합일’을 위한 교합을 통하여, 남$^+$녀$^-$ 각자 자신의 진동 느낌 속에 몰입하라. 그 진동 느낌과 하나가 되라.

‘남$^+$녀$^-$ 음$^-$양$^+$ 에너지의 합일 서클(원, O)’이 이루어질 때, ‘남$^+$녀$^-$ 몸’의 모든 세포들이 새록새록 감각을 찾게 되며, ‘빛과 같은 진동수로 진동하는 진동 몸’을 일깨우게 된다.

‘정액이 방출됨이 없이 남$^+$녀$^-$ 음$^-$양$^+$ 에너지’가 ‘서로 끌어들이고 서로 끌어 붙는 원(서클)’을 이룰 때, ‘남$^+$녀$^-$ 몸이 에너지 합일로 하나’가 되는 전체가 되며, 이때의 ‘남$^+$녀$^-$ 음$^-$양$^+$ 문’은, 분열된 ‘남$^+$녀$^-$ 두 몸’의 음$^-$양$^+$ 에너지를 연결하는 매체가 된다.

결코 절대 정액 사정(射精)이 없이 긴 교합이 이루어지며, 결코 정액 사정이 없어야 ‘남$^+$녀$^-$ 음$^-$양$^+$ 몸’이 진동하기 시작한다. ‘남$^+$녀$^-$ 음$^-$양$^+$ 문’의 조화로운 긴 운동으로 ‘남$^+$녀$^-$ 음$^-$양$^+$ 몸’이 진동하기 시작할 때 ‘남$^+$녀$^-$ 음$^-$양$^+$ 에너지’는, 서로 끌어들이고 서로 끌어당기며 서로 끌어 붙는 기(氣)로, 전신에 골고루 퍼지기 시작하며, 하나하나의 세포들이 모두 깨어나기 시작하고, 세포들 하나하나마다 진동하기 시작한다.

온몸의 전체 세포들이 진동하기 시작할 때 ‘남$^+$녀$^-$ 음$^-$양$^+$ 몸 세포’들과의 만남이 일어나게 되며, 남$^+$녀$^-$ 두 몸에게 사랑 에너지의 진동이 일어난다. 그때 몸의 모든 세포들이 뿌리까지 진동하게 되며, 세포들 하나하나마다 모두 빛과 같은 진동수로 진동하게 된다.

‘성 에너지 용솟음 힘’ 용은, 빛과 같은 진동수로 진동하는 진동 서클이다. 이 진동 속으로 몰입하라. 그 진동 속으로 들어가라. 그대 몸의 모든 세포들이 모두 일어나 진동으로 춤추게 하라. 그대 연인의 모든 세포들도 모두 일어나 진동으로 춤추게 하라. 이러한 ‘남$^+$녀$^-$ 음$^-$양$^+$

몸'의 만남은, 바로 그대 연인 몸의 생명 에너지들과의 만남이다. 이 진동하는 생명과 생명의 만남 속으로 들어가라. 모든 생각을 놓아버리고 생명 에너지의 진동 자체가 되라. 이때 '남$^+$녀$^-$ 음$^-$양$^+$ 몸'의 에너지는, 서로 끌어 붙으려고 서로 끌어당기며 서로 끌어들이는 전류와도 같은 하나의 원(圓, O, 서클)이 된다. 이 서클의 상태에서 남$^+$녀$^-$ 두 기(氣)는 하나의 전체가 되며, 남$^+$녀$^-$는 바로 빛과 같은 진동수로 진동하는 파동이 된다.

이 파동(+ ⇆ 0 ⇄ –) 서클의 차원에서 남$^+$녀$^-$ 두 몸은 생명 자체의 진동이 되고, 비이원적인 하나의 에너지 흐름이 된다. 남$^+$녀$^-$ 두 몸이 함께 진동 자체가 되어 두 몸 전체에 진동만이 차지하도록 하라. 그리고 빛과 같은 진동수로 진동하고 있는 우주의 진동을 느껴라. 이 진동 속에서 그대는 이제 우주 전체와, 빛과 같은 진동수로 진동하는 진동 그 자체, 빛과 같은 진동수로 진동하는 우주 그 자체가 되고 생명 그 자체가 된다.

그대는 이제 '남$^+$녀$^-$ 음$^-$양$^+$ 문'과 만나는 동안에 생명 그 자체와 만나는 사랑(${}^{+}_{-}{}^{-}_{+}\ 0\ {}^{-}_{+}{}^{+}_{-}$)이 되고, 우주 그 자체와 만나는 사랑(${}^{+}_{-}{}^{-}_{+}\ 0\ {}^{-}_{+}{}^{+}_{-}$)이 된다. 이 영적 합일 속에서 남$^+$녀$^-$ 두 사람이 한 몸으로 몇 시간이라도 있을 수 있게 되면, 둘은 상대방을 잊게 되고, 자신을 잊게 된다. 그러면 이제 얼마든지 혼자서도 사랑명상(진동명상) 수련이 가능하게 된다.

그렇게 되면, 둘은, 이제는 상대 없이도 두 눈을 감고 두 눈썹 사이 중심 제3의 눈에 집중하고 있으면서, 몸 전체에 에너지의 진동만이 존재하는 명상에 몰입할 수 있게 된다. 좌선을 하고 연인과 한몸이 되고 있는 듯이, 연인과의 애무를 떠올리고 모든 감각을 느끼기 시작하라. 그러는 동안에 머지않아 명상자의 몸 세포들은 진동하기 시작하는 것을 느끼게 될 것이다. 이 진동을 느끼며 빛과 같은 진동수로 진동하는 진동 자체가 되고, 빛과 같은 진동수로 진동하는 생명 자체가 되라.

성 에너지 용솟음 힘은, 빛과 같은 진동수로 진동하는 생명에너지이다. 사랑($^{+}_{-}{}^{-}_{+}$ 0 $^{-}_{+}{}^{+}_{-}$)은 에너지이다. 사랑($^{+}_{-}{}^{-}_{+}$ 0 $^{-}_{+}{}^{+}_{-}$)은 남녀 두 문을 통한 진동하는 두 몸의 '음$^{-}$양$^{+}$ 에너지와 음$^{-}$양$^{+}$ 에너지의 합일' 서클(원, O)이다. 완전히 무념이 되라. 완전히 육신보다 먼저 있는 진동 에너지에 몰입하라. 진동에너지 자체가 되라. 거기 빛과 같은 진동수로 진동하는 우주가 있다. 거기에 우주 전체가 있다.

남성의 몸도 여성의 몸도 파동(+ ⇆ 0 ⇄ −)으로 지어졌다. 그래서 남성 몸에도 여성 에너지가 들어 있으며, 여성 몸에도 남성 에너지가 들어 있다. 그래서 남성의 몸에는 남성 자신의 반쪽 짝인 여성 에너지가 들어 있고, 여성의 몸에는 여성 자신의 반쪽 짝인 남성 에너지가 들어 있다. 그래서 남성과 여성은 각자 자기 속에서 자기의 반쪽 짝 이성(異性)인 $^{+}_{-}{}^{-}_{+}$성(性)과 $^{-}_{+}{}^{+}_{-}$성(性)을 일깨움으로써 '남$^{+}$녀$^{-}$ 음—양+ 기(氣)의 합일 서클'이 가능하게 된다. 이 서클 진동 느낌이 그대 속에서 느껴지고, 이 서클 진동 느낌이 그대 속에서 일어날 때, 그대는 사랑($^{+}_{-}{}^{-}_{+}$ 0 $^{-}_{+}{}^{+}_{-}$)이 되며 명상이 된다. 그러면 이제 '남$^{+}$녀$^{-}$ 음$^{-}$양$^{+}$ 문'과의 만남은 의미가 없게 되며, 섹스로부터 해방되어 성의 초월이 일어나게 된다. 따라서 남녀는 성을 초월하게 된다.

사랑은 '남성 몸 여성 몸의 결합'이 아니다. 기(氣)가 없는 남근과 여근, 기(氣)가 없는 남성 몸과 여성 몸은 단지 물건일 뿐이고 환(幻)이다. 사랑($^{+}_{-}{}^{-}_{+}$ 0 $^{-}_{+}{}^{+}_{-}$)은 에너지이다. 사랑($^{+}_{-}{}^{-}_{+}$ 0 $^{-}_{+}{}^{+}_{-}$)은 끌어들이고 끌어당기며 끌어 붙는 기(氣)이다.

사랑$(^{+}_{-}{}^{-}_{+}\ 0\ {}^{-}_{+}{}^{+}_{-})$은 결코 에너지의 낭비가 아니요, 에너지의 방출이 아니다. '남$^{+}$녀$^{-}$ 몸은, 각자 자기 속에 숨겨져 있는 사랑$(^{+}_{-}{}^{-}_{+}\ 0\ {}^{-}_{+}{}^{+}_{-})$의 기쁨이 드러나도록 하는 하나의 물건이요, 수단에 불과하다.

성(性) 에너지는 그대 생명 에너지와 동일한 하나이다. 그래서 그대의 성 에너지가 바로 그대 자신의 생명 에너지이다. 때문에 남성은 생명 에너지인 정액$(^{+}_{-}{}^{-}_{+}\ 0\ {}^{-}_{+}{}^{+}_{-})$을 결코 절대로 몸 밖으로 방출하지 말고, 반드시 몸 안에 항상 보존하고 있으면서, '남$^{+}$녀$^{-}$ 합신' 속에서 '남$^{+}$녀$^{-}$ 음$^{-}$양$^{+}$ 기(氣)의 합일'을 느끼며, 몸의 진동을 느껴라. 진동을 느끼며 '에너지 서클 흐름 강물'과 하나가 되어라. 에너지(파동 진동) 강물과 하나를 느끼고 에너지 강물과 하나가 되어라. 거기 '끊임없이 지속되며 위없이 높은 에너지 서클 기쁨'이 있다. 지속적으로 그 기쁨과 하나가 되어라. 계속 그 사랑$(^{+}_{-}{}^{-}_{+}\ 0\ {}^{-}_{+}{}^{+}_{-})$ 명상이 되어라. 이 진동명상이 상대 없이 혼자서도 가능하게 되면, 이제 이성(異性)과 섹스해야 할 의미는 사라지게 된다.

이제부터는 혼자서 진동명상을 하면서 '섹스 때 짧은 동안 사정 쾌감'과는 비교도 안 되는 '빛과 같이 빠른 진동수 에너지 진동 쾌감'이 끊임없이 지속되는 환희 속에서 진여마음을 드러내는 명상을 하라. 진여마음이 본래 환희이다. 진여마음 환희보다 더한 환희는 없다. 진여마음이 근본환희이며, 진여마음이 우주제일 환희이다. 본래 청정한 진여마음을 밝히는 수행으로, 본래 환희이고 근본 환희이며 우주 제일 환희에 이르게 될 때, 남녀는 성(性)의 모든 욕망으로부터 해방된다.

1-8 육신쾌감 섹스에 속지 말라

어느 영화에서인지 기억이 나지 않지만, 남자들에게 몸을 준 소녀들이 감옥에 갇힌 몸이 되어, 그녀들끼리만 이야기를 나누는 장면이 나온다. "나와 잠을 잔 남자는, 나에게 돈을 요구하고, 담배를 태우게 하고, 마약을 먹게 하고, 다른 여자들과 잠을 자고 그랬어." "나도 그랬어!" "맞아. 나도야." 그녀들은 너도 나도 똑같은 고백들을 한다.

자기의, '끝이 없이 끊임없는 찰나변화 생멸연속 현재 생각'을 끝이 없이 끊임없이 알아차리며, 항상 청정심이지 못하면, 자기의 '끝이 없이 끊임없는 찰나변화 생멸연속 현재 찰나변화 연속생멸 생각'에 속게 되며 망하게 된다.

'자기철학(자기의 근원을 탐구하며 근원지식을 정립하고 근원지식을 확립하는 근원지식 인식체계)이 없고, 항상 자기 마음에서 방사되는 '끝이 없이 끊임없는 찰나변화 연속생멸 현재 찰나변화 생멸연속 생각'의 노예 되고 있는 생각자아 인간은, 온갖 궂은일을 스스로 자초하며 스스로 망하게 된다.

항상 '창조근원 인식근원 마음 · 0 · 청정심'을, '끝이 없이 끊임없는 찰나변화 생멸연속 현재 찰나변화 연속생멸 생각'으로 파문음이 없는, 진여마음이지 못한 '육체자아 · 생각자아'가 문제를 일으키고 있다. 항상 진여마음이지 못한 남근은 항상 '우발적 · 무인격적 · 동물적 · 최면적 · 무의식적'으로 사정성교를 하고, '너무도 짧은 순간일 뿐인 사정쾌감 늪'에서 벗어나는 순간, 남근을 커 있게 하는 용(성 에너지 용솟음 힘)을 잃고 처참하게 작아진 남근과는 반대로, 크고 매끄럽기만 한 여근에서 수의적 · 불수의적으로 물러나오며, '에너지 상실감 · 허탈감 · 무기력 · 의욕상실감'만 떠안게 되고, 별것 아닌 구멍에 속았다는 환멸이 되며, 열정이 타오를 때의 약속이, 열정을 불태우고 난 다음의 약속으로 이어지지 않게 된다. 이것이 남자의 속성이고 남근의 속성이다. 그러므로 여성은 함부로 '남자에게, 남근에게' 몸을 맡기지 않는 것이 지혜이다.

여성은, 정액 사출로 에너지를 잃게 되고 마는 남근의 실신이 믿을 바 못된 허깨비임을 알고, 정액을 사출하고 나면 남근이 그런 것이므로, 남성이 여성을 배신하게 되는 것이라고 알며, 남성의 구애 열애가 영원할 것이라는 착각에 빠지지 말아야 한다. 그래서 여성은, 결혼 전의 성교로 불의의 임신을 하게 되고, 영혼이 황폐화되고 마는 쪽은 '언제나 여성'이라는 사실을, 잊지 말아야 똑똑한 것이다.

> 열흘 붉은 꽃이 없다. 열흘 동안만 아름다운 육신의 사랑, 열흘 동안만 불타는 성교는, 사랑이 아니다. —탄트리카

또한 끊임없이 쾌감을 바라고 새로운 문(門)과 즐길 것을 바라는 변덕이 죽 끓듯 한 '남근 여근이라는 성문(性門) 자체'가, 결코 믿고 의지할 것 없는 속물이다. 그런 성문(性門)에 종속되어 성문(性門)의 즐거움만을 좇는 남녀는, 의지할 바 못 되고, 믿을 바 못된 속물이다.

인간의 외형 · 모양 · 형상은 아무리 아름다워도 오래 가지 않고 추하여

지고 마는 허상이다. 외형의 아름다움은 헛것이고, 참으로 아름다움은, '항상 청정하고 항상 사랑으로 충만한 마음'에 있다.

인간의 눈에 보이는 여성 남성, 그리고 '생각 · 의식 · 관념 · 성 욕망 · 성 감각 · 성 쾌감 등 모든 현상'이, 생기며 사라는 환(幻)이다. 생기고 변화하고 사라지는 것은 모두 환영이고, 허깨비이다.

인간의 눈에 보이지 않는 영원한 무형상이며, '무한영겁 무생 · 무멸 · 영존하는 창조근원 0 · 진여마음'이, 영원히 불생 불변 불멸하는 실체이다.

생각으로 파묻힘이 없는, 항상 진여마음 인간이, 믿을 수 있고 의지할 수 있는 남녀이다.

팬티치마 그물팬티로 여근마을과 항문동네와 젖꼭지만을 아슬아슬하게 가리고, 배꼽과 겨드랑 숲을 드러내어 나비 꿀벌이 있는 곳을 돌아다니며, 누구라도 쉽게 받아들일 것 같던 그물팬티 팬티치마 엉덩이는, 자지가 억지로 짝짓기를 하더라고 불평을 한다. 꽃이 입을 활짝 벌리고 함박웃음을 웃고 있으면, 벌 나비가 춤을 추며 침을 놓고는 날아가 버리는 것이 자연이다.

그물팬티 팬티치마를 입고 아무라도 쉽게 받아들일 것같이 보이며, 벌 나비들이 있는 곳을 돌아다니는 자유는, '자기 생각 멋대로 생각나는 대로 생각하고, 자기 생각 멋대로 생각나는 대로 행위'하는, '육체자아 · 생각자아 · 나'의 자유이다.

자기 마음에서 방사되는 '끝이 없이 끊임없는 찰나변화 연속생멸 현재 찰나변화 연속생멸 생각'으로 뒤덮임이 없이, '찰나변화 연속생멸 현재 찰나변화 연속생멸 생각'보다 먼저 있으며, 영원히, '찰나변화 연속생멸 현재 찰나변화 연속생멸 생각'보다 끝이 없이 앞서 있는 '영원한 절대불변 창조근원 0 · 무생각 · 무의식 · 무아 · 진여마음'(순수의식 청정심)이, 참으로 나이고 근본자유이고 근본환희이다.

근본자유는, 진여마음이 결코 생각으로 뒤덮임이 없고, 생각에 파묻힘이 없으며, 결코 생각에 지배당함이 없이 '항상 거울과 같이 깨어있는 무생각 · 무의식 · 창조근원 0 · 근본각 · 거울각'이다.

육체자아 · 생각자아 · 가짜 나의 자유와 근본자유는, 근본적으로 성품이 다르고 품성이 다르다. '가짜 자유 사이비 자유'는, 생기고 변하고 사라지는 환(幻)의 자유이고, '진짜 자유 근본자유'는, 무한영겁 무생 무멸 영존하는 근원의 자유 진여자유이다. '남의 자유를 부정한다느니, 자유를 침해한다느니, 자유가 민주주의의 골간이라느니' 하는 '형이하학 유물론 자유'로 '그물팬티 펜티치마 자유'를 주장하는 것은, 그녀 육체자아 · 생각자아의 자유이고, 그런 유물론 자유를 만나고도 초연할 수 있는 진여자유가 참자유이다.

진여자유(창조근원 0 · 무생각 · 무의식 · 무아 · 궁극침묵 근본지)보다 완전한 자유는 없다. 형이상학 자유가 완전한 행복이다.

'팬티치마 그물팬티 배꼽 옷 겨드랑 숲 여성' 현상에 성 충동을 일으켜 성 욕망 생각으로 파묻히고 생각의 노예 될 것이 아니라, 그것은, '시간과 함께 변하며 늙고 죽고 세균병균에 썩고 사라지는 환(幻)'인 것을 알고, 항상 자기(진여마음)의, 끝이 없이 끊임없이 변화하는 시간과 함께 끝이 없이 끊임없이 변화하고 있는 찰나변화 연속생멸 생각을 놓치지 않고 알아차리며, '끝이 없이 끊임없는 생각'으로 파묻힘이 없는 진여마음 인간이, 믿음직스럽다.

항상 자기의 '끝이 없이 끊임없는 찰나변화 생각'을 놓치지 않고 알아차림으로써, 항상 생각보다 먼저 있으며, 끝이 없이 끊임없는 찰나변화 생멸연속 생각보다 끝이 없이 끊임없이 앞서 있는, '영원한 절대불변 창조근원 0 · 거울각 · 직관지 진여마음'을, 끝이 없이 끊임없는 찰나변화 생멸연속 생각으로 파묻음이 없이, 보고 듣고 말하고 생각하고 행하는 청정심이, 믿고 맡기고 기댈 수 있는 유일한 의지처이다.

참으로 '진여마음 나'를 알고 있는 여자는, 성을 농락하고 그것을 빌미로 돈을 요구하는 제비가 있을지라도, 스스로 자기의 실수를 주위에 선포하여 버림으로써, 제비의 음모를 말살하여 버리며, 제비의 협박을 물리칠 줄을 안다. 그럼으로써 '노예성교의 포로' 되지 않는 '자기철학 자주의식'으로 자유일 줄을 안다.

순결을 도둑맞았다. 이것은 생각이요, 생각은 실체가 없는 환(幻)이고, 없는 것이 있는 것처럼 보이는 속임수요, 참으로 있는 것이 아닌 환영이다. 참으로 순결은, '영원한 절대불변 창조근원 0 · 생각 없는 무(無) 진여마음'이 항상 청정함에 있다.

처녀성을 강간당했다. 처녀성은, 환(幻)이요 속임수요 허깨비인 육신에 있는 것이며, 이 또한 생각이고, 생각은, 영원히 생각보다 먼저 있는 영원한 절대불변 창조근원 0 · 생각 없는 무(無) 진여마음이, 생각을 일으키고 생각에 파묻혀 있으면 있는 것이고, 생각보다 영원히 먼저 있는 생각 없는 무(無) 진여마음이, 생각을 일으키지 않고, 항상 무생각 · 무의식 근원에 있으면, 생각 없는 근원만 존재하게 되는 것이다. 결코 찰나도 생각에 갇히지 않고, 항상 무생각 무의식인 창조근원 0 마음이 잔여자유이다.

마음은, 강간당할 것, 도둑맞을 것, 더럽혀질 것, 변화될 것, 상처날 것, 얻을 것, 잃을 것 없는, 절대 무 물질이요, 절대 무생각이며, 절대 무 현현이고, 창조되고 생겨난 결코 무엇보다도 가장 먼저 있는 창조근원

0 · 생각 없는 근본 무(無) · 근본 공(空)이다.

창조된 결코 어떠한 속성도 아닌 '절대 무 물질, 절대 무생각, 생각 없는 무(無) 진여마음'만이 유일한 실체이고 근원이다. 근원은 영원한 순수이다. 이 순수한 근원을, 끝이 없이 끊임없는 찰나변화 생멸연속 생각으로 뒤덮고 파묻는 '생각의 얽힘'이, 모든 문제이고 무지이며 부자유이다.

무수한 천체들이 떠 있는 허공에서부터, 우리들의 '입으로 코로 피부로' 우리들 속으로 드나들고 있는 허공에 이르기까지, 무궁한 전체허공이, 결코 끊어질 수 없고 나누어질 수 없고 분리될 수 없는 무극이다. 그래서 허공은, 크게 분화되어도. 작게 분화되어도, 결코 어떠한 크기 작기로 분화되어도 '+ − 0'이 되고 '− + 0'이 되는 중도로, 영원히 언제나 항상 무극이 되는 $\begin{smallmatrix}+&-\\-&+\end{smallmatrix}$ 연기와 $\begin{smallmatrix}-&+\\+&-\end{smallmatrix}$ 연기 사랑들이다.

무수한 천체들이 떠 있는 허공에서부터 우리들의 입으로 코로 우리들 속으로 드나들고 있는 허공에 이르기까지, 무궁한 전체허공이 무극(마음 · 0)이고, 기($\begin{smallmatrix}+&-\\-&+\end{smallmatrix}$ 0 $\begin{smallmatrix}-&+\\+&-\end{smallmatrix}$)요, 신($\begin{smallmatrix}+&-\\-&+\end{smallmatrix}$ 0 $\begin{smallmatrix}-&+\\+&-\end{smallmatrix}$)이요, 사랑($\begin{smallmatrix}+&-\\-&+\end{smallmatrix}$ 0 $\begin{smallmatrix}-&+\\+&-\end{smallmatrix}$)이다. 우주만유 삼라만상이, 무극(0) 속에 있고, 기($\begin{smallmatrix}+&-\\-&+\end{smallmatrix}$ 0 $\begin{smallmatrix}-&+\\+&-\end{smallmatrix}$) 속에 있고, 신($\begin{smallmatrix}+&-\\-&+\end{smallmatrix}$ 0 $\begin{smallmatrix}-&+\\+&-\end{smallmatrix}$) 속에 있고, 사랑($\begin{smallmatrix}+&-\\-&+\end{smallmatrix}$ 0 $\begin{smallmatrix}-&+\\+&-\end{smallmatrix}$) 속에 있으며, 우주만유 삼라만상 속에 무극(마음 · 0)이 들어 있고, 기($\begin{smallmatrix}+&-\\-&+\end{smallmatrix}$ 0 $\begin{smallmatrix}-&+\\+&-\end{smallmatrix}$)가 들어 있고, 신($\begin{smallmatrix}+&-\\-&+\end{smallmatrix}$ 0 $\begin{smallmatrix}-&+\\+&-\end{smallmatrix}$)이 들어 있고, 사랑($\begin{smallmatrix}+&-\\-&+\end{smallmatrix}$ 0 $\begin{smallmatrix}-&+\\+&-\end{smallmatrix}$)이 들어 있다.

남녀는, 각자 남녀들 속에 있는 태극마음(0)과 태극마음(0)이 합일을 이루고, 기($\begin{smallmatrix}+&-\\-&+\end{smallmatrix}$ 0 $\begin{smallmatrix}-&+\\+&-\end{smallmatrix}$)와 기($\begin{smallmatrix}+&-\\-&+\end{smallmatrix}$ 0 $\begin{smallmatrix}-&+\\+&-\end{smallmatrix}$)가 합일을 이루고, 신($\begin{smallmatrix}+&-\\-&+\end{smallmatrix}$ 0 $\begin{smallmatrix}-&+\\+&-\end{smallmatrix}$)과 신($\begin{smallmatrix}+&-\\-&+\end{smallmatrix}$ 0 $\begin{smallmatrix}-&+\\+&-\end{smallmatrix}$)이 합일을 이루고, 사랑($\begin{smallmatrix}+&-\\-&+\end{smallmatrix}$ 0 $\begin{smallmatrix}-&+\\+&-\end{smallmatrix}$)과 사랑($\begin{smallmatrix}+&-\\-&+\end{smallmatrix}$ 0 $\begin{smallmatrix}-&+\\+&-\end{smallmatrix}$)이 합일을 이룸으로써만, 사랑($\begin{smallmatrix}+&-\\-&+\end{smallmatrix}$ 0 $\begin{smallmatrix}-&+\\+&-\end{smallmatrix}$)일 수 있고, 하나일 수 있다. 사랑($\begin{smallmatrix}+&-\\-&+\end{smallmatrix}$ 0 $\begin{smallmatrix}-&+\\+&-\end{smallmatrix}$)은 에너지($\begin{smallmatrix}+&-\\-&+\end{smallmatrix}$ 0 $\begin{smallmatrix}-&+\\+&-\end{smallmatrix}$)이지, 육신이 아니다.

사랑은, 마음(0)과 마음(0)의 합일, 기$\left(\begin{smallmatrix}+&-\\-&+\end{smallmatrix}\ 0\ \begin{smallmatrix}-&+\\+&-\end{smallmatrix}\right)$와 기$\left(\begin{smallmatrix}+&-\\-&+\end{smallmatrix}\ 0\ \begin{smallmatrix}-&+\\+&-\end{smallmatrix}\right)$의 합일, 신$\left(\begin{smallmatrix}+&-\\-&+\end{smallmatrix}\ 0\ \begin{smallmatrix}-&+\\+&-\end{smallmatrix}\right)$과 신$\left(\begin{smallmatrix}+&-\\-&+\end{smallmatrix}\ 0\ \begin{smallmatrix}-&+\\+&-\end{smallmatrix}\right)$의 합일, 사랑$\left(\begin{smallmatrix}+&-\\-&+\end{smallmatrix}\ 0\ \begin{smallmatrix}-&+\\+&-\end{smallmatrix}\right)$과 사랑$\left(\begin{smallmatrix}+&-\\-&+\end{smallmatrix}\ 0\ \begin{smallmatrix}-&+\\+&-\end{smallmatrix}\right)$의 합일이다.

마음(0)과 마음(0)의 합일, 기$\left(\begin{smallmatrix}+&-\\-&+\end{smallmatrix}\ 0\ \begin{smallmatrix}-&+\\+&-\end{smallmatrix}\right)$와 기$\left(\begin{smallmatrix}+&-\\-&+\end{smallmatrix}\ 0\ \begin{smallmatrix}-&+\\+&-\end{smallmatrix}\right)$의 합일, 신$\left(\begin{smallmatrix}+&-\\-&+\end{smallmatrix}\ 0\ \begin{smallmatrix}-&+\\+&-\end{smallmatrix}\right)$과 신$\left(\begin{smallmatrix}+&-\\-&+\end{smallmatrix}\ 0\ \begin{smallmatrix}-&+\\+&-\end{smallmatrix}\right)$의 합일, 사랑$\left(\begin{smallmatrix}+&-\\-&+\end{smallmatrix}\ 0\ \begin{smallmatrix}-&+\\+&-\end{smallmatrix}\right)$과 사랑$\left(\begin{smallmatrix}+&-\\-&+\end{smallmatrix}\ 0\ \begin{smallmatrix}-&+\\+&-\end{smallmatrix}\right)$의 합일이 없는 사정성교는, 사랑이 아니다. 하물며 남(男)과 여(女)의 남근과 여근의 강제합일 강간은 사랑$\left(\begin{smallmatrix}+&-\\-&+\end{smallmatrix}\ 0\ \begin{smallmatrix}-&+\\+&-\end{smallmatrix}\right)$일 수가 없는 것이다.

현대는 식물의 초미세 느린 움직임도 포착하여, 인간의 눈에 볼 수 있도록 하는 컴퓨터 기술이 발달해서, 한 순간에 꽃이 피는 것도 모니터 영상으로 볼 수 있게 된 시대이다.

꽃이 꽃잎을 활짝 열어서 웃고 있다가도, 사람의 발자국 소리를 듣고는 꽃잎을 닫아 버리는 식물이 있다고 한다.

어떤 꽃은, 일방적으로 수술이 암술 쪽으로 아주 느리게 서서히 다가가서, 수술대를 꾸부려서 수술머리를 암술 입속으로 밀어넣고, 꽃가루를 주고 나서, 서서히 수술이 암술 입에서 빠져나온다고 한다. 식물의 이런 행위는, 마치 인간 남녀가 서로 능동적으로 사랑하는 행위와 아주 닮아 있다. 꽃에도 마음이 있다는 증거이다.

은행나무, 양치류, 갈조류, 녹조류 식물의 꽃가루 정자는, 암꽃의 씨방 속으로 헤엄쳐 가고, 난자가 있는 자리로 찾아들어 가서 난자와 수정한다고 한다. 이것은 동물의 정자가 난자 쪽으로 헤엄쳐 들어가는 것과 꼭 닮아 있다. 정자 난자에도 의식이 들어 있는 것이다.

꽃은 식물의 성기이다. 꽃의 수술은 남근이고, 꽃가루는 정자이다. 꽃의 암술은 여근이고, 씨방은 자궁이며, 씨방에 난자가 있다.

대다수의 꽃들은 암꽃과 수꽃이 한 몸을 이루고 있는 '암꽃$^-$ 수꽃$^+$

합일 한몸'이다.

암꽃⁻ 수꽃⁺ 한몸'인 꽃의 일생 분리됨이 없는 '암술⁻수술⁺ 합일 일신(一身)'인 사실에서, 사랑(+힘과 −힘이 끌어 붙는 인력)을 발견하게 된다. 남녀는, 꽃의 일생 분리됨이 없는 '암꽃⁻ 수꽃⁺ 한몸'인 사실에서 사랑을 배우고, 헤어짐이 없어야 부부이다. 부부는, 남근여근 본위가 아니라, 기($\substack{+-\\-+}0\substack{-+\\+-}$) 본위 합일이어야 하는 것이다.

부부는, 서로 합하여 0이 되며 무극이 되고 하나가 됨으로써만, 존재일 수 있는 2원성 짝이, 서로 합하여 0이 되며 무극이 되고 하나가 되어 나누어지지 않는 '1'이요, '0'이다.

꽃의 생명($\substack{+-\\-+}\ 0\ \substack{-+\\+-}$)은 창조하는 공($\substack{+-\\-+}\ 0\ \substack{-+\\+-}$)이다.

바람($\substack{+-\\-+}\ 0\ \substack{-+\\+-}$)은 무극(0) 공(空)에서 분화하고 무극(0) 공이 되는 태극($\substack{+-\\-+}\ 0\ \substack{-+\\+-}$) 공 '춤'($\substack{+-\\-+}\ 0\ \substack{-+\\+-}$)의 흐름이다.

허공(0)이 웃고 바람($\substack{+-\\-+}\ 0\ \substack{-+\\+-}$)이 웃고 있다.

꽃밭엔 꽃물결 꽃 웃음들!

거기 허공(0)이 춤을 추며, 허공(0)이 웃고, 바람($\substack{+-\\-+}\ 0\ \substack{-+\\+-}$)이 웃고 있다.

1-9 오직 근원뿐

'결코 어디에도 있지 않음이 없이 모든 곳에 가득한 전체허공' 속에 우주만유 삼라만상이 있고, '결코 어디에도 있지 않음이 없이 모든 곳에 가득한 전체허공'이, 우주만유 삼라만상이 차지하고 있는 공간과도 결코 끊어질 수 없고 나누어질 수 없고 분리될 수 없는 무극이 되려고 우주만유 삼라만상 중심 쪽으로 역방사하여 밀어붙이고 있다. 이 '역방사력이 무극투과력이고 중력이다.'고 읽을 수 있다.

중력은, 결코 끊어질 수 없고 나누어질 수 없고 분리될 수 없는 무극전일체 허공이, 우주만유 삼라만상이 차지하고 있는 공간과도 결코 끊어지지 않고 나누어지지 않고 분리되지 않는 무극이 되려고, 우주만유 삼라만상 중심 쪽으로 밀어붙이고 있는 역방사력 힘이다.

무수한 천체들 은하계들이 떠 있는 허공과, 태양 달 지구가 떠 있는 허공과, 우리들의 피부로 입으로 코로 우리들 속으로 드나들고 있는 허공이, '단일한 허공'이며, 결코 어디에도 있지 않음이 있을 수 없는 무소부재 일신(一身)이고, 결코 무엇도 하지 않음이 있을 수 없는 무소불위 일신(一神)이다. 공(空)의 '무극(無極) 일신(一身) 일신(一神) 전체성'이, '무극 기(氣)이고, 근본에너지고, 창조에너지이고, 무극마음'이다.

모든 것이 무극(0 · 마음) 속에 있으며, 무극이 모든 것 속으로 투과 관류하고 있다. 우리들 속에 투과 관류되어 있는 마음이 우리들 밖에 있는 무극마음이다. 우리들 밖에 있는 무극마음은 진여마음이고, 우리들 속으로 투과 관류하고 있는 마음은 여래요, 태극마음이다. 태극마음이 여래마음이다.

우리들 속에 있는 여래마음이, 아무것도 보여 질 것이 없는 공(空)이면서 '무의식 마음그림으로 모양 · 형상'을 만들어내는 창조근원이요 인식근원인 것같이, 우리들 밖에 있는 무극마음(진여마음 · 허공마음 · 하늘마음)이야말로, 아무것도 보여질 것이 없는 근본 무(無) · 근본 공(空)이면서, 무엇이든 모양 · 형상을 창조해내는 창조근원 0 · 마음이다.

꿈속에서 우리의 마음이 생각하는 생각들이 모양 · 형상이요 무주만유 삼라만상이고 모든 세계인 것같이, '무극일신일신(無極一身一神) 무극마음(전체허공 진여마음)'의 마음그림들(하나나의 생각 에너지들)이, 우주만유 삼라만상들로 현화하고 있다.

무엇보다도 가장 먼저 '전체허공 무극일신일신(無極一身一神) 무극마음(진여마음)'이 있다. 다음 마음그림이 있으며 생각이 있다. 다음 우주만유 삼라만상이 있다.

우주만유 삼라만상 하나하나들이 하나하나의 생각들이다. 하나하나의 생각들이 무의식 마음그림들이고, 무의식 마음그림들이 우주만유 삼라만상을 형상하는 질료들이다. 무의식 마음그림이 우주 삼라만상을 형상하는 최초의 질료이다.

'육신과 말 · 언어 · 생각 · 의식 · 사상' 등 창조되고 만들어지고 생겨난 것만이 모양 · 형상 · 형체 · 현상이 있으며, 변화하고 사라지고 없어지는 것이고, 근원(무극 · 마음)은, '창조되어진 · 만들어진 · 생겨난 · 사라질 · 끊어지고 나누어지고 분리되고 변화될' 결코 어떠한 속성도 있기 전에, 창조된 바 없고 생겨난 바 없이, 무엇보다도 가장 먼저 본디 있어질 수밖에 없는 진여존재이다. 진여는 창조된 바 없고 생겨난 바 없는 근원존재이다. 그래서 근원은, 결코 모양 · 형상이 아닌 무(無)요 허(虛)요 공(空)이다. 그래서 무(無)는, 창조된 바 없고 생겨난 바 없는 근본 무(無)이고, 공(空)은 창조된 바 없고 생겨난 바 없는 근본 공(空)이다.

생겨나고, 창조되고, 끊어지고, 나누어지고, 변화되는 것은, 무엇이든지 모양 · 형상 · 속성이 있는 것이요, 상처나고 파괴되고 사라지는 것이다. 그러므로 현상은, 본디 없는 것이 있는 것같이 보이는 가짜요, 속임수요, 허상이요, 환(幻)이다.

"결코 현상에 속지 말라."고 하는 것은, 일체의 현상이 창조되고 만들어지고 생겨나고 변화하고 사라지는 허깨비여서, 참으로는 없는 것이면서, 있지 않는 것이 있는 것같이 보이는 가짜들이고, 속임수들이기 때문이다.

마음은, 창조되고 생겨난 모양 · 형상보다 영원히 먼저 있는 하늘이요 공(空)이요 진공이요 허공이요 무(無)이며, 창조된 바 없고 생겨난 바 없는 텅 빈 가득한 전체로, 결코 어디에도 있지 않음이 있을 수 없는 무소부재 일신(一身)이고, 결코 무엇도 하지 않음이 있을 수 없는 무소불위 일신(一神)이다.

마음은, 결코 끊어질 수 없고 나누어질 수 없고 분리될 수 없는 무극이요, 전체요, '무궁무진 무한한 하나'이며, 영원히 모양 · 형상이 아닌 영원한 무현현 무형상이다.

모든 것의 근원이 마음이다. 우리의 근원은 마음이다. 참으로 있는 것은 오직 마음이 있을 뿐이고, 이 마음이 모든 나이다. 모든 나는 육신보다도 생각보다도 먼저 있는 마음인 것인데, 항상 육체자아로 살고, 생각자아로 살며, 현상에 속으며 '진여 실상인 마음'을 놓쳐버리고 있다.

구름이 사라지면 하늘 공(空)이, 생겨남 없고 변화함 없고 사라짐 없이 언제나 항상 있는 진여 실상인 것같이, 생각이 사라지면, 생겨남 없고 변화함 없고 사라짐 없이 언제나 무생 무멸 영존하는 마음만 존재하게 된다.

생각은 '나'가 아니고, 마음이 '나'다.

생각은 구름과 같고 마음은 하늘과 같다. 구름만이 생멸하고 있고, 하늘은 항상 있다. 구름이 사라지면 구름 텅 빈 하늘 공(空)만 있게 되는 것같이, 육신과 말 · 언어 · 생각 · 의식 · 관념이 사라지면, 생겨난 바 없고 사라진 바 없는 마음만 있게 되며, 결코 무엇으로도 덮임이 없고 파묻힘이 없는 마음이, 위없는 자유 환희이게 되는 것이다.

육체 자아 인간들의 마음을 항상 파묻고 있는 덮개가 성 관련 인식이다.

옛날부터 기혼녀들은 거북이의 껍질이나 동물의 뿔로 남근을 복제하여 두고, 남편이 오래 집을 비우고 있는 동안에는 딜도(인공남성성기)로 여근을 달래었다고 한다. 이러한 성(性) 상품들이 현대는 전동진동화(化) 되어 1만 개에 가까운 성 신경이 몰려 있다고 하는 '클리토리스 자극용'이나, 'G스폿 자극용'에서부터, '단순형'과 '복잡형' 등으로 수없이 다양하게 나와 있어서, 성(性) 진동 전동기로 자극을 지속적으로 경험할 수 있다고 한다. 비록 이런 성(性) 진동 쾌감 속에서도, 마음이, 성(性) 쾌감 생각보다 끝이 없이 끊임없이 앞서 있는 '창조근원 0 · 무생각 마음'을 놓치지 않는 수행으로 전환한다면, 그것은 실제의 성(性) 속에서도 진여마음이 성(性) 생각에 파묻히지 않는 각성이 되어, 실제의 성(性) 교합에서도 성(性)에 초연할 수 있게 될 것이다. 그렇게 되면, 일상 속에서 '불수의적

· 무의식적 성탐욕 생각으로 휩쓸려서' 성추행 성폭력을 저지르고 패가망신하는 일이 없게 될 것이다.

성(性)이 '어린이 · 어른 인간'의 운명을 좌우하고 있다. 성(性)이 인생을 실패하도록 하는 원인이 되고 있다. 그렇기 때문에, 무엇보다도 조심해야 해야 할 것이 성(性)이다.

성 탐욕 정액사정 성교는, 건설적 생산적인 아무런 까닭 없이, 건강과 젊음 · 자연치유력을 빼앗기면서 공연히 패가망신하게 되는 성추행을 초래할 위험 원인이 된다. 정액방출 섹스는 자기 생명을 방출하는 무지의 소산이다. 때문에 성 탐욕 욕망이 되어 성의 노예 되고, 성 때문에 망하는 불행이 되어서는 안 된다는 인식이, 끝이 없이 끊임없는 찰나변화 연속생멸 현재 날마다 인식으로 자리잡혀 있어야 하는 것이다.

영적 지성들은, 아무리 성교에 의한 성 감각 쾌감이나, 전동 성진동기에 의한 쾌감일지라도, 그것은 본디 환희 그 자체인 '진여마음 · 청정심 · 선정삼매 환희'와는, 비교할 바가 못 된, 하찮은 것이라고 한다. 육신에 깃든 창조에너지를 몸 밖으로 내보내며 착각하는 '사정성교 탐욕'은, 공연히, '본래 환희 그 자체인 진여마음 청정심'을 생각으로 파묻으며, 자기를 망각하는 어리석은 우행이다.

결코 창조된 바 없고 생겨난 바 없는 존재가 진여요 마음이다. 창조된 바 없고 생겨난 바 없는 존재가 무(無)요, 하늘이요, 공(空)이요, 진공이요, 허공이요, 마음이다. 마음은 '결코 어떠한 것도 창조된 바 없고 생겨난 바 없는 텅 빈 가득함'으로, 결코 어디에도 있지 않음이 있을 수 없는 무소부재 일신(一身)이고, 결코 무엇도 하지 않음이 있을 수 없는 무소불위 일신(一神)이다. 결코 창조된 바 없고 생겨난 바 없이 모든 곳에 가득한 무궁무진 무한한 전체허공이 마음이다.

마음은, 결코 끊어지지 않고, 나누어지지 않고, 분리되지 않는 무궁무진 무한한 무극(0)이요, 전체요, 영원히 모양 형상이 아닌 영원한 무형상(무현상)이다. 우주삼라만상 전체가 마음속에 있고, 마음이 우주삼라만상 전체 속에 있다. 우리 안에 있는 마음이 우리 밖에 있는 마음이고, 우리 밖에 있는 마음이 우리 안에 있는 마음이다.

무극 일신(一身) 일신(一神) 전체허공이 마음에너지이고, '+ − · − + 4대칭 $\begin{smallmatrix}+&-\\-&+\end{smallmatrix}$ 연기'로 '+ − 0'이 되고 '− + 0'이 되는 '0'이요, '− + · + − 4대칭 $\begin{smallmatrix}-&+\\+&-\end{smallmatrix}$ 연기'로 '− + 0'이 되고 '+ − 0'이 되는 '0'이며, 결코 끊어질 수 없고 나누어질 수 없고 분리될 수 없는 전체요, 보이지 않는 바다이다.

전체허공은, 크게 분화되어도. 작게 분화되어도 결코 어떠한 크기 작기로 분화되어도 '+ − · − + 4대칭 $\begin{smallmatrix}+&-\\-&+\end{smallmatrix}$ 연기이며 + − 0 · − + 0'이고, '− + · + − 4대칭 $\begin{smallmatrix}-&+\\+&-\end{smallmatrix}$ 연기이며 − + 0 · + − 0'이 되는, 항상 '0'이요, 영원한 '0'이다.

그래서 허공은, 영원히 언제나 항상 크게든 작게든 분화되면 서로 합하여 '0'이 되는, 서로 정반대로 꼭 같은 짝 양쪽이 되고 합하여 '0'이 되며 항상 '0'이 되는 항상 에너지보존법칙이다.

'1'(하나 · 0)에서 분화하여 '1'(하나 · 0)이 되는 무한수들이 분화하고, 무한수들 각각이 서로 합하면 0이 되는 서로 정반대로 꼭 같은 짝 '+와 −' 양쪽이 되고 합하여 0이 되며 '1'(하나 · 0)이 되는, '+와 0과 −' 3원리일체로 우주삼라만상이 현화하고 있다.

그래서 우리의 하단전(아랫배 중심)에는 −기(정기)가 자리잡고, 중단전

(가슴중심)에는 0기(근본 氣, 마음 氣)가 자리잡고, 상단전(머리 정수리)에는 +기(神氣)가 자리잡고 있다. 우리 몸은 '+ − 0 3원리 일체 기(氣, 精氣神)의 창조력으로 존재되고 있다. 우리 몸안에 있는 3원리 기(氣) 정기신(精氣神)에 '생명 · 사랑 · 영혼 · 마음'이 깃들고 있다. 성교로 정액을 몸 밖으로 방출하는 것은, 우리 몸 안에 있는 3원리 기(氣) 정기신(精氣神)을 몸 밖으로 내보내버리는 어리석은 우행이다.

0은, 태초보다 영원히 먼저 있는 근원이요, 본래 밝고 밝은 광명(光明)이다. 0은, 영원히 언제나 항상 창조근원 0 · 생각 없이 깨어있는 거울이다. 이 '궁극침묵 근본지 반야 거울'이 궁극의 환희요 생멸이 없는 환희이다. 이 0만이 참 실재이고, 현상은 참으로 있는 것이 아닌 환(幻)이며, 부자유이고 어려움이고 고통이고 불행이다.

입자물리학 과학진리로, 우주만유 삼라만상을 현상하는 최소원소인 원자는, 찰나변화 생멸연속 파동(+ ⇆ 0 ⇄ −) 입자이고, 원자의 0.05%를 차지하고 있는 +원자핵(−원자핵도 있다)은, 초당 수십억 번 돌고 도는 '+회전 공(또는 −회전 空)이고, 원자의 99.95%를 차지하고 있는 공간이, −전자(+전자도 있다)가 +원자핵의 둘레를 돌고 있는 공간이다. 그래서 원자는, 단지 전체허공에서 분화하여 전체허공이 되는 부분허공이 회전하고 있는 공간이다. 우주만유 삼라만상은, 단지 부분허공이 회전하고 있는 공간일 뿐인 원자들로 중합되어 형상되고 있어, 참으로 없는 것이 참으로 있는 것같이 보이고 있는 환(幻)이다. 그래서 '남성 여성 남근 여근 천지만물 현상'은, 꿈에서 보는 꿈속 현상과 같고, 거울에 비친 거울 속 현상과 같고, 물에 비친 물속 현상과 같고, 신기루 현상과 같은 헛것이고, 허상이고, 가짜이고, 속임수인 것이다.

형이하학 자아(육체의식 생각자아)로는 우주만유 삼라만상 현상이

엄연한 실체인데도 불구하고, 형이상학 과학 (空 근본과학 법리, 입자물리 과학)으로는, 우주만유 삼라만상 현상은, 본디 없는 것이며, 참으로 없는 것이, 참으로 있는 것같이 보이고 있는 신기루이다. 따라서 우리의 몸은, '파동입자 원자 환(幻)+분자 환(幻)+유전자 환(幻)+세포 환(幻)들 중합환(幻)'일 뿐인 환영이다. 육신은 형이상학 진여과학으로 엄연히 '헛것(원자)+헛것(분자)+헛것(유전자)+헛것(세포)들'이 중합한 환(幻)이다.

남성육신도 환(幻)이고, 여성육신도 환(幻)이고, 여성성기도 환(幻)이고, 남성성기도 환(幻)이고, 성 감각 쾌감도 환(幻)이고, 남성생각도 환(幻)이고, 여성생각도 환(幻)이다.

우리의 모든 행위의 동인(動因)이 되고 있는 말 · 언어 · 생각 · 감정 · 사상 · 관념 · 행위 일체가, 끝이 없이 끊임없는 찰나로 생기며 찰나로 변화하고 찰나로 사라지는 찰나변화 연속생멸 환(幻)이다. '생각의 본질, 의식의 본질, 육신의 본질, 감각의 본질, 성의 본질, 쾌감의 본질' 모두가, 참으로는 있는 것이 아닌, 참으로는 없는 환(幻)이다. 어이없게도 우리는 이러한, 어처구니없는 헛것에 속으며 살고 있다.

현실이란, 끝이 없이 끊임없는 찰나변화 연속생멸 현재, 끝이 없이 끊임없는 찰나변화 연속생멸 생각을 떠나서는 있는 것이 아니다. 육체자아 · 생각자아 모든 나의 현실은, 끝이 없이 끊임없는 현재, 생겨남이 변화함이고, 없어짐이고, 생겨남인 '끝이 없이 끊임없는 찰나변화 연속생멸 생각'이다. 이러한 '찰나변화 생멸연속 아날로그 현재 생각'이, 인간이요, 인생이고, 중생이요, 중생의 현실이다.

인간도, 인생도, 끝이 없이 끊임없는 찰나변화 연속생멸 현재 끝이 없이 끊임없는 찰나변화 생멸연속 생각! 그것일 뿐이다.

현재는, '끝이 없이 끊임없는 찰나변화 생멸연속 현재 아날로그 시간'이요, '끝이 없이 끊임없는 찰나변화 생멸연속 생각 아날로그 현상'이다. 현실은 '끝이 없이 끊임없는 찰나변화 생멸연속 아날로그 생각'이고, 인간도 '끝이 없이 끊임없는 찰나변화 생멸연속 아날로그 생각'이요, 인생도 '끝이 없이 끊임없는 찰나변화 생멸연속 현재 아날로그 생각'이다.

생각은, 끝이 없이 끊임없이 생겨남이, 끝이 없이 끊임없는 변화이며, 끝이 없이 끊임없는 사라짐이고, 끝이 없이 끊임없는 변화하다. 그래서 '찰나변화 연속생멸'이다. 이러한 끝이 없이 끊임없는 '찰나변화 연속생멸'은, 아무런 실체(생겨남 없고 · 변화함 없고 · 사라짐 없는 영원한 항상성)가 없는 가짜요, 속임수요, 환(幻)일 뿐인 허구이다.

가짜요, 신기루요, 헛것일 뿐인 생각이라는 것이, 쿠데타 혁명 독재 좌파 우파 성추행 폭력, 조국도 국가도 사회도 인간도 친구도 사랑도 배신하고, 모든 수단 방법을 다하여 오직, '자기자본 권력 계급'만을 위하는 '육체자아 생각 본위, 생각자아 멋대로 생각하고 행위하는, 가짜 나'의 자유이다.

또한 가짜요, 헛것이요, 신기루요, 환(幻)일 뿐인 아무런 실체도 없는 생각이라는 것이, 성탐욕 · 성 감각 쾌감이고, 천국 · 아수라 · 지옥 · 아귀 · 축생이고, 기쁨 · 슬픔 · 화남, 외로움 · 두려움 · 아픔 · 미움 · 고움, 어리석음 · 탐욕 · 절망 · 시기 · 질투 · 애욕 · 애증, 싫증남, 살인 · 음모 · 강도, 사상 · 감정 · 정치폭력 · 학교폭력 · 군폭력, 폭력성교, 실망 · 고통 · 자살 · 불행 등 모든 것이다. 그래서 항상 진여마음을 보며 진여마음으로 사는 공부가, 무한영겁 무한 생을 살지라도 해야 할 유일한 공부이다. 진여마음만이 완전한 행복이고, 아름다움이고, 가치이다.

창조되고 생겨나고 변화하는 모든 것이 생각이다. 생각은 '나'가 아니다.

생각보다 영원히 마음이 먼저 있다. 생각의 근원이 마음이다. 마음이 '나'이다. 마음이 '나'인 것인데, '나'(마음)로 존재하지 못하고, 마음(나)이 생각이 되어 생각으로 존재되고 있음이 무명이고 부자유이고 불행이다.

마음에서 생각이 나온다. 마음은 생각이 나오는 근원이다. 마음은, 생각보다 영원히 먼저 있으며, 끝이 없이 끊임없는 찰나변화 연속생멸 생각보다 끝이 없이 끊임없이 앞서 있고, 생각은, 마음보다 영원히 나중에 있으며, 끝이 없이 끊임없이 찰나변화 연속생멸하고 있다.

마음은 생겨남 변화함 사라짐 없는 '영원한 절대불변 창조근원 0'이다. 생각만이 생겨나고 변화하고 사라지는, 끝이 없이 끊임없는 찰나변화 연속생멸이다.

진여마음은, 창조되고 생겨나고 변화하고 사라지는 것보다 영원히 먼저 있는 '영원한 절대불변 창조근원 0 · 직접인식 직관지 · 생각 없이 깨어있는 무(無) 거울각'이다.

진여마음이, 위없는 가치이고, 위없는 환희이며, 위없는 목적이다.

고통의 원인이 되고, 불행의 원인이 되는, 끝이 없이 끊임없는 찰나변화 연속생멸 생각이 없다면, 창조된 바 없고 생겨난 바 없이 무엇보다도 가장 먼저 있으며 모든 것을 창조하는 영원한 절대불변 창조근원 0 · 무생각 · 무의식 · 진여마음만 있게 되며, 위없는 자유만 있게 되고 위없는 행복만 있게 되는 것이다.

창조되고 생겨나고 변화하고 사라지는 무엇보다도 먼저 있는 '창조근원 0 · 생각 없는 0 · 생각 없이 깨어있는 0 · 무생각 무의식 · 근본지 · 진여마음'이, '무한영겁 무생 무멸 영존'이며, 위없는 자유이고, 위없는 환희이고, 위없는 행복이고, 위없는 가치이다.

제2장 잃지 말아야 할 보물

정액은, '면역력의 집'이고, '몸을 젊게 하는 에너지의 집'이고, '병 없이 오래 살게 하는 에너지의 집'이며, 육신을 초월하여 있는 '초능력 에너지의 집'이다. '정액을 몸 밖으로 내보내면 내보낼수록', 몸이 늙게 되고, 체력과 활력 의지력이 약화되며, 끝에 가서는 에너지가 바닥나게 되어 빈껍데기 육신이 되며, 살고 싶은 의욕을 잃게 되고 만다.

2-1 영원히 잃지 말아야 할 보물

결코 어디에도 있지 않음이 없는 '텅 빔 가득한' 전체허공이 무극(0)이고, 기(氣)이고, 마음이다. 무극마음에서 파동(+ ⇆ 0 ⇄ -)으로 나오는 무의식 마음그림들이, 우주만유 삼라만상이다. 무의식 마음그림들 하나하나가 생각이다. 생각은 마치 화가가 그림 그리므로 있어지고 있는 그림과 같고, 마음은 화가와 같다.

화가와 그림은, 완전히, 전혀 다른 별개의 것이다. 화가는, 창조된 바 없고 생겨난 바 없이, 그림보다 영원히 먼저 있는 '근본 0 창조자'이고, 그림은, '창조근원 · 인식근원 · 0 · 창조자'보다 나중에 있으며 생겨나고 변하고 사라지는 것이다.

그림은 생각(무의식 마음그림)과 같고, 화가는 '창조근원 0 · 마음'과 같다. 화가는 본디 없는 것을 있는 것같이 만들어내는 창조자이다.

마음은, 생각보다 영원히 먼저 있는 '영원한 절대불변 창조근원 0'이며, 끝이 없이 끊임없이 생겨나고 있는 찰나변화 연속생멸 생각보다 끝이 없이 끊임없이 앞서 있는 '영원한 절대불변 창조근원 0'이다.

화가와 그림의 관계에서 알 수 있는 바와 같이, 모든 것이 창조되어 나오고 있는 근원은, 창조되고 생겨나는 것보다 영원히 먼저 있는 영원한 무현상이며, 끊임없이 창조되고 있는 현상보다 끊임없이 앞서 있는 영원한 무현상이다.

근원은 영원히 창조되는 현상이 아닌 영원한 무 현현이다. 이 근원이 마음이다. 마음은 모든 것이 창조되어 나오는 근원이다. 마음은, 창조된 바 없고 생겨난 바 없는 근원이요, 아무것도 창조되기 전의 근원이고, 창조되고 생겨나는 것보다 영원히 먼저 있는 근원이다. 그러므로 마음은 영원히 현상이 아닌 영원한 무형상이다.

마음은, 생겨난 바 없고 사라진 바 없는 공(空)이고, 생겨난 것보다 영원히 먼저 있는 공(空)이고, 생겨나고 있는 것보다 영원히 앞서 있는 공(空)이고, 끝이 없이 끊임없이 생겨나고 있는 것 보다 끝이 없이 끊임없이 앞서 있는 공(空)이다.

마음에서 끝이 없이 끊임없이 생각이 생기며, 끝이 없이 끊임없이 생각이 변화하고, 끝이 없이 끊임없이 생각이 사라지고 있다. '영원한 절대불변 창조근원 0 · 중도 마음'이 생각보다 영원히 먼저 있으며, '영원한 절대불변 창조근원 0 · 무생각 · 무의식 · 무아 마음'(중도)은, '창조된 바 없고, 생겨난 바 없고, 변화한 바 없고, 사라진 바 없이' 생각만, 끝이 없이 끊임없이 생겨나고 변화하고 사라지고 있다.

창조된 바 없고 생겨난 바 없는 마음이, 정자 난자 수정란을 만들고, 마음이 수정란에 깃들어서, 마음이 무의식 마음그림 생각을 투영하는 데 따라 육신이 현상되지만, 마음은, 영원히, 무의식 마음그림(생각)이 아니요, 현상이 아니요, 육신이 아닌 '영원한 무현현 창조근원 0'이다.

또한 '육신이 나이 들고 · 변화하고 · 장애자 되고 · 병들고 · 늙고' 죽지만, 마음은, 영원히, '육신인 바 없고, 나이 든 바 없고, 변화한 바 없고, 장애자 된 바 없고, 병든 바 없고, 늙은 바 없고, 죽은 바 없는' '영원한 무 현현 창조근원 0'이다.

생각이 모든 문제의 원인이다. 생각은, 마음이 일으켜야 있는 것이고, 마음이 일으키지 않으면 본디 없는 것이다. 생각 의식은, 찰나 찰나로 생기며 사라지는 '찰나변화 연속생멸' 환(幻)일 뿐, 참으로 있는 것이 아니요, 참으로 있는 것이 아니므로 생각 의식은 꿈이요, 신기루요, 구름과 같은 비실재이다. 마음만이, '생겨질 속성, 사라질 속성, 변화될 속성' 없는 절대 무 속성으로, 영원히 언제나 항상 있는 근원 실상이다.

창조되고 생겨나고 변화하고 상처 나고 없어지고 사라지는 것보다, 영원히 먼저 있는 '영원한 절대불변 창조근원 0 · 무생각 · 무의식 · 궁극침묵 근본지'가, 마음이다. 이 마음이, 진여요, 실상이요, 여래요, 모든 나요, 위없는 무상(無上)의 능력이고, 무상(無上)의 가치이다. 따라서 참삶은, 이 진여 여래 마음을, 아무 현상도 생각도 있기 전의 '창조근원 0'으로 순화하고, '창조근원 0 · 진여 근원'을 생각으로 파묻음이 없는 것이다.

창조되고 생겨난 것보다 영원히 먼저 있는 마음에서 모든 것이 생겨나는 데도, 마음이 창조되고 생겨난 것에 파묻혀서 창조되고 생겨난 것으로 뒤덮여 있는 것이 비극이다.

마음은, 생겨난 바 없고 사라진 바 없는 공(空)이고, 생겨난 것보다 영원히 먼저 있는 공(空)이고, 생겨나고 있는 것 보다 영원히 앞서 있는 공(空)이고, 끝이 없이 끊임없이 생겨나고 있는 것보다 끝이 없이 끊임없이 앞서 있는 공(空)이다. 영원히 창조근원 공(空) 마음이, 결코 아무것으로도 파묻힘이 없음이 자유이고 해방이다.

육신이 강간당했다. 육신을 함부로 취급당하고 무시당했다. 원통하다는 생각이, 괴로움이고 고통이다. '강간당한 육신, 함부로 취급당한 육신, 원통하다는 생각'을 놓아버리지 않고, 그 생각에 집착하므로 갈등 · 질곡 · 고통 · 부자유가 있는 것이다. 갈등 · 질곡 · 고통 · 스트레스가 되는 생각을, '생각 없는 무(無) 근원 · 창조근원 0 · 근본 무(無)'로 놓아버리는 것이, 자유 · 환희 · 해방이다. '갈등 · 질곡 · 고통 · 불행 · 생각'을, 본래 '생각 없는 무(無) · 창조근원 0'으로 놓아버린다면, 곧바로 창조근원 0 · 진여마음이며 자유 · 평화 · 행복이다.

진여마음은, '함부로 취급당할 현상 · 강간당할 현상 · 무시당할 현상 · 고문당할 현상 · 상처 날 현상 · 부서질 현상 · 불에 탈 현상 · 칼에 잘릴 현상 · 장애자 될 현상 · 핵폭탄에 없어질 현상 · 방사능에 오염될 현상 · 늙어 질 현상 · 병들 현상 · 죽어질 현상 · 사라질 현상 · 없이할 현상', 결코 어떠한 속성도 없는 절대 무속성이요, 영원히 생각보다 먼저 있는 '영원한 절대불변 생각 없는 무(無) 창조근원 0'이다. 이 진여마음이 무엇에도 걸릴 것 없고, 간힐 것 없고, 묶일 것 없고, 구속당할 것 없는 무애 자재 환희 자유이다.

때문에, 숨 쉬듯이 매일 24시간 언제나 '본디 생각 없는 창조근원 · 인식근원 마음'이 '창조근원 인식근원'을 떠남이 없이, '창조근원 인식근원'에 있으며, '창조근원 인식근원'을 생각으로 뒤덮음이 없이 보고, '창조근원 인식근원'을 생각으로 뒤덮음이 없이 듣고, '창조근원 인식근원'을 생각으로 뒤덮음이 없이 말하고, '창조근원 인식근원'을 생각으로 뒤덮음이 없이 생각하고, '창조근원 인식근원'을 생각으로 파묻음이 없이 행하는, '영원한 절대불변 창조근원 · 인식근원 · 0 · 청정심' 수행이, 보다 위없는 무상(無上)의 생활이다. 그럼으로써 마음이 생각에 파묻힘이 없이, 항상 근본자유 근본환희일 수 있다. 무한영겁 항상 이 진여마음이 항상 밝아야 할 가치이다.

전갈류 · 모기류 암컷들과 거미와 사마귀를 비롯한 절지동물들이,

교미가 끝난 다음이나, 교미를 하고 있으면서도, 교미 중에 있는 자기의 수컷을 깨물어서 먹어버리는 놀라운 광경들이, 생물학자들에게 목격되어 알려져 있다.

따라서 대개의 곤충들은, 단지 단 한 번의 교미로 자신의 에너지를 몽땅 암컷의 구멍 속으로 넣어버리고, 죽음에 이르고들 있다. 이것은 성 에너지가 바로 생명체의 실체요 핵심이라는, '중차대한 의미'를 시사하고 있는 것이다. 인간들은, 그런 핵심 실체인 정액을, 거듭하여 분출시킬 때마다, 정액분출이 있는 만큼 면역력 약화와 육신의 늙음을 촉진시키며, 육신을 황폐화하고, 무덤화(化)하는 어리석음을 자초하고들 있다.

정액은 성 에너지의 집이다. '15초간의 짧은 찰나일 뿐'인 '사정쾌감 때문'에, 남성은, '용(성 에너지 용솟음 힘)의 죽음'으로 '에너지가 떠나버린 빈집'과 만나야 한다. 그것이 되풀이될수록, 육신이 빈껍데기화(化)하며, 무덤화(化)하게 된다. 그리고 성 에너지에 기반을 두고 있는 정신마저 혼미하여지는, '심신황폐화(化) 심신무덤화(化)'를 초래하게 된다. 결코 절대로 잃지 말아야 할 보물이 바로 정액이다.

우리 몸 물질의 핵이 바로 정액이다. 정액은 '몸 기능 · 정신 기능'의 원천이다. 정액은, 육신을 있게 한 원천이고 원질이며, '생명의 집'이고, '면역력의 집'이고, '건강의 집'이고, '무병장수의 집'이다. 정액은 '만년청춘의 원소'요, '존재의 열정과 의욕의 집'이며, '삶의 의욕 · 활력이 살고 있는 집'이다.

정액은, '면역력의 집'이고, '몸을 젊게 하는 에너지의 집'이고, '병 없이 오래 살게 하는 에너지의 집'이며, 육신을 초월하여 있는 '초능력에너지의 집'이다. '정액을 몸 밖으로 내보내면 내보낼수록', 몸이 늙게 되고, 체력과 활력 의지력이 약화되며, 끝에 가서는 에너지가 바닥나게 되어 빈껍데기 육신이 되며, 살고 싶은 의욕을 잃게 되고 만다.

정액은, 몸 안에 언제나 보존되어 있어야 하는 '활력 의욕 생명력'이고, '결코 절대로 몸 밖으로 내보내서는 안 되는, 정(精) 기(氣) 신(神)'이다. 그래서 결혼을 한 후에도, 아기를 가질 때가 아닌 한, '정액은 절대로 결코 몸 밖으로 내보내서는 안 되는 보물'이다. 정액은, '어떠한 물질보다도 고귀한 보배'이기 때문에, '죽을 때까지, 결코 절대로 몸 밖으로 내보내는 것이 아닌 가치'이다. '아기를 가질 때가 아닌 한, 육신이 죽는 날까지 결코 절대로 정액을 몸 밖으로 내보내지 않는 것'이, 지고의 지혜이다. 때문에 정액배출 수음도 몸의 보물을 쓰레기 버리듯이 몸 밖으로 버려버리는 무지 중의 무지이다.

우리 몸의 정액이야말로 결코 몸 밖으로 내보내서는 절대 안 되는, 보배의 보배이고, 가치의 가치이다. 정액은, 결코 절대로 몸 밖으로 내보내지 않고, 항상 몸 안에 보존하고 보호하여야 할 '고귀하고 고귀한 보배'요 가치이다. '절대로 정액이 몸 밖으로 배출되지 않고, 남근이 항상 정기로 충만하고 있는 상태'가, '모든 일에 활기 의욕 넘치는 몸'이 되게 하며, '쉽게 병들지 않고 면역력이 강한 몸'이 되도록 한다. '자살충동도 정액배출이 되어, 몸의 활기가 없어지고 무기력해져서, 삶의 의욕이 없어지기 때문'에 일어나는 일이다.

정액을 몸 안에 항상 보존하고 있어야, 항상 병 없이 건강하고 젊은 몸일 수 있고, 모든 병을 물리칠 수 있는 면력력 강한 몸이 되며, 모든 일에 의욕이 넘치는 즐거운 몸이 된다. 때문에 교합할지라도 결코 절대로 사정하지 않는 것이 성생활의 핵심 기교요 지혜이다. 이런 귀중한 정액을 항상 몸 안에 간직하고 있어야, 항상 발기능력이 살아있으며 무엇이든지 할 수 있다는 '자신감 · 존재감' 넘치는 몸이 되고, 활기 넘치는 즐거운 몸이 되면서 항상 삶의 의욕이 넘치게 되어, 자살 충동 같은 것이 없게 되는 것이다. 따라서 정액이 무상(無上)의 보물인 것을 아는 남성은, 어리석게 성추문에 휩쓸리는 일도 없게 되는 것이다.

사춘기 최초의 성 에너지를, 결코 절대로 몸 밖으로 배출시키지 않는, '일평생, 동정녀 동정남'의 '성 에너지'는, '마음을 눈부신 빛'으로 '밝히는 원동력'이 된다고 한다. 성교로 정액을 몸 밖으로 방출하는 것은, 우리 몸 안에 있으며 우리 몸을 살리고 있는 '+ 0 –' 3원리 기(氣) '정(–) 기(0) 신(+)'을 몸 밖으로 내보내버리는 어리석은 우행이다.

2-2 수음하는 원숭이

현대는, 진여마음 자기를 모르고, 바르고 옳은 '성(性) 철학'(성의 근원을 탐구하고 성의 근원을 정립하며 성의 근원을 확립하는, 성 근원인식체계)이 없으며, 성의 속성을 모르는 무지로 있다가는, 불수의적으로 성이 인식되며 성에 눈뜨게 되자마자, '성(性) 욕망 생각'이 되고, '성 감각자극 사정쾌감'이 목적이 되어, '정(精) 기(氣) 신(神)' 생명에너지를 고갈시키며 죽게 되고 마는 원숭이가 되기 쉽고, 잘못된 성에 빠져서 잘못된 운명을 자초하기 쉬운 시대이다.

현대는 인간의 무의식적인 성 본능을 촉발시킬 수 있는 성 노출증들을 어디서나 언제나 볼 수 있는 시대이다.

'성본능 · 동물본능 · 육체생각 의식'은, 끝이 없이 끊임없이 찰나도 쉴 새 없이 변화하여 생기며 사라지는, 찰나생멸 변화연속이기 때문에, 찰나도, 찰나 이전의 '생각으로 한 약속과 각오'를 지킬 수 없도록 하고 마는 믿을 수 없는 생리요 속성이다.

인간의 삶 가운데 가장 믿을 수 없는 감정이, 성 욕망 생각이다. 인체의 '성본능 · 동물본능 성 생각 용천생각'이, '보이는 현상에만 사로잡혀 속게 하는 원흉'이며, '영원히 보이지 않는 진여실상'인 마음을 어둠으로 파문는 덮개요 흑막이다.

'성욕 탐욕 성 욕망 생각'이, '찰나도 끊임없이 순결일 수 없고, 신의일 수 없고, 순수의식 부동심'일 수 없는 '천방지축 원숭이'이다. '성 탐욕 생각'이란 그런 것이기 때문에, '사업 그르치게 하고, 명예 잃거나, 이혼도 살인도 하게 되며', '성(性)이 모든 사건 불행의 원인'이 되고 있다.

원숭이에게 수음을 가르쳤더니, 밤낮을 가리지 않고 수음을 하다가 죽더라고 하는 이야기가 있다. 인간도 정액을 몸 밖으로 그렇게 방출하면, 그렇게 될 수 있다는 경고이다.

사정목적 잦은 성교는, 사정쾌감을 행복으로 알고 사정쾌감만을 즐기다가, '행복인 것같이 보이면서, 사실은 모든 것을 빼앗아가고 마는 성(性) 현상 성의 마력'에 속아서, 죽음을 자초하고 마는 원숭이일 수 있다.

남근 여근 성(性) 현상은, 인간을 속이는 대표적인 환영이며, 행복인 것같이 보이면서 사실은 파멸로 몰고 가는 구덩이요, 여의봉이다. 남근은, 신축자재하는 손오공의 여의봉인 것 같은 흉내를 내지만, 그야말로 무애자재하는 여의봉 능력이 아닌 가짜이고, 여근은, '남근을 홀려들여 죽이고, 살아있는 남근만 끌어들여 죽이는, '냉혹 무정한 블랙홀 구멍'이다.

동물의 암컷은 암컷물건을 기쁘게 하여주는 수컷에게 미치고, 수컷은 암컷물건을 기쁘게 하는 일에 미친다. 인간들도 동물들을 꼭 닮은 데가 있는 것은, '끊임없이 끝이 없이 물이 솟구쳐 솟아오르는 샘'과 같이 '끝이 없이 끊임없이 솟구쳐 솟아오르는 '용천(龍泉) 생각 · 생각용천'이고, 그 '용천생각 · 생각용천'이라는 것이, 항상 '성 욕망 · 성 탐욕 · 성 생각'인 데에 사건이 있다.

실상도 아닌 허망한 헛것인 '육체자아 · 생각자아 · 성 탐욕 · 성 생각 용천'이, 생각자아로는 인식됨이 없는 '무의식 마음그림 동기'로 간통이든 간음이든 하도록 하고 마는 원흉이다. 육체자아 · 생각자아 인간의 이러한 '성 탐욕 · 성 생각용천'이, 도무지 순결일 수 없고, 신의일 수 없도록, 진여실상을 망각시키는 덮개이다.

마치 '물이 솟아나는 샘'과 같이 끊임없는 생각이, 끊임없이 솟구쳐 솟아오르는 '생각 용천'인 것이 생각자아이고, 생각은, 끝이 없이 끊임없는 찰나변화 생멸연속 끝이 없이 끊임없는 생멸 변화 그 자체이다. 그래서 생각은, 끝이 없이 끊임없이 두리번거리는 원숭이와 같다고 하는 것이다. 그래서 생각은 도무지 믿을 수 없고, 의지할 수 없는 것이다. 이러한 끝이 없이 끊임없는 찰나변화 생멸연속 생각용천이, 성욕 애욕과 결합했을 때는, 그 것이야말로 밤낮 수음하다 죽는 원숭이가 되는 것이다.

육체자아 · 생각자아 중생의 육체본능 · 동물본능 · 성욕 '용천생각'은, 서로 짝을 유혹하는 기술들을 끝없이 끊임없이 나날이 새롭게 개발하며, 서로 속이고 속는 성교전략들로 유혹과 배신이 얽히고설키는 '속임수 전쟁'으로, '신의와 순결 믿음'을 바랄 수 없는 속물 속성인 것으로 드러나 있다.

『모든 생물은 섹스를 한다』(올리비아 저드슨 지음. 이나경 옮김. 홍익출판사 발행)에 따르면, "발정기 때 침팬지 암컷들은, 한 암컷이 하루 동안에, 15분에 1회씩 끊임없이 수컷을 바꾸어 가며 상대하며, 여드레 동안 계속 섹스하는 것이 목격되었다." 또, "원숭이 과에 속하는 올리비비 암컷들은, 발정기가 되면, 쉴 새 없이 한 수컷에서 다른 수컷에게로 몸을 내맡기며, 한 시간 만에 수컷 열 마리와 교미하는 것이 목격되었다."고 한다.

유전자분석을 하는 유전생물학자들은, "동물들은 한 배로 낳은 새끼들 마저도 새끼의 아버지가 다 같은 경우는, 극히 드물다"고 하고, "벌레에서부터 침팬지에 이르는 온갖 생물들 가운데 정숙한 암컷은, 거의 존재하지 않았다."고 한다.

"오랑우탄도 파트너에 대하여 싫증을 잘 내고 바람기가 심하다."고 한다. 바람난 여성 남성들도 바람기가 심한 오랑우탄을 닮아들 있다.

성 생리학자들은, 수컷들은 바람기가 기본이고, 암컷들은 화냥기가 기반이며, 대부분의 수컷 암컷들이, 각성이 없는 '생태학적 원시적인 무의식적 성 욕망상태'에 빠져 있어서, '성은, 본래 믿을 것이 못 되는 속성이다.'고 판단을 내리고 있다.

"암사자들은 발정기가 되면 여러 날에 걸쳐서, 하루에 한 상대씩 상대를 바꾸어 가며, 쉴 새 없이 짝짓기를 하는데, 선택된 수사자는 처음에는 신이 나서 섹스에 미치다가 암사자가 밤낮으로 30분에 한 번씩 섹스를 하려고 하므로, 나중에는 기진맥진하게 되며 섹스를 기피하게 된다." 그래서 '섹스의 본성은 행복한 것이 아니라 고통이다.'고 하는 것이다.

육도세계 중 지옥세계에는, 날이면 날마다 매일 쉴 새 없이 오직 섹스만 해야 하는 섹스고통 지옥이 있다고 한다. 암사자나 색 광녀는 섹스고통 지옥 출신들이라고 할 수 있다. 섹스고통 지옥의 섹스는, 기진맥진하여 성 에너지가 고갈되어 피골이 상접하고 기력이 없는데도 늘 섹스에만 매여 있어야 한다. 그런 섹스고통 지옥에서는 더할 수 없이 높은 최악의 고통이 섹스인 것이다. 그러니 섹스의 본성은 고통이라고 읽을 수 있다. 일생 섹스만 바라는 남성은, 밤낮으로 날마다 섹스만 바라는 색광녀 암사자 여성을 감당할 각오를 하고, 섹스고통 지옥계에 태어날 각오를 해야 하는 것이다.

인간의 원시본능도 동물들과 다를 바가 없다고 시사한 바 있는 『인도의 지혜 히또빠데샤』를 보면, "방종한 아내를 믿는 것보다 창녀를 믿는 것이 낫다. 불은 아무리 많은 땔감에도 만족하지 못하고, 바다는 아무리 많은 강물이 흘러 들어 와도 만족하지 못한다. 여성의 식성은 남성의 두 배이고, 여성의 기지는 남성의 네 배이며, 여성의 인내심은 남성의 여섯 배이고, 여성의 정욕은 남성의 여덟 배이다. 여성은 어떤 방법으로도 만족하기 어려우니, 선물로도, 시중드는 것으로도, 체벌로도, 종교적 교훈으로도 그 정욕을 채울 수 없다. 그래서 남성에게 완전히 사랑받는 여성도 없고, 여성에게 완전하게 사랑받는 남성도 없다."고 하고 있다.

본래, 남성은 정액 배출로 기를 소모하고, 여성은 기를 수용하는 그릇이어서, 여성의 성 만족체계가 남성과는 판이하게 불균형하기 때문에, 남성에게 완전히 사랑받는 여성도 없고, 여성에게 완전하게 사랑받는 남성도 없게 되어 있다. 그것이 남녀의 숙명이다. 그러니 남녀 모두 섹스로써 만족하고 행복하고자 하는 것은 무지이다.

성욕은, 끊임없이 끝이 없이 성 탐욕 생각이 되고, 성 욕망 생각이 되도록 하며, 정(精) 에너지를 고갈시키고, 생명력이 텅 빈 껍데기 육신이 되도록 하고 마는 흡혈귀이다.

성은, 실상도 아닌 허상인 것이, 인간성과 인간 간의 신의를 말살하며, 순결을 말살하고, 생각 의식 행위의 근원인 마음을, 생각으로 파묻고 마는 코브라 흡혈귀이다. 성 탐욕은, '몸 · 건강 · 생명력 · 영혼'을 사막화시키는 원숭이이므로 목적일 수 없고, 초월해 버려야 할 코브라 거머리이다.

성 관련 가르침들에 나타난 다음의 가르침들을 보면, 성문(性門)이라는 것 자체가 순결일 수 없고 신의일 수 없는 배신 그 자체이고, '성문(性門)은 삶의 문일 수 없는 죽음의 문'이라는 것을 알게 된다.

남녀 애욕은 언제나 쾌락을 좇는다. 무절제하다. 이리저리 쫓아다닌다. 잡아 가두지 못한다. 남녀 애욕의 전략은 사람의 머릿수만큼 많다.

결코 믿어선 안 될 것은, 쾌락에 눈이 먼 남녀이며, 세도가이다.

이 세상에서 재물을 탐내지 않는 사람이 없으며, 매력적인 남의 젊은 아내를 탐나는 눈으로 바라보지 않는 남자가 없다.

젊은 남녀의 순결을 믿고, 젊은 남녀의 성을 믿는 것은, 죽음의 문을 삶의 문으로 믿는 것과 같다.

여성과 남성은 자석과 쇠붙이 같고, 양전기와 음전기와 같아서, 둘을 자유롭게 함께 두면 서로 끌어들이고 끌어 붙게 되어 있는 것이다.

젊은 여성과 젊은 남성은, 많은 여성에도 남성에도 만족하지 못한다. 남성과 여성은, 마치 숲에서 새로운 풀을 찾는 소와 같이 언제나 새로운 상대를 갈구한다.

애욕에 빠진 남녀는, 의무와 사명을 망각하고 마치 발정 난 코끼리처럼 멋대로 마구 놀아난다.

범부들은, 색에 애착하여 색을 귀중하게 여기고 색을 싫어함이 없다. 범부는 색에 미혹되어 집착하고 색욕의 종이 되니, 색을 탐하여 색을 달게 여겨 즐거워함이 끝이 없다.

애욕이라는 음녀는, 감기고 얽히어 나무를 자라지 못하고 마르게 하여 말라죽게 하는 '가시넝쿨'과 같은 것이다.

색욕은, 견고하게 밀폐되어 빠져나오기 어려운 감옥과 같다.

색욕은, 지혜를 꽁꽁 묶어 옴짝달싹 못하게 하는 목칼의 '자물쇠'와 같다.

색욕은, 정(精)을 빼내고 용솟는 활력을 쫓아내서 생명력을 고갈하게 하는 것이다. 그것은, 쾌락을 거듭하고 싶어서 계속해서 반복적으로 쾌락을 추구하므로, 그러면 그럴수록 삶의 활력이 고갈되며 육체를 말라죽게 하고 마는 죽음의 사자이다.

음녀와의 애욕은, 잠깐은 즐거운 것 같지만, 나중엔 두렵고 두려운 것이다. 너무도 짧은 일시적인 한 순간일 뿐인 애욕의 쾌락이, 육신의 젊음과 건강을 파괴하고 운명을 파괴한다. 성교의 절정에서 용솟는 용은, 짧디짧은 찰나에 성기를 통해서 빠져나가 버리며 쾌락의 종말로 끝이 나서, 쾌락추구, 그것이 종국에는, 욕망의 창이 나를 찌르는 고통의 원흉이라는 사실로 드러나고야 말게 된다.

항상 육체자아 · 생각자아 · 성 용천생각이 인생인 중생들은, '동물적 · 본능적 · 우발적 · 원시적 · 무의식적 성 욕망 생각용천'인 것이어서, 순결을 바랄 수 없고 신의를 바랄 수 없게 되어 있는 속성이고, 끝이 없이 끊임없는 성 욕망 · 성 탐욕 용천(龍泉) 생각이, 육신을 말라죽게 하고 마는 가시넝쿨 칡넝쿨 같은 지옥이다.

그래서 성(性)은, 그것에 빠질 것이 아니라 초월하여야 하는 것이고, 초월하는 길은, '섹스 자체가 결코 만족일 수 없는 불만족 블랙홀 · 고통 · 불행인 것'을 알고, '본래 환희인 진여마음'을, 생각으로 파묻음이 없는 것이다.

육체자아 · 생각자아 인간의 인생은, 끝이 없이 끊임없는 찰나변화 연속생멸이 바탕인 '물질계 육신이라는 무대'에서 드라마를 하고 있으면서, 전혀 배우(영원한 무 현현 창조근원 0 · 근원자 · 창조자)를 인식함이 없이 오로지, '끝이 없이 끊임없는 찰나변화 연속생멸 아날로그 생각용천'이 현실인 생각에 갇혀 있는 생각일 뿐이다.

마음은 태어남이 없이 육신만 태어나고, 마음은 늙음이 없이 육신만 늙고, 마음은 죽음이 없이 육신만 죽고 있다. 영원히 생겨난 바 없고 사라진 바 없는 영원한 무 현상이며, 영원히 태어남이 없고 죽음이 없이 육신에 깃들었다가 육신을 떠나기를 무수하게 되풀이하고 있는 진여마음으로 보면, 생멸변화가 바탕인 인체와 인생이라는 것이, 온전히 연극과 드라마와 다를 것이 없는 허망한 꿈일 뿐이고, '불생불멸 항구불변 자유요 행복'인 것은, 결코 어떠한 생각에도 갇힘이 없고, 어떤 생각에도 파묻힘이 없는 진여마음이 있을 뿐이다.

결코 어떠한 생각도 없는 진여마음이,
결코 한 생각도 없는 진여마음을 놓침이 없다면,
아무것에도 거리끼거나 얽매일 것 없이,
생각이 전무(全無)한 '창조근원 0 · 마음'만 존재하게 되며,
육신에 깃들기 전 본래의 창조된 바 없고 생겨난 바 없는
'진여마음 · 근원자유 환희'일 수 있는 것이다.

2-3 불알보살 삼형제

'일생 동안 절대로 사정을 하지 않는다. 아기를 낳을 때만 사정을 한다.' 이 철칙을 지키기 위해서도, 부모가 언제 발생시켰는지도 모르는 불청객으로 열등한 자녀를 낳지 않기 위해서도, 깨어있는 천재(天才) 영혼을 초청하여 아기를 낳기 위해서도, 배란일을 아는 것이 필수이다.

호주 남부 원주민인 참사람부족이 아이를 낳는 일은, '영원한 무 현현 무현상인 배우 영혼'에게 모양 · 형상으로 드라마를 할 육신을 제공하는 것이라고 알고, 아이를 가질 수 있는 때를 선택해서 배란될 시각을 알면서, 육신으로 드라마를 할 '청정심 영혼'이 잉태하도록 '청정심으로 깨어있는 의식으로' 거룩한 의식(儀式)을 치르듯이, 영혼을 초청하는 교합의례(交合儀禮) 예식을 치른다고 한다.

무엇보다도 확실한 배란기 측정법은, 여성의 '기초체온 그래프 작성법'이라고 알려져 있다. 밤에 잠잘 때 베개 밑에 '1도를 20등분한 부인용 체온계'를 놓아두었다가, 아침에 잠을 깬 곧바로 일정한 조건인 일정한 시간대에, 입안의 혀 밑이나 겨드랑이 밑같이, 일정한 몸 부위에 체온계를 넣고 5분간 체온을 측정하여, 매일 아침마다 기초체온 그래프에 체온곡선을 그려나가는 것이다.

매일 아침 기초체온을 재어서 기록하고 '기초체온 그래프곡선'으로 파악하게 되면, 평소에 쭉 36.5°C 저온이다가, 평소의 저온에서 0.5°C~0.7°C 정도 상승하여 37.0°C~37.2°C 고온이 되는 날을 배란일로 보는 것이다. 37.2°C 온도가 정자와 난자가 수정되어 자궁 내에 착상이 잘 되는 온도라고 한다.

인간은, 서로 지키면 서로 좋고, 서로 지키지 않으면 서로 안 좋은 질서를 정하여 놓고, 그 질서 안에서 역지사지(易地思之, 서로 처지를 바꾸어서 생각함)로 삶을 형성하고 있는 모음사회 동물이다. 그러므로 인간은, 서로 지키면 서로 좋고, 서로 지키지 않으면 서로 안 좋은 인간 간의 질서는, 서로 깨뜨리거나 파괴하지 말아야 하는 본분이고 사명이다.

'나'를 알고 항상 '나'로 존재하는 것이, 존재의 보람이고 인간의 목적이다.

'나'는, 창조되고 생겨나서 변화하며 사라지는 조상의 육신보다도, 생각보다도, 먼저 있는, '영원한 절대불변 창조근원 0(중도) · 근본 무(無), 무생각 · 무의식 · 무아 · 궁극침묵 근본지 · 청정심 · 마음'이다.

생각은 근원이 아니요, 생기고 변하고 사라지는 것이다. 생각은 '나'가 아니고, 마음이 '나'이다. 육신보다도 생각보다도 마음이 먼저 있으며, 마음이 육신과 생각을 생기고 있다. 마음은, '영원히 생각보다 먼저 있으며, 끝이 없이 끊임없는 찰나변화 생멸연속 생각보다 끝이 없이 끊임없이 앞서 있는 영원한 절대불변 창조근원 0 · 생각 없는 무(無) · 중도'이고, '영원히 생각 없이 앎을 아는 무생각 · 무의식 · 무아'이다. 그래서 영원히, '생각 없이 앎을 아는 영원한 절대불변 창조근원 0 · 무생각 · 무의식 · 마음'을 떠남이 없는 마음이, '참나'이다.

따라서 생각이 있기 전의 '창조근원 0, 생각 없이 앎을 아는, 생각 없는 무(無) 마음'을 생각으로 파묻음이 없이, 보고, 듣고, 말하고, 생각하고, 행하는 것이, 깨어있는 것이다.

마음에서 끝이 없이 끊임없이 생각이 생기고 있고, 생각은 찰나변화 연속생멸 생각' 끝이 없이 끊임없는 생각이다.

생각은 '끝이 없이 끊임없는 찰나변화 연속생멸'이므로, 믿을 수 없고 의지할 수 없는 것이다. 그러므로 육신을 나로 알고, 생각을 나로 아는 '육체자아 · 생각자아' 인간을 믿고 의지하는 것이 속임을 당하는 원인이다.

'나'(창조근원 0 · 생각 없는 무 마음)가 '나'로 깨어서 존재하는 것보다 더한 자유가 없고, '나'가 '나'로 깨어서 존재하는 것보다 더한 행복이 없다.

자유란, 마음이 생각에 갇힘이 없어서 생각의 노예 되지 않고, 생각의 부림을 당하지 않는 것이다. 자유란, 마음이 생각 안에 있지 않고, 마음이, 항상, 생각 밖에 있는 것이다.

생각에 갇히지 않고, 항상 생각 밖에 있는 '생각 없는 무(無) 진여마음'이, 자유이고 행복이다. 따라서 우리를 불행하게 하는 것은, 오직, '끝이 없이 끊임없는 찰나변화 연속생멸 생각'이며, 부정적인 생각이다.

우리를 행복하게 하는 것은, 끝이 없이 끊임없는 '생각 없는 무(無) 진여마음'이고, '끝이 없이 끊임없이 일정한 긍정생각' **일심**이다.

장자는, 당랑재후(螳螂在後)—매미를 잡으려고 하는 데만 온 정신이 팔려 있는 사마귀가, 자기 뒤에서 자기를 잡으려고 노리고 있는 까치가 있음을 알아차리지 못하고 있다는 데서 온 말, 눈앞의 현상 생각에만 마음이 파묻혀서 뒤에 닥칠 위험을 전혀 인지하지 못하고 있는 상태를 뜻하는 말—를 지적했었다. 지금 당장 뱀이 발밑에서 사냥꾼을 물려고 노리고 있는데도, 사냥꾼은 그것을 전혀 모르고 까지를 잡으려고 하는 데만 온 정신이 팔려 있고, 사냥꾼이 지금 까치를 잡으려고 까치에게 활을 겨누고 있는데도, 까치는 그것을 전혀 모르고 사마귀를 잡으려고 하는 데만 온 정신이 팔려 있고, 지금 당장 까치가 사마귀를 잡으려고 노리고 있는데도, 사마귀는 그것을 전혀 모르고 메미를 잡으려고 하는 데만 온 정신이 팔려 있다. 당랑제후는, '매미←사마귀←까치←사냥꾼←뱀'과 같이, 각자 지금 당장 자기가 죽을 위기에 놓여 있는데도 그것을 전혀 모르고, 상대를 잡으려고 하는 데만 온 정신이 팔려 있는 것을 뜻한다. '매미←사마귀←까치←사냥꾼←뱀' 의식들이 연쇄적으로, '나' 무지상태에 빠져 있는 것, 그것이 당랑제후이다.

끝이 없이 끊임없이 '나'(마음)가 있는 현주소는, '나'가, 끝이 없이 끊임없는 찰나변화 생멸연속 현재 어떤 생각으로 뒤덮이고, 어떤 생각으로 파묻히며, 어떤 생각이 되어, 어떤 생각의 종노릇을 하고 있는가? 여기에 있다.

당랑재후는, 끝이 없이 끊임없는 찰나변화 연속생멸 현재 '나'가 있는 현주소는 전혀 알아차리지 못하고 있으면서, 자신이, 자신이 있는 현주소를 알아차리는 데는 정신이 없고, 오직, 상대가 있는 현주소를 알아차리는 데만 온 정신이 팔려 있는 자들을 가리키는 뜻으로 마땅한 개념이다.

어느 중국계 영화에 나온 이야기이다. 바람둥이 왕씨는, '돈주앙식, 카사노바식'으로 여성을 추행하는 데만 온 정신이 팔려서, 자기 마누라가 지금 어떠하고 있는지는 전혀 알지 못하고 있는 당랑재후가 되어 있었다.

왕씨에게 아내를 간음 간통 당한 주씨는, 집요하게 연구하고 탐구하고 계산하고 계획된 유혹의 계략을 주도면밀하게 구사하여, 왕씨의 아내 진부인과 간통을 하고 철저하게 진부인을 간음 간통으로 농락하여 놓는다.

진부인이 임신을 하게 되고 배가 남산만큼 불어 오르자, 주씨는, 진부인의 남편인 왕씨가 주씨 자기의 아내를 간음하고 가정을 파괴한 사실을 진부인에게 낱낱이 알려주고는, 훨훨 단신으로 떠나가 버리는 것이었다.

주씨가 임신한 자기를 버리고 떠나버리자 진부인은, 산산이 부서지고 상처 난 육체자아 · 생각자아 생각의 방향을 결정하고, 임신한 몸 신변을 정리한 다음, 이름 난 유명 도시의 고급 환락가에 몸을 담고 있으면서, 결코 아무 남자에게도 몸을 내주지 않는 묘법을 최대한 살리며, 자신의 주가를 올릴 대로 올려놓음으로써, 환락가에서 자기 명성이 하늘 높이 자자하도록 만들어 놓는다. 그것은 자신의 남편 왕씨가 불나비로서 환락가로 날아들도록 하는 주도면밀한 유인책이었다.

아니나 다를까 왕씨는 불나비같이 환락가로 찾아드는 것이었다. 진부인은 왕씨에게, 자신과 주씨 간에 있었던 간통 · 임신 · 낙태한 사실들을 낱낱이 다 말하여 주고 왕 씨를 넋 나간 얼간이로 주저앉혀 놓은 다음, 기회를 엿보다가 어느 사이에 목을 매달고 자살을 하고 말았다. 그것이 왕씨에게 폭탄 충격이 되었다.

당신의 입장에서 생각하여 보라. 누군가가, '당신의 누나, 당신의 누이동생, 당신의 어머니, 당신의 며느리, 당신의 딸, 당신의 아내'를 강간하거나, 간통을 하거나, 간음을 하였다면, 당신의 마음이 어떠하겠는가?

왕씨는, 자기 마누라가 어떠할지는 앎이 없는 당랑재후가 되어, 뭇 여성들을 간통 간음한 결과, 자기 마누라가, 자기가 간통한 여자의 남편인 주씨에게 간통당하고 배신당하여 자살하고 만 사실에 폭탄 충격이 되고, '인생은 무엇인가? 자기는 무엇인가? 부부란 무엇인가? 죽음은 무엇인가? 행복은 무엇인가?', '자기가 남의 아내를 간통하고 타락시킨 것은 선이고 행복'이고, '남이 자기 아내를 간통하고 타락시킨 것은, 나의 불행이고 악인가?' 나는 무엇을 위하여 살아왔는가? 나는 무엇을 위하여 살아야 하는가? 하는 해답 없는 의문들에 대한 갈등 · 질곡 · 고뇌에 빠진 것이다.

왕씨는, 자기가 지금까지, 뭇 유부녀들과 간음하고, 과부들과 간통하고, 미혼녀들을 농간하고, 계속 새로운 상대를 찾으며 서로 속이고 속는 유혹과 배신과 속임수로 불륜 성교한 것들이 과연 행복인 것인가? 그간에 '속이고 속은 성교전쟁 전략들'로 '돈 낭비, 시간 낭비, 청춘 낭비, 인생 낭비, 정력 낭비, 자연치유력 낭비'하여 '빈털터리 · 빈 쭉정이 육체'가 된 것이 행복인가? 과연 7~8초, 15초 전후의 사정쾌감이 사랑이고 행복이던가? '사정 후의 몸 느낌 · 정신 느낌'이 행복이던가? 사정 후의 감각은 '상실감 · 무력감 · 허망감 · 불결감'이었다.

또한 돌아보면 그것들은 꿈속에서나 경험했던 것같이, 새가 날아가 버린 자취 없는 허공과 같이, 전혀 아무런 실체도 없는 속절없는 감정들만 얽히고설키는 갈등일 뿐, 거기 실체로서 붙들어 쥐고 간직할 아무것도 없는 무상(無常)한 생각 · 기억들만 있는 것이었다.

그 같은 여성 편력은, 부질없이 허무하게 '시간 · 돈 · 정력 · 젊음'만 날려버리며, 그것이 '복잡 인과 관계 · 갈등 · 질곡'의 원인들만 안겨주고 정액과 함께 정기신 기(氣)가 빠져나가며, 사랑이 달아나 버리고 만 빈껍데기 육신만을 남겨주었을 뿐, 아무런 실체도 없는 환영들만 '공허로, 허탈감으로' 확대되어 오는 것이었다.

왕씨같이, 섹스만이 목적인 인생은, 짧은 동안에 '몸의 황폐화, 영혼 황폐화, 인간 간의 사랑 황폐화, 신의 황폐화' 되며, 필연적으로 돈 떨어진 빈털터리 되는 것이었고, 왕씨는 불꽃을, 꽃인 줄 알고 불꽃 속으로 날아들었다가 타죽는 불나비가 된 격이었다.

사랑박사 ㅂ씨는, 여자의 육체는 온몸이 성감 센서라고 말한다. 여자는 허영심과 수치심이 강하기 때문에, 겉보기에는 경건한 듯, 귀부인인 듯, 엘리트인 듯, 정절한 듯이 보여도, 일단 그 허영심 · 수치심이 벗겨지고 나면, 이성(理性)이고, 권위이고, 부귀이고, 경건이고, 교양이고, 정조이고, 명예이고… 모든 생각체계 덮개가 다 벗겨지고 말더라고 한다. 그것은 남성도 그러하며, 그것이 육체생물학 원시본능 · 동물본능 중생인간 누구나의 생리요, 속성이어서 패가망신으로 종언을 고한다.

결코 어떠한 때에도 영원히, 생각보다 먼저 있는 '영원한 절대불변 창조근원 0 · 직접인식 마음'을 생각으로 파묻음이 없는, 항상 진여마음이지 못한 인간인 한, 남편도 아내도, 누구에게 유혹 당하게 되면, 끝이 없이 끊임없는 '찰나변화생멸연속생각'이 이끄는 대로, 어떠한 짓이든 하게 되고 말게 된다는 데에, '육체자아 · 생각자아 · 중생 인간'의 타락이 있게 되며, 불행이 있게 되는 것이니, 항상 깨어있는 마음이 성공하는 마음이고 항상 행복한 마음이다.

수놈 물개 한 마리가 암놈 물개 서른 마리와 사랑집회를 한다는 이야기가 있다. 어느 서양 영화에, H씨는 불알이 셋이었다. H씨는 그러므로 성호르몬 생산력이 뛰어나서 수놈 물개 사촌쯤 절륜력으로 여성들을 기쁘게 해주는 사내였다.

어느 날 H씨가 J부인과 2층을 하고 있는데, J부인이 자기도 어쩔 줄 모르게 너무 좋아하다가 '육체자아 · 생각자아' 자기도 모르게 그만 꼴깍 하고 숨이 달아나 버리는 바람에, J부인의 육신은 아무런 생각의식 능력도 없는 무능한 물건이 되고 말았다.

육신이 마지막 죽는 순간의 마음 상태가 육신이 죽은 후의 마음의 존재 차원을 결정하게 된다고 한다. 그러니, J부인의 영혼은 육신의 기쁨으로는 감당하지 못할 하늘기쁨으로 꼴깍 했으므로, 하늘 기쁨에 걸맞은 극락으로 가게 되었을 것이다. 그래서 J부인으로서는 그런 죽음이 보다 위없는 축복일 것이었다. 그래서 H씨의 불알 삼형제로서는, H씨를 최고 성 능력자로 만들고 있는 효자이면서, H씨의 여자를 극락으로까지 보내 줄 줄 아는 보살이기도 한 것이었다.

하지만 불알 삼형제를 거느리고 있는 H씨로서는 2층을 하다가 졸지에 1층인 여성을 생명 없는 물건으로 만들어 버리는 능력을 발휘하고 말았으니, 이만저만 충격이 아니었다. H씨의 불알 삼형제들은, 이런 때는, H씨의 1층 여성을 숨 쉬는 것까지 잊어먹고 하늘로 가버리도록 하는 불효가 되고 말았다. 그러니 H씨의 불알 3형제는 과잉효도 보살이 되고 만 셈이었다. 그 점은 불알 삼형제들로서는 H씨를 볼 면목이 없는 것이었다.

H씨의 절륜력이 부러운 사내들은 하나님, 부처님께 기도를 잘하여 두었다가, 다음 태어날 때에는 불알 삼형제를 거느리고 태어날 일이다. 그렇지만, 그때 태어나는 불알 삼형제에게는, 자기와 2층하고 있는 여성을 극락으로까지 보내지는 말아 달라고 신신당부하여 두어야 할 것이다.

비록, 설사, 불알 삼형제 절륜력이라 할지라도, 사정쾌감을 위하며 항상 불알 삼형제 절륜력을 남용하다 보면, '섹스고통 지옥'에 가게 될 것이고, '정액고갈 섹스불능 불행 쭉정이 육체'가 된다는 것을 알아 두어야 할 것이다.

"선남자야, 여성의, 남자를 요구하는 음욕은, 만족하지 못하는 것이니라. 가령 황하의 모래알같이, 그 수(數)를 알 수 없는 많은 남자가 한 여성과 더불어 음욕을 행하여도, 여성의 음욕은 만족하지 못하느니라. 선남자야, '모든 중생이 모두 남성'이 되어서 한 여성과 음욕을 행할지라도 여성의 음욕은, 오히려 부족하느니라. 성욕 만족을 행복으로 아는 여성은, 결코 행복할 수 없느니라. 선남자야, 남녀 음욕은 채울 수 있는 것이 아니니라. 대장부가 제일이니라. 대장부는, 불성이 있음을 알고, 모든 방편으로 불성을 부지런히 '밝히는 이'이니라. —『열반경』 중에서

성교 욕망은, 본래 채울 수 있는 것이 아니어서 채우고 채워도 불만족이 되는 블랙홀이다. 결코 절대로 만족할 수 없는 음욕에 집착하여 음욕에 빠지는 것이, 어리석음이고, 인생 파탄을 초래시키는 원인이다.

색욕탐욕 · 쾌락 · 성충동의식은, '원시본능적 · 무인격적 · 동물적 · 육체 본능적 · 충동적 · 무의식적'인 '육체자아 · 생각자아 찰나변화 생멸연속 생각용천'이어서, 끝이 없이 끊임없이 용천생각을, '창조근원 0 · 근본 · 무(無) · 근원'으로 놓아버리며, 생각 이전의 '생각 없는 무(無) 마음'만 밝아지도록 하여, 항상 진여마음만 존재하도록 하는 진여마음 부동심이 되지 못하는 한, 생각용천은, 끝이 없이 끊임없는 찰나변화 생멸연속 멋대로 원숭이 망나니일 수밖에 없게 되는 것이다. 그것이 중생의 마음이요 중생심이다. 또한 그러므로 인간은, 24시간 날마다 일생 마음 수행이 생활이 되어야 하는 것이다.

인간이 동물적이냐? 인간적이냐? 하는 분기점은, '물이 솟아나오는 샘'과 같이 끝이 없이 끊임없는 찰나변화 생멸연속 생각의 노예 되어 살고 있는가? '영원한 절대불변 진여마음' 성찰이 이루어지고 있는가? 여기에 달려 있는 것이다.

육체자아 · 생각자아 · 성 욕망 · 성교탐욕으로 대파국을 맞이하지 않기를 바라는 사람이라면, 남녀 모두, 결코 어떠한 경우에도 육신보다 먼저 있고 생각보다 먼저 있는 진여마음을 놓침이 없이, 보고 듣고 말하고 생각하고 행하는, 진여마음 성찰이 반드시 있어야 하는 것이다.

진여마음만이 참으로 있는 실상이고, 육체자아 생각자아는, 참으로 있지 않는 허상이요 환(幻)이다. 가짜인 허상에 속는 것이 헛삶이고 부자유

이고 불행이다. 항상 생각이 있기 전의 마음이, 성 쾌감과 비교될 수 없는 본래 행복이다. 결코 어떠한 생각에도 파묻힘이 없는 '진여마음'이, 근원자유이고, 근본환희이다.

항상 진여마음을 성찰하며, 항상 진여마음으로 존재하는 것이, 무상(無上)의 지혜요 자유요 행복이다.

2-4 지구를 웃기는 사람들

가장 무지한 인간이, 바로'나'를 모르고, '나'로 살고 있지 못하고 있는 인간이다. '나'를 알고 '나'로 살고 있는 인간이, 최고의 인간이다. 이 말은, '나'를 알고 항상 '나'가 '나'로 존재하고 있는 인간이고서야, 신의(信義) 있고, 믿음 있는 인간일 수 있으며, 스스로 행복할 수 있는 인간이라는 말과 하나이다.

참으로 자유는 무엇인가? 참으로 행복은 무엇인가? '나'를 알아야 자유를 알 수 있다. 또한 '나'를 알아야 행복을 알 수 있다.

'나'는 무엇인가?

'하나'에서 모든 것이 생겨나서 '하나' 속에 모든 것이 있고 '하나'가 모든 것 속에 있다. 따라서 모든 '나'는 모든 나 속에 있는 '하나'이다. 그 '하나'는 무엇인가? 그 '하나'가 바로 마음이다.

하늘은 기(氣)요, 영원히 변함없고 다함없는 하나요, 영원히 형상 없는 하나이고, 창조된 바 없고 생겨난 바 없는 바탕에너지 · 근본에너지이다. 모든 것이 하늘 속에 있고, 하늘이 모든 것 속에 있다.

'0' · 무(無) · 공(空)이, 기(氣)이고 마음이다.

기(氣)의 근원이 마음이다. 그래서 기(氣)는 마음의 힘으로 조절된다고 한다.

무수한 천체들이 떠 있는 허공에서부터 우리들의 '코로 입으로 피부 경혈들로' 우리들 속으로 드나들고 있는 허공에 이르기까지, 모든 곳에 가득한 무궁무진 무한한 전체허공이, 결코 끊어질 수 없고 분리될 수 없는 무극(시작도 끝도 시간도 공간도 없는 전체 · 하나)이다.

결코 어떠한 현상도, '상$^{+}$하$^{-}$좌$^{-}$우$^{+}$ 전$^{-}$후$^{+}$내$^{+}$외$^{-}$ 공간'이 $\begin{smallmatrix}+&-\\-&+\end{smallmatrix}$와 $\begin{smallmatrix}-&+\\+&-\end{smallmatrix}$로 연기함으로써 나타나고 있다.

허공은 결코 어떠한 크기 작기로 분화되어도 $\begin{smallmatrix}+&-\\-&+\end{smallmatrix}$ 연기와 $\begin{smallmatrix}-&+\\+&-\end{smallmatrix}$ 연기로 분화하며 '0'이 됨으로써, 영원히 언제나 항상 에너지보존법칙이 되는 '0'이다. 허공은 영원히 결코 분해될 수 없는 유일무이한 불이의 '1'(하나)이다. 이 하나('1')가, '천부경의 일시무시(一始無始) 일종무종일(一終無終一)' 일('一', '1')이요, 결코 어디에도 있지 않음이 있을 수 없는 무소부재 일신(一身)이고, 결코 무엇도 하지 않음이 있을 수 없는 무소불위 일신(一神)이다. 이 하나('1')가 마음이고 기(氣)이고, 신(神)이고, 사랑이다.

전체허공은 유일무이한 불이의 무궁무진 무한한 '1'(분리될 수 없는 무극 · 분해될 수 없는 전체 · 창조된 바 없고 생겨난 없는 바다 · 시작도 끝도 없이 무궁무진 무한한 하나)이다. '1'은, '1'에서 분화하여 '1'이 되는 '무한 수'(부분무극, 태극, $\begin{smallmatrix}+&-\\-&+\end{smallmatrix}$ · $\begin{smallmatrix}-&+\\+&-\end{smallmatrix}$)들을 분화하고, '무한 수'들을 합하여 0이 되며, 무극이 되고 하나가 되는, 파동(+ ⇆ 0 ⇄ -)으로 무엇이든 창조하는, '근본에너지 · 창조에너지 · 마음에너지'이다.

천지만물 모두가 '1'(마음) 속에 있으며, '1'(마음)이 천지만물 모두 속에 있다. 우리들 육신 속에 있는 마음이, 모든 나이다.

'시작도 끝도 시간도 공간도 없는 전체허공'이, 결코 끊어질 수 없고 나누어질 수 없고 분리될 수 없는 '무극 기(氣)요 무극마음'이다.

'무궁무진 무한한 전체허공 · 무극 기(氣) · 무극마음'에서 서로 합하면

0이 되는 서로 정반대로 꼭 같은 값 양쪽으로 분화하고 합하여 0이 되면 무극이 되고 전체가 되고 하나가 되는 '+태극 ⇆무극 0 ⇄ -태극' 3원리일체 파동(+ ⇆ 0 ⇄ -)으로 입자가 발현하며, 파동 입자들로 우주만유 삼라만상이 현상되고 있다.

우주만유 삼라만상을 현상하고 있는 파동(+ ⇆ 0 ⇄ -)의 '+'와 '-'는, 본디 있는 것이 아닌, 본디 없는 것이고, 파동(+ ⇆ 0 ⇄ -)의 '0'('1' '마음' '氣' '神')만이 창조된 바 없고 생겨난 바 없이 본디 있는 존재이며, 생멸변화 없이 영원히 언제나 항상 있는 근원이다. 그래서 참으로 있는 것이 아닌 '+'와 '-'가 참으로 있는 '0'과 합일을 이룬, '+'와 '-'와 '0' 3원리일체를 이룸으로써, '+'와 '-'가 있는 것같이 보여지고 있다. 그래서 '+'와 '-'는 단지 '그림씨 · 만듦씨 · 꾸밈씨'이고 '0'(무극, 전체, 무궁무진 무한한 하나, 근원, 마음, 神)의 그림자일 뿐이다.

파동(+ ⇆ 0 ⇄ -)의 '+와 -'는, 본디 없는 것을 있는 것처럼 보이는 허상을 현상하는 '그림씨 · 만듦씨 · 꾸밈씨'일 뿐이고, 참으로 있는 것은 '+ - 0'이 되며 무극화(化)하는 '무극태극 · 0 · 중도 마음'이 있을 뿐이다.

우리의 육신도, 생각도, 본디 없는 것이 있는 것같이 보이는 파동(+ ⇆ 0 ⇄ -)으로 현상되는 환(幻)이다. 참으로 있는 것은 오직 육신 속의 '태극무극 · 0 · 중도 마음' 이 있을 뿐이다. 따라서 육신도 생각도 참으로 있는 것이 아니고, 나가 아니요, 마음(창조근원 0 · 중도)이 나이다.

마음은, '영원히 생각보다 먼저 있으며, 끝이 없이 끊임없는 찰나변화 연속생멸 생각보다 끝이 없이 끊임없이 앞서 있는 영원한 절대불변 근원 0이다.

마음은 '영원히 생각 없이 앎을 아는 무생각 무의식 무아'이다. 따라서 생각보다 영원히 먼저 있는 '영원한 절대불변 근원 0 · 생각 없는 무(無)

마음'이 나이다. 항상 '생각 없는 무(無)마음'을 떠남이 없는 진여가, 깨어있는 마음이고 '참나'이다.

> "인간의 '육체적 물질적 계급적인 어떠한 현상'도 생겨난 것이고, 사라지는 것이며, 근원이 아닌 허상(가짜)이다.
>
> 인간의 어떠한 속성 생리도 바로 나 자신의 모습 아닌 것이 없다. '아무의 · 누구의' 본질도 특별하지 않다. 다만 세상에는, '자기를 알고 있는 인간'과 '자기를 모르고 있는 인간' 두 부류의 인간들이 있을 뿐이다."
>
> —영적 지성들의 합창

누구의 육신이, 먹지 않고 마시지 않고 화장실 가지 않고 성교하지 않는 육신이며, 나이 들지 않고 늙지 않고 병들지 않는 육신이며, 상처 나지 않고 부서지지 않고 장애자 되지 않고, 죽지 않는 육신이며, 죽어서 해골이 되지 않는 육신인가? 먹고 마시고 화장실에서 배설하고 나이 들고 늙고 병들고 죽고 해골이 되는 것이, 만인 공통한 본질이다.

누구의 육신이 불에 타지 않는 육신이고, 칼로 잘리지 않는 육신이고, 총알로 뚫리지 않는 육신인가? 누구의 육신이 병균에 감염되지 않는 육신인가?

2차 대전 당시, 00국가의 731부대 어느 막사에서는, 빨가벗겨 눕혀진 여성의 콧구멍과 항문과 질 속에 찔러 넣은 고무호스로 우유가 넣어지고 있었다. 그 여성의 배가 항아리같이 커지자 '콧구멍과 요도와 항문'으로 설사 분뇨와 오물 분수가 터져 나왔다. 빨가벗겨진 여성은, '두 손발을 바닥에 짚은 네발짐승 꼴'이 되어 '더럽혀진 항문과 ××'를 적나라하게 드러내 놓고, 기어다니며, 더럽혀진 방바닥을 걸레질로 닦도록 강제되어 있었다.

고문으로 강제된 그 여성의 속성이, 바로 고문자 자신의 속성이며, 고문자의 마누라 · 어머니 · 할머니 · 딸의 모습이고, 고문자 나라의 왕과 '왕의 마누라' 모습이고, 고문자 나라의 왕자와 공주의 모습이고, 고문자 나라의 미인대회 진 선 미 여성의 모습인 것을! 누구에게나 공통한 만인 공통한 생리 속성을 자기 자신의 생리 속성으로 인식함이 없이, 만인에게 공통한 생리 속성을 보며, 취조군관 남녀 군인들이, 자기는 '그런 생리 그런 속성 그런 속물'이 아닌 특별한 본질 인간인 듯이, '무지하게 추하게 천박하게' 웃어대고들 있었다. 세상에 그보다 더 '더러운 웃음, 천박한 웃음'이 있을 수 없는 것이었다.

그곳에서 빨가벗겨져서 고문당하며 웃음거리 된 여성이여! 그리고 송아지같이 목이 밧줄로 묶이고 말뚝에 묶여져서 네발짐승 꼴이 되어, 숫자를 알 수 없는 군인들에게 강간성교 성폭행 당하고 '임질 매독'이 된, 군 위안부 여성들이여! 그대는, 더러워지고, 짓밟혀지고, 고문당하고, 성 추행 윤간 당하고 있는 육신이 아니요, 여성이 아니요, 영원히 태어난 바 없고, 생겨난 바 없고, 현상인 바 없고, 생각인 바 없는 '영원한 무현현 창조근원 0 · 생각 없는 0 · 무생각 무의식 마음'이니, '빨가벗겨져 고문당하고 있는 여성 몸, 윤간당하고 있는 여성 몸, 임질 매독 여성 몸 생각'이 되지 말고, 육신보다 생각보다 영원히 먼저 있는 '영원한 절대불변 창조근원 0 · 생각 없는 0 · 무생각 무의식 무아'를, 결코 절대로 생각화(化)하지 마시라! 그러면 그것이 '무한영겁 무생 무멸 영존인 청정심 마음만 천상천하 독존'인 것이니! 그러면 그것이 창조된 바 없고 생겨난 바 없는 마음을 구름 없는 하늘로 천화(遷化)하는 수행이 될 것이니!

결코 어떠한 국면에서도 결코 절대로 '마음'을, 생각으로 뒤덮으며 생각화(化)되지 말고, 오직 오로지 생각보다 영원히 먼저 있으며 생각 없이 깨어있는 '영원한 절대불변 창조근원 0 · 마음'을, 결코 절대로 생각화(化)하지 마시라!

오직 오로지 구름(생각) 없는 하늘(空, 마음)이, 사라질 것 없고 생겨난 바 없고 더럽혀진 바 없는 참 실상인 것이니, 결코 절대로 구름(생각)을 보지 말고, 끝이 없이 끊임없이 '구름(생각) 없는 하늘(空, 마음)'을 보시라!

2차 대전 때 점령군 731부대 군의관 의사 엘리트들은, 한국인 · 중국인 · 필리핀인 등 점령지역의 남녀 포로들에게 임질 · 매독 · 폐결핵 · 이질 · 장티푸스 · 흑사병 · 문둥병 등 온갖 악성 병균들을 접종시켜서, '⊗' 살아있는 사람들을 생체로 잘라내고, 가죽 벗기고, 토막 내고, 임신부의 배를 가르고 태아를 꺼내어 실험하면서도, 그 각종 병균이 접종되어 생체 실험되고, 해부되고 있는 사람들의 몸 모습 속성 생리가, 바로 실험자 의사 과학자 자신의 모습이고, 자기 조상 · 자기 부모의 모습이고, 자기가족의 모습, 자기자녀의 모습이며, 전쟁을 일으킨 자기나라 왕의 모습이고, 자기나라 '왕의 마누라' 모습인 것을 인식함이 없었다.

거기, 생체실험 당하고 있는 인간들이여! 임질 균 · 매독 균 · 한센병균이 감염되어 해체되고 가죽 벗겨지고 죽임을 당하고 있는 육신은, 본디 없는 것이 파동(+ ⇆ 0 ⇄ -)으로 있는 것같이 보이고 있는 허상이고, 참으로 있는 것은 '0'(무극, 전체, 근원, 마음, 神)뿐이요, 그대는 무엇으로도 상처 날 것도, 죽임을 당할 것도, 생체실험 당할 것도 없는 영원한 무현현 '0'(무극, 전체, 무궁무진 무한한 하나)이다. 그 고문 고통 속에서 고통 육신보다 그 극한 고통 생각보다 영원히 먼저 있는 마음(구름 없는 하늘)'이어라.

그대여! 마음은 영원히 결코 어떠한 생각보다도 먼저 있으며 생각 없이 깨어있는 무(無)이니, 그 극한 고통 생각에 파묻히지 말고, 그 극한 고통 생각을, 생각보다 끝이 없이 끊임없이 앞서 있는 '영원한 절대불변 생각 없는 무(無) · 근본 무(無)'로 놓아버리며, 천상천하 오직 '영원한 절대불변 생각 없는 무(無)마음'만 존재하도록 하시라! 그러면 고통도 불행도 슬픔도 본래 없는 것이니!

그런 속에서도 그런 극한 고통 생각으로 파묻히지 않는 수행은, 칠흑 구름으로 뒤덮인 마음을 구름 없는 하늘로 걷어내는 최고의 수행, 예수님이 십자가를 지셨던 때 수행과 같은 고귀하고 거룩한 수행이 될 것이니!

모든 현상은, 무한영겁 무생 · 무멸 영존이며, 태어난 바 없고 생겨난 바 없이 영원한 무형상인 하늘(마음)이 만들면 있고, 마음(하늘)이 만들지 않으면 본래 없는 공(空)이다.

고통은, 영원한 무형상인 마음이, '태어나고 죽는 육신과 호흡과 생각 의식'으로 뒤덮이고 파묻힘으로 있는, 실체 없는 환(幻)이다. 마음이, 창조되고 생겨나고 머무르고 변화하고 사라지는 어떤 것으로도 뒤덮임이 없으면, 무엇에도 거리끼거나 얽매일 것이 없는 '생각 없는 무(無) · 진여마음'만 존재하게 되며, 자유 환희만 있게 되는 것이다.

어느 소설 속의 장면이다. ㅊ씨는, 자기에게 말 물어 보려고 온 ㅁ부인에게 무화과 반쪽을 건네주었다. 거기에는 마취제가 들어 있었다. ㅁ부인이 잠을 깨고 일어나 보니, 빨가벗겨진 자신의 '성(性) 마을 옹달샘'에는, 하얀 국화꽃 한 송이가 심어져 있었다.

"내가 물을 듬뿍 주고 꽃 한 송이를 심어 두었지요."

스스로 유혹을 사려는 여성이 아닌 한, 깨어서 살아야 할 사바세계이다.

지구의 또 다른 한쪽에서는 "빨리 일어나세요, 저 인기척 소리는 남편의 것이에요, 빨리 창문으로 나가세요."이다.

어둑새벽 밝을녘은, '자기들의 조깅그룹' 속으로 끼어든 '낯선 손님'의 몸맵시를 드러내 보이고 있었다.

"아저씨는 빨가벗고 조깅하세요?" "그렇소."

그런데 아저씨는 완전하게 빨가벗은 것은 아니었다.

"아저씨는 항상 콘돔을 끼고 조깅하세요?"

"항상은 아니오! 날씨가 안 좋을 때만 낍니다."

영하 50도까지 내려가는 추위에서는, 남성이 옷 밖으로 남근을 내놓고 소변을 보게 되면, 남근이 동상에 걸려서 곧바로 남근을 잘라내야 한다고 한다. 인체 가운데서 여성은 젖꼭지가, 남성은 남근이 가장 추위를 탄다고 하는데, 빨가벗고 조깅하는 아저씨는, 어둑새벽녘에 자지가 감기 들까봐 자지에 '곤돔 옷'을 입혔나 보다! "자지가 감기 들까 봐 걱정되지 않겠거든, '빨가벗고서 추운 어둑새벽녘 조깅'을 하지 마라."이다.

'무극일신일신(無極一身一神) 무극 기(氣) 무극마음'은 분해될 수 없는 전체허공이다. 분해될 수 없는 전체허공이 '무극일신일신(無極一身一神) 무극 기(氣) 무극마음'이다. 무극마음 속에 우주만유 삼라만상이 있으며 무극마음이 우주만유 삼라만상 속으로 투과 관류하고 있다.

무극마음 속에, 지구 달 태양을 포함한 무수한 천체들과, 무수한 식물들 동물들과, 흑인 · 백인 · 황색인 등 지구인류 모든 인간들과, 무속의, 인간 같이 생긴 무수한 인간형상 신들과, 허다한 민족들마다의 허다한 인간형상 조상신들과, 허다한 종교들마다의 인간 같이 생긴 인간형상 신들과 모든 모양 형상들이 있으며, 무극마음이, 우주의 모든 모양 · 형상들 속으로 투과 관류하고 있다. 이들 모양 · 형상들은 그 안에 기(氣)가 없으면 모두 무능한 것들이고, 능력은, 영원히 인간의 눈에 보이지 않으며 우주의 모든 모양 · 형상들 밖에 있으면서, 우주의 모든 모양 · 형상들 속으로 투과 관류하고 있는 '무극 기(氣) 무극마음'에 있다.

"인간이 신을 창조하고, 인간이, 인간이 창조한 신의 지배를 받는다."고 통찰하고 있는 사람들이 영적 지성들이다. 이러한 사실은, 인간의 생각

하나하나가 모두 하나하나의 무의식 마음그림인 데에 있다. 인간은 신이라는 개념을 만나면 자동으로 무의식으로 신을 무의식 마음그림으로 상상화(심상화)한다. 그 때문에 표면의식 자신도 모르게 자기기 신을 창조하게 된다. 그리고 자신이 신을 창조하고, 자신이 창조한 신에게 종속하게 된다.

모든 것을 창조하고 있는 신은, 영원히 창조된 바 없고 생겨난 바 없으며 영원히 보이지 않는 '무궁무진 무한한 하나 · 전체허공 · 무극마음(무극 氣)'인 것인데, 창조자 신을, 모양 형상으로 인식하는 '생각 · 관념 · 무의식 마음그림 심상'이, 우상이다. 인간들은 아무런 능력도 없는 무능한 '인간형상 신'을 능력으로 알고 믿는 '우상신 숭배'에 빠져 있으면서, 그것을 전혀 모르고들 있다.

결코 어떠한 능력이든지 능력은, 인간들의 눈에 보이는 모양 · 형상에 있지 않다. 모든 능력은, 모든 모양 · 형상들 밖에 있으며 모든 모양 · 형상들 안에 있는 '분해될 수 없는 전체허공 · 무극 공(空) · 무극 기(氣) · 무극마음'에 있다.

지구는, '물질지구 꼴 에너지지구' '의식신(意識身) 지구' 속에 있으며 '의식신(意識身) 지구'(지구 속으로 투과 관류하고 있는 무극마음 곧 태극마음 곧 여래)로 투과 관류되고 있다. '의식신(意識身) 지구'(에너지 지구)에도 인간들 속에 들어 있는 무극마음과 동일한 무극마음이 들이 있다. 그래서 에너지 지구인 '의식신(意識身) 지구'의 '무극마음과 인간들 속의 무극마음'은 '동일한 같은 능력 한마음'이다.

지구 인간들은, '하늘(空)을 없음'이라고 알고, '구름을 있음'이라고 알며, '구름'을 위하고 '하늘(空)'을 위하지 못하고 있다. 그래서 '영원히 모양 · 형상이 아닌 하나님 · 부처님'을 위하지 못하고, '무능한 인간형상 불상, 인간형상 예수님, 인간형상 하나님' 우상을 믿고 있다. 이런 '지구 인류 인간들'의 '칠흑어둠 무지'에, 지구를 자전시키며 지구를 공전시키고 있는

'의식신(意識身) 지구, 에너지 지구'는, '어이없다'고 혀를 끌끌 차고 있다.

자기도 먹고 대소변하고 나이 들고 늙고 병들고 죽고 해골이 되는 꼭 같은 본질이면서, '자본 계급 · 법률지식 · 총칼 · 폭탄 · 권력' 있다고 자기는 특별한 본질인 듯이 착각하며 '자본 계급 · 법률지식 · 총칼 · 폭탄 · 권력' 없는 상대를 자기생각 멋대로 함부로 갑질하는 자들과, 온갖 수단 방법을 다하여 '돈과 권력 계급'을 얻으려고 투쟁하며 '새우 인간'들의 등반 터시노록 하는 '좌와 우 고래 인간들'과, '어의봉이 목욕하고 난 용궁 우물'에 꽃 한 송이를 심어두는 '바람난 자지'와, '어둑새벽에 빨가벗고 조깅하는 콘돔 옷 입은 자지'와, '3형제 불알보살' 등 그밖의 '무수한 기지미지 별의별 희극 · 비극 드라마'를 싣고, 잠시도 머무는 바 없이 '자전 공전을 하고 있는 지구'는, '지구를 생명 없고 의식 없는 광물질'인 줄만 알면서, '자기 육신 속에서 자기를 살아있도록 하고 있는 자기'의 '에너지 몸, 의식 몸, 마음'이 자기인 줄은 모르고, '생각을 자기로 알며 육신의 눈에 보이는 육신을 자기'로 알고 있는 지구인류를, '기막히고 한심하고 어이없다'고 한탄하며, 지구가 웃고 있다.

'잠시도 머무는 바 없이 '자전 속도 초속 464m'로 태양 쪽으로 회전하면서 밤과 낮을 만드는 하루 24시간을 생기며, '공전속도 초속 30km'로 365일 달려서 우리 태양계의 둘레를 한 바퀴씩 돎으로써, 봄 여름 가을 겨울 4계절을 만들고 있는, 우리의 '의식신(意識身) 지구, 에너지 지구'는, '자전 공전을 하고 있는 무 현현 에너지 지구 · 의식신(意識身) 지구'를 모르고 있을 뿐만 아니라, 자신의 '에너지 몸, 법신'도 모르고 있는 지구의 인간들을, 끝이 없이 끊임없는 찰나변화 연속생멸 현재 끝이 없이 끊임없이 바라보며, 끝이 없이 끊임없이 웃고 있다.

2-5 회춘비법

수행법에 보면, 몸 움직임 · 마음 움직임 없는 좌선을 거듭한 결과 남근 발기현상이 올 때는, 이것이야말로 더없이 좋은 보물이니, 이런 때일수록 절대로 성행위를 해서는 결코 안 된다는 주의가 각별하다. 이런 때 만약 성욕 생각에 파묻혀서 성행위를 하게 되면, '평상시의 성교 때나 수음 때'보다, 몇 갑절 큰 에너지손실을 입게 된다고 한다.

선도수행법을 보면, "인체의 즐거움은 정(精)으로부터 생기며, 의지와 결단력은 기(氣)가 충만함으로써 생기며, 지혜는 신(神)의 고요한 정(定)에서 생기는 것이다."고 하였다.

정(精)은 몸보다 먼저 생긴 것이다. 정이 변화한 것이 난자이고, 정이 변화한 것이 정자이고 정액이다. 정(精)—몸을 있게 한 원기, 기(氣)—모든 정보와 에너지를 생성해 내는 근원, 신(神)—정(精)과 기(氣)의 근원, 마음—이, 마음근원을 자유 · 평화 · 행복하게 하는 수행 기반이 된다.

중국무술에서 머리가 하얀 백발노인이면서 얼굴은 동안(童顔)과 같으며 일당백으로 젊은이 무술가들을 가을바람이 낙엽을 떨어내듯이 날려버리는 위풍당당 무공을 볼 수 있는 것은, '그가 평생 동정을 지키면서 무술을 연마했으므로'라고 했다. 뿐만 아니라 궁극 깨달음을 구하고 있는 구도자도 결코, 성 에너지를 몸 밖으로 방출시키지 않고, 평생 동정을 지키는 것을 기둥으로 삼고 있다. 그래서 인체능력무한을 추구하고 발현하는 영력 수행의 세계에서는, "반드시 동정을 지켜야 된다. 동정을 지켜라." 가 뿌리가 되고 있다.

이처럼 결코 몸 밖으로 배출시켜서는 안 되는 보물이, 바로 정액이다. 정액은 결코 몸 밖으로 배출시켜서는 안 되는, 몸의 '핵심 본질 보물'이다.

젊음을 유지하거나 젊음을 회복하는 비법은, 결코 절대로 성 에너지를 몸 밖으로 내보내지 않는 것을 기둥으로 하고 있다. 뿐만 아니라, 병약한 자의 건강회복이나 중병치유의 법에서도 결코 절대로 사정하지 않는 법이 핵심 요체로 되어 있다.

정액을 사정해 버리는 것은, 정혈(精血)과 기(氣)와 신(神)을 함께 몸 밖으로 날려버리는 막대한 상실이 된다. 사정하고 나면, '⊗'몸은 '권태로워지고, 눈이 달라붙어 졸음이 오고, 목이 마르고, 몸 마디마디의 힘이 약해지게 되며, 지혜 없음, 인지력 약화, 활기 · 의욕 · 결단력 · 실천력 상실, 발기력 상실, 무기력, 불안, 초조, 면역력 약화, 병약함, 쭉정이 육체, 노쇠함'이 되는 엄청난 대가를 치르도록 하고 마는 것이다. 그러니 '⊗'"정액 체외배출 사정쾌감'은 '사랑인 것같이 행복인 것 같이' 느끼게 하며 사랑을 빼앗아가는 대손실인 것이다.

사정 성교를 하고 난 남성은, 사정하고 나서 반드시 '⊗'을 돌아보며 사정섹스에 대한 경각심을 몸에 각인하고, '성추행 성폭행 부당한 성욕망 생각'이 일어날 때 마다 '⊗'을 떠올리고 '성 욕망 생각'보다 먼저 있는 '생각 없는 마음'을 회복하는 지혜가, '항상 건강한 자기'를 지키는 열쇠가 되어 줄 것이다.

정액사출이 없이 성 에너지가 항상 몸 안에 보존되고 있어야, '늘 의기충천하는 삶의 활기 · 생활의욕 · 생존력'이 몸을 떠나지 않게 되어 '항상 생동하는 생명력 환희 작약(雀躍)'일 수 있게 되는 것이다.

방중술 책에 "남근이 일어나도 크지 못함은 원기가 넉넉하지 못함이다. 남근이 커져도 단단하지 못함은 근기(根氣)가 넉넉하지 못함이다. 남근이 단단하고 늠름하여도 따뜻하지 못함은 신기(神氣)가 이어지지 못함이다." 고 하며, 이런 때 몸을 보하는 약이 필요하게 된다고 하였다.

한약 책을 보면, 가는 털이 벗겨져서 석회화한 사슴뿔을 녹각이라 한다. 수사슴이 갓 태어난 그 해에는 뿔이 없고, 2세 때 짧은 홀로 뿔, 3세 때 가지 없이 긴 홀로 뿔, 4세 때 두 가지, 5세 때 세 가지, 6세가 되어야 보통 4, 5개의 가지를 친 뿔이 된다고 한다. 이때부터 매년 봄이면 뿔이 저절로 빠지고 새 뿔이 돋아난다. 새 뿔은 처음 가는 털에 덮여서 자라는 속에 피가 통하고 있다. 이것을 녹용이라 한다. 처음에는 봉지 같은 것에 피가 모여서 푸른 빛깔로 말랑말랑하다가, 밑에서부터 여물어서 막 각질로 굳어지려고 할 무렵에 채취한 녹용이, 영약이 되는데, 여름 하지 때가 새 뿔이 단단해지려는 단계라고 하고, 녹용의 '뿔 끝부분'이 가장 효력이 크다고 한다.

인산 선생님의 가르침을 보면, 녹용은 혈액형A 인간에게 효력이 가장 좋다고 한다. 녹용을 복용하고 남근이 막강하게 발기할지라도 30일 간은, 성교하지 말아야 회춘이 된다고 한다. 따라서 녹용 복용 후 30일이 지나서, 비록 성교할지라도 영원히 절대로 사정은 하지 않는 법이, 회춘비법이 될 것이라고 인지된다. 그리하여 항상 발기 가능한 남근이면서 여근을 보고도 여근에 빠지지 않는 남근일 수 있어야, 항상 몸의 컨디션이 그지없이 좋아서, 항상 남성 존재감이 있으며, '존재의 의지와 의욕'이 항상 복받쳐 솟아오르게 되는 것이다. 따라서 '항상 발기 가능한 남근'이, '남성의 기특(奇特)한 상징'이고 남자의 자존심인 것이다.

사정성교 남용으로 몸에서 성의 기가 사라져서, 살고자 하는 의욕도 상실되고, 발기가 되지 않아서, 발기력이 없어서 성교하지 못하는 것은,

초월이 아니다. 발기하고 있는 속에서도, 결코 어떠한 성적인 상황을 맞이하고도 성교할 생각에 빠지지 않는 것이 성 초월이다.

남근이 의기충천하게 발기되어 있으며 여근을 눈앞에 보고 있으면서도, 생각보다 먼저 있는 근원인 '창조근원 0 · 마음'이 성 생각에 빠지지 않는 것이, 각성이요 성 초월이다. 또한, 비록, 성교하고 있을지라도 영원히 생각이 아닌 '창조근원 0 · 마음'을 생각으로 파묻음이 없으며, 결코 절대로 정액을 몸 밖으로 사출하지 않는 것이, 초월이다. 비록 성교하고 있으면서도 결코 절대로 사정하지 않는 성교를 할 수 있게 되면, 그 능력이 비록 성을 목격하고도 성욕 생각의 노예되지 않는 토대가 되고, 기반이 되며, 어떠한 때에도 '간음 · 간통 · 강간 · 불륜성교 자' 되지 않을 수 있는 능력자가 되며, 부당한 성추행으로 패가망신하지 않는 인격일 수 있게 되는 것이다.

잠에서 깨어난 아침 때의 자연발기력은, 그날의 생활력이 되어 줄 귀중한 활력원소로서, '마음 든든, 몸 든든'하게 기분 좋은 것이다. 따라서 아침 때의 발기력을 사정성교로 날려버리지 않는 마음이 능력이고 가치이다.

결코 사정하지 않는 성력을 단련시키기 위하여, 수음이나 성교를 하며, 수음 때나 성교 때나, 반드시 생각보다 먼저 있는 '창조근원 0 · 마음'을 생각으로 파묻지 않으면서 애무하고, 교합하고, 결코 절대로 사정 하지 않고 여근에서 물러나는 것이, 무상(無上)의 성법이고 회춘비법이다.

아이를 낳을 때가 아닌 한, 결코 절대로, 어떠한 때에도, 사정하지 않는 교합을 하는 것이 '성(性) 교합의 최상의 도(道)'이다. 남편과 아내가, 성에 대한 집착과 미련(깨끗이 잊지 못하고 마음에 끌리는 데가 있음)을 없이하며, 성에 대하여 초연해지기 위하여 교합하되 남편은 결코 절대로 사정하지 않는 것이, 성욕망 블랙홀인 아내의 음욕을 다스리면서 자신의 건강을 위하고 젊어지는 으뜸 비법이다. 그래서 교합하되 절대로 사정하지 않는 '긴 시간 무사정 교합의 지속'이, 부부사랑 혁명이 될 수 있다.

교합 때 '정액 절대 무사출 교합'을 한다면, 남성은, 늘 '성력충만한 열정 활력'을 언제나 지니게 되는 회춘법이 되며, 늘 남성의 자존감 · 존재감을 잃지 않게 되어, 아내에 대한 권태와 무관심이 되지 않게 되므로, 남편은 아내의 존경을 받게 되며 건강 장수 행복을 누릴 수 있게 될 것이다.

성과학을 보면, 수명이 짧은 벌레를 상대로 실험을 한 결과, ① 교미가 마음껏 이루어지도록 하고 교미 때마다 사정이 이루어지도록 한 수컷 벌레들은, 평균 8일 생존했다. ② 교미가 전혀 이루어질 수 없도록 한 수컷 벌레들은, 11일 생존했다. ③ 교미는 마음껏 이루어지도록 하고 정액사정은 결코 일어나지 않도록 한 수컷 벌레들은, 14일 생존했다고 한다.

①그룹보다 ②그룹이 오래 살고, ②그룹보다 ③그룹이 더 오래 살았다. ①②그룹보다 ③그룹이 가장 오래 살았다고 하는 사실에서, "성교하지 않는 것보다, 성교하되 결코 절대로 사정하지 않는 쪽이, 오래 산다. 성교는 성 호르몬 활성을 촉진시킨다. 성 호르몬 활성을 촉진시키기 위하여 성교한다. 단, 성호르몬 활성을 위하여 성교하되 결코, 절대로, '성 호르몬 배출'은 되지 않도록 한다. 따라서 교합하되, 반드시, 절대로, 결코, 사정하지 않는다."는, 여기에 무상(無上)의 회춘비법이 있고, 젊어지는 장수비결이 있다는 것을 알 수 있다.

회춘교합비법은, 남성은, 결코 절대로 사정이 되지 않기 위하여 사정되지 않는 체동으로 교합하며, 결코 절대로 사정(射精)이 되지 않도록, 정액 사출 기미가 나타나기 전에 완전하게 체동을 멈춘다. 체동하다가 체동을 멈추고 사정기미가 완전히 가라앉으면, 다시 체동한다. 이 법으로 '사정되지 않는 10회 체동 · 사정되지 않는 10회 무체동 무사정 교합'을 한다. 이 법이 회춘교합비법이며, 장수교합비법이다.

반드시, 절대로, 결코, 사정되지 않는 체동 교합을 하며, 사정될 기미가 올 것 같으면 반드시, 결코 절대로, 사정되지 않는 단계에서 체동을 멈추고 무체동 삽입이 된다. 사정될 것 같으면, 사정되기 전의 완전한 전 단계에서 무체동으로 삽입만 하고, 사정 기미가 완전하게 사라질 때까지, 체동 없는 삽입 상태에서 기다린다. 그런 다음 사정 기미가 완전하게 사라지면, 절대로 사정이 되지 않도록, 다시 체동한다. 그리고 사정될 것 같으면 결코 절대로 사정 되지 않도록 타이밍을 놓치지 않고, 완전한 무체동 삽입이 된다. 절대 무체동 삽입 상태에서 사정 기미가 완전하게 사라질 때까지 기다린다. 이 법을 10회 되풀이한다.

반드시, 결코, 절대로, 사정되지 않는 단계에서 체동을 멈추고, 반드시, 결코, 절대로, 사정이 되지 않도록 한 다음에, 사정 기미가 완전하게 사라지면 다시 체동하는, '무사정체동 10회 ⇄ 10회 무사정무체동'이, 위의 수명이 짧은 벌레들 상대 실험 ③그룹의 장수법과 일치하는 '회춘비법과학성교'가 된다.

교합하되 '결코 절대 사정되지 않는 체동 10회⇄무사정 무체동 10회' 교합이 되도록, 교합 속에서도 결코 마음을 생각으로 파묻지 않는 마음수행법이 되며, 성을 마스터하고 성을 초월하는 수행법이 되도록 한다.

결코 결대로 사정하지 않기 위하여 교합을 하고, 결코 절대로 사정하지 않는 교합을 해서, 결코 절대로 사정하지 않고 교합을 끝내는 교합이, 항상 발기 가능한 남근이 되는 '남성 존재감 · 자존감'이 되고, 성의 초월도 가능하도록 하며, 존재의 목적인 마음수행을 위하는 길이 되는 것이다.

2-6 정액 속에 신(神)이 살고 있다

어린 딸 : 아빠, 어젯밤에 그거 무슨 소리야?

아빠 : 어? 무슨 소리?

어린 딸 : 아빠는 밤에 왜 엄마 배 위에서 자?

아빠 : 아! 그거! 그건 엄마는 1층이고 아빠는 2층인 거야.

어린 딸 : 왜 아빠는 2층이고 엄마는 1층이야?

아빠 : 응, 그건 네가 어른이 되어서 결혼을 하면 알 수 있는 거야!

어린 딸 : 아빠, 아빠, 배 아래 달린 건 뭐야?

엄마 : 그건, 네 아빠 꼬리지 뭐니!?

아이들의 이런 질문에 무어라고 가르쳐 주어야 하나? 이런 때 부모가 평형을 잃고 화를 내어 천진난만한 아이의 꾸김살 없는 넋을 윽박지르는 일은, 성 생각을 초월하여 있지 못한 부모의 수치심 감정의 노출인 것이 분명하다. 어머니 아버지의 2층 일을 알고 있으면서, 모르는 척하고 속으로만 부모를 멸시하는 일이 없을 것이어서, 모르는 것을 천진난만하게 부모에게 거리낌없이 물어보는 아이들의 순수함과 순진성은, 보호받아 마땅하지 않겠는가?

문제는, 아이와 함께 있는 방에서 누가 그런 2층을 하라고 했는가? 이다.

부모는, 자녀 앞에서 성 의식이 자연스럽고 순수하여 초연할 때 떳떳하고 당당할 수 있다. 바르고 옳은 성지식을 아버지 어머니가 직접 자녀에게 당당하게 말하고 가르쳐 주지 못하고, 성을 말하는 것은 쑥스럽고 민망하다는 생각에 파묻혀서, 성은 '더러운 것, 추악한 것'이라는 말로, 새롭고 신기한 것을 알고자 하는, 자녀들의 현안 인식을 다른 말 다른 생각으로 날려버리면서, 부모 자신들은 은밀하게 자녀들 몰래 교합하고 있게 되면, 자녀들은 추악한 성교를 하는 부모를 멸시하면서 그들의 천연 자연 성 의식이, 추하고 혐오스럽다는 생각으로 파묻히며 성 욕망 생리를 그릇되게 처리하게 될 것이다.

"성은 결혼한 어른들 부모들 생활의 중심이며 자연이다."고 자녀들에게 말하여 줘야, 자녀들이 부모들의 성애를 자연으로 인식하게 되며, 부모들을 멸시하지 않게 될 것이다. 따라서 자녀들의 성 문제점도, 있는 그대로 부모들에게 조명되며, 자녀의 성 문제들이, 부모의 자연스러운 가르침으로 옳게 바르게 정립될 수 있을 것이다.

교합이 추하게 보이는 원인은, 절대 무사정 교합을 하지 못하고, 사정되어 정액이 변질되며 남근과 여근 내외를 오염시키는 데 있다고 할 수 있다. 변질되지 않는 원액 정액은, 우리 몸을 만든 원질이고, 아기를 만드는 원질로서, 불결함이 없는 신성한 것이다.

> "정액은 신의 집이다. 정액 속에 신이 살고 있다. 완전한 금욕이 신(神)을 구현하는 길이다." —탄트리카

> "우리 인간이 '생각 없이 깨어있는 지각력'을 성취하는 데 있어야 할 첫 번째 극기(克己)는, 금욕이다. 가슴 속 내밀한 곳에 욕정이 숨겨져 있으며 욕망으로 가로막혀 더럽혀진 집에는, 결코 신이 방문하지 않는다.

목적은 신(神)이다. 완전한 금욕이 신(神)을 구현하는 길이다. 일생 동안 완전하게 금욕하며 수행할 수 있으면, 그때 그는 초인적인 힘을 얻을 수 있다. 결코 몸 밖으로 배출하지 않는 정 에너지로부터 방사되는 집중된 정신의 힘은, 엄청난 것이다. 정신적 창조자들 가운데 훌륭한 거성들도 이것을 깨닫고 있었다." —라마크리슈나

아들의 사춘기 초입 때 성호르몬 출현에 의한 발기현상, 이것에 대하여서도, 사춘기 이전에, 부모가 다음과 같이 가르쳐야 할 것이다.

사춘기 때는 정서가 불안하고 불안정하다. 그래서 사춘기 때일수록 끝이 없이 끊임없는 찰나변화 연속생멸 생각을 끝이 없이 끊임없이 알아차리며 본래 생각 없는 마음을 회복하는 마음 성찰 수행이 필요하다. 항상 마음 성찰상태에 있게 되면 마음이 맑아지고 유쾌해질 것이다.

발기현상은, 숭고하고 거룩하고 신성한 생명의 발현이다. 그런 성 에너지는 영원히 몸안에 간직하고 있어야 하는 고귀하고 거룩한 보물이다. 그런 때 결코 절대로 발기 에너지를 몸 밖으로 방출해서도 안 되고, '발기성기' 생각에 휩쓸리지 말아야 한다. 발기 때는, 생각이 나오는 근원(영원한 절대불변 창조근원 0 · 생각 없는 0)을 바라보라. 그러면 생각 없는 마음이 드러나게 된다. 이 생각 없는 마음이, 육신보다 먼저 있고, 호흡보다도 먼저 있고, 생각보다도 먼저 있다. 이 생각 없는 마음이 진짜 '너'이다. 영원히, 생각 없는 마음이 생각으로 뒤덮이지 않도록, '단절 없이 일어나고 머무르고 변화하고 사라지는 생각'을 마음눈으로 바라봄으로써, 항상 생각 없는 마음이 밝아지도록 하라. 항상 생각 없이 깨어있는 마음이, 자유이고 위없는 기쁨이다.

이성 생각으로 마음이 복잡할 때는 구름 없는 하늘을 보며 구름 없는

하늘이 돼라. 항상 구름 없는 하늘이 돼라. 마치 생각 없이 알고 보는 거울과 같이 깨어서, 구름 없이 깨어있는 하늘이 돼라.

사춘기 때 무시로 있게 되는 자연발기 현상은, 몸 안에 있는 고귀한 보물인 정(精)의 기(氣)가 용솟음하고 있는 현상이다. '그 용솟음 힘'이, 나의 생명이며, 몸에 병이 침범하는 것을 막아내고, 몸의 병을 치유하는 자연치유력이다. '그런 용솟음 힘'이 몸 밖으로 나가지 않고, 언제나 몸 안에 간직되어 있어야, 몸이 항상 건강하게 되며, 몸과 정신을 활기차게 하여 존재감을 높이고 존재의욕을 용솟게 한다. 그래서 정액은 결코 절대로 몸 밖으로 배출하지 말아야 하는 보물이다. 정액을 몸 밖으로 배출하는 것은, 정액에 깃들어 있는 궁극능력인 신(神)(초물질적 · 초자연적 · 초가시적인 힘)을 몸 밖으로 내몰아 버리는 어리석음이다. 정액은 신(神)이 깃들어 있는 집이므로 영원히 몸 안에 간직하고 있어야 하는 보물이다. 때문에 동정(童貞)(태어난 이후 한 번도 정액을 몸 밖으로 배출한 적이 없는 순결)을 잘 지키도록 하라.

또래 친구들이 정액을 몸 밖으로 배출하는 수음을 할지라도, 결코 절대로 그것을 본받지 말아라. 그것은 아무도 가르쳐 주는 사람이 없어서, 몰라서, 어리석은 바보짓들을 하는 것이다. 그것은 자신의 고귀한 '인지력, 활력의욕, 결단력, 실천력, 발기력, 면역력, 생명력, 신능력(神能力)'을 몸 밖으로 내몰아버리는 크나큰 어리석음이다. 그러므로 또래 친구들이 여자와 섹스하는 일이 있을지라도, 너는 결코 절대로 본받지 말아라. 그들이 성쾌감이 행복이라고 주장할지라도, 그것은 정액배출 후의 '상실감 · 무기력 · 불쾌감' 후유증 불안을 인지하지 못하고 하는 소리이다. 섹스 쾌감은, 정액배출 후에 생명력 · 활력 상실 고통이 되며, 핏기 잃고 빛을 잃은 추한 얼굴이 되고, '병약한 몸 · 질병 몸'이 되도록 한다. 그러므로 친구들이 섹스를 찬양하는 그릇된 말에 속지 마라.

성기는 정(精) 기(氣) 신(神)의 신(神)이 발현되는 신성한 문이고, 성교는 생명체를 발현하는 신성(神聖)과의 통교(通交)이다. 성교는, 오직, 결혼한 부부가 하는 것이고, 아이를 가질 때가 아닌 한, 결혼을 하고 성교를 할 때도 정액배출은, 결코 절대로 해서는 안 되는 것이다. 그런데 어른들은 그렇지 못하고들 있다. 어른들이 그럴지라도 그것은 틀린 것이다. 결혼을 하고서도, 정액 배출은 결코 절대로 해서는 안 되는 것이지만, 아이를 가질 때만 불가피한 것이고, 아이를 갖지 않을 때는 결코 절대로 정액은 배출하지 않고, 정액을 배출하지 않는 성교만 하는 것이다. 아이를 가질 때가 아닌 한 결코 절대로 정액배출은 하지 않는 것이, 결혼생활의 위없는 지혜이다.

성교는, 어른이 되어서 결혼을 한 부부끼리만 순결을 지키며 하는 것이다. 또 어른이 되어서 결혼을 하고서도, 정액배출은 아이를 바랄 때에만 하고, 성교할지라도 정액은 결코 절대로 몸 밖으로 배출하지 않고, 결코 절대 무 사정 성교를 하는 것이다. 잊지 않도록 해라. 너는, 무지하게 함부로 정액 배출을 하고 만 쭉정이 어른이 되기 전에 일찍이 이같이 고귀한 지식을 알게 된 것을 행운으로 알고, '결코 절대 정액무사정 인식'을 절대 잊지 않도록 해라.

정액은 신(神)이 깃들어 있는 신성한 보물이다. 정액은 결코 몸 밖으로 배출해서는 안 되는 보물이기 때문에, 결혼을 하고서도 정액은 결코 절대로 몸 밖으로 배출하지 않는 무사정 성교를 하는 것이다. 때문에 아이를 가지게 될 때에만 불가피 정액을 배출하는 것이다. 그러므로 성교로도, 수음으로도, 결코 어떤 때에도 정액은 절대로 결코 몸 밖으로 배출하지 말아야 하는 것이다. 정액을 배출하는 것이야말로 생명력을 약화시키고 몸을 무기력하게 하여 '남자의 자존감 · 존재감'을 상실하게 하고, 살맛을 잃게 하는 어리석은 짓이다.

정액이야말로 육신의 젊음과 건강을 위하는 고귀한 보물이므로, 결코 절대로 정액을 몸 밖으로 배출하지 않으며, 성교 속에서도, '영원히 생각이 아닌 영원한 절대불변 창조근원 0 · 진여마음'을, 생각으로 뒤덮지 않는 것이, 존재의 목적이다.

정액은, '정 기 신'이 깃들어 있는 신성한 보물이요, 면역력이 깃들어 있는 보물이고, 초능력이 깃들어 있는 보물이다. 정액은, 건강과 젊음과 창조력(神, 사랑)이 깃들어 있는 보물이고, 무술을 익힐 때 막강한 초능력을 창생하는 보물이고, 존재의 목적인 깨달음을 위할 때 존재의 근원인 진여마음 각(覺)을 출현시키는 보물이다.

성기는 신성의 문이다. 불순한 마음으로 성기를 만지며 성 욕망 생각이 되지 않도록 하라. 성기가 발기하고 성 생각이 일어날 때에는, 그 생각을, 생각이 나오기 전의 생각 없는 무(無) 근원 '0'으로 놓아버리고, 구름 없는 하늘을 떠올리라. 그리고 '생각 없는 0 · 진여마음'이 자기임을 기억하고, 항상 진여마음을 놓치지 않도록 하라.

딸아이에게도 마땅한 성 가르침을 확고하게 심어주어야 한다.

여성에게 다달이 있는 멘스도 신의 섭리에 따른 신성(神聖)의 발현이다. 초경은 아이의 일생에 지울 수 없는 기억이 되며, 기쁨을 준다. 그것은 마땅히 부모로부터 덕담으로 축하받아야 할 일이다. 탄트리카는 그렇게 말한다.

그러므로 초경(初經)인 딸에게 아버지 어머니가 "오, 그렇구나! 축하한다. 그것은 아이가 어른이 되려고 하는 시작이다. 그것은 당연히 있어야 하는, 축복받을 일이다. 이제 다달이 그런 현상이 있을 것이니, 그때마다 몸을 청결히 하는 법을 어머니를 따라 배워야 한다."고, 따뜻한 덕담을 하여주라는 지적이다. 그리고 딸에게는, 결혼 전에 절대로 남자에게 몸을 주어서는 안 된다. 그러면 그것으로 여자의 운명이 아무렇게나 결정되고 말게 된다. 결코 어떠한 생각에도 파묻히지 않는 생각 없는 진여마음보다 더한 행복이 없다. 그러니 항상 청정심 진여마음 수행을 하고, 항상 청정한 마음에서 기쁨을 얻도록 하라고 가르쳐야 한다.

남자아이나 여자아이나 동정(童貞)을 지키는 것이 매우 중요하다. 동정을 지니고 있어야 얼굴 몸이 빛을 잃지 않고 추하지 않게 하며, 몸을 항상 '영적 · 능력적 · 의욕적'이게 한다. 그러므로 남자아이에게든 여자아이에게든 동정(童貞)을 잃지 않고 동정을 지키며, "항상 진여마음을 놓치지 않고 지키는 것보다 중요하고 가치 있는 일은 없다"고, 가르쳐 주어야 한다.

그래서 영적 지성들은, "사춘기 때 결코 동정을 잃지 않도록 부모로부터 가르침 받고, 결코 어떠한 속에서 무엇을 하고 있을지라도, 진여마음을 떠남이 없는 생활을 함으로써, 모든 행함이 그대로 신(神)이 이끌어줄 수 있도록 가르침 받는 아이들이야말로, 가장 축복받은 아이들이다."고 합창한다. 모든 행함이 그대로 신이 이끌어 줄 수 있도록 가르침 받을 수 있는 체계가, 단전호흡이고, 기(氣)체조와 기공체조이고, 참선수행인 것이라고 읽을 수 있다.

또한 좋아하는 '여자아이 또는 남자아이'가 너를 배신할지라도 상처받지 말아라. 무엇이든 눈에 보이는 모든 것은 생겨나고 변하고 사라지는 것이다. 생겨나고 변화하고 사라지는 것은, 본디 없는 것이고, 참으로 없는 것이 참으로 있는 것같이 보이고 있는 가짜요, 환(幻)이다.

육신을 자기로 알며, '끝이 없이 생기고 변화하고 사라지는 생각'을 자기로 알고 있는 '육체자아 · 생각자아 · 현상자아' 인간들은, 아이들이든 어른들이든 본래 믿을 수 없는 것이다. 현상은 가짜요 허상이요 속임수인 것인데, 얼굴현상 · 음식현상 · 돈현상 · 폭력현상에 속고 있음이 모든 문제이다. 그것을 알고, 누가 너를 속이고 배신할지라도 인간은 그런 것이려니 알라. 실망스러운 일을 당할 때는 너의 진여마음을 보고 구름 없는 하늘을 보라. 믿을 것은 너의 진여마음뿐이다. 오직, 너의 진여마음이, '자유 · 행복 · 기쁨 · 희망'이고, 무상(無上)의 가치인 것을 잊지 말아라.

남녀 현상과 인간 관련 모든 현상, 현상이란 본래 없는 것이면서 참으로 없는 것이, 참으로 있는 것같이 보이는 가짜요 속임수이다. 어른들도 아이들도 인간은, '끝이 없이 끊임없는 찰나변화 연속생멸 현재 끝이 없이 끊임없는 찰나변화 연속생멸 생각'이다. 인간은 끝이 없이 끊임없는 '찰나변화 연속생멸 현재 찰나변화 연속생멸 생각'이기 때문에 전혀 믿을 바가 못 되고, 의지할 바가 못된 환(幻) 현상이다. 항상 진여마음이지 못한 인간은, 모두가 시간과 공간의 변화에 따라서 '찰나변화 연속생멸 현재 찰나변화 연속생멸 생각'이 되면서, '육체 생각 표면자아' 자기도 모르게 남을 속이게 되며, 남을 실망하게 하고, 남에게 상처를 주게 되어 있다. 또한 중생인 인간은, 시공간의 변화에 따라서 '찰나변화 연속생멸 현재 찰나변화 연속생멸 생각'인 때문에, 자본권력 계급만능주의에 종속되며, 돈만 주면 무슨 짓이든지 다하게 되고 마는 가변성이다.

참으로 있는 실상은, 오직, 나와 너의 진여마음(창조근원 0 · 생각 없는 하늘마음)이 있을 뿐이고, 자유 · 행복 · 기쁨 · 희망 또한 나와 너의 진여마음이 있을 뿐이다. 영원히 생각보다 먼저 있으며 끝이 없이 끊임없는 '찰나변화 연속생멸 현재 찰나변화 연속생멸 생각'보다 끝이 없이 끊임없이 앞서 있는 '영원한 절대불변 창조근원 0 · 진여마음'이 참으로 너이다. 네가 무엇을 볼 때는 '진여마음을 생각으로 뒤덮음이 없이' 보라. 네가 무엇을 들을 때는 '진여마음을 생각으로 파묻음이 없이'

들으라. 네가 무엇을 말할 때에는 '진여마음을 생각으로 가둠이 없이' 말하라. 네가 무엇을 생각할 때는 '진여마음을 생각으로 한정함이 없이' 생각하라. 네가 무엇을 행할 때에는 '진여마음을 생각으로 제한함이 없이' 행하라. 네가 공부할 때에도 '진여마음을 생각으로 파묻음이 없이' 공부하라. 그러면 너는, 누구에게 속는 일이 없게 될 것이고, 비록 속게 되었을지라도 곧바로 진여마음을 회복하게 되어, 실망이 없을 것이다. 또한 항상, 진여마음을 생각으로 뒤덮음이 없고, 진여마음을 생각으로 파묻음이 없으면, 네가 공부하는 데도 방해받을 생각이 없게 되며, 생산적 건설적인 공부가 될 것이다.

남녀 아이들이 사정수음 · 사정성교를 하지 않을 수 있게 되고, 청소년들이 자기(청정심 진여마음)를 알고, 늘 자기로 깨어서 존재할 수 있게 되면, 항상 마음이 청정하며 '무상(無上)의 능력 · 독창성 · 창의성 · 도덕성 · 인간성' 젊은이들일 수 있게 되어, 그들이 창조지식인이 되고, 창조인재가 되며, 창조관료 창조공무원들이 되고, 창조기업을 위하게 되어, 국가경쟁력을 막강하게 드높이게 될 것이다.

2-7 현상에 속지 말라

홍등가는, 남녀 간의 성적인 무드를 연출하고 있는 곳으로 어둡고 붉은빛의 조명이 쓰이고 있어서, 그렇게 불린다. 그렇듯 사바세계의 분위기는 성 관련 색깔이고, 성관련 소리들이고, 성 관련 그림들이다.

어느 퇴역 기생은, "순결하지 못하고 많은 남자를 따르므로, 어느 남자도 기생을 참으로 사랑하지 않게 마련이다. 그러한 스트레스 때문에 기생은 빠르게 늙어지게 마련이다."고 말하였다.

태어남 없고, 변화함 없고, 사라짐 없는 근원인, '영원한 절대불변 창조근원 0 · 진여마음'이 자기이므로, 항상 진여마음을 놓치지 않고 진여마음을 지키며, 진여마음을 생각으로 파묻지 않는 것이, 존재의 목적인 것인데, '태어나고 변하고 죽는 육신'과, '자본과 권력 계급 · 말 · 언어 · 생각 · 의식 · 사상'을 자기로 알며, '몸 얼굴 고움과, 권력 계급과, 돈'만을 가치로 목적으로 알고 있는, 이 땅의 수많은 여성들이, 저소득 근로자들이나 농촌이 싫다며, 저소득 근로자들과 농촌 총각에게 시집 안 가고, '주먹 · 술 · 마약 서방' 실린더 되기를 선택하고, 국내에서 국외에서 참으로 남성에게 사랑을 받을 수 없는 화냥녀들이 되고 있는데 반하여, 오히려 외국 여성들이, 우리의 농촌 총각들의 신부들이 되어 홍등가의 화냥녀들보다 행복한 인생을 살고들 있다.

당신은, 늘, 당신의 눈에 보이는 현상에 속고 있다. 당신의 눈에 보이는 현상은 가짜이다. 그것이 무엇이든지 현상은 속임수이다. 현상에 속지 마라. 색깔이 화려한 버섯에는 독이 들어 있다. 아름다운 무늬를 가진 뱀(사기꾼 등의 상징)은 무서운 독니를 가지고 있다. 아름다운 장미는 그 가시(불순한 마음을 상징한다.)가 날카롭다. 겉모습에 속지 마라. 겉모습이 번드르르 한 사람일수록 그 속은 검다. 참으로 사람을 볼 줄 아는 사람은, 현상에 속지 않고 밖으로 드러나 보이지 않는 내면('항상 순수한 정정한 옳음'으로 충만한 마음)을 본다. 가치를 현상에서 찾지 말고 겉모습으로 드러나지 않는 근원(진여마음)에서 찾아라. 그러면 '자신의 근원 바깥' 현상들이 '찰나변화 연속생멸 생각'일 뿐인 것을 알게 될 것이다. '참으로 있는 것'은, 영원히 현상으로 드러나지 않으며, '무한영겁 무생 무멸 영존하는 근원'이 있을 뿐이다. 영원히, 늘, 자신 안에 있는 근원(진여마음)을 보라. 색욕보다, 재앙을 부르고 파멸을 부르는 것은 없다. 행복을 섹스에서 찾지 말라. 행복을 섹스에서 찾는 것은 무지이다. 행복을, 자신 밖에서 찾지 말고, 자신 안에서 찾아라. 모든 것을 자신 안에 있는 근원에서 찾아라. 자신의 근원(진여마음)보다 행복한 것은 결코 어디에도 없고, 자신의 근원보다 믿을 수 있으며 가치 있는 것은 결코 어디에도 없다. —"불교 우화" 중에서

우리의 눈에 보이는 현상은, 참된 것이 아니라, 본디 없는 것이 있는 것같이 보이는 공간으로 꾸며진 것이다. 공간은, 무극(전체, 하나)에서 분화하여 무극이 되는 부분무극이고, 전체(무극, 하나)에서 분화하여 전체가 되는 부분이며, 하나(전체, 무극)에서 분화하여 하나가 되는 무한수이다. 참으로 있는 것은 오직 하나(무극. 전체)가 있을 뿐이다. 하나(무극, 전체)가 아닌 것은 모두 거짓된 것이다.

우리의 눈에 보이는 모든 것과, 우리(근원)를 둘러싸고 있는 모든 것은, 모두, 참으로는 있는 것이 아니면서 참으로 있는 것 같이 보이는 마야(幻)이다.

전체(무극, 하나)에서, 서로 합하면 0이 되는 서로 정반대로 꼭 같은 짝 +와 -로 분화하고 합하여 0이 되며 전체가 되는 파동(+ ⇆ 0 ⇄ -)으로 천지만물 현상이 현화하고 있고, 참으로 있는 것은 전체가 있을 뿐이다. '+와 -' 2원성(그림자) 양쪽은 본디 없는 것이 있는 것같이 보이고 있는 환영이다.

우리를 속이는 가장 인상적인 환(幻, 마야)이 '빨가벗은 남녀 몸 현상'일 것이다.

남자와 여자 남근과 여근, 위와 아래, 앞과 뒤, 좋음과 싫음, 고움과 미움, 기쁨과 슬픔, 행복과 불행, 극락과 지옥, 추움과 더움, 밝음과 어둠, 선과 악, 흑과 백, 좌와 우, 진보와 보수… 등 무수한 '2극성 2원성' 양쪽 현상들이, 마야(정$^{+}$과 반$^{-}$, 양$^{+}$과 음$^{-}$)가 모여서 이룬 허상이요 환영들이다.

OO수행처의 꽃순이가 뭇 사내들을 현혹하고 사음하고 있었다. 그곳의 수행자들은 구도자 혜동이 꽃순이를 욕하고 있으니, 그를 타락시켜 보라고 부추긴다. 그러자 꽃순이는, "오늘 밤 절문 바깥 느티나무에 혜동의 목을 매달아 놓겠으니, 여러분은 그곳에서 기다리고 계세요."라고 말한 다음, 머리를 남자같이 고쳐 땋고 남장을 하고 구도자 혜동을 찾아간다.

"넌 뉘 집 아들이냐?"

"예, 소자는 OO마을에 사는 OO선비의 아들이온데, 공부가 아직 크게 모자라서 스님을 찾아뵈었습니다. 저를 잘 지도해 주시기 바랍니다."

그리하여 혜동의 가르침을 허락받고, 그날 밤 혜동과 한 방에서 잠을 자게 되었다. 꽃순이는 밤이 깊어지자, 몸이 아프다고 신음소리를 해댔다. 혜동은 몸이 아프다는 소년의 몸을 간호하다가 뜻밖에도 소년이 여성인 것을 알고 깜짝 놀라며 “아니, 너는 여자가 아니냐?” 하고 꽃순이에게서 떨어져 앉으려고 하는데, 재빠르게 꽃순이가 혜동의 목을 단단하게 끌어안고, 생각할 틈도 주지 않고 “그렇습니다. 저는 여자이옵니다. 사내와 계집 사이 정욕은, 자연이 정해 놓은 필연입니다. 계집과 사내가 어찌 자연이 정해 놓은 정욕을 거역하겠습니까?” 하고는, 혜동을 성교하는 사내로 만들어 놓고 말았다. 혜동은 꽃순이 현상에 속아넘은 꼴이 된 것이다.

혜동과의 통교가 끝나자 꽃순이는, 아파 죽을 듯이 신음을 해대며 “병은 급하나 남의 이목이 두려우니, 저를 업고 바깥의 느티나무 아래에 놓아두면, 지나가는 사람의 도움을 받고 구원을 받겠습니다.”고 한다. 이에 혜동이 꽃순이를 업고 밖으로 나가게 되었다. 그러자 꽃순이는 이미 준비해 두고 있었던 긴 허리띠를 풀어서 혜동의 목에 걸고 있다가, 느티나무 밑에 이르자 혜동의 등에 업혀 있는 상태에서 몸을 벌떡 일으키며, 느티나무 굵은 가지에 혜동의 목을 매달아 놓고 말았다. 그리고 꽃순이는 “보세요. 이것이 사내의 목을 매단 것이 아니고 무엇입니까?”라고 외쳐대는 것이었다. 혜동은 꽃순이 현상에 거동에 계속 속기만 한 셈이 되었다. ‘보이는 현상, 소리 현상’에 속지 말 일이다.

만일 혜동이 24시간 날마다 언제나, 영원히 생각보다 먼저 있는 진여마음을 잃지 않는 수행을 생활화하고 있었더라면, 본의 아니게 빨가벗은 꽃순이가 품에 안기며 남근 욕망을 눈뜨게 할지라도, 진여마음을 생각화하지 않고, 영원히 생각보다 먼저 있는 ‘생각 없는 무(無) 마음’으로 꽃순이를 물리칠 수 있었을 것이었다.

만일 혜동이 성 초월을 위한, 항상 진여마음 수행이 되어 있었더라면, 양귀비에게 껴안기고 남근이 여근에 꽂혀서 체동하고 있으면서도, 영원히 생각이 아닌 진여마음을 잃음이 없이 성교하여, 사정 없이 교합을 끝낼 수 있었을 것이다. 혜동이 단절 없이 진여마음일 수 있었다면, 진여마음을 잃지 않고 교합하고 정액배출 없이 교합을 끝내고도, 꽃순이의 말 꾀에 넘어가지 않게 되었을 것이고, 꽃순이를 업고 밖으로 나가지도 않게 되었을 것이고, 느티나무 가지에 목이 매달리는 수모도 당하지 않게 되었을 것이다. 계속하여 현상에 속지 말아야 할 상황이었는데, 계속 진여마음을 생각화하였기 때문에, 계속하여 현상에 속은 결과가 되고 말았다.

때문에 '빨가벗은 여성을 보고 있는 속에서도, 온몸 성감대가 자극되어지고 있는 속에서도, 성교하고 있는 속에서도' 영원히 생각이 아닌 진여마음을 성 욕망 생각으로 파묻지 않는 탄트라 수행이 반드시 필요하다.

구도자 혜동도 그러한데, 근원마음 수행을 하고 있지 못한 '육체자아 · 생각자아 인간'인 한, 끝이 없이 끊임없는 '찰나변화 생멸연속 생각'이 주인이 되고 있는 인간인 한, 성은, 순결일 수 없고 신의일 수 없게 되어 있는 것이다.

'눈 · 귀 · 코 · 혀 · 몸 · 뜻' 육체감각이, '동물적 · 본능적 · 무의식적 · 비도덕적 · 비인격적'인 생각이 되며, 마음(근원)을 생각으로 뒤덮고 칠흑 어둠으로 만들고 마는 것이다. 그러므로 결코 생각이 아닌 근원마음 각성 수행이 없게 되면, 시도 때도 없이 '눈 · 귀 · 코 · 혀 · 몸 · 뜻'으로 촉발되어 용솟음치는 성욕생각에 파묻히며, 그것이 인간 간의 '의리와 신의와 도리와 믿음과 질서'를 '배반, 배신, 파괴'하는 결과로 되고 마는 것이다.

성(性)은 생각 덩어리이다. 찰나도 사라지지 않음이 없고, 생겨나지 않음이 없고, 변화하지 않음이 없는, 끝이 없이 끊임없는 '찰나변화 생멸연속 생각'이 성(性)이어서, 성(性)은 믿을 수 없고 순결할 수 없으며 의지할 바 못 되는 불신덩어리일 수밖에 없는 것이다.

나는 생각이 아니라, 결코 생각이 아닌 진여마음이므로, 항상 영원히 생각이 아닌, '궁극침묵 근본지 · 진여마음'을, 생각으로 파묻지 않는 진여마음 각성 수행을 생활화하여, 진여마음을 잃음이 없이, 보고 듣고 말하고 생각하고 행함으로써, 천상천하 오직 진여마음만 밝아지도록 해야, 나(진여마음)가 나로 존재하는 존재의 의미가 있고, 존재의 보람이 있는 것이다.

본래 음욕은 만족에 이를 수 없는 것이다.

"여성의 음욕은, 세상의 모든 남성들과 섹스할지라도 만족 될 수 없는 것이다."

"여성의 음욕은 바다와 같고, 남성의 정액은 모기의 오줌과 같다. 때문에 어떠한 남성도 여성을 만족시킬 수 없다. 그래서 어떠한 남성도 여성에게 완전하게 사랑받을 수 없고, 어떠한 여성도 남성에게 완전하게 사랑받을 수 없다." —불가의 가르침

때문에 성욕만족은 여성에게도 남성에게도 있을 수 없는 것이다. 그런 때문에, 음욕만족을 위해서 새로운 남성을 찾아다니는 여성도 어리석고, 성욕만족을 위해서 새로운 여성을 찾아다니는 남성도 어리석다. 때문에 남성도 여성도 자기가 선택한 한 인간만으로 만족할 줄 아는 만족이 성만족 행복이다.

애욕 음욕은, 영원히, 만족에 이를 수 없는 영원한 '불만족 블랙홀'이다. 음욕만족을 바라는 성 탐욕은, 끝이 없이 끊임없이 성 탐욕 생각이 되도록 하며, 정(精) 에너지만 고갈되도록 하여, 생명력이 텅 빈 껍데기 육신만 남도록 하고도 음욕만족이 되지 않아서, 음욕만족을 얻으려는 성 탐욕 속으로만 빠져들도록 하여, '뼈만 앙상하게 피골이 상접한' 몸을 만들고 마는 어리석음이 된다.

음욕만족은 있을 수 있는 것이 아닌 불가능한 것인데, 강간 · 간음 · 간통 같은 것을 통해서 음욕만족을 얻으려고 하는 생각 자체가 무지이다. 15초간의 짧은 찰나일 뿐인 사정쾌감을 즐거움으로 알고 행복으로 아는 무지 때문에, 남성은 용(성 에너지 용솟음 힘)의 죽음으로 에너지가 떠나버린 빈집과 만나야 한다. 사정이 되풀이될수록 육신이 빈껍데기로 화(化)하게 된다. 그리고 성 에너지에 기반을 두고 있는 '활기와 의욕과' 정신마저 혼미하여지는 '심신황폐화 무덤화'를 초래하는 몰락을 맞이하게 된다.

사정교합의 사정 쾌감은, 너무도 일시적인 한 순간일 뿐인 짧디짧은 찰나에 성기를 통해서 용솟는 용이 빠져나가 버리며, 쾌락의 종말이 되고 고통이 되는 속임수이다. 성교는 정(精)을 빼내고 용솟는 의욕 활력을 빼내가서, 생명력을 고갈시키고 마는 마교이다. 사정교합은, 쾌락을 거듭하고 싶어서, 계속해서 반복적으로 사정 쾌감을 추구하게 함으로써, 결국은 삶의 활력을 고갈시키며, 육체를 말라죽게 하고 마는 마교이다.

남근은, 사정하고 나면, 시들어서 볼품없는 몰골로 쪼그라들고 만다. 성교 후의 그런 남근에 비해서 턱 없이 크기만 한 여근에 대하여 남근은 선망(羨望)을 잃고 혐오감이 되며, 더 이상 그 여근을 찾지 않는 무관심이 된다. 그러므로 여근도 실망이 되고 불만이 된다. 결코 사정하지 않는 교합이, 부부 간의 양⁺음⁻ 기(氣)의 평형을 이루는 법이 되며, 권태 없이 항상 부부 서로 끌어들이는 법이 된다.

남성의 성(性) 행복은, 교합하되 결코 절대로 정액 사출을 하지 않는 데 있다. 교합하되 결코 절대로 사정되기 직전에 체동을 멈추고 사정되려던 기(氣)가 완전하게 잦아든 다음에 체동하고, 결코 절대로 사정되기 직전에 체동을 멈추었다가 사정되려던 기(氣)가 온전히 잦아든 다음에, 다시 체동을 하는 되풀이로, 결코 절대로 사정되지 않도록 느린 체동으로, 결코 절대로 정액을 방출하지 않는 무사정 교합에, 성(性) 행복이 있다. 이런 무사정 교합이 되고서야 성 무기력이 없으며, '날마다 교합도 가능한, 남자의 존재감 · 자존감'이 살아있을 수 있는 것이다.

그래서 방중술의 핵심은, '교합하되 결코 절대로 사정하지 말라. 영원히 사정하지 말라.'이다. "아기를 가질 때가 아닌 한, 영원히, 결코 절대로 사정하지 않는다." 이런 의식으로 결코 절대로 사정되지 않는 느린 체동으로, 절대 사정되지 않는 무사정 교합을 하며, 교합 속에서도 '정액 사출생각' 없이, 시종일관 생각 없는 근원으로 깨어있을 수 있어야, 성 교합 속에서도 무상(無上)의 자유일 수 있다.

아기를 가질 때만 정액방출을 할 때에도, 반드시 여성의 배란기를 '기초체온측정 그래프'로 알아내서, 배란기 때 사정을 하도록 한다.

'교합하되 절대로 결코 사정하지 않는다.' 이럴 수 있는 의식이, 정(精)을 남용하는 성폭력자이지 않고, 성을 목전에 두고도 성 충동 욕망에 빠지지 않는, 성 초월 인격일 수 있다. 또한 교합하되 결코 절대로 사정하지 않는 법이, 질병에 강한 면역력 몸일 수 있도록 하고, 젊음일 수 있도록 하고, 권태 없이 부부행복을 위하는 법일 수 있게 하는 것이다.

교합하되 결코 절대로 사정하지 않는 법은, 부부가 행복하기 위해서 절대 필요한 법이며, 성 때문에 실패하는 인생이지 않기 위해서 필요한 법이다.

2-8 구름 없는 하늘, 생각 없는 마음

물질계에서 근원계로 갈수록, 마음에서 방사되는 생각이 현상이고, 생각이 물질이고, 생각이 모든 세계이다.

모든 것의 근원이 마음이다. 우리의 근원이 마음이다. 마음은 영원히 생각보다 먼저 있는 '영원한 절대불변 근원 0 · 영원히 생각이 아닌 0'이다. 마치 하늘과 같이, 마음은 창조된 바 없고 생겨난 바 없이 항상 있고, 마치 구름과 같이 생각만 생기고 변화하고 사라지고 있으며, 마치 하늘이 구름에 가리고 구름에 파묻히듯이, 마음이 생각에 가려지고 생각에 파묻히고 있다.

붓다 그리스도의 마음은, 항상 구름 없는 하늘과 같이, 항상 생각 없는 마음이며, 항상 생각 없이 알고 보는 거울같이 깨어있는 '창조근원 0 · 직접인식 직관지'이고, 우리들 중생의 마음은, 항상 생각에 파묻혀서 생각이 되어, 모든 것을 생각으로만 인식할 뿐, 항상 생각 없이 알고 보는 거울 같은 직관지 마음에 대한 인식이 전무(全無)하다.

마음은, 영원히 생각보다 먼저 있으며 끝이 없이 끊임없는 찰나변화 연속생멸 생각보다 끝이 없이 끊임없이 앞서 있는 '무생각 무의식 근본지'여서 영원히 생각이 아닌 것인데, 우리의 마음은, 끝이 없이 끊임없이 마음에서 생겨 나오는 생각으로 끝이 없이 끊임없이 뒤덮이며 생각에 파묻히고 있어서, 직관지 거울마음인 적이 없다. 그래서 우리는, 끝이 없이 끊임없는 찰나변화 연속생멸 현재, 끝이 없이 끊임없는 찰나변화 연속생멸 생각이 자아이다. 생각은, 찰나도 생겨나지 않음이 없는 사라짐이며, 찰나도 사라지지 않음이 없는 생겨남이고, 찰나도 변화하지 않음이 없는, 끝이 없이 끊임없는 찰나변화 연속생멸이다. 생각은, '찰나변화연속'이고 '찰나생멸연속'이므로, 항상하는 실체가 아니며, 믿을 것 없고, 의지할 것 없는 무상(無常)한 것이다.

붓다 그리스도 인간이 아닌 인간은, '찰나변화 연속생멸 생각'이고 '찰나생멸 연속생각'이어서 믿을 수가 없다. '찰나변화 연속생각'이고 '찰나생멸 연속생각'인 한, '법조인 인간도, 정치인 인간도, 기업가 인간도, 사랑하는 사이 남녀간 인간도' 믿을 것이 없고, 진여마음만이 믿을 수 있는 것이다.

참으로 있는 것같이 보여지고 있는 무수한 천체들 은하계들을 비롯한 지구와 우리들과 일체의 만물만상 모든 현상이, '입자물리학적으로 찰나변화 연속생멸 파동입자' 마야이다. 마야는, '서로 합하면 0이 되는 서로 정반대로 꼭 같은 크기, 서로 정반대로 꼭 같은 값, 서로 정반대로 꼭 같은 힘'의 '+ − 0 · − + 0' 현상이다.

우리 눈에 보이는 모든 현상이 모두 생각이다. 찰나도 생각 아닌 때가 없는 우리의 생각들이 모두 현상 아닌 것이 없는 허상이다. 일체가 생각이고 현상이요, 현상은 참으로 있는 것이 아닌 환(幻)이다. "현상에 속지 말라"고 하는 것은, 바로 '생각에 속지 말라'는 말과 하나이다.

우리의 마음은, 찰나도 끊임없이 끝이 없이, '변화함이 생겨남이고, 변화함이 사라짐인 '끝이 없이 끊임없는 찰나변화 연속생멸 생각용천 생각'의 강물로 뒤덮이고 있어서, 생각만이 있는 것처럼 보이며, 마음은 자취 없이 실종되어 버리고 있다.

따라서 우리의 마음은, 앉으나 서나 누우나, 가나오나, 일을 할 때나, 신문을 보고 있을 때나, TV를 시청하고 있을 때나, 무엇을 보고 있을 때나, 무엇을 듣고 있을 때나, 무엇을 말하고 있을 때나, 무엇을 생각하고 있을 때나, 무엇을 하고 있을 때나, 어디에서나 언제나 어떤 때나, 오로지 생각으로 뒤덮이고, 생각으로 파묻히며, 생각에 빠지면서, 결코 찰나도 생각 아닌 때가 없는, 항상 생각이고 있어서, 찰나도 생각 아닌 마음일 때가 없다.

생각이 자아인 생각자아 인간에게는, 찰나변화 생멸연속 생각나는 생각 멋대로 생각하고, 생각나는 생각 멋대로 행위하는 것이라고 생각하기 쉽다. 창조되고 생겨나서 사라지는 육신이 아니요, 끝이 없이 끊임없는 찰나변화 연속생멸 생각이 아닌, '창조근원 0 · 생각 없는 무(無) · 진여마음'이, 나라고 안다면, 자유는, 결코 어디에서도, 결코 어떠한 때에도, 결코 절대로 육신에 갇힘이 없고, 생각에 갇힘이 없고, 결코 절대로 생각에 파묻힘이 없는 진여마음이, 자유인 것을 알게 된다. 이 진여자유가, 구극의 능력이고 구극의 환희이다.

그런데, '인신매매자들의, 성 폭행자들의, 제비족들의, 사기꾼들의' 그리고 '선입견 편견 언론인들의, 자본가들의, 정치인들의' 자유는, '찰나도 사라지지 않음이 없는 생각'이고, '찰나도 생겨나지 않음이 없는 생각'이며, '찰나도 변화하지 않음이 없는 생각'인, '끝이 없이 끊임없는 찰나변화 연속생멸 생각용천'을 나로 알고 있는, 생각자아의 '생각나는 대로 생각하고, 생각나는 대로 행위하는, 생각 멋대로 생각, 생각 멋대로 행위'이다. 그러한 '생각자아 나'의 자유들이 서로 충돌하며 무질서 비극 사회를 조성하고들 있다.

본래 생각이 아니며, 창조된 바 없고 생겨난 바 없는 '영원한 절대불변 근원 0 · 생각 없는 무(無) 진여마음'으로 보면, '찰나도 사라지지 않음이 없는 생각'이고, '찰나도 생겨나지 않음이 없는 생각'이며, '찰나도 변화하지 않음이 없는 생각'인, '끝이 없이 끊임없는 찰나변화 연속생멸 생각용천'의, '생각나는 대로 생각하고, 생각나는 대로 행위하는, 생각 멋대로 생각, 생각 멋대로 행위'야말로, 본래 생각이 아니며, 창조된 바 없고 생겨난 바 없는 '영원한 절대불변 생각 없는 무(無) 진여마음'이, 끝이 없이 끊임없는 찰나변화 연속생멸 생각으로 뒤덮이고, 생각으로 파묻히며, 생각으로 동화되어, 본래 생각이 아닌 '생각 없는 무(無) 진여마음 나'가, 실종되어 버리고, 생각을 '나'로 알고 있는 무지로, 생각의 노예되며, 생각의 부림을 당하고 있는 부자유이다.

그런 '생각자아 가짜 나'의 자유는, '아무와도 공통성이 없는 만인만색 무수한 나'와 '무수한 너'의 '생각나는 생각 멋대로 생각, 생각나는 생각 멋대로 행위'로, '서로 좌충우돌하게 되는 무질서 자유'이므로, 서로 아무도 행복할 수 없고, 모두가 불행하게 되며, 서로 공멸할 수밖에 없는 '멍청한 자유'이다. 그런 '가짜 나 인간'들의 자유에 상처받는 것이 무지요 어리석음이다.

'진여마음 나'의 자유에 확고하고 당당하면 그것이 행복인 것이다. 진여자유가, 결코 어떠한 생각의 부림도 당함이 없는 진여환희이다.

항상 '영원히 생각보다 먼저 있는 진여마음'만이, '만인 공통 동일한 본성'이며, '누구의 마음과도 어긋나거나 부딪힐 것이 없는 하나질서'로 자타축복이 되는 '건설적 생산적 자유'의 주체이다. '가짜 나 인간'과 사귐이 그른 인간관이고, '진짜 나 인간'과 사귐이 바른 인간관이다.

밝은 달 아래 노닐다가 돌아와 보니
다리가 넷이로구나.

두 다리는 네 것이다마는
두 다리는 누구의 것이뇨.
—처용의 시

신라 제46대 헌강왕의 보좌관 처용의 아내는, 그 자태가 너무 아름다우나, 그 몸가짐이 바르지 못하고 순결하지 못하므로, 자신의 값을 스스로 떨어뜨리고 있는 화냥녀였다. 처용은, 자신의 아내가 한 이불 속에서 비빌서방과 한몸이 되고 있는 것을 목격하고도, 그들에 대하여 분노 충천하는 감정생각이 되지 않고, 시를 읊으며 춤추며 돌아섰다고 하니, 그가, 늘, 항상, '생각 없이 깨어있는 무(無) 진여마음'이어서 도인이었나 보다!

수피들은, 어깨 높이 수평으로 좌우 팔을 활짝 펴고, 제자리에서 '돌고 돌고 돌아가는 제자리 회전 춤'을 추며 마음을 바라보는, '제자리 회전 춤'을 계속하며 '제자리 회전 춤'에 몰입하고, 계속 마음을 바라보고 있는 동안에, 모든 생각이 사라져버린 마음을 바라보면서, 계속 '제자리 회전 춤'을 춘다고 한다. 처용도, 그런 '제자리 회전 춤'을 추며 생각을 날려버릴 줄 아는 도인이었나 보다!

태고적 아담과 이브 둘만이 있을 적에, 에덴동산의 이브계곡 이브우물은, 아담의 여의봉 용만의 용궁이었으나, '생각나는 생각 멋대로 자유'로 샛서방과 빨가벗고 놀아나는 이브 아담이 있는 오늘의 이브우물은, 얼굴 모른 용들이 목욕하고 가는 곳인 것을! '이브도, 얼굴 모르는 용들도, 용궁도, 여의봉 용도, 아담도' 하늘이 아닌 구름이고, '구름은 참으로는 없는 것이면서, 참으로 있는 것같이 보이는 허상'인 것이니, '언제나 구름 없는 하늘'일 줄 아는 이가 처용이었다.

육신을 비롯해서 우리의 육안에 보이는 일체의 물상 현상들이, '참으로는 없는 것을 있는 것같이 보이는 파동 입자'들로 꾸며져서, 한시적인 동안만 있는 것같이 보이다가, 때가 되면 해체되어 사라져 없어지고 마는 구름들이다.

육신은 한시적으로 있다가 쓸모없이 되면, 버리고 떠나버릴 물건이고, 생각 관념도, 생각 없는 '0' 근원에서 생겨서, 생각 없는 '0' 근원으로 사라지는 구름이고, 생각 관념은, 본래 없는 것이 '창조된 바 없고 생겨난 바 없는 근원'인 '0'에서 생겨났다가 사라지는 것이고, '창조된 바 없고 생겨난 바 없는 근원'인 '0'이 생기지 않으면, 본디 없는 것이다. 생겨날 속성 · 사라질 속성 · 없어질 속성 없는 '0' 근원만이 항상 있는 실상이고, 생겨나고 사라지는 생각 관념이 없는 '0' 근원만이 진여자유이고 진여환희인 것인데, '생멸변화 없이 항상 있으며 본래 진여자유이고 진여환희인 생각 없는 무(無) 진여마음 하늘마음'에 '헛것이고 가짜이고 속임수인 부정적인 현상'을 담아두는 것이, 무지이다.

참으로 있는 것이 아닌 환(幻)일 뿐인 '구름을 하늘로 알며, 구름으로 동화되어 있는 마음'들, 구름은 끝이 없이 생겨날지라도 자취 없이 사라지고 마는 비실재이고, 거기 '언제나 항상 있는 것은 구름 아닌 하늘'이요, '구름 없는 하늘'만이 창조된 바 없고 생겨난 바 없고, 사라진 바 없는 창조근원 · 인식근원이요, '무생 무멸 영존'인 것인데, 너는, 나는, '구름을 있음'이라고 알며, '구름 아닌 하늘을 없음'이라 알고 있다.

영원히 생각이 아닌 마음이 생각으로 뒤덮이는 것이, 부자유요 불행인 것이니, 본래 생각이 아닌 '창조근원 0 · 마음'이, 생각을 알아차리며 생각을, '생각 없는 무(無) 근원'에 놓아버리며, 영원히 언제나 항상 '생각이 아닌 마음'일 줄 아는, '생각 없는 무(無) 진여마음'이 도인의 마음이다.

남편도 아내도 부부 함께 항상 '창조근원 0 · 진여마음'을 떠남이 없는 '마음성찰 수행'을 함으로써, '마야 환영'일 뿐인 '이성(異性) 현상, 성(性) 생각'에 빠지지 않고 속지 않는 것이 지혜이다. 육신이 죽을 때도, 육신이 죽은 후 또 다른 여인의 태에 들 때에도, 태아 때도, 태 밖으로 나올 때에도, 태 밖으로 나온 후에도, '구름 없는 하늘 생각 없는 마음'이, 무상(無上)의 자유요 무상(無上)의 행복임을 인지하는 것이, 진여마음이다.

따뜻한 봄날 목장 들판에는, 아랫배 속으로 숨어 있다가 기지개를 켜며 일어나기 시작하여 거대하여진 수말의 시꺼먼 나팔머리 자지가, 자신의 아랫배 모피부에 수평으로 대고 힘껏 뻗쳤다가 수직 아래로 누그러뜨리기를, 되풀이하고 있다.

어린 딸 : 엄마, 저게 아빠 꼬리야?

엄마 : 저게 네 아빠 꼬리라면 얼마나 좋겠니?

"엄마여 ! 아내여 ! 여성이여 ! 수말의 우렁찬 그 거대한 '나팔머리 검은 자지'를 보고 있는 그대 마음을 보라."이다. 완전하게 발기한 수말의 힘차게 용솟음하고 있는 '나팔머리 검은 자지'는, 우렁차게 발기하고 있는 남성의 집이어서 여성의 우상이다. 그것은, 여성들뿐만 아니라 남성들에게 있어서도, 감탄하고 경탄할 남성신(神)이기도 하여, 남성 여성 모두의 우상이다.

수말의 마근(馬根)은 마치, 인간 남성의 남근을 그대로 쏙 빼놓은 듯이 닮게 생겼으며, 인체 남근의 것을 확대하여 놓은 것 같은 큰 크기이면서 검은색이어서, 섹시하기가 만점이다. 그래서 남녀 모두의 우상이지만, 관점을 환영에서 실상으로 옮기면, 수말의 마근(馬根)도 우리를 속이는 환(幻)이요 속임수 현상이다.

비록 남녀 말이 짝짓고 있는 광경을 보고 있는 속에서, 성 에너지 용솟음 힘이 촉발되어 성(性)의 문(門)이 막강하게 성충동되고 있을지라도, 그 막강한 성충동 성욕생각에, 마음이 파문히지 않고, 결코 어떠한 생각도 있기 전의 '생각없는 0 · 진여마음'이, 참나이다. 결코 어떠한 속에서일지라도, 비록 자신이 교합하고 있는 중일지라도, 참나 진여마음을, 생각으로 파문지 않는 것이 존재감이요 자존감이다.

간혹 인간 남성 중에는 수말의 마근(馬根) 크기 4촌쯤 되는 남근이어서 주위에 소문이 나 있는 경우가 있다. 마근(馬根) 4촌 남성과 짝을 짓고 난 접대부 여성의 입을 통해서, 그런 남성과 짝짓는 고통이 어떠한지 들은 적이 있다. 마근 4촌 남성의 것이, 여근의 바닥을 들이받게 되면, 여성은 이만저만 아닌 큰 고통이 된다는 것이다. 그런 때문에 마근 4촌 남성들은, 자기 아내는, 자기와 교합하는 것을 거부하며 딴 여자와 자는 것을 허락하고 방치한다고 한다. 그러니 힘차게 발기한 마근은 여성의 행복신(神)일 것 같아 보이지만, 사실은 여성의 고통 신(神)인 것이다. 그러므로 '현상에 속지 말라'이다.

여근은 마근 같은 긴 남근은 말고, 여근 넓이를 가득 메울 수 있는 굵은 남근을 바랄 수도 있을 것이다. 그렇지만 아기를 낳을 수 있을 만큼 신축자재하게 넓은 여근의 넓이에 꼭 끼게 굵은 남근은, 정상적인 남성 인간의 것으로는 존재하는 것이 아니어서, 여근 자체가 그런 만족은 얻을 수 없는 것이 숙명이다. 여성은, 그런 숙명을 감수하고 오직 보편적인 인간 남성 남편의 남근으로 만족하는 것이, 지혜요 행복이다.

또 여성의 깊이 넓이에 꼭 맞는 남근이 있다고 가정하고, 그런 남근과 여근이 짝짓는 쾌감이 지상 최고라고 할지라도, 그런 '남근+여근' 사정쾌감은, 찰나 쾌감으로 기(氣)의 공허가 되며 불쾌가 되고 마는 허깨비쾌감이니, 속지 말아야 하고, 남근 여근 자체가 근원적으로 실상이 아닌 환(幻)인 것이니, 현상에 속지 말아야 한다. 그런 가짜 쾌감 허깨비 쾌감에 집착할 것이 아니라, '영원히 생각이 아닌 창조근원 0 · 진여마음 삼매' 무아삼매가,

본래 환희요, 항구적인 환희이다. 진여마음이 인간이 추구하여야 할 가치요 목적이다.

불경에 "여인의 음욕은 땅과 같고, 남성의 정액은 모기 오줌과 같다. 땅은 모기 오줌에 젖을 수 있는 것이 아니다. 마찬가지로 모기 오줌 같은 남성 정액이, 여인의 음욕 땅을 적실 수 있는 것이 아니다. 그래서 인류사에, 남자에게 완전하게 사랑 받은 여자도 없고, 여자에게 완전하게 사랑 받은 여자도 없다"고 하였다. 그러니 가능하지도 않는 그런 환(幻)에 집착하지 않는 것이 환희이다.

성 감각이 일깨워진 여근의 정욕은, 남성이 어떻게 할지라도 만족될 수 없는 불만족 블랙홀이다. 사정하고도 여근의 정욕을 만족시킬 수 있는 남근은 결코 어디에도 없다는 각성이 지혜이다. 남성의 정액은, 여성의 음욕을 채울 수 없는 모기오줌 같은, 형편없는 취약성임을 알고, 사정으로 땅과 같은 여성 음욕을 채울 수 있다고 착각하지 말며, 교합할지라도 결코 절대로 사정하지 않는 것이 남성의 지혜이다. 이것이 남근의 용(성 에너지 용솟음 힘)을 잃지 않고 지키는 길이고, 여근은 본래 어떤 남근에도 만족하지 못하는 '불만족 블랙홀'인 것을 알고, 여성은 보편적인 남편 한 남성으로 만족할 줄 아는 지혜가 최고의 만족인 것이다.

2-9 위없는 좌표

"육신의 눈에 보이는 현상은 모두 존재가 아닌 헛것이니라. 일체의 모양 · 형상이 없어진 데를 참이라 하나니, 이것을 공(空)이라 하고, 근원이라 하고, 중도라 하고, 법신이라 하고, 마음이라 하느니라."

—『열반경』 중에서

마음은, 구름 없는 하늘 그 자체와 둘이 아닌 하나이고, 부분이 아닌 전체이다. 마음은, 구름 없는 하늘(空)과 같아서 전혀 모습이 없으며 시작도 끝도 없이 무궁한 전체이다. 마음은 영원히 부분이 아닌 영원한 전체이다.

시작도 끝도 없이 무궁무진 무한한 전체허공이, 결코 끊어질 수 없고 나누어질 수 없고 분리될 수 없는 무극이요, 기(氣)요, 마음이다. 마음 속에 우주만유 삼라만상이 있고, 마음이 우주만유 삼라만상 속으로 투과 관류하고 있다. 우주만유 삼라만상 밖에 있는 마음은 진여마음 · 무극마음이고, 우주만유 삼라만상 속으로 투과 관류하고 있는 마음은, 태극마음이고 여래마음이다. 태극마음 · 여래마음이 우리들 모든 나의 마음이다.

우주 본체는 무극마음 하나이다. 무극마음에서 분화되어 서로 합하면 0이 되는, 서로 정반대로 꼭 같은 짝, +태극($\begin{smallmatrix}+ & -\\- & +\end{smallmatrix}$, +생각)과 −태극($\begin{smallmatrix}- & +\\+ & -\end{smallmatrix}$,

-생각)들로 분화하고 합하여 0이 되며 무극마음이 되는 파동(+ ⇆ 0 ⇆ -)으로, 우주만유 삼라만상이 현상되고 있다.

우주는, 단지 마음과 생각으로 구성되어 있다. 우주만유 삼라만상 하나하나들이 모두 하나하나의 생각이다. 자본이니 정치니 권력이니 법이니 경제니 하는 것들도, 모두 생각이 모여서 생각으로 조합된 생각들이다. 그래서 마음과 생각을 알면 모든 것을 알게 되어 있다. 그러니, 인간이 참으로 알아야 할 것은, 오직, 마음과 생각이 있을 뿐이다.

무엇보다도 가장 먼저 마음이 있으며, 마음이 모든 것을 창조하고 있다. 마음이 모든 것을 창조하므로 우주만유 삼라만상이 있다. 우리가 꿈을 꿀 때 생각이 우주만유 삼라만상인 것 같이, 우주의 모든 형상을 현상하고 있는 질료는 생각이다. 결코 무엇보다도 가장 먼저 마음이 있으며, 마음에서 생각들이 발현하며, 생각들이 우주만유 삼라만상으로 화현(化現)하고 있다.

마음은, 결코 어떠한 현상보다도 먼저 있으며, 끝이 없이 끊임없는 찰나변화 연속생멸 파동 **+태극(+생각) ⇆ 0 ⇄ -태극(-생각) 파동(+ ⇆ 0 ⇄ -) 입자** 현상보다, 끝이 없이 끊임없이 앞서 있는 '영원한 절대불변 창조근원 0'이다. 그래서 마음은, 영원히, 창조된 것보다 먼저 있는 공(空)이고, 창조되고 있는 것보다 끝이 없이 끊임없이 앞서 있는 공(空)이다.

마음은, 현상을 창조하고 현상 안에 있으나 영원히 현상이 아니다. 현상은 창조되고 변화하고 사라지지만, 마음은 영원히 창조된 바 없고 생겨난 바 없고 변화한 바 없고 사라진 바 없다. 이 마음이, 모든 '나'이다.

모든 현상의 질료인 무의식 마음 그림이 생각이다. 생각은 영원히, 마음보다 나중에 있으며, 끝이 없이 끊임없이 생멸하고 있는 찰나변화 연속생멸이다. 그래서 생각은 참으로 있는 것이 아니다. 모는 '나'는 마음이고, 생각은 '나'가 아니다.

참으로 나는, 영원히 생각보다 먼저 있으며 생각 없이 깨어있는 영원한 무현현 '0'이다. 영원히 생각보다 먼저 있는 근원(마음)이, 근원을 떠남이 없이, 근원에 있으며, 근원을 생각으로 파묻음이 없이 보고, 근원을 생각으로 파묻음이 없이 듣고, 근원을 생각으로 파묻음이 없이 말하고, 근원을 생각으로 파묻음이 없이 생각하고, 근원을 생각으로 파묻음이 없이 행하는 것이, '나'가 '나'로 존재하는 것이다.

영원히 생각보다 먼저 있으며 끝이 없이 끊임없는 현재 끝이 없이 끊임없는 생각보다 끝이 없이 끊임없이 앞서 있어야 할 근원이, 끝이 없이 끊임없는 찰나변화 생멸연속 현재, 끝이 없이 끊임없는 찰나변화 생멸연속 생각으로 파묻히며, 근원을 생각과 동일시하고 있음이, 잠듦이요, '나'가 '나'를 떠나 있는 무지요, 불행이다.

항상 근원으로 깨어있지 못하고, 항상 생각화되어 있는 생각이, 인간이고 인생이고, 인간의 현실이다. 그래서 '인간도, 인생도, 현실도' 끝이 없이 끊임없는 찰나변화 생멸연속 현재, 끝이 없이 끊임없는 찰나변화 생멸연속 생각일 따름이다.

오직 생각일 뿐인 것이, 모든 현상이며, 슬픔이고 · 두려움이고 · 증오이고 · 절망이고 · 화남이며, '나'(마음)를, 태어나고 죽는 육신으로 알고 생각으로 아는 무지가, 죄이고 부자유이고 불행이고 비극이다. 이 생각이 구름이요 환(幻)이고 어둠이다.

영원히 태어난 적 없고, 죽은 적 없으며, 육신이었던 적 없고, 생각이었던 적 없이, 육신보다 · 생각보다 먼저 있으며, 끝이 없이 끊임없는 생각보다 끝이 없이 끊임없이 앞서 있는 '무생각 무의식 마음' '나'를 모르고 있는 생각들이, 국가공권력까지 자기사유화한 생각 멋대로 독재이든, 폭력이든, 살인강도이든, 간음이든, 간통이든, 강간이든 무엇이든 '생각자아 생각 멋대로 생각나는 대로 행위하는 자유'들이 되고 있다.

생기고 만들어지고 창조되고 변화하고 사라지는 모든 현상이, 우리를 속이는 헛것이고, 모든 현상이, 마음(근원 空)이 창조하면 있고, 마음(근원 空)이 만들지 않으면 없는 것이므로, 마음이 만들지 않으면 무엇에도 거리낄 것 없는 마음(근원 空)만 있게 되어, 그것이 자유가 되고 행복이 되는 것이다. 그래서 근원마음을 생각으로 파묻지 않는 수행생활이 필수이다.

"애욕은, 초기에는 좋은 것만 보이고 나중에는 나쁜 것만 보이도록 하는 것이다. 연애 초기에는 서로에게 매우 매력을 느끼고, 세상 사람들 중에 그 한 사람밖에 보이지 않다가, 시간이 지나면, 서로의 매력이 여지없이 깨지게 되고 만다. 유혹에 넘어가지 말라. 다 불행의 원인이다." —하잔

"결혼은 있어도 이혼은 없다. 남편과 아내는 영원히 하나 되기 위하여 함께 태어난 것이다. 기타나 가야금이나 거문고 줄들의 소리가, 서로 하나로 조화를 이루고 하나의 멜로디로 합일되어 한 음악 소리를 내고 있어도, 현악기 줄들의 소리들은 항상 각각 홀로 독특한 개성인 것과 마찬가지로, 부부는, 엄연히 독립된 개체이면서 서로 하나로 합일을 이루는 하아모니이다." —칼릴 지브란

"사랑은 영원히 하나입니다. 우리는 육체가 아닌 영혼으로 결혼해야 합니다. 서로 영혼으로 결합된 사람들은, 결코 상대방을 떠나지 않습니다. 떠난다면, 그것은 사랑이 아닙니다." —산트 타카르싱

다음의 좌표를 따라서 살며, 날마다 마음성찰 명상이 필요하다.

① 성 탐욕 음욕은, 찰나변화 생멸연속 파동 입자로 가공된 가짜인 육신과 생각에 속는 것이고, 아기를 가질 때가 아닌 한, 영원히, '결코 절대로 정액을 몸 밖으로 배출하지 않는다.' 이 귀중하고 고귀한 성(性) 지식을, 사춘기 이전 소년 소녀 때 숙지하고, 결혼 전은 물론이고, 결혼을 하고서도 아기를 가질 때를 제외하고는 죽을 때까지 절대 정액을 배출하지 않는다면, 그것이 육신의 최고 축복이 되는 것이다.

② '나'가 행한 바를 '나'가 행한 바 그대로 금생이든 후생이든 '나'가 받게 된다. 때문에 '나'는 악하게 살 수 없고 추하게 살 수 없다.

③ 나는 태어나고 죽는 육신이 아니요, 생각이 아니다. 나는, 영원히 육신보다 먼저 있는 영원한 무(無) 육신이고, 생각보다 영원히 먼저 있는 영원한 무(無) 생각이다. 영원한 무(無) 생각 진여마음이, 무상의 자유요, 무상의 환희이고, 무상의 가치이고, 무상의 목적이다.

①②③ 철학으로 항상 깨어서 사는 삶보다 행복한 삶은 없다.

영적 지성들은 다음과 같이 말한다.

마음은, 존재하지 않았던 적이 없이 항상 존재하였으며, 영원히 태어난 적이 없고 죽은 적이 없고, 현상인 적이 없다. 마음은 몸이 태어날 때 생겨나지 않고, 몸이 죽을 때 죽지 않는다. 마음은, 몸이 어린이 · 젊은이 · 늙은이로 되는 어느 과정에서도 변화한 적이 없고, 육신이 죽으면 원초의 공(空, 하늘)으로 몸을 벗어버리고, 태어난 바 없이 다른 새로운 몸을 입는다.

완전히 생각 텅 비어, 생각 없이 깨어있는 무(無)! 그 자체가 마음이고, 창조된 바 없고 생겨난 바 없는 본래의 마음이다. 초인은, 창조된 바 없고 · 생겨난 바 없고 · 사라진 바 없고 · 육신인 바 없고 · 변화한 바 없고 · 생각인 바 없이, '완전히 생각 텅 비어 생각 없이 깨어있는 무(無)! 마음' 속에 함부로 생각을 들여놓지 않는다.

모든 것을 생각 없이 보는 거울이 되라.

'마음에서 모든 생각을 모두 거두어들이고, 완전히 생각 텅 비어 생각 없이 깨어있는 무(無)! 마음'에 생각을 들여놓지 말라.

이것이 존재의 핵심이다. 이것이 '나'가 '나'로 존재하는 차원이고, '나'가 '나'로 깨어있는 차원이다. 이것이 위없는 자유요, 위없는 환희이다.

제3장 하늘마음

꽃은 누구를 위하여 아름답고 향기 있는 것이 아니다. 누가 보고 있든지 않든지 향기와 순수와 기쁨과 웃음이, 꽃의 본성이다. 그러므로 벼랑 높은 곳에 피어있는 꽃도, '아무도 근접하는 이가 없어도, 보는 이가 없어도' 언제나 순수요, 향기요, 아름다움이요, 기쁨이요, 함박웃음이다.

부부가 무사정 성교명상을 위하며, 영원히, 언제나, 항상 생각보다 먼저 있는 진여마음을 놓침이 없는 삶을 산다면, 육신이 아니라, 얼굴이 아니라, 그 육신을 살아있도록 하고 있는 근원인 '마음'이, '꽃의 사랑, 꽃의 행복, 꽃의 기쁨, 꽃의 향기, 꽃의 순수, 꽃의 아름다움'과 하나되는 '진(眞) 선(善) 미(美)'이다.

3-1 호기심 함정 칭찬 함정

인간은 호기심으로 최면 되고, 호기심으로 유혹되며, 호기심으로 넘어간다. 새로운 놀라운 것은, 인간의 호기심을 자극하게 마련이다. 신기한 것은, 경험하여 본 적이 없는 새로운 놀라운 것이다.

사람은 자신을 존중하고 칭찬하는 사람에게 당연히 마음이 끌리는 법이다. 여심은 자기를 유혹하는 남성에 대하여 이상하게 호기심이 강하다고 한다. 그 이상하다고 생각되고 있는 낯선 경험에 끌려들고, 신기하다고 생각되는 낯선 것에 빨려드는 호기심, 이 호기심을 유혹하는 요소가, 여성에 대한 절대적인 관심과, 여성에 대한 칭찬이라고 한다.

이야기꾼들은 대화술을 익히라고 말한다. 대화를 이끌어 가는 능력은, 모든 일에 필수이다. 대화에 대한 이야기꾼들의 말을 취합하여 보면 다음과 같다.

내가 옳고 너는 그르다며, 나의 생각을 너에게 밀어붙여, 네가 나에게 엎드리도록 하는 것은, 대화가 아니라 논쟁이다.

인간은 이성으로 지배되는 것이 아니라 감정으로 지배되고 있다. 인간은, '생각에 파묻힘 없이 항상 청정심'이어야 할 마음이, '생각으로 뒤덮인 생각이 되어 있는 생각 감정'으로 움직여지고 있기 때문이다. 때문에 아무리 이유와 논리가 옳다고 하여도, 감정이 승복하지 않으면 움직이지 않는 것이 인간이다.

개인의 일에서부터 국제간의 일이나 인간사회의 모든 일에 이르기까지, 인간의 모든 일이, 인간 간의 감정에 의해 좌우되고 있다. 인간은 이론으로는 바르고 옳아도 감정이 용서하지 않는 일은, 결코 받아들이지 않는다. 인간사회는 인간의 감정이 받아들이는 일들만 받아들여지며 이루어지고 있다. 그러므로 대화에 있어서도 상대의 감정을 상하게 하는 일은, 절대로 금물이다. 결코 상대를 비판해서도, 비난해서도, 불평해서도 안 된다.

대화의 사이사이에 유머 맛깔을 넣는 것이, 감정을 좌우하는 요령이다. 그러므로 이론이 통하지 않은 상대나, 접근하기 어려운 소비자에게, 칭찬이 감정 좌우법이 되고 감정 공명법이 된다.

대화의 시작은, 너와 내가 말을 이어가기 쉽도록 서로 번갈아 가며 너와 내가 이어가기 쉬운 말을 주고받는 데에 있다. 상대가 재미를 붓좇아 따를 수 있도록 대화가 될 만한 이야깃거리를 끌어내는 것이, 대화의 기술이요 요령이다. 재미나는 즐거움 넘치는 이야깃거리가 나오게 되면, 재미를 붓 좇아 따르며 서로 말을 듣고 말을 하게 되는, 이야기의 릴레이가 이루어지게 된다. 그것이 대화이다.

이성적인 논리로는 전혀 반응이 없던 사람도, 일신상의 고생담 · 실패담, 가족 간의 우애, 유머 등 감정의 가락이 동일한 주파수로 공명하게 되면, 뜻밖에 일이 얼음 녹듯이 풀려버리게 된다.

대화의 비결은 무엇이든지 솜씨 있게 상대의 말을 끌어내어 들어주는 것이다.

대화는, 내가 상대의 관심거리 쪽으로 마음을 기울이면서, 그가 말하고 싶어 하는 이야깃거리를 일깨워 이끌어내며, 그의 이야기를 듣는 것이다. 내가 말할 차례가 되면, 상대가 좋아하고 즐겨하는 것을 칭찬하여 들려준다. 이야기가 끊기면 다시 상대를 칭찬할 수 있는 점을 찾아내어 칭찬하여 줌으로써, 상대의 말을 자연스럽게 이끌어낸다.

이야기꾼은, 낯모르는 여자와 길을 갈 때도 즉석 교제를 위해서, 여자의 옷차림 · 몸매 · 걸음걸이 등에 칭찬의 말을 하게 되는 데서부터, 이야기를 나눌 수 있는 이야깃거리를 찾는다.

두 사람 간의 관련 이야깃거리를 찾을 수 없을 때에는, 신문 · 잡지 · 뉴스 · 영화나 드라마 이야기를 한다. 그러는 사이에 서로 신뢰하게 되는 사이로 발전하게 된다.

이야기꾼들의 이야기에 의하면, 여성에게는 정서적인 교감이 지배적인 역할을 한다. 그래서 여자와 사귀는 방법의 핵심은, 칭찬언어이다. 여자는 자기를 아름답다고 추켜세워 주고 칭찬해 주는 남자에게 유혹당한다. 여성은 감정이 통하게 되면 자신도 모르게 남성과 가까워지게 된다.

여성을 유혹하는 꾼들은, 여자를 칭찬으로 추켜세우고 여자의 용모 · 소지품 등으로 내용을 바꾸어 가면서 칭찬하며, 어디까지나 칭찬하는 것을 최대의 무기로 삼는다. 칭찬은 여성을 낚는 미끼이다. 여성을 낚는 미끼는 칭찬이다. 여자의 아름다움을 추켜올리는 일은, 그 여자를 유혹하는 일이 된다. 여성은 자신이 어떤 점을 아름답다고 칭찬해 준 남성에게 끌려들기 시작하여, 그 남성의 말을 일방적으로 찬성하는 심리가 되고, 그 남성의 포로가 되고 만다.

여성을 낚는 꾼들은, 늘 여성의 무엇을 칭찬할 것인가? 어떻게 칭찬할 것인가? 그 칭찬할 바를 찾는 데 익숙하다. 그러므로 꾼들은, 여성의 취미 · 성격 · 솜씨 등 자기의 어떤 점을 자랑하여 말할 때, 바로 그 점을 받들어 올려 칭찬할 줄을 알고, 바로 그런 점을 기억하여 두었다가 칭찬 미끼로 삼는다. 그러므로 여성은 칭찬받으며 최면되고 유혹당한다.

여성은, 세상에서 자기를 가장 아름답고, 사랑스러우며, 섹시하고, 매력적인 여성으로 대하는 적극적인 남성에게 끌려들게 된다.

세기의 사랑꾼인 돈주앙도 "세상에서 가장 아름답고, 가장 사랑스럽고, 가장 섹시하고, 가장 매력적인 여자로 대하면, 상대방도 같은 식으로 반응하게 된다."고 하였다.

여성 낚는 꾼들에 의하면, 남녀관계가 발전하기 위해서는 서로 친밀관계를 키워야 한다. 칭찬은, 사람을 감동시키는 기술이며, 사람을 사귀는 기술이다. 꾼은 무드와 감정 집중적인 관심, 칭찬하는 기술로 여성을 설득하고 사랑을 낚는다. 이것을 아는 여성은 남성의 이러한 칭찬에 넘어가지 않을 수 있다. 아는 것이 힘인 것이다.

'칭찬은 소도 춤추게 한다.'는 말은, 마술적인 칭찬이, 성욕 · 연정 등을 일으키는 미약(媚藥)이고, 마법의 주문이며, 성의 마술이라는 말이다.

사람은 자신을 존중하고 칭찬하는 사람에게 마음이 끌려들게 되는 것이다. 그래서 꾼이 여성을 칭찬할 때는, 눈 · 귀 · 코 · 입 · 피부 · 머리칼 · 목소리 · 몸매 등 어느 한 점에 초점을 맞추고, 진지하고 당당하게 칭찬한다. 꾼은 결국 칭찬 최면술사인 것이다.

사랑꾼은 여성을 식사로 유인할 때 교외로 나간다. 사람들의 눈에 띄지 않는 자리에 있게 되면 여성은 개방적이 된다. 그리고 여성의 몸에 칭찬으로 최면하면서 접근하게 된다. 깨어있는 여성은, 이런 칭찬 마술에 최면 당하지 않는다.

사랑꾼들의 주장을 정리하여 보면,

상대방의 가슴에 감동을 주는 말은, 상대방이 자신을 향한 사랑 · 욕망 · 존중을 표현하고 표시했을 때이다. 상대방이 당신을 사랑해 주기를 바란다면, 상대방에게 진심어린 호감을 표시해야 한다.

사랑의 동기는, 상대방이 자신을 좋아한다는 사실에 의해서 오고, 두 사람만이 함께 있을 수 있는 기회와, 관계를 맺고자 하는 준비가 되어 있는 마음가짐을 따라서 오며, 육체적 · 감정적 각성에 따라서 온다.

남성이 여성을 좋아하기 때문에 여성도 남성을 좋아하게 된다. 신체적 자극과 감정적 자극이 사랑을 끌어들인다. 사랑은, 사랑할 용기를 주고 사랑 감정을 확장시켜 사랑에 빠질 만한 상황을 따라서 온다. 신체적으로든 감정적으로든, 친밀한 관계를 자유롭게 받아들일 수 있는 각성이 일어날 수 있는, 상황을 따라서 사랑이 온다.

여성을 유혹하는 전문가 남성들은, '상대의 무의식마음에 잠재된 행동 동기(動機)'에 초점을 맞추면, 마술 같은 효과가 있게 된다는 것을 알고, 이러한 주술을 그들은 암암리에 사용하고 있다.

사랑꾼들은, 여성을 끌어들이는 요소가 남성의 여성에 대한 집중적인 관심과 칭찬이라는 것을 잘 알고 있다. 그러므로 자신의 관심을 이 여자에서 저 여자로 돌리는 실수를 범하지 않는다. 많은 여성들이 있는 자리에서도 반드시 한 여성에 대하여만 관심을 집중시키며, 그 여성의 관심을 자기에게로 끌어들인다. 그녀와 눈을 마주치고 시선을 딴 데로 돌리지 못하도록, 시선으로 시선을 붙잡고, '너는 내 것이다'는 염력을 보내며, 시선으로 시선을 암시하고, 시선으로 시선을 최면한다. 그리고 그녀에게로 거리를 좁히면서 접근한다. 그녀는 사랑꾼의 집중적인 시선암시 염력으로 최면되어 넘어가게 된다.

꾼에게는 '만약 거절당하면?'이라는 소극성이 없다. "스킨십 할 것, 저항하면 일단 물러날 것, 단념하지 말고 다시 시도할 것, 이 세 가지 기술을 잘 응용할 것."—사랑꾼의 말이다. 꾼은 언제나 강한 확신과 자신감으로 당당하게 여성의 눈을 사로잡고, 시선암시 · 염력최면 · 칭찬으로 여심을 제어할 줄을 안다.

여성은, 실제 설문조사에서도 '섹스하고 싶은 때에도 싫다'고 말하는 것으로 나타났다고 한다. 섹스에 대해 좋으면서도 싫은 척하는 것은, 사회적 관습인 구애의 첫 단계 각본인 것이고, 그 첫 단계가 지나서 사랑이 익게 되면, 상황은 역전되어 오히려 여자가 적극적이 되어 버린다는 것이다. 순진한 남성이 알아둬야 할 사항이다.

꾼은, 여성과 식사하러 가서는 스커트 밑으로 손을 넣어 본다. "아이, 이러시면 안 돼요." 하면 순순히 손을 빼고, 여성이 수작을 받아들일 마음의 준비를 갖추도록 하고 난 다음에, 다시 수작을 시도한다. 여성이 거부하면 다시 물러나서 여성의 '부끄러움 · 수치심 · 쑥스러움 · 민망스러움 · 계면쩍음' 때문에 소극적인 여심에, 자연스러운 성감을 갖도록 유도하여, 여성의 '소극적 정형화된 관습'일 뿐인 "안 돼요."가 자기도 모르는 본능으로 묵언으로 "돼요."가 되도록 유도한다. 깨어있는 여성은 남자들의 이런 수법에 넘어가지 않고 단호하게 거절할 줄을 안다.

벌 나비는 꽃으로 날아들어 꽃꿀을 따고 나면, 꽃을 떠나고 만다. 여성을 물건으로 아는 남성들은 '벌 나비족'과 같다. 그들이 아무리 여성에게 듣기 좋은 달콤한 말을 하며 어떠한 무엇을 약속해 놓고도, 여성을 노리갯감으로 농락하여 사정할 정액을 잃고 나면, 곧바로 싫증을 느끼고 떠나버리는 것이, 남근의 속성이다.

꿀을 다 따고는, 꿀이 없으면, 뒤도 안 돌아보고 떠나버리고 마는 벌 나비의 속성과 닮아 있는 것이, 정액 사출 남근들의 속성이다.

벌 나비 남성의 속임수 수작들에 넘어가지 않으려면 여성은, 이런 때 처음부터 단호하게 거부의사를 표명하여, 그런 불순한 수작을 단호하게 단절시켜 버려야 한다는 지적들이다. 사실상 그런 사정(射精) 섹스가 이루어지고 나면, 혐오스러워지고 마는 물건이 남근이고, 여근이다.

벌 나비 남성들의 칭찬과 칭찬 스킨십은, 물고기를 낚아 올려서 물고기를 잡아먹기 위한, 낚시꾼들의 낚시 미끼와도 같은 것이다. 그런 사랑을 바라지 않는 여성은, 그런 미끼에 사로잡히지 않으면 된다. 그런 칭찬언어와 친절 스킨십의 노예가 되지 않으려면, 그런 스킨십을 단호하게 차단하는 '항상 생각보다 먼저 있는 진여마음' 여성이, 깨어있는 여성이고, 믿을 수 있는 아내이다.

손쉽게 얻어지는 것에는 반드시 함정이 있다.

악마는, 남의 영혼을 잠들게 하고, 속이기 위하여 계산되고 의도된 '베풀기'와 칭찬을 하는 자이다.

사기꾼들의 칭찬언어가 사람을 속아 넘게 하는 최면술이 되고 있다.

'끝이 없이 끊임없는 찰나변화 연속생멸 생각자아 · 육체자아'가 피최면자요, 자기철학(근원을 탐구하며 근원지식을 밝히고 근원지식을 정립하여 근원지식을 확립하는, 근원지식 인식체계)이 없는 정체성(停滯性: 근원이 열려 있지 못하고, 생각에 갇혀 있는 먹구름 인식)이다.

결코 남의 비방과 칭찬에 흔들림이 없으며, 천(千)이 천법(千法)으로 말하고, 만(萬)이 만법(萬法)으로 유혹할지라도, 결코 상대가 베푸는 음식과 시킨십과 칭찬하는 말에 넘어가지 않고, 생각보다 영원히 먼저 있는 '생각 없는 0 · 진여마음'을, 결코 어떠한 생각 감정으로도 뒤덮지 않는 항상 '창조근원 · 0 · 순수의식 · 주체의식'이, 자기철학 정체성(正體性, 변하지 않는 '근원지식 확립체계')이다.

3-2 인간 환(幻) 인생 환(幻)

카사노바는 말년에 이렇게 말했다. "성교는 단지 한 순간 육신의 감각만을 즐겁게 해줄 뿐이다. 나의 생애는 성 감각의 노예였다. 참으로 진정한 행복은 영혼의 평화에 있다. 가장 행복한 사람은, 자기 영혼을 평화롭게 하는 사람이다."

'나'는, 남성? 여성? 유전자? 성씨? 혈액형? 육신인가? 자본? 학력? 경력? 권력? 계급인가? '나'는 성기인가? 성욕인가?

'나'는, 창조된 바 없고 생겨난 바 없이 '성욕 · 성기 · 남성 · 여성 · 유전자 · 성씨 · 혈액형 · 육신 · 자본 · 학력 · 경력 · 계급'보다 영원히 먼저 있는 '영원한 절대불변 창조근원 0 · 생각 없이 깨어있는 무(無) · 진여마음'이며 영원한 무형상이다.

창조되고 생겨난 무엇보다도 가장 먼저 마음이 있다. 무궁한 전체허공이 무극이요 기(氣)요 마음이다. 우주 천지만물이 마음 속에 있으며, 마음이 천지만물 속에 있다. 모든 나는, 육신 속에 있는 마음이며, 마음은 영원한 무형상이다.

영적 스승들은, "자기를 알려면, 마음을 완전히 생각 텅 빈 하늘로 만들라."라고 말한다.

육신과 생각보다 마음이 먼저 있으며, 마음에서 육신과 생각이 생겨난

다. 마음은, 영원히 우주 천지만물보다 먼저 있으며, 끝이 없이 끊임없는 찰나변화 생멸연속 생각보다 끝이 없이 끊임없이 앞서 있는 '영원한 절대불변 창조근원 0'이요, 영원히 생각 없이 깨어있는 무(無)이다. 그래서 마음은 구름 없는 하늘과 다름이 없다.

마음은, 영원히, 생각이 아닌 공(空)이고, 영원히 생각보다 먼저 있는 공(空)이며, 끝이 없이 끊임없이 생겨나고 있는 생각보다 끝이 없이 끊임없이 앞서 있는 공(空)이요, 육신보다 영원히 먼저 있는 영원한 무현상이다.

마음은, 육신이 깨어 있을 때나, 육신이 잠들어 있을 때나, 앉으나 서나 가나 오나, 음식을 먹을 때나, 화장실에 있을 때나, 일할 때나, 성교할 때나, 성 유혹을 당하고 있을 때나, 모욕을 당하고 있을 때나, 칭찬을 받고 있을 때나, 영원히, 끝이 없이 끊임없는 찰나변화 생멸연속 현재보다 끝이 없이 끊임없이 앞서 있는 '영원한 절대불변 창조근원 0 · 생각 없이 깨어있는 0'이다. 이 진여마음이 모든 나이다.

"너 자신을 알라."의 그 '너'인 '나'가, 바로 '영원히 생각없이 깨어있는 0 · 진여마음'이다.

'금은보석, 자본, 계급, 좌파 우파 이데올로기 권력 생각, 성 탐욕 생각, 성 유혹당하고 있는 생각, 칭찬받고 있는 생각'의 노예 되어 생각의 부림을 당하고 있는 '육체의식 · 생각자아'가, 최면이고 잠듦이고 꼭두각시이다. 언제나 어디서나, 무엇을 할 때나, 어떠한 때나, 보고 듣고 말하고 생각하고 행하는 모든 때에, 영원히 생각이 아닌 '생각 없는 0 · 생각 없이 깨어있는 0 · 진여마음'이, 생각에 파묻히지 않고 진여마음을 잃음이 없이, 항상 '생각 없이 깨어있는 0 · 진여마음'이, 자유요 행복이다.

" '장미야, 너는 이름과 똑같이 정말 아름답다. 너를 안아보고 싶다. 너에게 키스하고 싶다.' 나는 그녀를 안아보게 해달라고 간청했다. 그녀는

승낙의 말을 하지는 않았지만, 내가 손을 잡고 입술을 눌러도 그대로 있었다." —카사노바족

현상은 환(幻)인 것인데, 카사노바족은 환(幻)에 속고 있으며, 장미는 카사노바족의 아름답다는 말 · 언어 · 무의식 마음그림 · 생각 · 관념 환(幻)에 속고 있는 것이다.

천지만물 일체 현상이 생겨나고 변화하고 사라져 없어지는 것이다. 그러므로 천지만물 모두가, 참 실상으로는 있는 것이 아닌 환(幻)이다.

여성은 여성에 대한 접근법이 익숙한 꾼들에게 매우 약한 경향이 있다고 한다. 꾼들은 여성이 바라는 것을 위해주며 '집중관심 · 집중칭찬 최면'으로 여성을 사로잡을 줄을 잘 알고 있다. 그들은 우선 손을 잡거나 어깨를 안거나 부드러운 스킨십으로부터 출발한다. 여성의 귀에 대고 속삭이는 '귀 속삭임 말'은, 고도로 주의를 집중시켜서 최면에 이르게 하는 '심리적인 애무'가 된다고 한다. '귀 속삭임 말'로 "좋아해. 아름다워. 사랑해." 칭찬을 받으며 홀림을 당하면, 여성의 방어심리가 무너져 버리게 된다고 한다. 어이없이 환(幻)에 속고 있는 현상들이다.

여성 유혹꾼들은 될 수 있는 한 처음에는 여성의 방어적인 긴장 심리를 풀어주기 위해서 "참 예쁘다. 참 멋지다. 널 좋아한다."고 칭찬최면을 한 다음에, 여성의 귀에 대고 "참 아름답다. 사랑한다."고 '귀엣말'로 속삭이며, 성을 그다지 의식시키지 않는 부위에서 스킨십을 한다. 처음에는 손을 잡는 일부터 시작하여 손가락을 얽히고 손가락을 애무하며, 우연을 가장하여 어깨에 손을 얹고, 이어서 머리카락, 목, 허리께로 나아가면, 여성은 남성의 마음 홀리기 · 몸 홀리기 · 몸 만지기에 녹아들어가게 된다는 것이다. 남녀 양쪽 다 환(幻)에 속고 있는 것이다.

깨어있는 여성은, 이런 때 그런 접근을 단호하게 차단할 줄을 안다.

언제든, 몸 감각 · 생각 · 감정으로 파묻히지 않는 항상 진여마음 여성이, 항상 순결일 수 있는 여성이다.

"'눈과 눈을 통하여 두 눈과 두 마음'이 하나가 될 때, 여기서 사랑이 태어난다. 사랑은, '눈과 눈 · 마음과 마음'이 하나 되는 데서 생겨난다."
—사랑꾼

사랑은 서로 끌어당기고 서로 끌어들이며 서로 끌어 붙는 힘이다. "사랑은 '눈과 눈을 통하여 두 눈과 두 마음'이 하나가 될 때 태어난다."고 하였다. 그럴듯한 말이다.

대개 처음에는 서로의 눈을 거쳐서 서로의 마음이 이어지며, 대화를 거치며 손을 잡으며, 스킨십이 깊어져 가며, 정신적 · 육체적 일체감에 이르게 된다.

꾼들은 말한다. "가까운 거리에 있을수록 서로 볼 기회가 많아지기 때문에 끌린다. 자꾸 보게 되면 끌리게 된다. 그래서 처음에는 위치가 서로 가까워지도록 물리적인 근접점을 확보한다."와, "비판하지 않는다. 비난하지 않는다. 불평하지 않는다. 오직 칭찬한다." 이것이 인간의 생각자아가 사로잡히는 제1법리이다.

꾼들은 말한다. "인간은 자꾸 보이게 되면 서로 끌려들게 되며 서로 좋아지게 된다. 남녀는 늘 가까이 있게 되면 서로 끌어당기는 사이로 가까워지게 되고 만다. 늘 가까이 있게 될수록, 서로 볼 기회가 많아지게 되며 서로 끌어 붙게 되기 때문이다." 그러므로 '부부는 서로 오래 떨어져 있으면 위험하다'는 것이다.

'신체적 각성'과 '감정적 각성'이 사람을 끌어들인다. 꾼들은, '좋은 일이든 궂은일이든 감정적 각성'이 일어나는 시기를 최대로 활용하라고 말한다.

꾼들은, '몸과 몸이 맞닿는 춤으로 신체적 각성'이 있게 되며, '음악이나 노랫말에 대해 고조된 감정적 각성'이, 같이 춤을 추는 파트너에 대한 자연스러운 호감을 증폭시킨다고 주장한다. '신체적으로든, 감성적으로든, 크게 각성이 일어날 수 있는 상황을 만드는 춤, 등산, 에어로빅, 조깅, 해외여행, 재미난 수업, 액션영화, 신나는 콘서트, 영적인 수련' 등을 하는 곳이, 그러한 상황을 제공할 수 있다는 것이다.

현상의 본성은 공(空)이다. 공(空)이 현상으로 보이는 것이다. 일체가 공(空) 현상이다. 모두가 육신을 자기로 알고 생각을 자기로 아는 환(幻) 현상들이다.

> '순진한 남성은 여자의 교태에, 순진한 여성은 남자의 칭찬마술'에 농락당하기 쉽다. 사랑을 할 때는, 남자나 여자나, 서로 속고 서로 속이는 것이다. 사랑은 그런 것임을 알라. —사랑 교사들

> "여자가 남자에게 속게 되는 것은, 멋있는 분위기와 정감과 칭찬 최면을 당하여 버리는 결과에 있다. 아름다운 자연, 호화로운 호텔에서의 식사, 로맨틱한 드라이브, 인간의 원시본능·동물본능 접촉을 즐기는 댄스, 소리가 창조해 내는 음악과 리듬, 그런 속에서 눈뜨고 있는 여성의 관능에 남성은 정염의 불을 지피는 것이다." —사랑꾼들

남성 환(幻) 여성 환(幻)들이 환(幻)에 속도들 있는 것이다. 환(幻) 인간들이 말하는 사랑은, 환(幻)으로 속이며 환(幻)으로 속는, 서로 속이며 서로 속는 것이다.

꽃뱀 조직은, 돈 있는 남자를 알아내어 꽃뱀과 접촉할 수 있도록 유인하

여 끌어들이고, 꽃뱀이 남자에게 몸을 줄 듯이 유혹하여 남자가 꽃뱀과 한몸이 되려고 하는 자리에, 꽃뱀과 위장 결혼한 남편이 나타나서 사진 찍으며 남자를 '간통남'이라고 협박하는 자리에, 조정자가 뛰어들어 서로 돈으로 타협하도록 하여 돈을 갈취한다고 한다. 여성에게는 제비가, 남성에게는 꽃뱀이 천적인 셈이다. 서로 환(幻)에 속고들 있는 것이다.

남성 환(幻) 인간이든, 여성 환(幻) 인간이든, 영원히 사랑할 것같이 보이며 속이고, 영원히 사랑받을 것이라고 믿다가 속고 속이는, 끝이 없이 끊임없는 찰나변화 생멸연속 육체감각환(幻) · 생각환(幻)이, 참으로 사랑할 수 없고, 참으로 사랑받을 수 없는 배신으로 드러나데 되는 것이다.

ㅌ씨는 이렇게 지적한다. "무엇이든 구실을 붙여서 여성에게 도움을 청하여 도움을 받고, 고맙다는 구실을 붙여서 여성을 식사로 유인한 다음, 나이트클럽으로 춤추러 간다. 춤을 추면서 여성의 귓가에 '네가 좋다. 참 멋있다.'고 달콤한 귓속말을 속삭여 칭찬한다. 여성들은 남성의 이러한 칭찬 수법에 현혹되어 넘어가게 된다." 그런 현상에 속지 말라는 것이다. 항상 진여마음으로 깨어있는 여성이 이런 유혹에서 벗어날 줄을 안다. 그래서 항상 깨어서 사는 여성이 망나니 성(性)에 넘어지지 않고 행복할 수 있는 것이다.

온갖 최면암시를 동원한 피라미드 판매원들 환(幻)이나, 제비 환(幻)이나 꽃뱀들 환(幻)에게 속아서 넘어지는 인간이 되지 않기 위해서도, 자신의, '생각 없는 0 · 진여마음'을 생각으로 파묻지 않으며 보고 듣고 말하고 생각하고 행함으로써, 항상 진여마음으로 존재하지 않는다면, 환(幻)에 속아서 넘어지지 않을 수 없는 사바세계이다.

항상 진여마음으로 깨어서 살지 않는다면, 육체 생각의식으로 속이고 속으며 살게 되는 것이 사바세계이다.

3-3 최면을 알고 최면에 속지 말라

어린이 · 어른 · 인간들 모두 '나'를 알고, 최면을 알고, 암시를 알아야, 부정적인 불행한 암시에 빠져들지 않을 수 있고, 부당한 최면에 희생당하지 않을 수 있다.

모든 현상은 모두 공(空)이며 현상인 것인데, 육신의 눈에 보이는 현상에 속고, 생각에 속는 것이 최면이다.

> "일체의 모양 · 형상이 없어진 데를 '참'—진여, 실상, 공(空), 근원, 마음, 중도 0—이라고 한다." —열반경

입으로, 코로 우리들 속으로 드나들고 있는 '텅 빔'에서부터 무수한 천체들이 있는 '텅 빔'에 이르기까지 모든 곳에 가득한 '텅 빔'이 공(空)이며, 무극(전체, 바다, 하나)이다.

바다는 결코 끊어질 수 없고 나누어질 수 없고 분리될 수 없는 전체이다. 시작도 끝도 시간도 공간도 없이 무궁무진 무한한 허공 전체를 무극이라 한다. 바로 하늘 공(空)이 무극이다. 하늘 공(空)의 결코 끊어질 수 없고 나누어질 수 없고 분리될 수 없는 무극이, 결코 어디에도 있지 않음이 있을 수 없는 일신(一身)이고, 결코 무엇도 하지 않음이 있을 수 없는

일신(一神)이다. 그래서 하늘 공(空)은, 무극일신일신(無極一身一神)이다. 무극일신일신(無極一身一神) 하늘(空)이, 마음(무극마음 · 진여마음 · 근본에너지 · 창조에너지 · 무극 氣)이다.

창조되고 생겨난 무엇보다도 가장 먼저 진여마음(무극마음 · 근본에너지 · 창조에너지)이 있으며, 진여마음이 인간형상 신들과 우주만유 삼라만상을 창조하고 있다.

진여마음은 무극투과력이다. 허공을 포함해서 우주만유 삼라만상이 진여마음 속에 있다. 진여마음이 우주만유 삼라만상 속으로 투과 관류하고 있다. 우주만유 삼라만상 밖에 있는 진여마음을 무극마음이라 하고, 우주만유 삼라만상 속에 있는 진여마음을 여래마음(태극마음)이라 한다.

인간형상 부처님 하나님의 본성이, 진여마음이다.

> "우주는 마음이 만든 것이다. 모든 것은 마음이 만든 것이다. 마음에서 생각이 생기며 생각이 물질로 되고 있다. 절대세계에서는 생각이 곧 현상이고, 생각이 곧 물질이고, 생각이 곧 세계이다. 생각은 현상 이전의 물질이다. 생각은 보이지 않는 물질이다. 생각이 우주만물을 현상하는 질료이다. 마음이 물질을 만든다. 마음그림 심상이 물질화하여 형체를 이루고 타인의 눈에도 보이게 된 창조물을 툴파(tulpas)라고 한다. 요가의 달인은, 자신의 허망한 육체도 그와 똑같이 해체할 수 있다."
>
> —『팔리어 경전』, '파드마삼바바', '영국인 실비아 브라운' 등

마음이 우주를 창조하고 있다. 천지만물은 마음이 만든 것이다. 마음에서 생각(무의식 마음그림, 현상)이 생기며, 생각이 모든 물질로 화(化)하고 있다. 아무것도 창조되기 이전의 근본계(空界, 마음계)에서는, 마치 꿈속에서와 같이, 생각이 곧 물질이고, 생각이 곧 세계이다. 생각은, 보이지

않는 물질이다. 생각이 천지만물을 현상하는 질료이다. 그래서 마법사들의 마음그림 심상이 물질화하고 있다.

천지만물은, '무극일신일신(無極一身一神) 하늘 공(空) 무극 기(氣) 진여마음 · 무극마음'의 무의식 마음그림 생각이 현상화(化)한 것이다.

무엇보다도 가장 먼저 마음이 있다. 다음 생각(하나하나의 무의식 마음그림)이 있다. 다음 의식(끝이 없이 끊임없는 무의식 마음그림 연속)이 있다. 마치 생각은 영화 속의 하나하나의 영상과 같고, 의식은 영화 속의 끝이 없이 끊임없는 찰나변화 생멸연속 영상 흐름과 같다.

모든 나는 육신이 아니요, 생각이 아니요, 의식이 아니다. 육신은, 마음이 있고 생각이 있고 의식이 있고 난 다음에 있는 것이다. 모든 나는 마음이다.

모든 나는 마음이고, 마음은 영원히, 육신 환(幻)보다 먼저 있는 잔여 공(空)이고, 생각 환(幻)보다 먼저 있는 진여 공(空)이고, 끝이 없이 끊임없는 생각 환(幻)보다 끝이 없이 끊임없이 앞서 있는 진여 공(空)이다.

마음은, 창조되고 생겨난 결코 어떠한 현상 환(幻)보다도 먼저 있는 진여 공(空)이다. 영원히 생각 환(幻)보다 먼저 있으며, 끝이 없이 끊임없는 찰나변화 생멸연속 생각 환(幻)보다 끝이 없이 끊임없이 앞서 있는 진여마음이 모든 나이다.

무엇보다도 가장 먼저 있는 진여마음이 나인 것인데, 우리의 마음은, 끝이 없이 끊임없이 찰나변화 연속생멸 생각 의식에 파묻혀서, 생각 의식으로 동화되어, 무엇보다도 가장 먼저 있는 '진여마음'을 알아차리지 못하고 있다. 그래서 우리는 항상, 나가 나를 모르고 있는 생각의식 자아가 되고 있다.

육체자아 · 생각의식 자아가 최면자아이다.

모든 나는, 생각이 아니요 의식이 아닌 진여마음인데, 생각 이전의 생각인 무의식 마음그림을 알아차리지 못하고, 의식 이전의 의식인 무의식 마음그림 흐름을 알아차리지 못하며, 무의식 마음그림의 그림자인 생각의식으로만 모든 것을 인식하고 있다. 우리는 언제나 늘 초미세의식인 무의식 마음그림 흐름 상상에 빠져서, 무의식 마음그림 상상을 현실로 인식하는 무의식 마음그림 상상현실 속에서 존재되고 있다. 우리는 그러한 생각의식 인식을 나로 아는 최면자아로 존재되고 있다.

우리의 마음은, 마치, 항상 구름 속의 하늘같이, 육체생각 의식자아 생각의식으로 뒤덮여서, 마치 구름 밖으로 하늘을 드러낸 적이 없는 하늘같이, 찰나도, 생각의식 밖에서 생각의식 없이 깨어있는 '창조근원 0 · 진여마음'을 드러낸 적이 없다. 그래서 항상 무명이요, '현상 환(幻), 육신 환(幻), 생각 환(幻)'을 실상으로 인식하는 최면 속에 있다.

최면은, 창조되고 생겨난 것 보다 영원히 먼저 있는 '진여마음'이, 생각의식으로 뒤덮이고 생각의식에 파묻혀 버린 때문에, 진여마음이 실종되어 버리고, 오로지, 끝이 없이 끊임없는 찰나변화 생멸연속 '무의식 마음그림연속'만이 존재되고 있는 어둠이다. 그래서 최면은, 마치, 끝이 없이 끊임없는 찰나변화 연속생멸 현재, 끝이 없이 끊임없는 찰나변화 생멸연속 무의식 마음그림으로 동화되고 있는 인식체계이다.

암시는, '생각 없는 무생각 의식'에 마음그림이 그림 그려지도록 이끌어 내는 '말과 언어 생각 행위 소리' 등 모든 자극이다. 따라서 암시는, 무의식에 마음그림이 그려지며 상상이 일어나도록 하는 '자극이요 힌트요, 정보요, 씨앗'이다. 암시를 받으며 최면이 일어난다.

우리는 언제나 늘, '초미세의식 무의식마음그림흐름 상상' 속에 빠져서, 그 밖의 것은 아무것도 모르는 최면에 빠져 있다. 이것을 '넓은 의미의 최면'이라고 한다. 우리는 모두 넓은 의미의 피 최면자 들이면서, 자기도 모르게 남을 최면시키고 있는 최면자들이다.

좁은 의미의 최면은, 특정인이, '의도적으로 최면 유도함'에 따라서 있게 되는, '의도된 최면'이다.

최면에는, 인간의 '창조근원 · 인식근원 · 0 마음'일 수 있도록 각성시키는 백마술이 있고, 인간의 '창조근원 · 인식근원 · 0 마음'을, 생각의식관념으로 뒤덮고, 생각의식관념에 파묻어서 인간을 지배하는 흑마술이 있다.

인간들의 무의식마음을 좌파의식 우파의식으로 규정하고, 인간들을 좌지우지 지배하는 '우익 왕'과 '좌익 왕'들은, 흑마술사들이다.

백마술사의 카리스마(많은 사람들을 휘어잡는 타인암시 타인최면 능력)는 숭고하고 거룩하고, 흑마술사들의 카리스마는 추악하고 사악하다.

석가님이나 예수님 등 '인류의 스승'들은, 인류의 영혼을 각성시키고 인류의 영혼을 칠흑 어두움으로부터 밝음으로 자유로 이끌어내는 백마술사들이셨다.

석가님은 "나는, 생각이 일어나는 것을 알고, 생각이 머무는 것을 알고, 생각이 바뀌는 것을 알고, 생각이 사라지는 것을 항상 알아서 모르는 때가 없느니라."고 하셨다.

석가님은, 성도(成道)하신 후, 49년 동안 사람들에게 설법하시고도, 열반하시기 전 열반경에서 "나는, 움직인 바 없고, 한마디도 한 바 없노라." 고 하셨다.

석가 부처님은, 성도(成道)하신 후에도, 보고 듣고 말하고 생각하고 행하셨으나, 날마다 24시간 항상 '영원한 절대불변 창조근원 0 · 생각 없는 0 · 생각 없이 깨어있는 0 · 진여마음'을 놓침이 없이 항상 '천상천하 청정심 독존'임으로써, 찰나도 진여마음을 생각으로 뒤덮음이 없이 보고 듣고 말하고 생각하고 행하셨기 때문에, 찰나도 보고 듣고 말하고 생각하고 행하신 바가 없는 것이었다.

예수님도 석가님과 같이 깨달은 진여마음이셨다. 항상, 결코 어떠한 경우에도, 석가님이나 예수님 수준으로 찰나도 생각 없이 깨어있는 '진여마음 청정심'이지 못하고 있는 한, 인간들 모두가 항상, 최면상태에 있는 피최면자들이다.

최면술은, 인간의 '창조근원 0 · 무생각 무의식 마음'이, 끊임없이 무의식 마음그림을 그려내면서, 끊임없이 무의식 마음그림 상상 속으로 빠져들도록 함으로써, '창조근원 0 · 무생각 무의식 마음'이 무의식 마음그림으로 파묻혀 버리도록 하는 상상유도 제어술이다.

정치가들은, 항상 흑마술 카리스마 최면술사들이면서, 그들은 항상 인간을 지배하고자 하는 생각 · 의식 · 관념에 빠져서, 자기의 근원 본성인 청정심 진여마음이, 인간을 지배하고자 하는 생각 · 의식 · 관념으로 파묻혀 있는 피최면자들이다.

정치가들은, 그들의 진여마음이 대중의식을 휘어잡고 사로잡는 '정(正)과 반(反) 언설 웅변'으로 좌파의식 최면 · 우파의식 최면이 되어 있으며, 각자 '자기를 선이고 백이다'고 인식하고 '상대는 흑이고 악이다'고 인식하는 '편견 · 선입견 · 고정관념 사고체계'에 파묻힌 피최면자들이다.

천지만물 현상이 되고 있는, 무수한 다양한 '정(正)과 반(反) 2극성 2원성 현상들과 언어들'이 모두 환(幻)이다. 결코 어떠한 정과 반 2극성 개념 · 생각과도 동화되지 않고, 항상 '진여마음 핵심'을 놓치지 않는 삶이 필수이다.

항상 진여마음을 놓치지 않으려고 하는데도 불구하고, 어느 순간에 생각환(幻) · 현상환(幻)에 파묻히도록 하고 마는 것이, 육체자아 · 생각의식 자아이다. 최면이 무엇인지를 알고, 최면에 빠지지 않으려고 하는데도 불구하고, 최면에 빠지고 말게 되는 것이 최면이다. 그래서 최면에 빠지지 않는 것이, 인간이 극복해 내야 할 핵심 과제이다. 흑마술 최면에 빠지면 실패하는 인생이 되고, 흑마술 최면에 빠지지 않을 수 있으면 성공하는 인생일 수 있게 되는 것이다.

우리의 '눈 · 귀 · 코 · 혀 · 몸 · 뜻'을 6식이라고 한다. 다음, 무엇이든지 '마음에 그림 그리고, 무의식 마음그림으로만 앎을 아는 무의식 마음그림 인식'(제7식 말나식)이 있다. 다음, '시작을 알 수 없는 전생에서부터 금생의 끝이 없이 끊임없는 찰나변화 생멸연속 현재까지 "말 · 언어 · 생각 · 의식 · 행위" 된 모든 것이, 있는 그대로 끝이 없이 끊임없는 찰나변화 생멸연속 파동주파수로 무한일관 중합 기록되고 있는 의식'(제8식 아뢰야식)이 있다. 다음, 창조되고 생겨나는 6식 7식 8식보다 먼저 있는 '창조근원 0 · 생각 없는 0 · 진여마음'(제9식 암마라식)이 있다.

6식은, 7식 8식 9식을 알아차리지 못하고 있다. 또한 제7식 말나식은, 8식 9식을 알아차리지 못하고 있다. 그리고 제8식 아뢰야식은, 제9식 암마라식을 알아차리지 못하고 있다.

우리는, 6식 7식 8식 9식 종합의식이면서, 겨우 6식만을 인식하고 있으며, 7식 8식 9식을 인식하지 못하고 있는 무명이다.

6식 기준으로 분류하면, 말나식무의식 · 아뢰야식무의식 · 암마라식무의식 3무의식으로 분류할 수 있지만, 말나식무의식과 아뢰야식무의식은, '생겨나는 의식'을 인지하지 못하고 있는 무의식이고, 암마라식무의식은, 창조된 바 없고 생겨난 바 없는 '진여무의식 · 근본무의식'으로서, 창조되고 생겨난 아무것도 있기 전의 '생각 없이 깨어있는 무의식'이다.

창조된 바 없고 생겨난 바 없는 '창조근원 0 · 생각 없이 깨어있는 무의식'은, 육신이 6식으로 깨어있을 때나, 육신이 잠들어 있을 때나,

육신이 죽을 때나, 육신이 죽은 후나, 육신이 태어날 때나, 잠듦이 없이 영원히 언제나 항상 깨어있는 초의식인 것으로 알려져 있다. 이러한, '항상 깨어있는 무의식'(진여마음)이, 6식 제7식 제8식으로 파묻히고 있어서, 우리는 말나식무의식, 아뢰야식무의식, 근원무의식, 3중의 무의식이 되고 있으며, 3중의 무의식 원인으로 최면이 일어나고 있다.

최면은, 6식이 알아차리지 못하고 있는 7식 8식 9식에서 일어나고 있다. 6식 7식 8식보다 먼저 있는 '진여무의식 근본무의식'(영원히 육신보다 생각보다 먼저 있는 진여마음)을 밝히는 수행이 필수이다.

평생 진여무의식 · 진여마음을 놓치지 않는 수행이, 무한 생 이어져서, 영원히 언제나 항상 천상천하 오직 진여마음(근본무의식)만 존재하도록 하는 것이, 존재의 본분이고, 존재의 사명이고, 존재의 목적인 것이다.

세뇌는, 인간의 생각의식자아에 형성되어 있는 '생각 · 의식 · 사상 · 이념'을 지워내고, 새로운 '생각 · 관념 · 이념 · 사상'을 심어서, 그 파종의식이, 그 인간의 기둥의식이 되도록 함으로써, 인간을 그 파종의식 사상으로 조종하는 최면이다.

길거리에서 차 안에서 또는 전화로 또는 가정방문하여 상품을 파는 캐치 세일즈맨들은, 고도로 탐구되고 연구되고 훈련된 최면술사들인 것으로 드러나 있다. 그들은 기발한 발상으로 사람의 마음을 사로잡는 최면 암시기법들을 날마다 새롭게 개발하며 소비자들을 잠들게 하는 마술사들에 속한다.

피라미드 판매 세일즈맨들은, 잠재고객들을 집단최면 강연장으로 끌어들여서 참석자들이 비판할 틈도 주지 않고 고도로 계산되어 짜여진 최면시술 언어들을, 참석자들의 '무의식 상상력 의식회로'에 끊임없이 주입시킴으로써, 그 회합에 모인 사람들은 '근원자아 자기'로는 알고 있지 못하고 있는 '제7식 말나식 무의식과 제8식 아뢰야식 무의식' 잠재의식 수준에서 그들과 계약을 맺게 하고, 결국 그들을 '피라미드 판매사슬 올가미'에 줄줄이 얽혀들게 하는 것으로 알려져 있다.

인간이 세뇌당할 요소를 발견하는 데 도가 터 있는 최면 세뇌자들은, 상대에게 접근하여 함께 술을 마시고 술 취하게 하고, 그 상대에게 질문하여 그의 인생에 꼭 이루고 싶은 꿈이 무엇인지? 그의 인생에서 그가 가장 바라고 있는 '무의식 심층의식 내적 욕구'가 무엇인지를 알아낸 다음, 그 '내적 욕구'를 실현시켜 줄 것같이 달콤한 말로 최면시켜 상대를 좌우한다고 한다.

직업 제비들은 돈이 있을 법하고 유혹에 잘 넘어갈 것 같은 마땅한 유부녀를 탐색하고 찾아내어, 그녀와 말을 걸고 사귈 수 있는 기발하고 비상한 우연들을 만들어 낸다. 그리고 그녀와 식사를 하고 드라이브를 하고 호텔로 가는 사이로 되어서, 그럴듯한 상황을 연출해 보이고 돈을 잠깐 동안만 빌려달라고 하는 '임시차용 형식 돈'을 받아서 챙기고 마는 수법이 알려져 있다. 때문에 교묘하게 우연을 가장하고 '서로 사귀기, 기회 만들기, 사건 만들기'로 접근하여 오는 사람은, 반드시 의심하고 조심해야 한다는 가르침들이다.

유혹을 바라지 않는 남성 여성은, 그런 유혹술에 넘어갈 빌미들을 주지 않으며, 어떤 경우에도 진여마음이 생각으로 파묻힘이 없는 법이다. 불순한 자들의 '사람 홀리기' 최면술 기법들에 속지 않고 살기 위해서도 반드시, 영원히 진여마음을 놓치지 않고 사는 수행이 절대로 필요하다.

성을 초월하고 사는 사람들만이 완전한 성공을 거둘 수 있다. 역사 속의 환관들은 성기능을 거세하여 성욕에 빠지지 않는 만큼 자신들의 일에 전력을 다하여 자신과 사회에 뛰어난 공헌을 세울 수 있었다. 이 사실은 인간은 성에 빠지고 성의 노예가 되면, 돈 잃고 명예 잃고 건강을 잃고 모든 것을 잃게 된다는 교훈을 함축하고 았다.

"인간이 성욕의 감정에서 벗어나면 훌륭한 존재로 발전한다." 플라톤과 고대 그리스 로마의 철학자들은 각성을 하고 있었다. 로마 황제 올리아누스는 플라톤을 존경하고 본받아서 평생 성욕에 빠지지 않는 삶을 살았다. 그는 전쟁에서 얻은 아름다운 노예 여자들도 거들떠보지 않았다. 그래서 역사에 위대한 업적을 남길 수 있었던 것이다.

"여자와 성관계를 늦게 갖거나, 성관계를 아예 갖지 않을수록 더욱 뛰어난 능력을 얻게 된다."는 것을 잘 알고 있는 남자들은, 동정을 유지하고 동정을 자랑으로 알며, 성에 빠지지 않는 그만큼 위대하고 거룩하며 능력 있고 아름다운 것을 알게 된다.

인류 역사상 모든 사회의 남녀들이, 성문제를 일으키고 파멸되지 않음이 없었고, 과거도 현재도 나라마다 날마다 성이 사회의 문젯거리로 노출되고들 있다. 그래서 검판사들도, 수뇌 교육자들도, 수뇌급 정치인들도, 군경들도, 유명시인 배우 예술가들도, 유명 스포츠맨들도, 종교가들도, 성 탈선으로 명예를 잃으며 폐가망신들을 하고 있다. 이 골칫거리 성에 빠지지 않고 성욕의 노예 되지 않는 것이, 인간의 성공을 보장받는 요체이다.

"소년소녀들은, 성관계를 아예 갖지 않을수록 더욱 뛰어난 능력을 얻게 된다."는 것을 알고 있었던, 플라톤 같고 로마의 올리아누스 황제와 같은 인간들을 거울로 삼아서 본받아야 할 것이다.

자녀의 성공원리, 부모의 성공원리, 부부의 성공원리, 기업가의 성공원리, 모든 이들의 성공원리는, 바로 성의 초월이다. 모든 인생을 성공으로 이끄는 요체는, 바로 성욕 생각으로 파묻힘이 없는 청정심이다. 청정심보다 더한 자유가 없고, 청정심보다 더한 행복이 없고, 청정심보다 더한 가치가 없는 것이다.

3-4 상상무의식

연쇄질문 화법은 바로 최면이 된다. 상대가 질문 밖의 딴 생각은 전혀 하지 못하도록 느닷없이 끊임없는 질문을 해대는 그 연쇄질문이, 상대가 전혀 생각해 보지도 못한 전혀 의외의 뜻밖의 질문 연속일 때는, 그 뜻밖의 느닷없는 질문들 연속이, 상대로 하여금 딴생각은 전혀 하지 못하도록 하고 질문에 대한 답변 생각에만 묶여 있도록 하는 최면이 된다. 대화하는 내내, 다짜고짜 뜻밖의 느닷없는 질문을 하고, 질문에 대한 대답이 있자마자 곧바로 다음 질문을 준비해 놓고 연속 질문하는 연쇄질문 화법은, 상대가 조금도 다른 생각을 할 틈을 주지 않고, 오직 질문에 대한 생각만을 하도록 촉구하는 최면이 된다. 연쇄질문 화법 논법은, 상대가 논지를 궁리할 틈을 주지 않고 상대에게 가차없이 질문을 함으로써, 상대가 질문의 고삐에 끌려들었는가 싶으면, 가차 없이 다른 질문을 하는 연쇄질문으로 상대가 질문의 고삐에 끌려다닐 수밖에 없도록 하고 마는, 치밀하게 계산된 최면이다.

'연쇄질문 논법 최면'의 덫에 걸려들지 않는 법은, 질문에 답하려고 생각에 빠져드는 최면이 되지 말고, 단절없이 생각보다 먼저 있는 '창조근원 · 인식근원 0 마음'을 잃지 않고, '질문을 받자마자 곧바로 뜻밖의 느닷없는 되질문'을 하는 데 있다.

'연쇄질문 화법 최면논법'의 질문을 받고, 받은 질문의 답을 하려고 궁리하는 생각에 빠지는, 그 생각이 최면에 빠져드는 덫이 된다. 결코 어떠한 때든, 영원히 '생각보다 먼저 있는 진여마음'을 생각에 가두지 않으면서, 보고 듣고 말하고 생각하고 행하면서, 오히려 이쪽이 되질문을 하는 법이, 최면 암시에 끌려들지 않는 무상의 힘이다.

사람들은, '닭이 먼저인가? 계란이 먼저인가?' 하는 질문을 받으면, '닭과 계란 어느 쪽이 먼저일까?' 하는 '의문 일념무의식 최면'이 된다.

'닭이 먼저인가? 계란이 먼저인가?' 질문을 받게 되면, '남자가 먼저인가? 여자가 먼저인가?' '동쪽이 먼저인가? 서쪽이 먼저인가?' 되질문을 하는 것이 으뜸 답이 된다

"우주만유 삼라만상은, 무극 공(空)에서 분화되어 무극 공(空)이 되는 태극(부분무극)들이 분화되고, 태극들이 무극 음⁻양⁺ 파동으로 현상되고 있어서, 천지만물 모두가 정과 반 2극성 2원성 상대성 현상이고, 상대성들은, 결코 어느 쪽도 한쪽만으로는 있을 수 없고 반드시 2극성 짝으로만 있을 수 있으므로, '동쪽인가?' 하는 질문이 있으면, 그와 정반대로 꼭 같은 짝 '서쪽인가?' 하는 질문이 따르게 되는 것이다. 되질문법은 이런 원리로 생겨나오는 것이다.

닭과 계란은, 어느 쪽도 먼저가 아니고 나중이 아니며 근원이 아니다. 그러므로 '닭과 계란은 어느 쪽이 먼저인가?'는 답이 나올 수 없는 최면언어이다.

영원히 언제나 항상 무극 근본이 되는 '창조근원 0' 중도가, 닭과 계란보다 먼저 있고, 닭과 계란은, 영원히 언제나 항상 중도보다 나중에 있다. 중도(0)는 항상 있는 진여존재 · 진여근원이고, 닭과 계란은 생겨나는 것이다.

9.11 테러 당시 미국대통령 조지 부시는 세계를 향하여 "우리는 테러와 반테러와의 전쟁을 선포한다. 테러와 반테러 어느 쪽도 아닌 자도 우리는 적으로 간주하겠다. 테러와 반테러 어느 쪽인지 선택하라."고 하여, 세계가 오만방자한 미국으로부터 등지려고 하는 위기를 모면한 적이 있다. 그런 발언은, 인류의 본성인 순수의식 중도의식을 말살하여 압박하는 오만한 독선이요 독단이다. 테러와 반테러 정책은, 분열 투쟁을 일으키고 분열 투쟁을 확대하는 최면언어무기이다. 테러와 반테러 생각이 생겨나고 있는 '창조근원 0 · 중도 · 진여마음'이, '자타축복' '자타평화'일 수 있는 원리이다.

지배자 인간들은, 좌와 우 어느 쪽도 아닌 중도의식 민중을 회색분자라고 하거나, 양비론자라고 하는 언어로 말살하려고 든다. 인간이 본성을 모르고 우주창조 진리를 모르는 오만한 무지의 소리이며, 인간을 지배하는 데만 눈이 어두운 지배자 인간의 소리이다.

최면술사는 자신이 '계급으로, 명예로, 자본으로' 사람들을 이익시켜 줄 것같이 꾸미고, 사람들이 자기에게 우러러 매달리고 떠받들도록, 사람들의 호기심과 환상을 불러 일깨운다. 그 일환(一環)으로 상대는 '흑이고, 지옥이고, 악'이고, 자기는 '선이고, 백이고, 천국이고, 사랑'이라고 주장한다.

지배자 인간들은, 우선 사람들의 순수의식을 말살하여, '서로 정반대로 꼭 같은 짝 정과 반 생각 의식 2극성 양변'의 허구성을 꿰뚫어볼 수 없도록 한다. 그리고 서로 정반대로 꼭 같은 짝 '좋은 것'과 '나쁜 것'의 '좋은 쪽 언어'로, 사람들의 '무의식 상상력'에 사람들이 바라고 원하고 갈망하고 그 상상으로 빠져들도록 하는, '상상력 일으키기 언어 암시'를 확고하게 심어 놓는다.

최면술사들은 간교하고 교묘하게 구체적인 언급은 피하고, 쉽게, 인간의 상상력 '말나식무의식 아뢰야식무의식' 잠재의식에 마음그림 흐름 상상으로 심어질 수 있는, '선과 악, 백과 흑, 사랑과 증오, 행복과 불행, 자유와 부자유, 공산주의와 사회주의, 천국과 지옥 등' 서로 정반대로 꼭 같은 짝 언어를 부각시키고, 그 가운데 '악과, 흑과, 증오와, 불행과, 부자유와, 독재, 지옥, 편애'와 정반대인, '선과, 백과, 사랑과, 행복과, 자유와, 민주와, 천국과, 박애'를 안겨줄 듯이, 그것이 현실인 듯이 꿈꾸도록 암시한다.

암시언어 마술이란, 상대의 의식을 상대가 원하여 갈망하는 쪽 상상으로 유도하여 그 상상 속으로 빠져들도록 함으로써, 그 상상을 현실인 것같이 느끼도록 하는 '상상언어 암시 술법'이다.

최면술사는 서로 정반대로 꼭 같은 짝의 좋은 쪽 상상언어 암시로써 상대를 상상현실(무의식 마음그림 연속)로 유도하는 능수능란한 암시언어 마술사이다. 그 상상언어 암시는, 서로 정반대로 꼭 같은 짝 언어를 대비시킴으로써, 자연으로 누구나 스스로 원하여 바라는 좋은 쪽 유혹언어로 홀려 빠져들도록 하는 마술언어이다.

도그마(dogma)는, 이성적인 논리 및 합리적 과학적인 증명이나 비판이 허용되지 않는 교리 및 법률을 뜻한다.

카리스마(charisma)는, 많은 사람들을 휘어잡는 최면능력으로 대중을 휘어잡고 납득시켜 따르게 하는 도그마적 · 위압적 · 예언가적인 타인최면술 자질이다. 따라서 카리스마는, 상대의 '순수의식 · 근원의식 · 자주의식' 비판력을 마비시킴으로써 상대를 자기에게로 끌어들이고, 사람들을 자기에게로 끌려들도록 하는 '무의식 상상력 최면력'이다.

상상언어 암시와 상상언어 암시기술이 설득이나 유혹의 수단이 되고 있다. 사람들의 무의식상상 욕망을 사로잡고, 사람들의 무의식상상 의식에 걷잡을 수 없는 상상을 자극하여 일깨우는, 무의식상상 욕망을 암시하여 놓게 되면, 그 무의식상상 욕망이, 사람들의 '상상무의식'에 '마음그림 씨'가 되고, 그 씨앗이 싹이 나며 뿌리를 내리고 자라게 된다.

암시는, 씨앗이 되고 뿌리가 되고 싹이 되어 스스로 자라나게 될 무의식 마음그림 씨앗을, 무의식에 파종하는 것이다. 암시는, 씨가 되고 싹이 나서 싹과 뿌리가 점점 자라나게 될, 상상언어를 상대방의 무의식상상력에 심어놓는 것이다.

최면술사 인간은 열정적인 빠른 웅변술보다 다소 느린 듯한 웅변술 쪽이, 사람들의 무의식 마음그림 형성에 효과적이라는 것을 알고, '느린 말투의 또렷한 말 · 뛰어난 웅변술'로 사람들의 상상무의식에 상상암시하여, 소망하고 희망하는 것이 이뤄지고 있는 상상현실로 유도함으로써, 사람들이 그에게 매달리도록 만든다. 그는 사람들이 각자 자기가 바라고 좋아하는 쪽으로 상상을 하도록 하여, 사람들의 무의식 마음그림 흐름 상상을 유도한다.

상상무의식을 유도해 내는 암시는, 각자 상상으로 자기가 좋을 대로 상상하도록 하는 것이 핵심으로 되어 있다. 그래서 "상상현실이 현실 이상의 현실이다."고 하는 것이다.

카사노바의 여성정복 전략은, "설득하지 말고 유혹하라."에 바탕을 둔 인간의 '상상력유도 암시술'이었던 것으로 알려져 있다.

'여성은 자신을 황홀하게 하는 말의 지배를 받는다.'고 지적되고 있다. 따라서 여성의 약점은 여성을 기쁘게 하는 언어이다. 정보를 직언으로 제공하지 않고, 상대가 상상으로 추측하여 자기 좋은 대로 느낄 수 있도록 하는 무언의 암시로, 황홀하게 칭찬함으로써, 지배자는 상대의 상상력을 사로잡는다.

제비족은, 시적인 멋진 이미지로 상대의 아름다움을 묘사하여 표현하여 상대를 황홀하게 하는, 마술적인 칭찬으로 상대의 상상력을 사로잡고 지배한다고 한다. 그는, 상대를 불쾌하게 하는 비판의 말은 절대 피하고, 상대의 '솔직성, 단순성, 천진난만성', 어린애 같은 허영심과 자긍심을 일깨워 칭찬하는 표현에 능숙하여 놀라운 유혹의 힘을 발휘한다.

좋은 것과 나쁜 것을 대비시키고, 좋은 것을 자기가 안겨줄 듯이 상상하도록 암시하여, 상상 속으로 빠져들게 하여, 상상무의식이 되어 상상현실(무의식 마음그림 연속) 속에 빠져 있게 한다. 사람들은 이러한 상상현실에 빠져서 자기 스스로 자기 생각에 속고들 있다.

상상현실에 속지 않기 위해서, 날마다 24시간 언제나, 결코, 어떠한 좋은 것과 나쁜 것 생각보다도 먼저 있으며, 항상 생각 없이 깨어있는 '진여마음'을 잃지 않는 것이 지혜이다. 영원히, 진여마음을 생각으로 뒤덮음이 없이, 보고 듣고 말하고 행하는, 항상 진여마음이 최면 당하지 않는 힘이다. 그래서 날마다 진여마음을 놓침이 없는 진여마음 수행이 반드시 필요하다.

'연쇄질문 화법 최면'을 시도하거나, 양자택일 명제를 제시하고 결코 '아니오'라고 대답하지 못하도록 하면서, 오로지 '예'라고만 대답하도록 '온 오프(on off) 문답'을 시도하거나, 상대를 비판하지 않고 칭찬만 하며, 희망과 실망을 대비시켜 말하고, 희망을 이루어줄 것같이 상상무의식 암시를 하거나, 눈을 맞추고 근원을 꿰뚫어 바라보는 눈빛으로 시선을 사로잡고, 무언의 눈빛으로 마음을 끌어들이며, 공간을 좁혀 접근하며 스킨십을 하는 인간은, 남의 영혼을 잠재워 지배하려는 불순한 인간으로 보고, 그 최면을 깨뜨려 버릴 수 있도록 항상 깨어있는 인간이 현명하다.

정치에 있어서도, 사업에 있어서도, 사랑에 있어서도, 일체의 인생에 있어서 불순한 누구에게도, 사악한 누구에게도, 속지 말아야 할 주권인 진여마음이, 유일한 가치이고 능력이고, 근본자유요 근본행복인 것이다.

3-5 신은 자신의 믿음을 믿는 자이다

성욕을 경계하여 가르치는 경전들에 의하면, 여근은 성교쾌감 만족을 얻으려고 아무리 무한수 남근을 즐겨 찾을지라도 만족할 수 없는 동굴이다. 용궁은, 바다의 모래알 수만큼 무한수 남성들의 용과 상대할지라도 음욕을 채우지 못하고, 끝없이 성(性) 문(門) 쾌감만을 좇도록 하는 성욕불만족 블랙홀이고, 남성을 피골이 상접한 빈 쭉정이 되도록 하여 말라 죽도록 하고 마는, 거머리 흡혈귀 동굴인 반면에, 남근은 1회 사정(射精)으로 발기력을 잃고 발기력 불능 불만에 빠지는 만년 성욕 불만이다.

남근은, 사정을 하고, 사정할 정액이 고갈되어 더 이상 성교할 능력이 없는 성교불능이 되고, 정액이 모이면 다시 사정하며, 끝없이 사정쾌감 만족을 바라지만, 만족이 되지 않는 음욕 불만족 블랙홀이다.

남근과 여근은, 영원히 만족에 이를 수 없으면서 만족을 바라고 음욕을 탐닉하는 구제불능 괴물이다. '사정쾌감 성교탐닉'이야말로, 꽃만 보면 날아들어 꽃꿀에 영혼을 파묻는 벌 나비 같고, 꽃만 보면 날아들다가 불꽃을 꽃으로 알고 날아들어 불꽃에 타죽고 마는 벌나비 같은 무지의 소치이다.

음욕은 본래 만족할 수 있는 것이 아닌데, 만족할 수 없는 음욕에 빠지고 집착하는 것이 남녀의 불행이다. 성 쾌감 만족을 바라고 성 쾌감을 추구하는 일은, 마치 무지개를 잡으려고 무지개를 향하는 것과 같은 무지요 어리석음이다. 무지개를 잡으려고 무지개 쪽으로 아무리 무한하게 갈지라도, 무지개는 가도 가도 여전히 멀리 떨어져 있기만 하여, 결코 영원히 잡을 수가 없다. 남성 문 여성 문의 만족쾌감을 바라는 일은, 영원히 잡을 수 없는 무지개를 잡으려고 하는 것과 같은 헛된 일이다.

남근 위축은, 몸뿐 아니라 정신까지 위축시키고, 모든 일에 의욕을 잃게 하여 성공인생이 될 정기신(精氣神)을 잃게 한다. 그것은, 육신의 생활력 활력이 되고 있는 성 에너지 고갈로 생활의욕을 떨어뜨리며, '살 기운도 없어지고, 살맛도 없어지게 되며 무기력해져서' 자살을 생각하게 하는 원인이 될 수 있다. 그래서 결코 절대로 사정하지 않는 것이 인생의 중심이고, 성교하더라도 결코 절대로 사정하지 않는 것이 교합의 요체이며, 항상 생각보다 먼저 있는 마음을 결코 절대로 생각으로 뒤덮지 않는 것이 인생의 핵심이다. 그러므로 서 항상 몸 안에 용(성 에너지 용솟음 힘)이 살아있도록 하는 마음이 필수이다.

성 생리학을 보면, 황체호르몬의 자극이 중추신경계를 자극하며 남근을 일어서게 하고, 여성의 음핵을 발기하도록 한다고 한다. 황체호르몬은 2시간 간격으로 분비되며 하루에 10~12회 분비되는데, 하루 가운데 황체호르몬의 농도가 가장 낮은 때는 하루 일과가 끝나는 초저녁이고, 황체호르몬이 많이 분비되는 때는, 잠에서 깨어나기 전 밝을 녘이다.

발기는, 남성성기 해면체(수세미의 미세그물망 같은 페닐혈관망 조직)로 혈액이 몰려들어 가득 차서, '페닐혈관 그물망 조직'에 가득 차 있는 혈액이 '페닐혈관망 조직'에 머물러 있는 현상이다.

어느 수용소에 수감되어 있는 여성들의 이야기가 있다. 남성 성기 '페닐혈관망 조직'으로 혈액이 가득 흘러들어서 남성 성기가 힘차게 발기

되면, 그 성기 맨 밑뿌리를 고무줄로 단단하게 묶는다. 그러면 남성 성기를 힘차게 발기되도록 하고 있는 혈액이 발기 페닐혈관망 밖으로 나가지 못하도록 막아주게 되어, 이 묶음을 풀어주지 않는 동안, 남성 성기는 꾸준하게 발기상태로 있게 된다. 그러므로 힘차게 발기하고 있는 남근 맨 밑뿌리를 고무줄로 단단하게 묶고 난 다음, 발기성기를 마치 코일과 같이, 남근 아래부위에서 귀두부까지 고무줄로 감아준다. 그러면 그 고무줄 코일 발기성기가 여성의 질 속을 거칠게 자극하는 도구가 되어 준다. 그래서 다음의 일이 벌어지게 되었다.

사내의 왼팔 오른팔 오른다리 왼다리를, 여성들 5~6명이 각각 떠맡아서 사내를 쓰러뜨려 눕혀서 발기시킨 남근을, 고무줄 코일 발기성기로 만들어 놓고, 5~6명 여성들이 순서대로 남성을 강간하게 되었다.

고무줄 코일 남근 남성은, 5~6명 여성들에게 양팔 양다리 눌려 자빠뜨려져 뉘어지고, 5~6명 여성들이 교대 교대로, 한 여성이 5회 6회씩 '되돌이 되풀이'로 남성성기 위에서, ××방아 찧기가, 한없이 계속되어, 고통에 고통을 더하는 지긋지긋한 섹스지옥이 되었다. 이 법은, 제비족 남성을 징벌하는 으뜸수단이 될 수 있다.

막 갈 데로 막 가고 난 다음 5~6명 여성들의 ××방아 찧기가 끝나게 되고서야, 그 강간녀들에게서 풀려난 남성은, 몸 일으킬 기운도 소변 볼 힘도 없는 죽은 자지가 되어 소변은 피오줌이 되고 소변 볼 수도 없는 고통에 시달리게 되었다.

남성은, 일시에 그토록 극단적으로 정액이 사정되고 더 이상 사정할 정액이 고갈되고 나면, 일시에 폭싹 늙어버리게 되고, 살맛을 잃어버리게 되고 만다.

사정성교가 참으로 기쁘고 즐겁고 참으로 행복한 것이라면, 사정하면 사정할수록 더욱 더 기쁨이 되고 즐거움이 되어 행복이 넘쳐나야 하지 않는가? 그런데 오히려 그와 정반대로 사정을 하면 할수록 살 기운도 없어지고 살맛도 없어지게 되는 지옥이 되고 마는 것은, 정액이야말로 몸 밖으로 배출해서는 결코 절대 안 되는 보물의 보물인 까닭이다. 남성들은, 한 찰나일 뿐인 사정쾌감이 행복이고 목적인 것으로 잘못 알고, 정액이야말로 몸의 지고한 보물인 것을 모르는 무지로, 심지어는 간음간통 강간까지 하며, 귀중한 정액을 쓰레기 버리듯이 몸 밖으로 쏟아내 버리고 있다. 얼마나 무모하고 무지한 대왕바보짓인가?

남근의 발기는 남성 인간의 자존심이며, 생명체가 살아있다는 상징이다. 성교와 상관없이 남근의 본성은 발기력이고, 남근의 발기력은 보이지 않는 생명이 존재하고 있다는 지표이다.

일시적인 임포텐츠가 있을 수 있다. 그것을 남성들은 경험하고들 있다. 어느 친구는, 바깥 여성과의 관계에서 삽입이 되지 않는 성기위축 망신을 당하게 되자, 곧바로 귀가하여 자기 마누라의 것에 삽입하여 보고 나서야, 자기 물건의 능력이 아무 이상 없다는 것을 알고 안심했노라고 했다.

뇌신경회로 울림 앎은, 마음 움직임으로 있는 것이다. 그러므로 어떤 부정적인 심층심리 움직임이 뇌 울림 앎으로 옮겨지게 되면, 일어나야 할 남근이 일어서지 않을 수 있다. 그래서 남성들이 일시적인 성기위축을 경험하는 일이 있게 된다. 모든 일은 '영원한 절대불변 창조근원 0 · 생각 없이 깨어있는 0 마음'에 어떤 생각이 들어 있는 때문에 있는 것이며, 남근의 발기 및 위축에도 '마음의 생각체계'가 원인이 되고 있다.

교합에 대한 불안감을 품고 있거나, 걱정 근심이 있거나, 성기 왜소 콤플렉스가 있거나, 병의 증상이 있거나, 여성의 성기가 불결하거나, 여성으로부터 남근이 작다고 무시당하게 될 때, 발기중추나 발기신경이 정상이라도 남근이 전혀 일어나지 않는 심인성 임포텐츠가 될 수 있다고 알려져 있다.

삽입하려고 하는데 남근이 일어서지 않는다고 초조해하면 할수록, 이제는 영영 삽입하지 못하는 것이 아닐까? 하는 불안감으로 더욱 초조하게 되며, 더 더욱 남근이 일어서지 못하게 된다. 그 불안한 초조감 생각이 뇌신경 울림으로 전달되며 남근을 위축시키기 때문이다.

그런 심인성 임포텐츠 때는, 삽입에 대해 집착할수록 더욱 성 위축이 될 수 있으므로, 이런 때는 삽입 강박관념에서 완전하게 해방된 생각텅 빈 본연의 마음이 되어, 남근 불두덩을 질 입구에 밀착시키고, 여성의 소음순과 요도 질 전정 및 음핵지대를 남근 불두덩으로 문지르고 있으면, 자연히 남근이 발기하게 되더라고 하는 남성들이 있다. 불두덩 문지름은, 불두덩을 상하로 문지르거나, 좌우로 문지르거나, 좌로든 우로든 회전문지름으로, 문지름 기교를 자유자재로 조화롭게 다루어 쓸 수 있다.

중년이 넘어서 어떤 이유로 발기력이 시원하지 않거나, 발기되지 않는 일이 있게 되면, 나이 듦, 정력 쇠퇴라는 생각이 되어, 다음 때에도 발기가 되지 않을 수 있다. 이런 일이 되풀이되면, 그때마다 발기위축이 되는 진성 임포텐츠가 될 수 있다고 지적되고 있다.

젊어지는 근거는, 진여마음이 항상 젊어 있는 마음그림 심상을 간직하는 데 있다. 따라서 '영원한 절대불변 창조근원 0 · 생각 없이 깨어있는 무의식' 진여마음을, '갱년기 현상이다, 나이 들었다, 정력쇠퇴다.' 하는 생각 관념으로 파묻지 않는 것이 지혜이다.

마음은, 창조된 바 없고 생겨난 바 없이, 창조되고 생겨난 것보다 영원히 먼저 있는 '영원한 절대불변 창조근원 · 인식근원 0'이다. 마음은 영원히 태어나는 것이 아니므로 영원히 나이가 없다. 또한 마음은 창조된 바 없고 생겨난 바 없는 영원한 무형상이다. 그러므로 마음은 영원히 육신이 아니요 남성도 아니고 여성도 아니다. 마음은 영원히 육신이 아니므로 늙음도 없고 병듦도 없고 죽음도 없다.

마음은, 창조된 바 없고 생겨난 바 없이 무엇보다도 가장 먼저 있으며, 마음이, 모든 것을 창조하고 있다. 마음이 창조자 신(神)이다. 신은, 그림 보는 마음이고, 그림 그리는 마음이고, 그림 되어 있는 마음이다. "나의 몸은, 항상, 끊임없이 혈액순환이 잘 이루어지면서, 나날이 묵은 세포들을 갈아 치우며, 항상 '새 세포, 젊은 세포들'로 바꾸어 놓는 신진대사를 활발하게 하고 있다. 그래서 나는 항상 젊다." 항상 이런 인식이 필수이고, 다음과 같은 인식이 필요하다.

다음과 같이 우리의 생각이 우리의 현실을 만들고 있다. 따라서 젊음 또한 우리의 생각이 만들고 있다. 영적 지성들의 다음과 같은 가르침이 있다.

『티베트 사자의 서』를 보면, 육신이 죽은 후, 육신을 본뜬 의식 에너지로만 이루어진 의식신이 수정란 속으로 들어가게 되고, 그 의식신이, 수정란을 남자로든 여자로든 형상화하여 낸 결과가, 우리들 육신인 것을 알 수 있다. 육신보다 먼저 있는 우리의 의식신이 그려낸 마음그림꼴로 현상된 것이, 우리의 육신이다. 우리의 육신은, 우리의 마음이 마음그림으로 창조하고 현상화하여 낸 것이므로 우리의 마음이 항상 어떤 생각을 하느냐에 따라서 변모하게 되어 있는 물건이다. 우리의 육신은 우리 마음의 생각의 산물이다.

우리의 몸은, 우리의 몸을 창조하여 낸 창조자인 우리의 마음이, 마음그림 그리고, '그 마음그림 일념'이 되어 있는 바와 같이, 젊어질 수도 있고, 불치병 몸이 치유될 수도 있는 속성이다.

따라서 '창조근원 · 인식근원 마음'에, '항상 건강한 마음그림 심상'만을 간직하는 것이 건강한 몸이 되는 법이고, '항상 젊어 있는 마음그림 심상’만을 간직하는 것이 젊어지는 법이다.

히말라야 에는 아승지겁의 나이가 되도록 여전히 스물다섯 살처럼 아주 젊어 보이는 수행자가 있습니다. —청해 무상사

그것은, 그의 ‘영원한 절대불변 아승지겁 25세 젊음 일념일심 선정’이, 그의 아승지겁 25세 젊음이 되도록 하고 있는 것이다고 인지할 수 있다.

“모든 것은 마음에서 만들어지고 있다. 마음에서 물질이 생기고 있다. 우주는 마음이 만들어 낸 것이다. 모든 것은 마음이 만든 것이다. 마음에서 생각이 생기며 생각이 모든 물질로 되고 있다. 절대세계에서는, 생각이 곧 물질이고, 생각이 곧 현실이고, 생각이 곧 세계이다. 생각은 현상 이전의 물질이다. 생각은 보이지 않는 물질이다. 생각이 우주만물을 현상하는 질료이다.”

—『팔리어 경전』, ‘파드마삼바바’, 『티베트 사자의 서』, ‘영국인 실비아 브라운’ 등

“자신의 ‘생각 · 감정 · 신념’이 모든 세포를 지탱해 주는 생화학 반응을 일으킨다. 나이가 어떠하든 늙지 않는 마음이 늙지 않는 세포를 만들고, 늙지 않는 마음이 늙지 않는 몸을 만든다.” —디팩 초프라

“생각으로 하려고 하지 마세요. 그러면 절대로 안 돼요. 진실만을 인식하세요. “무슨 진실을?” “숟가락이 없다는 진실! 그러면 숟가락이 없어요. 이미 숟가락이 휘어있는 진실! 그러면 생각대로 숟가락이 휘어요.”

—영화 「매트릭스」의 초능력 소년

신은, '그림 그리는 마음'이고, '그림 보는 마음'이고, '그림 되어 있는 마음'이다. 신념은 바로 그것이다. 그의 믿음이 무엇이든지, 그의 믿음이 바로 그의 우주이다. 자신의 믿음을 믿는 자가 바로 신(神)이다.

—닐 도날드 월시, 『바가바드 기타』

"우리의 마음에 현실처럼 생생하게 그림 그려진 이미지는, 현실이 된다. 아무리 나이를 먹었더라도 항상 육신이 젊어 있는 무의식 마음그림 일념(一念) 일심(一心) 부동심이, 젊은 육신을 만든다. 늘 젊어 있는 일심의 세계에서는, 노인의 몸도 젊어진다. 한 순간일지라도 자신이 나이 들었다는 생각이 들었을 때는, 곧바로 그 생각을, 생각 없는 무(無)로 놓아버리고, 본래 생각 없는 진여마음에 자신이 젊어 있는 심상만을 항상 간직하라. '젊은이들의 걸음걸이 젊은이들의 몸 움직임'을 탐구하고, 늘 젊은이들처럼 젊게 걷고, 늘 젊은이들처럼 젊게 움직이며, 늘 젊은이들처럼 젊게 살라."

—브래드 포드

3-6 진여 아리랑

바다는 결코 끊어질 수 없고 나누어질 수 없고 분리될 수 없는 전체이다. 끊어짐도 나누어짐도 시작도 끝도 시간도 공간도, 끊어짐도 나누어짐도 없는 전체를 무극이라 한다.

우리들의 입으로 코로 우리들 속으로 드나들고 있는 '텅 빔'에서부터 무수한 천체들이 떠 있는 '텅 빔'에 이르기까지 모든 곳에 가득한 '텅 빔'이, 무극이요 하늘(空)이요 바다요 마음이다.

무한영겁 모든 곳에 가득한 텅 빈 무극이야말로, '본디 있어질 수밖에 없는 존재'이고, '항상 있는 존재'이고, 무수한 천체들이 떠 있는 무궁한 허공에서부터 우리들의 입으로 코로 우리들 속으로 드나들고 있는 허공에 이르기까지 모든 곳을 차지하여, 결코 어디에도 있지 않음이 있을 수 없으며, 결코 무엇도 하지 않음이 있을 수 없는 '무극(無極) 일신(一身) 일신(一神)'이다.

무궁무진 무한한 텅 빈 무극은, 어떠한 크고 작은 부분으로 분화되어도 서로 합하면 0이 되는, 서로 정반대로 꼭 같은 크기, 서로 정반대로 꼭 같은 힘, 서로 정반대로 꼭 같은 값 '+와 -'이다.

우주창조 법칙은, 무궁무진 무한한 무극 0에서 서로 합하면 0이 되는 서로 정반대로 꼭 같은 짝 '+와 -'로 분화하고 합하여 0이 되며 무극이 되는 파동(+ ⇆ 0 ⇄ -)에 있다.

우주를 현상하는 파동(+ ⇆ 0 ⇄ -)의 '+와 -'는, '0'(무극 · 근원 · 전체 · 하나)의 그림자이다. '+와 -'는 참으로 없는 것을 참으로 있는 것같이 그림 그려 보이는 마야(幻, 환영)이고, 참으로 있는 것은, 오직 '무극 0 중도'가 있을 뿐이다.

모든 것이 파동(+ ⇆ 0 ⇄ -) 입자로 현상되고 있다. 모든 현상이 '무극 0 중도'의 그림자로 된 것이다. 그래서 모든 현상이 생기고 변하고 사라지는 허상이다.

생기고 변하고 사라지는 모든 현상이 참으로 있는 것이 아닌 환영이다. 모든 나는, 생기고 변하고 사라지는 육신이 아니며 생각이 아니다. 모든 나는, 영원히, 태어난 바 없고 죽은 바 없이, 육신보다 생각보다 먼저 있으며, 끝이 없이 끊임없는 찰나변화 생멸연속 생각보다 끝이 없이 끊임없이 앞서 있는, '영원한 절대불변 0 · 생각없는 무(無) 마음'이다.

우리의 먼 조상들로부터 전래되고 있는 우리의 민요 아리랑 타령은, '아리랑을 말하고, 아리랑 고개로 넘어간다.'는 것이 골자이다.

'아리랑'은, '우리의 뇌에, 눈에, 있는 것'으로 보이고 느껴지는 모든 현상이고, '아리랑 고개'는, '영원히 현상이 아닌 영원한 무(無)현상 0 마음'이다. 이렇게 인식하고, 아리랑타령을 듣게 되면, 아리랑타령이 가슴으로 와 닿게 된다.

'아리랑'은, '말 · 언어 · 생각 · 의식 · 관념 · 사상 · 감정'(창조되는 것, 생겨나는 것, 만들어지는 것, 꾸며지는 것, 변하는 것, 끊어지고 나누어지는 것, 분리되는 것, 썩는 것, 순수하지 않는 것, 불순한 것, 부서지는 것, 해체되는 것, 칼에 잘리는 것, 총알에 뚫리는 것, 물에 젖고 빠지고 휩쓸리는 것, 불에 타는 것, 죽는 것, 사라지는 것, 없어지는 것, 핵폭탄으로 파괴되고 사라지는 것) 등, 모든 현상을 가리키는 말이다.

'아리랑'은, 우주만유 삼라만상을 현상하고 있는 '+와 -, 양과 음, 남성과 여성, 천당과 지옥, 선과 악, 백과 흑, 위와 아래, 앞과 뒤, 좌와 우, 밝음과 어둠, 추음과 더움, 낮과 밤' 등, 서로 합하면 0이 되며, 무극이 되는 무수한, 서로 정반대로 꼭 같은 짝 2극성 2원성 상대성 양변(兩邊) 마야(환영)들이고, '생기고 만들어지고 변하고 사라지는' '환영들 · 속임수들'로 꾸며지고 연출되는 일체의 현상들이다.

'아리랑 고개'는, 진여요, 창조된 바 없고 · 생겨난 바 없고 · 만들어진 바 없고 · 변화한 바 없고 · 죽은 바 없고 · 없어진 바 없고 · 사라진 바 없이 본디 있으며, 결코 무엇으로도 없이할 수 없는 무한영겁 무생무멸 영존이요, 결코 어디에도 있지 않음이 없이 모든 곳에서, 결코 무엇도 하지 않음이 없는 근원이면서, 영원히 모양 형상이 아닌 영원한 무현현 · 무현상 · 진여 · 진리이다.

따라서 '아리랑 고개로 넘어간다'는, 생기고 변하고 사라지는 현상에 속지 않고, "나지 않고, 변하지 않고, 없어지지 않고, 결코 무엇으로도 없이할 수 없는 근원으로 넘어간다."는 뜻이 된다.

위와 같은 인식으로 아리랑타령을 듣거나, 아리랑타령을 하게 되면, 아리랑타령의 이미지가 찡하게 가슴을 울리게 된다.

'아리랑'은, '모양 · 형상 · 형체 · 현상, 서로 정반대로 꼭 같은 짝 선과 악, 백과 흑, 천당과 지옥, 대승과 소승, 좌와 우, 여당과 야당' 등과 '말 · 언어 · 사상 · 감정' 등, 끝이 없이 끊임없는 아날로그 생각이요, 거짓된 것이요, 속임수요, 허깨비인 일체의 현상들이고, '아리랑 고개'는, 영원히 생각보다 먼저 있는 진여마음이다.

'아리랑 고개'는, 한 마디로 진여 진리이다. 진여 진리가 근원이요, 청정심 마음이다. 그래서 '아리랑 고개'로 넘어간다는, '진리로 넘어간다.

근원으로 넘어간다. 청정심(마음)으로 넘어간다.'가 된다.

'아리랑'(무수한 기지 미지 생각들)은, '아리랑 고개'로 넘어가 버려야만 할 속임수들이다. 따라서 일체의 '아리랑'(갈등 · 질곡 · 생각들)을 '아리랑 고개'(생각없는 마음)로 넘어가는 것이 지혜이다.

인생은, 무수한 기지 미지 복잡계 '아리랑'(갈등 · 질곡 · 생각들)이다. 그래서 인생은, 유일한 실재요 가치요 목적인 '아리랑 고개'(영원한 절대불변 창조근원 0 · 중도)로 넘어가는 것이다.

인생은, 성공과 실패, 기쁨과 슬픔, 행복과 불행 무수한 복잡계 기지 미지 '아리랑'(갈등 · 질곡 · 생각들)이므로, '아리랑 고개'(영원한 절대불변 창조근원 0 · 중도)로 넘어가는 것이다.

산모는 죽기 살기로 아기를 낳는 아리랑이고, 태아는 죽기 아니면 살기로 좁은 문을 지나서 모체 밖으로 나오게 되는 고통과, 엄마와 분리되게 되는 충격과, 스스로 직접 호흡하게 되는 놀라움 등 뜻밖의 2중고 3중고로 어떻게 할지 알 수 없는 미지의 충격을, 한 순간에 한꺼번에 먹으며 울음보 터뜨리는 것 말고는 별 도리가 없는 '아리랑'이다.

신생아는 끊임없이 미지의 것들과 만나며 나날이 다달이 자라서 네 발로 기다가, 두 발 걸음을 걸으며 수없이 넘어지지 않을 수 없는 '아리랑'이다.

어린이는, 가정과 인척들과 이웃들과 학우들과 세상의 온갖 일들로 상처받고 갈등하며 스스로 삭이고, 사춘기의 몸 변화 · 정서변화 · 성욕망 감정을 다스리고 스스로 생존법을 터득하며 자기제어 의식과, 인간들과 사회와 세계와 우주만유 삼라만상의 근원에 대한 자기철학을 정립하고 확립하지 않으면 안 되는, 기지 미지 '아리랑'이다.

인생은, 각종 재해사고, 교통사고, 지존파 막가파, 꽃뱀 족, 제비족,

사기꾼 족, 인신매매 납치족, 부도덕한 언론 종교 관치 정치 기업, 삼풍백화점 붕괴, 성수대교 붕괴, 지하철공사장 붕괴, 전쟁, 가뭄, 홍수 태풍 지진, 항공기 테러 폭파, 강간 · 간음 · 간통 · 배신, 불치병자, 늙음, 죽음, 교통사고 이별 등 온갖 뜻밖의 인재와 자연재해 '기지 미지 사건들, 일들'로 언제 어느 한 순간에 어떻게 될지 알 수 없는 '아리랑'이다. 중생인 인간 부부는, '기지 미지 어떤 일, 어떤 갈등으로' 언제 '한마음 · 한몸'이 분리될지, 알 수 없는 '아리랑'이다.

한 순간도 끝이 없이 끊임없이, 말 · 언어 · 생각 · 의식 · 감정보다 영원히 먼저 있는 근원(0 · 중도)을, 생각으로 파문음이 없이 보고, 근원을 생각으로 파문음이 없이 듣고, 근원을 생각으로 파문음이 없이 말하고, 근원을 생각으로 파문음이 없이 생각하고, 근원을 생각으로 파문음이 없이 행함으로써, 결코 어떠한 때에도, 말 · 언어 · 생각 · 의식 · 감정 · 사상과 동화됨이 없는 근원이, 힘이요 가치요 목적이다. 그런 것인데, 잠시도 그렇지 못하고 근원이, 끝이 없이 끊임없는 찰나변화 생멸연속 생각으로 뒤덮이며 생각으로 동화되어, 근원이 근원을 모르며, 생각이 주인이 되고, 근원이 생각의 종이 되어, 근원이 생각에 좌지우지당하고 있는 중생들에게 있어서, 기지 미지의 무의식 마음그림 동기로 촉발되는 '무의식 성충동 · 성 욕망 · 성 탐욕'에 대하여는, '아내도, 남편도' 언제 어떤 동기로 '성 탈선자' 될지 알 수 없는 '아리랑'이다.

육체자아 · 생각자아는, 찰나변화 생멸연속 감각 · 생각 변증법이며, 생각자아로는 '잘 · 잘못'이 판단되지 않는 무의식 마음그림 동기로 움직여지는 '무의식적 본능적 충동적 불수의적' 찰나변화 생멸연속 생각 변증법이어서, 믿을 바 없고 의지할 바 없는 '아리랑'이다.

'끝이 없이 끊임없이 단절 없이 생기고 변화하고 사라지는 찰나변화 생멸연속 생각'이 자아인 '생각자아 생각'은, 항상, 끝이 없이 끊임없는 현재 보이고 들리고 행위되고 감촉되는 현상을 따라 끝이 없이 끊임없이 생별 변화하는 찰나변화 생멸연속 생각 · 감정 변증법 '아리랑'이다.

'아리랑'은, 언제 어떠한 때이든, 영원히 생각보다 먼저 있는 근원을, 생각으로 뒤덮음이 없이 알고 · 보고 · 듣고 · 말하고 · 생각하고 · 행하는, 영원한 절대불변 진여 근원 마음이지 못하고, 찰나변화 생멸연속 생각 변증법이 자아인, 생각자아 생각으로는 알아차리지 못하고 있는 무의식마음 그림으로, 모든 때에, 끊임없이 죄에 빠지고 있는 중생의 생각자아이다.

'아리랑'은 '아리랑 고개'로 넘어가버려야만 하는 마야이다.

결코 어떠한 생각도 있기 전의 '영원한 절대불변 무생각 마음'이, 결코 어떠한 생각으로도 뒤덮이지 말아야 할 0(근원)이고, 결코 어떠한 생각에도 파묻히지 말아야 할 0(근원)이며, 결코 어떠한 생각으로도 동화되지 말아야 할 0(근원)이다.

생각자아 자기도 모르게 무의식 마음그림 되고, 무의식 마음그림 동기로 행위되고 마는 중생의 생각자아가 죄요 아리랑이다.

일체의 현상이, 가짜요 허깨비요 꿈이요 드라마요 비실재이다. 그러므로 인생은, 결코 어떠한 현상에 대하여서도 생각화하지 않고, '영원히 생각 없이 깨어있는 무아 마음'으로 넘어가야 하는 '아리랑'이다,

일체의 '아리랑'(갈등 · 질곡 · 생각 현상들)을 '아리랑 고개'(0 · 중도)로 넘어가는 것이 만사형통이다.

'좌파와 우파 종일 종미와 종북 투쟁주의, 자본과 권력 지상주의 권력자 독단자유주의 사회혼란 변증법'과, '태풍 · 홍수 · 수해 · 풍해 · 냉해 · 가뭄 · 흉년 · 지진 · 해일 자연재해 변증법'과, '찰나변화 생멸연속 성 감정 · 성 생리 · 성 감각 변증법 육신'과, '중생들의 찰나변화 생멸연속 감정 변증법' 등 '일체의 갈등 · 질곡 · 생각들 모두'가, '아리랑'이다.

우리 민족의 조상들은, 봉건주의 무관 문관 양반과 상놈, 사람 아래 사람 있고 사람 위에 사람 있으며 백성 위에 왕과 정승판서가 군림하는 '계급지상주의 · 관료지상주의 · 백성천대주의 아리랑'을, '아리랑 고개'로 넘어가지 않고는 견딜 수 없었던 것이니, 그래서 아리랑타령을 탄생시켰던 것이다. 그래서 우리 민족은, 모든 기지 미지 어려운 일들을 아리랑타령으로 삭이고 뛰어넘으며 살아왔던 것이다.

우리 민족에게 있어서 인생은, '아리랑'이기에, 일체의 스트레스 현상을, '아리랑 고개'로 넘어가는 아리랑타령으로 풀어버리는 지혜를 얻어냈던 것이다.

삶의 중심을 차지하고 있는 '남성 · 여성 · 남근 · 여근 · 성 감각 · 성 쾌감'도, 생기고 변하고 사라지는 허깨비요 속임수 현상이므로, 믿을 것 · 의지할 것 · 매달릴 것 · 묶일 것 · 집착할 것 · 목적화할 것 없는 '아리랑'이고, 참으로 있는 것은, 영원한 무현현 근원인 '0'(진여 근원 마음)이 있을 뿐이다.

육신의 삶은 현상이고, 현상은 실상이 아닌 허상이요 꿈이요 가짜요 드라마이고, 드라마는 참으로는 없는 것을 참으로 있는 것같이 꾸며낸 가공의 세계에서, 참으로 있지 않는 가공의 인물들이 참으로 있지 않는 가공의 일들로 엮이고 엮이는, '허상 · 허울 · 환영 아리랑'일 따름이다.

인생은 드라마요, 드라마상에 참으로 있는 것은 오직 배우(모든 것을 창조하고 연출하며, 영원히, 창조된 것이 아닌 영원한 무 현현 0 · 근원자)가 있을 뿐이고, 배우의 사명은, 드라마 상에서, 드라마(생기고 변하고 사라지는 것들로 가공되고 꾸며지는 무수한 갈등 · 질곡 · 생각 현상들, 아리랑)보다 영원히 먼저 있는 '영원한 절대불변 근원 0 마음'을 떠나지 않는 것이다.

3-7 제8식 운명자아

성의 속성을 잘 알고 있어서 스스로 남성에게 유혹을 보내는 여자가 아니며, 또 공연히 남성의 무의식적인 성 욕망에 불을 지르지 말아야 한다는 것을 잘 알고 있는 여성은, 어디서나 언제나 몸가짐을 바르게 하는 것이, '불청객 성 도둑'을 끌어들이지 않는 법인 것을 안다.

색욕 탐욕을 목적화하지 않는 여성이라면, '여성의 노출증이 남성의 성 욕망 뇌관에 불을 댕기는 화약이다'는 각성이 있어야 한다. 이것은 여성의 '차림새 · 맵시 자유' 문제가 아니다.

어느 성 만화에, 밤손님이 돈 많은 집을 찾아 들어가 보니, 여성의 팬티치마는 허리께로 올라앉아 있고, 팬티만이 웅장한 엉덩이를 가리고 옆으로 새우잠을 자고 있었다. 거기 깊은 도랑으로 둘로 갈리고 나뉜 웅장한 엉덩이가 홀로 드높은데, 항문 아래 계곡을 아슬아슬하게 겨우 가려 감추고 있는 팬티는, 너무도 쉽게 옆으로 밀려나 버리며 숨겨 놓은 '용궁 문'을 드러내 놓고 마는 것이었다. 그 때문에 도둑은 여성의 '문'을 훔치지 않을 수 없게 되었다. 여성의 그런 모습은, 늘 깨어있지 못한 남성을 현혹해 끌어들이고 마는 유혹의 덫이 된다.

그런 팬티치마로 아슬아슬하게 항문과 성의 문만을 가려서 섹시하게 엉덩이를 드높이고 새우잠을 자고 있는 여성의 몸매는, 성욕 생각 초월을 위하는 남성에게는, 영원히 생각보다 먼저 있는 진여마음(무생각 무의식 마음)을, 생각으로 뒤덮지 않는 수행을 위한 방편이 될 수 있다. 그런 때, 그 색정적인 여성 상(相)을 보고 있으면서, 영원히 생각보다 먼저 있는 진여마음이, 끝이 없이 끊임없는 찰나변화 생멸연속 생각보다 끝이 없이 끊임없이 앞서 있으며, 자기의 생각을 생각 없이 알아차리고 있게 되면, 영원히 생각보다 먼저 있는 '무생각 무의식 마음'만 독존할 수 있게 된다. 그러면 진여마음이, 성 욕망 생각의 노예 되지 않게 된다.

성욕망의 노예 되지 않기를 바라고 있는 남성 여성은, 자기를 알고 항상 자기로 깨어있을 줄을 알면, 자기가 바라지 않는 성의 피해자가 되지 않을 수 있다.

어떠한 경우에도 무생각 무의식 마음을 생각으로 뒤덮지 않는 이가, 성을 초월할 수 있는 자요, 성의 피해자가 되지 않을 수 있는 자이다.

바라지 않는 상대가 끈질기게 접근해 올 때는, 단호하게 확고하게 거절하여서, 다시는 감히 접근하지 못하도록 하는 계교가 절대 필요하다.

부부 밖의 다른 남성 여성에게 속아 넘어가지 않기 위하여, 부부 모두 결코 어떠한 현상에 대하여서도 항상 진여마음을 생각으로 파묻지 않기 위하여, 날마다 24시간 언제나 생각이 있기 전의 생각 없는 '근원 0 마음'을 생각으로 뒤덮지 않는 진여마음 수행이 생활이 되어야 하는 것이다.

인간의 표정을 포함하여 눈은, 마음 움직임이 숨김없이 나타나는 마음의 창이라고들 한다. 그래서 사람과 사귀려면 사람의 표정을 볼 줄 알아야 한다. 여자가 필요한 선량한 남자는, 여자가 표정으로 몸짓으로 사랑아리랑 표현을 하였을 때는, 즉각적으로 그에 상응하는 접근을 할 줄을 알아야 한다는 지적이다.

구애의 첫 출발은, 서로 눈 맞추기와 미소와 부드러운 접촉이라고들 한다. 먼저, 눈을 사로잡는다. 눈과 눈의 만남은 눈으로 주고받는 대화이다. 승인의 단계는, 눈길과 미소를 받아들임이 되며, 그러므로 대화 주고받기가 되고, 서로 대화를 하게 되면 대화와 함께 어깨나 팔꿈치를 가볍게 건드리는 신체접촉 아리랑으로 자라나게 된다. 첫 신체접촉이 받아들여지면 다시 접촉이 있게 되고 접촉에 접촉이 더해지면서 가까워짐이 더하기되어 가는 사랑드라마가 되어 간다. 그런 속에서 얼굴을 마주하고 눈길을 사로잡고 아리랑생각을 주고 있는 동안에, 마음과 몸이 같은 박자로 리듬을 맞추어가게 되는 사랑드라마가 된다고, 사랑꾼은 말한다. 이러한 사랑은 드라마라는 특징이 있다.

꾼은, 여자의 미묘한 성감을 잘 모르고 처음부터 함부로 다루면 거부반응을 일으키게 된다고 지적한다. 그러므로 자연스럽게 여성 본연의 성감을 일깨우는 드라마를 해야 한다고 사랑꾼은 말한다. 처음에는 여자에게 몇 마디로 쉽게 대답할 수 있는 질문을 하며 등 뒤쪽 상체부위에 접촉드라마를 한다. 여자는 남자에게 호감을 가지고 있으면서도 막상 남자가 노골적으로 접근하게 되면, 짐짓 멀리하며 냉정하게 대하는 드라마를 하지만, 그렇더라도 몇 번이고 물러났다가 우연을 가장하여 연극적으로 접촉하여 성정을 불러일으키며 가까워짐을 더하여 가는 드라마를 함에 따라서, 연극적으로 남자의 구애를 받아들이게 되는 아리랑이 된다고, 사랑꾼은 말한다.

까투리는 호감을 가지고 있어도 그것을 장끼에게 알리는 것은 자기의 가치를 떨어뜨리는 것이라고 생각하고, 장끼가 수작을 걸어도 자기의 가치를 떨어뜨리지 않으려고 마음을 닫고 보수적으로 '아니요'라고 말한다. 그래도 장끼가 참고 견디며 적극적으로 구애전략을 펼치며 자연스럽게 성정을 불러일으키게 되면, 뜨거워진 성정을 따라서 자연스럽게 장끼에게 끌려들게 되는 드라마가 된다고, 장끼는 말한다.

유혹을 하는 과정에서 저항에 부딪히는 것은, 인간의 자연스러운 드라마라는 것이다. 대부분의 여성들이 유혹받기를 원하면서도, 일단 유혹에 저항하는 것은, 유혹자의 동기나 진의를 의심하고, 유혹을 받아들여도 좋을지 의심이 되기 때문에 있는 아리랑이라고 한다.

"여자란 말이에요, 자연스럽게 무드에 싸여서 어느새 자기도 모르게 그런 분위기에 빠져 있는 거예요." 표여성의 말이다. 아리랑 사랑 아리랑 드라마이다.

남성에게 있어서 사정오르가즘은, 전립선 주위에서 8~15초 간 극히 짧은 순간 용솟음치는 성 에너지 진동이다. 이런 성행위로 오르가즘 수준에 있는 성 에너지는, 2~5억 개 정자들의 원자 분자들 방사파 전자기력 용솟음 힘이라고 설명되고 있다. 이 막강한 '성 에너지 용솟음 힘'이 몸 밖으로 배출되고 마는 곧바로 몸은 활기를 잃고, 남근은 능력 잃은 실신한 물건이 되며, 이런 일이 되풀이될수록 몸은 면역력을 잃고 병약한 몸이 되고, 늙음이 촉진되며, 쭉정이 육신이 되고, 삶의 의지와 결단력과 지혜와 활력을 잃게 되고 마는 것이다.

반드시, 결코, 절대 무(無) 사정 교합을 위하며, 성을 초월하는 탄트라 쪽 길을 가는 '여의봉 용'이, 지혜 있고 슬기로운 용이다.

사정성교는, 사정을 할 때마다 남성이 양+ 전하를 잃으며 점차 페니스는 '성교하고 싶지 않은' 상태가 되고, 그로 인하여 아내에 대한 열정을 잃게 되며, 부부 '음-양+전하 평형'을 잃게 되어 문제를 일으키게 되는 것이다.

진여마음이, 결코 남녀현상 환(幻) '남근여근 현상 환(幻)'을 실상으로 인식하는 생각에 파묻히는 일이 없으며, 교합하되 시종일관 '음양교합

감각 생각'보다 먼저 있는 진여마음을 놓침이 없이 교합하고, 결코 절대로 사정을 하지 않고 교합을 끝내는 진여마음이, 일품 성능력자일 수 있다. 사정성교가 정신과 육체를 황폐화시키며, 의욕상실에 빠지게 하고, 결국 불만과 권태에 봉착하게 하여, 부부관계 파탄을 초래하게 하는 것이다.

교합 속에서도 유일한 실재이고 가치이고 행복의 근원인 무생각 무의식 마음을 생각으로 파묻지 않는 것이 목적이고, 절대 사정하지 않는 무사정 교합이 목적이다. 이런 무사정 성교로, 사정기미 발동 직전에 무체동이 되고, 사정 위험이 완전하게 가라앉고 나면 다시 체동하는, '10회 무체동 10회 무사정 기법'으로 결코 절대로 사정하지 않는 '10회 무체동 10회 무사정' 교합을 할 수 있게 되면, 젊음과 성력이 강화되며 몸이 항상 열정적이고 의욕적일 수 있게 되어, 부부간의 성이 시들해져서 '게으름 · 싫증 · 무관심 · 권태'에 빠지지 않을 수 있게 되고 무병장수하며, 때맞춰 아내를 돌볼 수 있는 능력을 지니게 되는 것이다.

그래서 정액분출 단계 바로 앞 단계, 결코 절대로 정액분출이 되지 않을 단계에서 남근을 질 입구까지 후퇴시키고, 남근체동을 멈추는 타이밍을 잃지 않을 수 있도록 훈련하고, '10회 무체동 10회 무사정' 교합이 이루어지도록 하라는 가르침이다.

결코 사정되지 않을 단계에서 성기를 질 입구까지 후퇴시키고, 반드시 체동을 멈추는, 절대로 사정되지 않는 단계의 타이밍을 정확하게 잡는 훈련 강화가 필요하다는 것이다. 이 훈련 강화로 절대로 '정액분출 통로 지점'으로 정액이 오기 이전에 절대로 사정되지 않는 타이밍을 놓치지 않고, 성기후퇴 무체동으로 무사정이 되도록 한다. 이러한 법 반복으로 '10회 무체동 10회 무사정'이 되도록 수행하는 것이다.

'에너지는 마음이 가는 쪽으로 간다.' 그러므로 무사정을 위하여 성기자극 체동을 멈출 때, 그때야말로 더욱 확고하게 오로지, 무생각 무의식 마음 부동심이 확고해야 한다. 따라서 항상 마음수행이 생활이 되도록 하고, 교합하는 내내 시종일관 생각보다 먼저 있는 무생각 무의식 마음을 생각으로 파묻지 않는 수련을 쌓는 것이다.

절대 무사정 교합을 위해서는, 결코 성교체동을 빠르게 거칠게 하지 말아야 한다. 이를 위한 성교체동은, 반드시 '1초를 1/2초로 느리게 체동' 하는 '느린 체동' 리듬'을 '기둥리듬'으로 삼고, 결코 한 순간도 '생각 없는 근원마음'을 떠남이 없어야 하며, 절대로 사정할 생각이 일어나지 없도록 하는 것이 지혜이다.

남편도 아내도 날마다 결코 생각의 노예 되지 않도록, 오로지 '100% 생각 없는 무생각 무의식 마음' 부동심을 놓침이 없는 수행을 하는 것이 지혜이다. 이것이 '깨어있는 삶을 살기 위한' 요체이다. 이런 수행이 부당한 성의 농간에 빠지지 않게 하며 성을 초월하는 경지까지 이르게 하는 법이다. 이러한 수행을 하며 '결코 절대로 사정하지 않는 교합'으로 무병장수를 위하는 부부가 행복하게 마련이다.

카르마는, 선업(善業)과 악업(惡業), 차변(借邊)과 대변(貸邊) 기록 '업(業) 장부(帳簿)'라고 할 수 있다. 이 선업과 악업 대비 차변과 대변 업(業)의 파동(선업 ⇆ 0 ⇄ 악업)이 우리의 운명이 되고 있다.

'차변 ⇆ 0 ⇄ 대변' 아뢰야식 업장의 대차(貸借) 업장들이 서로 합하면 0이 되는, 서로 정반대로 꼭 같은 짝 '정(+)업장 ⇆ 합(0) ⇄ 반(-)업장'으로 '전체화 · 무극화 · 하나화' 되도록 업(業)의 결산이 이루어지고 있다.

영원히 태어나는 바 없고 사라지는 바 없는 영원한 무현상인 마음(空)이, 나고 죽는 육신을 바꾸며 '사랑 · 증오, 성공 · 실패, 속임 · 속음, 죽임 · 죽음, 생겨남 · 사라짐'을 경험하여 온 전생에서부터 금생의 끝이 없이 끊임없는 현재까지, 모든 언행이 끝이 없이 끊임없이 있어 온 그대로 차변(借邊) 대변(貸邊)에 무한일관 중합 기록되고 있는 파동(+ ⇆ 0 ⇄ –) 주파수가 제8식 아뢰야식이고, 이 의식이 우리의 운명자아이다.

선업(善業)과 악업(惡業), 차변(借邊)과 대변(貸邊) 업(業) 카르마에는, 서로 합하면 0이 되는 서로 정반대로 꼭 같은 짝 양쪽 원인과 결과 사이에 시간이 짧은 것에서부터 긴 것에 이르기까지 짧고 긴 다양한 연기 파동들이 있으며, 우리가 생각하고 행한 선과 악은, 반드시 그에 상응하는 '+크기+힘+값' ⇆ 0 ⇄ '–크기–힘–값' 파동으로 '무극화 · 근원화 · 하나화'하는 창조법칙상, 우리가 행한 것은 반드시 우리가 맞이하게 되는 업의 법칙이 되는 것이다. 그러므로 업을 짓는 한, 누구에게든 무엇으로든 빚을 주고 갚는 드라마가 있게 되는 것이다.

카르마의 법칙은, 우주창조법칙과 동일한 '+작용+크기+값+힘'과 '–작용–크기–값–힘'이 합하여 0이 되며 전체가 되고 무극이 되는 법칙이기 때문에, 결코 아무도 이 법칙을 벗어날 수 없는 것이다.

시작을 알 수 없는 전생에서부터 금생에 이르기까지의 우리의 '업장 대차대조기록(아뢰야식) 의식'을 청정하게 하기 위해서도, 우리는 오로지 생각보다 먼저 있는, 100% 생각이 아닌 '영원한 절대불변 창조근원 0 · 중도 마음'을, 생각으로 파문음이 없는 항상 청정심으로 보고 듣고 말하고 생각하고 행하는 삶을 삶으로써, 날마다 24시간 언제나 생각이 있기 전의 진여마음을, 생각으로 더럽힘이 없어야 하는 것이다.

카르마의 원인은, 생각에 있다. 우리가 긍정생각을 하면 긍정생각만큼의 긍정결과를 우리가 얻게 되고, 부정생각을 하면 부정생각만큼의 부정결과를 우리가 얻게 된다. 때문에 날마다 언제나 어떠한 생각도 있기 전의 무생각 무의식 마음을 떠남이 없게 되면, 무생각 무의식 마음이 어떠한 생각에도 파문힘이 없게 되어, 거기 어떠한 업도 없는 '자유 · 기쁨 · 환희'만 있게 되는 것이다.

3-8 현상은 생멸 환(幻), 근원은 영원한 0

우리들의 입으로 코로 우리들 속으로 드나들고 있는 '텅 빔'에서부터 무수한 천체들이 있는 '텅 빔'에 이르기까지 결코 어디에도 있지 않음이 없이 모든 곳에 가득한 '텅 빔'이, 결코 끊어지지 않고 나누어지지 않고 분리되지 않는 전체(無極, 유일무이한 불이의 하나)이고, 결코 어디에도 있지 않음이 있을 수 없는 무소부재 일신(一身)이며, 결코 무엇도 하지 않음이 있을 수 없는 무소불위 일신(一神)이다. 그래서 결코 어디에도 있지 않음이 없는 무궁한 전체허공이, 무극일신일신(無極一身一神) '무극기(氣)'요, 무극마음이다.

허공을 포함해서 우주만유 삼라만상이 '무극일신일신(無極一身一神) 무극마음' 속에 있으며, '무극일신일신(無極一身一神) 무극마음'이 허공을 포함한 우주만유 삼라만상 속으로 투과 관류하고 있다. 그래서 우주만유 삼라만상 안과 밖에 무극마음이 있다. 따라서 마음이 있지 않는 곳은 결코 어디에도 없다.

'유일무이한 불이의 단일한 하나인 한마음, 무극마음'이, 우주만유 삼라만상 밖에 있으며 우주만유 삼라만상 안에 있다. 그러므로 우주만유 삼라만상 밖에 있는 마음도 무극마음이고, 우주만유 삼라만상 안에 있는 마음도 무극마음이다. 그렇지만, 다만, 우주만유 삼라만상 밖에 있는 마음과, 우주만유 삼라만상 안에 있는 마음을 구별하여 지칭하기 위하여, 우주만유 삼라만상 밖에 있는 마음을 무극마음이라 하고, 우주만유 삼라만상 안에 있는 마음을 태극마음이라 한다. 그리고 무극마음을 진여라 하고, 태극마음을 여래라 한다.

우주만유 삼라만상 밖에 있는 무극마음이나, 우주만유 삼라만상 속에 있는 무극마음이나 '단일한, 같은' 한마음이지만, 우주만유 삼라만상 속에 있는 마음은, '우주만유 삼라만상 모양 형상 태극들 부분들'로 규정되고 제한되고 한정되어 있어서, 우주만유 삼라만상 밖에 있는 '무극마음'과 같은 능력이지 못하고 있다. 그래서 우리들 속에 있는 무극마음을, 우리들 밖에 있는 무극마음과 차별화(化)하여 태극마음이라 하고 여래마음이라고 지칭하지 않을 수 없는게 된 것이다.

여래마음(태극마음)은, 우리들 밖에 있는 진여마음(무극마음)과 합일을 이루어야만 진여마음(무극마음)과 같은 능력일 수 있다. 진여마음(무극마음)과 합일을 이루신 분이 석가님이셨고, 예수님이셨고, 그밖의 인류의 깨달은 분들이시다. 신성(神性)은, 진여마음(무극마음)이다. 석가님과 같고 예수님과 같이, 진여마음(무극마음)인 신성(神性)과 합일을 이룬 신성의 화현을, 붓다라고 하고 그리스도라 한다. 붓다 그리스도는, 신성이 인간으로 화현한 현상이다. 모든 우리들 속에 있는 여래마음이, 붓다 그리스도일 수 있는 종자이다.

무궁한 우주하늘 우주만유 삼라만상을 생기고 있는 근원이, 결코 어디에도 있지 않음이 없는 마음(진여마음 무극마음)이다. 마음이, 중력과 고기압 저기압과 열 온도 생명 바람 전기 전파 등 시간 공간 에너지를 낳고, 원자 분자 유전자 세포 육신 동물 식물 모양 형상 광물들 형체를 낳고, 마음에서 말 언어 생각 의식 등 모든 것이 생겨난다. 이 마음이,

모든 것을 창조하는 신성이요 무량광이고, 이 신성의 화현이 부처님 하느님 하나님이요, 무수한 천신들 보살들이다.

마음은, 생기고 변화하고 사라지는 생각보다 영원히 먼저 있으며, 끝이 없이 끊임없는 찰나변화 생멸연속 생각보다 끝이 없이 끊임없이 앞서 있는 '궁극침묵 근본지' 이다.

마음에서 생각이 생기며, 생각이 모든 현상으로 화현(化現)하고 있다. 창조되고 생겨나는 무엇보다도 가장 먼저 마음이 있으며, 마음이 모든 것을 현화(現化)하고 있다.

영원히 생각이 닌 '마음(空) 근원과학'으로 보면, 우리의 마음은, 끝이 없이 끊임없는 찰나변화 생멸연속 생각으로 뒤덮이면서 우리의 눈에 보이는 현상으로 감추어져 있다. 이러하므로 마음은 마치 구름 속의 하늘과 같다.

마음이 나요 마음이 모든 우리이다. 우리는 영원히 생각이 아닌, 영원히 생각 없이 깨어있으며, 영원히 생각보다 먼저 있는 '영원한 절대불변 창조근원 · 인식근원 · 0 · 중도 · 무생각 무의식 무아 마음'이다. '영원히 생겨난 것'(현상)이 아니요 영원히 생각이 아닌 '무생각 무의식 무아 마음'이, 생각(호흡과 육신, 말 · 언어 · 의식 · 감정 · 사상 등 모든 생겨난 것, 모든 현상)으로 뒤덮이고 가려지고 있는 상태가, 무명이고 무지이고 부자유이고 불행이다.

우리가 우리들 밖에 있는 '무극마음 진여마음 신성(神性)'과 합일을 이룬 '신성능력'이기 위해서는, 우리들 각자의 마음이, 육신과 호흡과 생각 의식 관념 사상 등 모든 덮개를 벗어버리고, 창조되고 생겨난 무엇보다도 가장 먼저 있는 '궁극침묵 근본지 청정심'이어야 하는 것이다.

우리가 우리의 근원을 보는 수행을 할 때, 처음엔 희미한 자의식이 단조롭게 떠오른다. 그러다가 그것마저도 사라지고 유한과 무한이 하나가 되어 모든 2극성 양변이 사라져 버린 무(無)가 된다. 공간 자체가 존재하지 않으며 만물이 사라져 버리고, 존재의 근원만이 남게 된다. 저 '빛의 섬광'을 놓치지 말라. 일을 할 때도, 우리 안에 있는 빛의 섬광을 놓치지 말라. 우리 인간은, '우리 내부의 신'을 청신한 지각력으로 지켜야 한다. 완전한 금욕이 신을 구현하는 길이다. 목적은 신이다. 신이 목적이다. 삶의 모든 일은, 신과 합일을 이루는 수단이다. —『라마크리슈나』

『라마크리슈나』의 글을 보면, 『라마크리슈나』는, 완전히 뜨지 않고 반쯤 감겨져 안과 밖을 동시에 비춰주는 완전한 '무아'(영원히 생각 없이 알고 보는 거울의식, 거울마음)로 세상의 환영을 꿰뚫어 보는 영혼이었다. 그는 주체와 대상이 함께 사라져 버리는 '니르바칼파사마디'에 도달함으로써, 늘 내면에 존재하는 '성스러운 빛 근원광명'과의 연결을 잃어버리지 않고, '항상 내면에 존재하는 마음태양'으로 세상을 보는 신이 되어 있었다. 라마크리슈나는, 본성(순수의식 · 내적 마음태양)을 체험하자마자 본성에 자리 잡고, 바로 그 본성에 마음을 확고부동하게 고정시켜서, 궁극침묵으로 길들이고, 자신의 내적 마음태양인 무아 마음거울을 성숙시켜 온 것이었다.

그는, 자나 깨나 어디에서나 어떤 때나 무엇을 하고 있을 때나 '궁극침묵 근본지' 본성으로만 존재하기 위하여 항상 본성에 있음으로써, '24시간 날마다 언제나 밤낮으로 일생 동안 영생 동안 영원히 끊기지 않을, 끝이 없이 끊임없이 끊이지 않고 생생하게 현현하고 있는 본성의 눈부신 빛' '본성광휘'의 단절 없는 현현 안에 있었다.

라마크리슈나의 수제자 나렌은 "스승이시여, 청하노니 부디 저로 하여금 주체와 객체 대상이 함께 사라져 버린 무(無)의 상태에 머물도록 하소서!"라고 애원했다. 그러자 라마크리슈나는, 이 '불멸 삼매경'은, 일단 들어서면 육신을 떠나야 하는 것이니, 육신으로 할 일을 다 마치고 나서 들어야 한다고 하였다. '수행의 목적, 삶의 목적'은, 바로 이러한 '영원한 절대불변 절대근본지 · 창조근원 · 인식근원 삼매'여야 한다는 것을, 『라마크리슈나』(정신세계사 발행)를 통하여 알 수 있다.

라마크리슈나의 내적 태양과 같이, 우리의 근본마음에는, 부자유가 없고 괴로움이 없고, 눈부신 빛 밝음만 있는 것이고, 그 내적 무아태양이 무상(無上)의 환희인 것이라고 인식할 수 있다. 고통은 육신이요 생각이다. 고통이 아무리 클지라도 고통생각과 동일시되지 않고, 영원히 고통생각보다 먼저 있으며, 영원히 고통생각이 아닌 '창조근원 · 인식근원 · 0' 쪽으로만 주의집중이 깊어져 가게 되면, 고통이 생겨나기 전의 근원인 '창조근원 0 · 무생각 무의식 무아태양 마음'만 존재하게 되어 있다는 것을 알 수 있다. 성욕도 마찬가지이다. 아무리 성욕망이 막강할지라도 성욕 생각이 생겨나기 전의 근원인 '창조근원 0 · 무생각 무의식 무아태양 거울마음' 쪽으로만 주의집중을 확고하게 하면, '창조근원 0'인 '무생각 무의식 무아태양 거울마음'만 밝아지게 되어 있는 것이다.

생각자아는, 끝이 없이 끊임없는 찰나변화 생멸연속 아날로그 생각을 자기로 아는 생각이다. 중생은, 끝이 없이 끊임없는 '찰나변화 생멸연속 아날로그 생각의 강'을 '나'로 알고 있는 생각자아여서, 끝이 없이 끊임없는 찰나변화 생멸연속 생각이요, '끝이 없이 끊임없는 아날로그 성 생각'이다. 때문에 중생심은 순결할 수 없는 속성이다.

중생심은, 육신이 죽고 나서 의식으로만 몸을 이룬 의식신이 되어서도 성 욕망 생각을 벗어나지 못하고, 성욕 생각이 되고 마는 때문에 무엇으로든 태어나게 되고 마는 속성이다. '육체자아 · 생각자아 · 성욕자아'가 다시 태어나게 되는 원인이다. 육신으로 태어나든, 태어나지 않든, 생각 이전의, 영원히 생각이 아닌 마음근원을 떠나지 않고 항상 근원으로 존재할 때에만, '나'가 '나'로 존재하는 것인데, 중생인 우리는, 태어날 때마다 자기를 모르고 자기로 존재하지 못하고, 육체자아 · 생각자아로만 존재되고 있다. 그래서 자기를 알고 자기로 존재하는 수행이 반드시 절대 필요한 것이다.

불교 경전에 '만족을 모르는 성욕보다 더 큰 화가 없고 불행이 없다.'고 하였다.

돈주앙이나 카사노바 등 세기의 모든 '성 난봉꾼'들은 "성교는 단지 육신의 감각만을 즐겁게 해줄 뿐이다. 성 욕망이 괴로움의 근본이며 모든 화의 근원이다. 참으로 진정한 행복은 영혼의 평화에 있는 것이다. 가장 행복한 사람은, 가장 소중한 자기 영혼을 평화롭게 하는 사람이다. 가장 지혜 있는 사람은, 자기 영혼을 평화롭게 할 줄 아는 사람이다."고 회고하였다.

탄트라(性초월 요가)는, 영원히 생각보다 먼저 있는 마음이 결코 생각으로 뒤덮이지 않고 생각에 파묻히지 않는 무아마음 부동심을 기둥의식으로 세우고, 사정(射精) 없는 교합을 명상으로 승화함으로써 '성 초월 확립'을 추구한다. 이러한 무사정 교합이, 중생인 인간들의 부부사랑법으로 으뜸이고, 건강 젊음을 위하는 으뜸 법이며, 신의 있고 성실한 인간일 수 있는 으뜸 법이다.

우리가 사는 목적은, 한 찰나일 뿐인 성 감각 쾌감에 속지 않고, 영생이요 행복 그 자체인 근원마음의 근원자유를 위해서 있는 것이다. 그것이 한시적으로 있다가 사라지고 말 육신을 위하지 않고, 태어난 적 없고 죽은 적 없는 청정심 마음을 밝히는 무상(無上)의 삶이다. 이것이 인류의 스승들의 가르침이다.

우리가 순결하지 못하고 타락하게 될 때는, 모든 방면의 성장이 중단되고 맙니다. 우리가 성적 쾌락에 빠져 있을 때는, 자신의 피와 힘을 잃으면서 무엇을 잃고 있는지를 깨닫기는커녕 무엇인가를 즐겼다고 생각합니다. 그것은 영혼의 수준에서는, 만 가지의 즐거움을 잃게 되는 자기본성 말살입니다. 우리가 육체감각 쾌감을 즐기는 것을 목적으로 삼는다면, '모든 참된 것, 가치 있는 것'을 잃게 될 뿐입니다. 때문에 육체적 쾌락을 추구해서는 불행을 자초하게 될 뿐입니다. 성욕은 죽음이요, 순결은 생명입니다. 금욕으로 창조적 에너지가 축적되고, 축적된 에너지에 집중되면, 창조적 에너지로부터 발생하는 정신의 힘은, 엄청난 것입니다. 순결이 성장에 있어서 필수 불가결한 요소입니다. —산트 타카르 싱

음욕 성욕은 생명력을 무기력하게 하며 권태만을 일으키는 것이다.

탄트라 가르침에, 노출이 심한 남녀들이 제 아무리 젊고 잘난 남녀들일지라도 그들을 보게 되면, 그들 육신의 똥오줌으로 채워진 위(胃)와 대소장을 가죽으로 싸고 있는 것을 관하며, 그 육신들이 똥오줌을 싸는 것을 관하고, 자신의 무아 마음을 관하라고 하였다.

육신의 나고 죽음과 상관없이 영원한 무 형상이요 나고 죽음 없는 청정무구한 마음을 드러내고 일깨우는 것, 이것이 나고 죽음 없는 마음을 위하는 지상(至上) 최고의 삶이고, 이 삶이 부부 함께 수행이라면, 이것이 무상(無上)의 부부사랑이 되는 것이다.

불생, 불멸, 불변, 무한 영속하는 지복인 청정무구한 근원에 입각한 부부 서로 참 사랑은, 남편과 아내가 합의하여 사정하지 않는 교합으로 마음을 투명하게 하며, 청정무구한 본성을 일깨워냄으로써, 육신으로

누리는 그 어떠한 쾌락도 능가하는 환희의 극치인 근원에 이르는 데 있다.

도교에서는, 남성은 2리터 반 정도의 정액을 몸에 지니고 태어나서 일생 동안에 사정섹스를 하고 나면, 애초부터 한정되어 있는 정(精)이 고갈되어 죽음을 맞이하게 된다고 한다. 남성은 태어날 때 이미 한정되어 있는 정액을 몸 밖으로 배출시키며, 여성은 태어날 때 이미 한정되어 있는 난자를 몸 밖으로 배출시키며, 그것들이 고갈되어 늙고 죽게 되는 것이다. 그러니 '성교로 · 수음으로' 일부러 '정액이나 난자를' 몸 밖으로 배출시킬 결코 어떤 이유도 없는 것이고, 결코 배출시켜서는 안 되는 것이다. 아기를 갖기 위한 행위가 아닌 한, 정(精)을 몸 밖으로 방출하므로써 육신을 살아 있도록 하고 있는 생명력인 정(精)을 잃어버릴 이유가, 결코 없는 것이다.

부부는, 모든 시간과 주의력을 자기 속에 있는 신(神)을 발견하는 데 기울일 수 있도록, 서로 협력함으로써, 부부 함께 각자 자기 속에 있는 신(神)과 합일을 이루고 신(神)으로 존재하는 궁극침묵 근본지 삼매에 이르는 데, 목적을 두는 것이 제일인 것이다.

"끝이 없이 영원한 절대지복 근원삼매를 즐기는 것 이상의 행복은 어디에도 없다." 이것이, 인류의 지성들의 합창이다. 영생하는 영혼의 환희를 위하는 것이, 바른 삶이다.

3-9 행복은 꽃의 함박웃음

자유는 자기를 앎으로써만 알 수 있는 개념이다.

자기를 모르고 있으면 자유를 알 수 없다.

현대는, 자기가 무엇인지도 모르는 전도된 자유들이 자유를 외치며, 그 육신의 주인인 마음(무생각 무의식 무아 · 근본지)은, 온갖 이데올로기 · 사상 · 이념에 사로잡힌 칠흑 어둠 군중들로 넘쳐나고 있는 시대이다.

자유가 무엇인지도 모르고 있는 인간들이, 생각나는 대로 생각하고 생각나는 대로 행위하는 '돈 권력 조직 의뢰인과, 흥신소 커넥션' 자유들이, 수단방법 안 가리고 무엇이든 생각나는 대로 생각하고, 생각나는 대로 행위하면서, 그것을 국가공권력이 간섭하면, 그것은, '종교자유, 인권자유'를 구속하는 '반민주 행위'라고 하는 문제를 내놓고, 찬반 여론을 묻는 방송까지 하는 시대이다.

모든 현상의 근원은, 무한영겁 창조된 바 없고 생겨난 바 없는 마음이다. 마음은, 생각—모양 · 형상 · 형체 · 현상, 생겨나고 만들어지고 창조되는 모든 것—보다 영원히 먼저 있는 '영원한 절대불변 창조근원 · 인식근원 · 0 · 중도'이고, 생각은 끝이 없이 끊임없는 찰나변화 생멸연속 생기고 변하고 사라지는 것이다. 따라서 마음은 영원히 생각이 아니고, 생각은 영원히 마음이 아니다. 마음이 '나'이고, 생각은 '나'가 아니다.

무엇보다도 가장 먼저 창조근원 0 · 중도 마음이 있다. 마음 다음에 생각이 있다. 생각은 하나하나의 무의식마음이다. 의식은, 끝이 없이 끊임없는 찰나변화 생멸연속 생각이다. 생각 · 의식 다음 육신이 있다. 육신과 생각 의식은, 생기고 변하고 사라지는 것이고 '나'가 아니다. 나는, 영원히 육신 생각 의식보다 먼저 있는 '영원한 절대불변 창조근원 0 · 무생각 무의식 무아 마음'이다. '영원한 절대불변 창조근원 0 · 무생각 무의식 무아 마음'이, 항상 청정한 것이, 무엇에도 규제되지 않고 한정되지 않고 거리낄 것이 없는 자유이고, '영원한 절대불변 창조근원 0 · 무생각 무의식 무아 마음'이, '창조되고 생겨난 생각들'—우주만유 삼라만상 현상들과 말 · 언어 · 사상 · 감정 들—로 뒤덮이고 파묻혀서 '영원한 절대불변 창조근원 0 · 무생각 무의식 무아 마음 각성'이 없는 것이, 나를 앎이 없는 무지요 부자유요 불행이다.

생각은 끝이 없이 끊임없는 찰나변화 생멸연속 하나하나의 무의식 마음그림이다. 마음에서 끝이 없이 끊임없이 생각이 일어나며, 끝이 없이 끊임없이 일어나는 끝이 없이 끊임없는 찰나변화 생멸연속 하나하나의 무의식 마음그림이, 마음의 끝이 없이 끊임없는 현실이 되고 있다. 많은 사람들이, 자기 내면의 무의식 마음그림 흐름을 알아차림이 없이 끊임없이 생멸 변화하고 있는 생각을 나로 알고 있는 생각자아로, 생겨나고 늙고 병들고 죽는 육신을 나로 알고 있는 육체자아로 살며, 육신 생각 의식의 주인이 되고 왕이 되어야 할 '영원한 절대불변 창조근원 0 · 무생각 무의식 무아 마음' 청정심이, 항상 청정심을 생각 없이 알고 보는 항상 청정심이면서, 보고 듣고 말하고 생각하고 행하는 항상 청정심이지 못하고, 육신 · 생각 · 의식을 자기로 알고 있으며, 육체자아 · 생각자아의 '생각나는 대로 생각하고 생각나는 대로 행위하는 것'을 자유로 알고 있다. 그런 '자유를 구속하지 말라. 자유를 달라'고 하며, 각자 '생각나는 대로 생각하고 생각나는 대로 행위하는 자유'로 '성 폭력, 군대폭력, 학교폭력, 언론폭력, 기업종교폭력, 정치폭력 등' 자유들이 된다면, 그런 무지한 자유들이, '서로 지키면 서로 좋고, 서로 안 지키면 서로 안 좋은 인간 간의 질서'들을 파괴하고 서로 충돌하게 되며 서로 망하는 자멸을 초래하게 되는 것이다. 자본이 왕이 되고, 자본이 권력 계급이 되며, 누구든지 돈이 시키면 돈이 시키는 대로 자기 생각 · 행위 멋대로 자유들이 되는 '무지한 자유주의'가, 서로 공멸을 초래시키며 지옥을 자초하게 되는 것이다. 지구세계는 그런 공멸을 초래할 위기에 놓여 있는 것이다.

생각나는 생각대로 생각하고 생각나는 생각대로 행위 하는 '무지한 자유'야말로, 결코 육신도 생각도 아닌 '영원한 절대불변 창조근원 0 · 무생각 무의식 무아 마음' 청정심 '나'가, 생각으로 파묻히고 생각이 되어 생각의 종이 되고 생각의 부림을 당하고 있는 자유이니, 그것은 '꼭두각시 로봇 허수아비' 그 자체이다. 그것이야말로 '나'가 '나'로 존재하지 못하고 있는 최면이요, 불행이다.

영원히 생각이 아닌 '영원한 절대불변 창조근원 0 · 무생각 무의식 무아 마음' 청정심 '나'가, 끝이 없이 끊임없이 생각을 일으키며 생각으로 뒤덮이고 생각으로 파묻혀서 생각이 되어, '생각나는 생각 멋대로 생각하고 생각나는 생각 멋대로 행위되고 있는 생각 행위'야말로, 항상 청정심이어야 할 청정심 나가, 생각에 뒤덮이고 생각에 파묻혀서 생각이 되어버린 무지요 꼭두각시요 허수아비인 것인데, 중생의 마음은, 육신이 살아 있는 동안뿐 아니라, 육신이 죽은 후에도, 끝이 없이 끊임없이 '생각노동 · 생각작업'으로 '오직 생각(무의식 마음그림)으로만 있는 생각세계'를 스스로 만들며, 스스로 갈등 · 질곡 · 생각지옥을 자초할 육체자아 · 생각자아이다.

영원히 생각보다 먼저 있으며 끝이 없이 끊임없는 찰나변화 생멸연속

생각보다 끝이 없이 끊임없이 앞서 있는 '영원한 절대불변 창조근원 0 · 무생각 무의식 무아 마음' 청정심은, 영원히 생각 없이 깨어있는 무(無)이다. 이 청정심이 나이고, 천상천하 항상 청정심 독존이, 자유요 행복이다.

자유는, 영원히 생각보다 먼저 있는 '영원한 절대불변 창조근원 0 · 무생각 무의식 무아 마음' 청정심이, 생각에 뒤덮이지 않고, 생각에 파묻히지 않고, 생각에 휩쓸리지 않고, 생각에 빠지지 않고, 생각에 갇히지 않고, 생각에 묶이지 않고, 생각으로 동화되지 않는, 영원히 언제나 항상 생각보다 먼저 있는 '영원한 절대불변 창조근원 0 · 궁극침묵 근본지 · 무생각 무의식 무념 무상 무아' 청정심이요, 항상 생각 없이 알고 생각 없이 보는 거울마음이다.

봉건주의시대 우리 역사의 왕과 왕비는, 이동식 화장실을 사용하였다고 한다. 이동식 화장실을 사용하였기 때문에, 임금과 왕비가 지내는 곳에는 고정화장실이 없게 되어 있었다.

이동식 화장실은, 냄새나는 것과 소리 나는 것을 막기 위하여 이동화장실 좌석 밑의 사기그릇이나 청동그릇 변기에 재를 담아서 서랍식으로 밀어 넣고 빼낼 수 있도록 하는 구조로 이루어져 있었다고 한다.

그런 이동화장실의 서랍식 변기에 왕이나 왕비가 볼일을 보고 나면, 나인이 왕의 문이나 왕비의 문을 닦아주고 씻겨주고 옮기는 것이었다고 한다.

아무리 그들이, 자기 육신은, 백성들과는 근본적으로 다른 본질이라고 생각하면서 자신의 오물악취 구멍을 나인에게 닦고 씻도록 해도, 여전히 왕의 육신 왕비의 육신도, 상놈 백성들과 꼭 같이 똥오줌을 배설하는 육신이고, 전쟁터에서, 고문실에서, 칼에 잘릴 수 있고 불에 탈 수 있고 총탄에 뚫릴 수 있고, 교통사고를 당하면 죽거나 장애자 될 수 있고, 병들 수 있고, 죽고 해골이 되는 육신이다. 그래서 백성들과 아무것도 다른 것이 없는, 꼭 같은 본질이다. 자기가 무엇인지도 모르고, 자본권력·황금 보석·비단옷·권력을 자기로 알고 있는 인간들이, 자본·황금·보석·비단옷 없는 작업복 인간들을, 자기들의 종으로 알며, 자신은 특별한 본질이라고 착각하고 있음이, 정신병이요, 비천하고 천박한 교만이다.

미녀든 미남이든, 왕자이든 공주이든, 왕비이든, 왕이든, 어떠한 누구이든, 모두가 먹고 마셔야 하는 육신들이므로 화장실에서 설사든, 변비든, 소변이든 배설하고, 성교하고 아이 낳고, 나이 들고 늙고 병들고 죽고 해골이 되는 다같이 꼭 같은 본질들이면서, 자기는, 특별한 본질인 듯한 얼굴들·생각들·인간의 바깥 모습들이, 편견·선입견이고 오만한 무지이다.

숭고함·거룩함·고귀함·아름다움은, 몸 얼굴 잘남과 금은보석으로 장식한 육신에 있지 않고, 영원히 자본·황금·보석·비단옷·권력 계급보다도 먼저 있는 '영원한 절대불변 창조근원 0·무생각 무의식 무아 마음' 청정심이, 자본·황금·보석·비단옷·권력 계급 생각으로 불순해지지 않고 항상 청정심을 각성하고 있으며, 만인 공통한 인간의 평등한 본성을 항상 존중하는 사랑의 충만에 있는 것이다.

자녀들은, 부모가, 자신들은 성교하지 않는 거룩한 인간인 것같이 자녀들에게 보이면서 자녀들 몰래 2층을 하고 있는 것을 알게 되고는, 그때부터 부모를 멸시하게 된다고, 탄트리카는 말하였다. 그것은, 자녀들에게, 성은, '결혼한 모든 어른인간들 생활의 중심이고 자연이다'고 말하여 주지 못하고, 성은 추악한 것이고 '자신들은 그 짓을 하지 않는 거룩한 인간이다'는 뉘앙스를 풍긴 업보가 원인이다.

성이 추악한 것이라면, 자녀는 추악한 짓을 하고 난 결과의 추악한 산물이다.

중생 인간들의 의식은, 늘 '무의식적 · 동물적 · 불수의적 · 폭발적 · 충동적 · 우발적인 원시본능 · 성충동 의식'들인 데다가, 중생들은, 결코 생각이 아닌 '영원한 절대불변 무생각 무의식 근본지'로 깨어있지 못하고, 근원마음이, 늘 생각으로 뒤덮이고 생각에 갇혀서 생각이 되어 있고, 생각이라는 것은, 끝이 없이 끊임없는 찰나변화 생멸연속 무의식 마음그림 되고 있는 생멸변화이기 때문에, 24시간 날마다 언제나 신의와 순결이 지켜질 수 없는 위험천만한 속성이다. 그래서 성 그 자체는, 아무런 생각도 있기 이전의 순진무구한 신성한 것이지만, 순결하기 어렵고, 신의를 지키기 어려우며 탈선하기 쉽고, 파괴적이기 쉬우며, 불순해지기 쉬운 육체본능 생각 하에 있기 때문에, 어른이든 아이들이든, 끊임없이 단절 없이, 영원히 생각보다 먼저 있는 영원한 절대불변 창조근원 0 마음이, 생각과 동화됨이 없도록 하는 '창조근원 0 마음' 일깨우기 수행이, 절대 필요하다.

성교는, 어른이 되고 결혼을 하고, 결혼한 부부 사이에만, 순결을 지키면서 하는 것이고, 성교할지라도 절대로 사정은 하지 않는 것이라고 자녀들에게 알려주고, 반드시 부모들도, 자녀들도, 영원히 생각이 아닌 무생각 무의식 마음 부동심이 기둥의식이 되도록, 아침저녁 날마다, 결코 생각과 동화됨이 없는 '영원한 절대불변 창조근원 · 인식근원 · 0 · 중도 마음 밝히기' 수행을 하는 것이, 부모 자녀들 모두에게 좋은 일이다.

생각은, 생기는 것이고 변하는 것이고 사라지는 것이고 찰나도 끊임없는 생멸변화 생멸연속 그 자체여서, 믿을 수 없고 신의 없는 것이다.

신의 있고, 믿을 수 있으며, 영원한 가치이고 목적인 것은, 영원히 생각 없이 깨어서 생각보다 영원히 먼저 있는 '영원한 절대불변 창조근원 0 · 중도 · 무생각 무의식 무아 마음'이다. 결코 어떠한 생각에도 뒤덮이지 않고 어떤 생각에도 파묻힘이 없는 '영원한 절대불변 창조근원 0 · 중도 · 무생각 무의식 무아 마음'만이 지구인구 70억이라 할지라도 누구와도 다름이 없는 동일한 한 마음이다. 따라서 영원히 생각으로 뒤덮임이 없고 생각에 빠짐이 없는 '영원한 절대불변 창조근원 0 · 중도 · 무생각 무의식 무아 마음'만이, 신의 있고 믿을 수 있는 것이다. 그렇기 때문에, 인간들 모두가 '서로 지키면 서로 좋고 서로 안 지키면 서로 안 좋은 질서' 속에서 서로가 서로를 위하는 자타축복이 되기 위해서도, '서로 지키면 서로 좋고 서로 안 지키면 서로 안 좋은 질서'를 지키는 서로 자유인이기 위해서도 모두가, 영원히 생각이 아닌 '영원한 절대불변 창조근원 0 · 중도 · 무생각 무의식 무아 마음' 청정심을 기둥의식으로 세우는, '근원마음 청정심 밝히기 수행'이 절대 필요한 것이다.

정액은, 면역력의 집이요, 무병장수 젊음의 집이며, 육신을 초월하여 있는 초능력 에너지의 집이다. 정액을 몸 밖으로 배출시키면 배출시킬수록 몸을 늙게 하고 체력과 활력 건강을 약화시키며, 끝에 가서는 에너지가 바닥나게 돼서 빈껍데기 육신이 되도록 하고 만다. 뿐만 아니라, 정액을 배출시킬 때마다 맑은 정신과 젊음을 없이 하며 근본자유요 근본환희인 청정심을 어둠으로 뒤덮고 말게 된다.

이미 태어날 때 2리터 반으로 한정이 된 정액을 항상 몸 안에 간직하고 있음으로써, 항상 발기 상태가 되며, 몸은 늘 무엇이든 할 수 있다는 자신감 넘치고 의욕적인 몸이 되고, 어떠한 병도 물리칠 수 있는 면역력 강한 몸이 되고, 항상 건강하고 젊은 몸이 될 수 있는 것이다. 그래서 정액은 육신의 보물이다. 그래서 정액은 함부로 배출해서는 안 되는 보물 중의 보물이다.

정액은 절대로 몸 밖으로 배출하지 말아야 할 고귀하고 귀중한 보물인 것을 알고, 항상 남근이 성 용솟음 힘이 충만한 상태가 마음 든든하고 기분 좋은 것임을 체험하며, 이것을 지키기 위하여 항상 근원으로 깨어있으면서, 절대로 결코 정액을 몸 밖으로 배출하지 않는 무사정 교합을 함으로써만, 남근 · 여근이 불결하여지지 않으며 혐오스러워지지 않고 항상 서로 친할 수 있는 것이다. 남근 · 여근은 사정 성교를 하기 때문에 더러워지는 것이다.

성교하되 결코 사정하지 않는 성교가 깨어있는 성교이다. 사정성교야말로, 모든 소중한 것을 소멸시키는 원인인 것을 알면, 성 속에서도 마음을 생각으로 뒤덮지 않고, 성을 생각 없는 마음을 밝히는 수행도구로 삼고 성을 객관화할 수 있으며, 성교하되 절대로 사정하지 않는 무사정 성교를 명상으로 끌어올릴 수 있는 일이다.

무사정 성교명상이 가능하게 되면, 누구로부터 불의로 성감대가 자극되어 질지라도 본래 생각이 아닌 생각 없는 '0', 영원히 생각 없이 깨어서 영원히 생각보다 먼저 있는 영원한 절대불변 창조근원 0 · 중도 · 무생각 무의식 무아 마음이 기둥의식이 되어, 기둥의식이 성욕 생각의 종이 되지 않고, 성욕 생각을 지배할 수 있게 되는 것이다.

꽃은 누구를 위하여 아름답고 향기 있는 것이 아니다. 누가 보고 있든지 않든지 향기와 순수와 기쁨과 웃음이, 꽃의 본성이다. 그러므로 벼랑 높은 곳에 피어있는 꽃도, '아무도 근접하는 이가 없어도, 보는 이가 없어도' 언제나 순수요, 향기요, 아름다움이요, 기쁨이요, 함박웃음이다.

부부가 무사정 성교 명상을 위하며, 영원히, 언제나, 항상 생각보다 먼저 있는 '창조근원 0 마음'을 놓침이 없는 삶을 산다면, 육신이 아니라,

얼굴이 아니라, 그 육신을 살아있도록 하고 있는 근원인 '마음'이, '꽃의 사랑, 꽃의 행복, 꽃의 기쁨, 꽃의 향기, 꽃의 순수, 꽃의 아름다움'인 '진(眞) 선(善) 미(美)'인 것이다.

제4장 사랑마을 사랑언덕

교합하되 결코 절대로 사정하지 않게 되면, 남편은 남편대로 아내의 문이 싫어지지 않아서 찾게 되고, 아내는 아내대로 남편이 무능하지 않으므로 실망이 없게 된다. 그러니 잊지 않고 교합하되 결코 절대 사정하지 않는 교합이 부부 함께 행복할 수 있는 비법이다.

사정성교는, 인생의 즐거움을 빼앗고 실망을 주는 원흉인 것을 잊지 않고 기억하고, 성감대 애무에 성실하며, '영원히 생각이 아닌 청정한 마음'을 생각으로 파묻음이 없는 '항상 청정한 마음 환희'를 즐기며 '절대 무사정 교합'을 위하는 '성교명상'을 하는 데에, 부부 행복의 길이 있다.

4-1 포르노 코브라

불광선사 : 노인께서는 몇 살이십니까?

노인 : 이제 겨우 다섯 살입니다.

불광선사 : 70이 넘은 것 같은데 다섯 살입니까?

노인 : 저는 '참나'를 깨닫고 '참나'로 산 지 이제 겨우 5년째입니다.

불광선사 : '참나'는 태어나지 않는 불생이므로, 영원히 나이가 없습니다.

'참나'는 마음이고, 마음은, 영원히 창조된 바 없고 생겨난 바 없는 '영원한 절대불변 창조근원 · 인식근원 · 0'이다. 그러므로 '참나'는, 영원히 나이가 없으며, 육신도 아니고, 남성도 여성도 아니다.

육체자아 생각자아는, '나'(창조근원 0 · 중도 · 진여마음)가 살고 있는 '집'을 '나'로 알고 있는 착각자아요, '말 · 언어 · 생각 · 의식 · 사상'을 '나'로 알고 있는 착각인식이다.

'영원한 절대불변 창조근원 0 · 중도 · 생각 없는 0 · 무생각 무의식 무아 마음'에, 끝이 없이 끊임없는 무의식 마음그림이 그려지며, 생각이 일어나고 있고, 끝이 없이 끊임없는 찰나변화 생멸연속 생각이, 끝이 없이 끊임없는 생각보다 끝이 없이 끊임없이 먼저 있는 '창조근원 0 · 마음'을, 생각으로 파묻어 버리고 있다. 이것이 중생들의 무명이다.

‘창조근원 마음’이, 끝이 없이 끊임없는 찰나변화 생멸연속생각에 파묻혀서 생각이 되어, 생각이 존재인 듯이, 생각이 주인인 듯이, 생각이 왕이 되고 있는 상태가, 생각자아이고, 무명이다. 영원히 생각이 아닌 ‘창조근원 0 마음’이, 생각이 되어 있는 상태가, 어두움이고, 무지이고, 부자유이고, 불행이다.

마음이 나이고, 마음은, ‘영원히 생각보다 먼저 있는 영원한 절대불변 창조근원 0’이며, 끝이 없이 끊임없는 찰나변화 생멸연속 생각보다 끝이 없이 끊임없이 앞서 있는 ‘영원한 절대불변 창조근원 0’인 것인데, 마음은 생각에 묻혀버리고 생각만 행세하고 있는 것이, 무지이고 부자유이고 불행이므로, 24시간 날마다 언제나 무엇을 할 때나 어떤 때나, 항상 ‘생각보다 영원히 먼저 있는 ‘창조근원 0 · 무생각 무의식 마음’이, 생각으로 파묻히지 않는 수행’이 절대 필요하다.

날마다, 나라마다, 뉴스마다, 성이 사회문제화되고 있다. 항상 육체자아 · 생각자아인 인간은 누구나, 성 때문에 성공을 그르치고 운명을 그르치기 쉽다. 그래서 항상 성의 지진 해일 파도를 잘 해쳐나가야 하는 과제를 안고 살아가고 있다. 때문에 ‘항상 성의 바른 방향성’이 인생의 중요한 과제가 되고 있다.

길은 넓고 크다. 그런데도 자전거 타기를 익히고 있는 초보자는, 앞에 있는 전봇대와 결코 부딪히지 않으려고 노력하다가, 오히려 문제의 바로 그 전봇대와 부딪치게 되고 만다. 그래서 버스 정류장에 서 있는 여자와 마주치게 되어, 결코 절대로 부딪히지 않으려고 노력하며, 자전거 앞바퀴가 느리게 비뚤거리다가, 오히려 문제의 바로 그 여자와, 그것도 그 여자의 두 다리 사이 가랑이 사이로 자전거 앞바퀴가 파고들어 가고 마는, 황당한 경험을 한 적이 있다. 이것은, 하지 않으려고 애쓰면 애쓸수록, 오히려 하지 않으려고 애쓰고 있는 바로 그 일이 저질러지게 되고 마는 '역효과의 법칙'인 것으로 알려져 있다.

일어나지 말았으면 하는 일일수록 오히려 일어나고 만다. 일어나지 말았으면 하는 일에 주의 집중된 의식은, 줄곧 일어나지 말았으면 하는 생각이 되어 있게 마련이어서, 늘 주의 집중되어 있는 그 생각이 현실화되어 버리게 되는 것이다.

성도 억누르면 억누를수록, 오히려 억누르고 있는 바로 그 일을 저지르게 되고 마는, 역효과 법칙의 지배하에 놓일 수 있다. 그래서 성 지식을 알지 못하도록 하며 무조건 성 의식을 억누르게 되면, 성적 호기심만 잔뜩 커지게 하며, 오히려 성 충동을 분출시키게 되고 마는 역효과를 낼 수 있다.

무조건 무지한 상태로 있도록 억압되어서, 성을 이해하지 못하고 있는 의식은, 코브라(무의식 성 욕망 의식)가 자극되어지거나, 일깨워지면, '창조근원 마음' '나'가, 생각으로 파묻혀져서 '창조근원 마음' '나'도 알 수 없는, 원시본능 · 동물의식이 잠깨어져서, 성의 늪으로 빠져들지 않을 수 없는 위험에 빠지게 된다. 그런 결과들이, 화장실에서 아기를 낳고 던져버리는 소녀이고, 검둥이 아기를 낳게 되는 유부녀이고, 제비족에게 9억 원이나 뜯기고 멸망하게 되는 유부녀이며, 꽃뱀이나 섹스교단의 포로가 되어 파멸하는 유부남 유부녀들이다.

상대를 학대하므로 써 성적인 만족을 얻는 학대성 변태 사디즘, 이성의 학대를 받으며 쾌감을 느끼는 변태 마조히즘, 동성끼리의 성행위 호모섹스, 여성끼리의 동성연애자 레즈비언 등들은, 성이 억압되어 왜곡된 변태들이라고 지적되고 있다.

남성과 여성 이성 간의 성도, 동성 간의 성도, 결코 성 에너지를 몸 밖으로 배출하지 않고 '성 에너지를 항상 몸 안에, 영원히 보존하는 것'이, 얼마나 가치가 있고 고귀한 보물이 되는지를 인식하지 못하고, 몸 안의 성 에너지를 몸 밖으로 분출하며, 그 '짧은 한 순간'일 뿐인 '성 에너지 분출쾌감'을 행복으로 아는 것이, 불행의 원인이다.

인간의 성이 모든 문제의 원인이고, 성의 잘못된 길로 간 때문에, 인류세계 80% 인간들의 운명이 '잘못 그르쳐지고 있다'고 지적되고 있다. 따라서 성이 인간의 운명을 좌우하는 '키'가 되며, 성의 바른 운용이 인간의 운명을 바로 세우는 열쇠가 되고 있다. 그래서 '인생의 성패'는, '성의 바른 인식'에 달려 있다고 할 수 있다.

인간의 모든 생각이 성과 얽혀 있다. 마음이 생각으로 뒤덮이고, 마음이 생각에 파묻혀서, 마음이 생각과 동화되어 있는 상태가, 모든 문제이고 고통이고 불행이다.

영원히, 마음이 생각으로 뒤덮이지 않고 생각에 파묻히지 않아서, 항상 청정한 상태가, 마음이 생각의 지배를 당하지 않는 자유이고 행복이고, 무상의 환희이다. 그래서 언제나 어떤 때나, '영원히 생각보다 먼저 있으며, 생각 없이 깨어있는 무아 마음, 중도마음'이, '생각으로 뒤덮임이 없이' 보고 듣고 말하고 생각하고 행하는, 항상 중도마음이, 생활이 되고 인생이 되어야 환희자유이다.

어린 자녀에게는, 사춘기의 불안정한 정서를, 늘 '창조근원 0 · 무생각 무의식 중도마음'을 보는 수행으로, 늘 마음이 생각보다 먼저 있는 근원에 있도록 하는 마음공부를 지도하여 주는 것이 최고이다.

자녀들은 사춘기를 맞이하면서 자연히 성에 눈뜨게 되어 있고, 성의 함정으로 빠지기 쉽게 되어 있다. 때문에 성을 보면서도 마음을 성 생각으로 뒤덮이지 않도록 하는 마음공부가 반드시 자리 잡고 있어야 안전하다.

어른들도 물론이고, 아이들도 포르노를 보고 있는 속에서, '찰나도 생각 없는 0으로 깨어있는 창조근원 0 마음'을 생각화(化)하지 않도록 지도하고, 어떠한 때에도 항상, '영원히 생각 없이 깨어서 생각보다 먼저 있는 창조근원 마음'을 생각으로 파묻지 않으며, 보고, 듣고, 말하고, 생각하고, 행하고, 공부하는, '항상 중도마음을 잃지 않음'으로써, 끝이 없이 끊임없이 '생기고 머무르고 사라지는 생각'을 항상 알아차려서 모르는 때가 없는, '항상 중도마음 수행'이, 완전한 인격교육일 수 있고, 완전한 성교육일 수 있으며, 아이들의 장래를 성공 쪽으로 끌어들이는 열쇠일 수 있다.

이에 더하여서, "성교는 어른이 되어서 결혼을 하고, 반드시 부부간에만 하는 것이다. 또 중요한 것은, 결혼을 해서 성교할지라도 아이를 가질 때가 아닌 한, 사정은 결코 절대로 하지 않는 것이다. 정액은, '어린이를 어른 키 되도록 키우는 에너지이고, 몸이 병드는 것을 막는 건강 에너지이며, 몸에 병이 침범할 수 없도록 하는 면역력이며, 자연치유력'이요, '얼굴을 빛나게 하고, 몸을 늘 활기차고 의욕적이고 능력적이 되도록 하는' 귀중하고 고귀한 보물이다."고 가르쳐서, 바르고 옳은 성 철학을 반드시 심어주어야 한다.

"수음도 몸에 해롭고 건강에 해롭다. 비록 수음을 할지라도 결코 절대로 정액을 몸 밖으로 배출해서는 안 된다. 정액을 몸 밖으로 배출하는 행위야말로, 보다 위없이 고귀한 보물을 몸 밖으로 빼내 버리는 무지한 짓이다. 때문에 어른이 되어서 결혼을 하고 나서도 아이 낳기를 바랄 때가 아닌 한, 절대로 결코 사정은 하지 않는 것이다."고 가르쳐야 한다.

정액을 몸 밖으로 매출하는 수음이나 성교에 빠지면, 정액 배출 쾌감밖에 모르는 바보가 되어, 어두운 인생이 되는 것이므로, '결코 절대로 수음으로든 성교로든 정액배출은 하지 말아야 한다.'고 하는, '고귀한 성과학 철학'을 자녀에게 심어주어야 한다.

그렇게 훈련되고 수행되어진 아이들이, 코브라(온갖 유흥산업 성 산업 등 유혹자)를 만나게 되거나, 코브라(성감대)가 자극되어지는 속에 있게 될지라도, 결코 절대로 사정할 생각이 되지 않으며, 성 욕망 생각보다 먼저 있는 '중도마음, 창조근원 · 인식근원 마음'을 떠나지 않고, 늘 '중도마음, 창조근원 · 인식근원 마음'일 수 있게 되며, '우발적 · 충동적 · 원시 본능적 · 동물적'인 '성 욕망 생각의 노예' 되지 않도록 지도해 준다.

만일 아이가 성을 알고 성 생각에 빠져 있다면, 우선 마음을 알게 하고, '성적 행위를 묘사한 문학 · 회화 · 사진 · 영화 따위의 외설물'을 볼 수 있게 되면, 시작에서 끝까지 '중도마음, 창조근원 마음'을 생각으로 파묻지 않으며 보도록 한다, 그리고 어떠한 포르노 문화 속에서도, 마음이 성 생각화(化)하지 않는 '영원한 절대불변 창조근원 · 무생각 무의식 마음'일 수 있도록 지도해 준다.

포르노를 보며 마음을 성 생각화(化)하지 않는 '창조근원 · 인식근원 마음'일 수 있도록, 생각에 휩쓸리지 않는 '창조근원 · 인식근원 마음'으로 포르노를 보며, 일어나는 생각을 '무생각 무의식 창조근원 · 인식근원 마음'으로 알아차리면서 포르노를 보도록 하는, 마음공부가 완전한 성교육법일 수 있다.

우리들의 입으로 코로 우리들 속으로 드나드는 허공에서부터, 무수한 천체들이 떠 있는 허공에 이르기까지, 모든 곳을 차지하고 있는 무궁한 전체허공이, 크고 작은 다양한 무수한 태극(부분무극)들로 분화되고, 태극들이, '+와 -'로 갈리고 합하여 0이 되며 무극이 되는 파동(+ ⇆ 0 ⇄ -)으로, 우주만유 삼라만상이 현상되고 있다. 이러한 음-양+섭리로 우주를 창조하고 있는 '음-양+합일 0 창조력'이 사랑이다. 인도 카쥬라호 사원에 있는 '나체 남녀합신 조각상'들은, 우주를 창조하고 있는 사랑인 '음-양+합일0 창조력'을 '인간 나체 남녀합일 상(相)'으로 상징화한 것이라고 한다. 그 '나체 남녀합신 조각상'들은, 성을 보기만 하여도 성 충동 감정이 되어서, 성 욕망이 되고 마는 중생들에게, 그 '나체 남녀합신 조각상'을 보고 있으면서, 생각이 있기 전의 '창조근원 0 · 무생각 무의식 무아 중도 마음'일 수 있도록 하는, 방편일 수 있다. 이런 '나체 남녀합신 조각상'과 같이, 옷 벗어 있는 나체 남녀인간의 그림이나, 사진이나, 그밖의 포르노물들도, 그것을 보고 있으면서 영원히 생각보다 먼저 있는 '창조근원 0 · 중도 · 무생각 무의식 무아 마음'을, 생각으로 파묻지 않고, 항상 무아마음일 수 있도록 하는 수행도구일 수 있다.

라즈니쉬의 가르침을 보면, 인도의 라디스크 승원에는, 독극물 섭취를 통하여 수행자들을 각성시키는 수행법이 있다고 한다. 이때 수행자들은 찰나도 끊임없이 약물 감정 고통 생각보다 먼저 있는 '궁극침묵 근본지인 창조근원 마음'을 떠남이 없어야 하고, 결코 절대로 '궁극침묵 근본지인 창조근원 마음'을 약물 감정 고통 생각으로 뒤덮음이 없도록 하여 '영원한 절대불변 궁극침묵 근본지, 창조근원 마음'만 독존하도록 해야 한다. 그럼으로써만 코브라 독극을 무력화시키는 원리가 되는 것이라고 한다.

점진적으로 독극 약물을 늘리며 독극물로 인한 고통 생각보다 먼저 있는 '영원한 절대불변 무생각 무의식 마음'만 독존하도록 하는, 초강력 집중력을 강화한다. 그렇게 될 때, 그는, '영원한 절대불변 창조근원

0 · 무생각 무의식'만 독존하게 되는 대단한 각성을 얻게 된다.

약물을 통해서 각성을 얻는 수행법은 매우 과학적이지만, 매우 위험하므로, 그 일은 스승의 엄격한 감독하에 이루어진다고 한다. 먼저 극소량의 약물을 섭취한 다음, 그 약물의 생화학 자극으로 오는 고통 생각을 '생각 없는 마음'으로 지켜봄으로써, 그 약물 고통 생각의 포로 되지 않고, 영원히 생각보다 먼저 있는 '영원한 절대불변 창조근원 0 · 생각 없이 깨어있는 무의식'을, 움직임 없는 영원한 절대불변화(化)한 다음, 점진적으로 보다 약물을 늘려 복용하며, 생각보다 먼저 있는 '영원한 절대불변 창조근원 마음'을 생각으로 파묻음이 없이 '영원한 절대불변 창조근원 마음'만을 지켜나가는 것이다. 이 점진적인 방법에 의하여 극강한 독약조차도 무력화시키는 면역성을 키워내게 된다. 이 방법으로 코브라 뱀의 독을 먹고도 죽지 않게 된다고 한다. 코브라 뱀독에 면역이 되게 되면, 세상의 어떠한 독에 대하여서도 죽지 않는 면역성을 갖게 된다고 한다.

포르노물들을 보고 있으면서, '영원한 절대불변 창조근원 마음'을, 포르노물을 보고 있으므로 일어나는 성 욕망 생각으로 뒤덮지 않고, 오직, 생각으로 파묻힘이 없는 '영원한 절대불변 창조근원 마음'만 독존하도록 하는 것이다. 이러한 수행도, '영원한 절대불변 창조근원 마음'을 코브라 독을 마시고, 코브라 독 고통으로 일어나는 생각으로 뒤덮이지 않고 '영원한 절대불변 창조근원 마음'만 독존하도록 하는 수행과, 동일한 수행이 되는 것이다.

현대의 포르노물들은, 코브라 뱀독이 독약인 것을 알면서, 죽는 고통을 주는 그 독을 마시며 죽지 않는 면역성을 길러내는 방편과 같은 코브라이다. 현대의 포르노들은, 카주라호 사원의 '나체 남녀교합상'을 생각 없이 보는 것과 같이, 내가 그것들을 보면서 '성욕 생각'에 빠지지 않는 '영원한 절대불변 창조근원 마음 독존'이 되는 수행도구일 수 있는 것이다.

현대는 저차원한 원색의 포르노물들이 온갖 곳에 널려 있는 시대이다. 카주라호의 '나체남녀교합 상'들이나, 현대의 포르노물들도, 코브라의 독을 마심으로써만 코브라 독에 죽지 않는 면역성을 얻는 만다라일 수 있다. 만다라는, '원의 중심 핵심 점'에서 서로 정반대로 꼭 같은 짝 방위 2극성 대칭성들이, 원의 중심으로 합일되고 있음을 나타내고, 원의 중심 핵심이, '영원한 절대불변 창조근원 0'인 것을 나타내고 있다.

'카바레 여성 술 음식, 카지노 술 음식 여성, 호텔 음식 여성 술, 포르노 만화, 포르노 애니메이션, 포르노 비디오' 등 지금의 소년청년들은, 이 같은 코브라들을 만나지 않을 수 없는 문화 속에서 살고 있다. 그런 속에서 가장 완전한 삶의 방식은, '세상의 어떻게 어둡고 추한 속'에서일지라도, 생각보다 영원히 먼저 있는 마음을 생각화하지 않음으로써, '항상 생각없이 깨어있는 마음'일 수 있다면, 누구나 무엇이 어떠할지라도 '근원 본래의 깨어있는 자유 환희'일 수 있는 것이다.

4-2 인간이 알아야 할 핵심

창조되고 생겨난 것들만 모양 형상 현상이 있고, 근원은, 영원히 창조된 바 없고 생겨난 바 없는 '텅 빈 0 · 무극 0'이다. '텅 빈 0 · 무극 0'이야말로 무궁무진 무한한 하나이고, 유일무이한 불이(不二)의 하나이며, 결코 어디에도 있지 않음이 있을 수 없는 무소부재 바다이고, 결코 무엇도 하지 않음이 있을 수 없는 무소불위 신(神)이다. '텅 빈 0 · 무극 0'이야말로, 끊어지지 않고 나누어지지 않고 분리되지 않는 전체이고, 끊어짐도 나누어짐도 시작도 끝도 +극도 -극도 없는 무극이고, 무엇도 모르는 것이 없고, 무엇도 못하는 것이 없는 마음이요 신(神)이다.

근원(0)은 모양 형상 현상이 없는 영원한 무 현현이다. 그러므로 근원(0)은, 결코 무엇으로도 없이할 속성이 없다.

참 실재는 오직 근원(0)이 있을 뿐이다. 현상은 참으로는 없는 것이며 생겨나고 변화하고 사라지는 것이다. 근원(0)은, 창조된 바 없고 생겨난 바 없이 모든 곳에 가득한 '텅 빔'이요, 무한영겁 무생 무멸 영존이다. 근원(0)은 모든 것을 창조하며, 영원히, '창조된 것이 아닌 영원한 무 현현 '텅 빈 0 · 무극 0'이다.

모든 것이 마음(텅 빈 0 · 무극 0) 속에 있으며, 마음이 모든 것 속으로 투과 관류하고 있다. 그래서 모든 나는 마음(텅 빈 0 · 무극 0) 이다.

마음은, '창조된 바 없고 태어난 바 없고 생겨난 바 없는 영원한 무현현 창조근원 인식근원 0'이다. 영원히 언제나 항상 청정심 독존이, 무상(無上)의 환희요 무상(無上)의 자유이다. 영원히 언제나 항상 천상천하 청정심 독존보다 더한 행복이 없고 자유가 없다. '결코 어떠한 성 쾌락 쾌감도 청정심 환희'와 비교할 바가 못 되는 하찮은 것이다.

그런데 '나를 알고 나로 존재하지 못하고 있는 중생 남(男) 중생 녀(女)' 우리는, 항상 성의 포로가 되고, 성의 노예가 되어, 성의 쾌감을 행복으로 알고, 성의 쾌감을 위하여 살고들 있다.

'무상(無上)의 환희 자유'인 청정심으로 보면, 성 현상이야말로, 실상이 아닌 신기루 허상이요, 고통 덩어리이고, '성 에너지 분출 쾌감'이야말로, 자신을 죽이는 무지한 자살이다.

인간이 무엇보다도 가장 먼저 알아야 핵심 요체가 바로 나(마음)를 알고, 항상 나(마음)로 존재하는 것이다. 다음 알아야 할 것이 바로 성을 알고 성의 희생이 되지 않는 것이다.

나를 모르고 사는 것은 허수아비 삶이고, 성은 인생의 성공과 실패를 결정하는 원인이다.

성교의 기쁨은 순간이고, 성교의 종말은 평생 고통이다. —플로리앙

인광대사는, "세상 사람들 중의 10분의 4는 색욕에 빠져서 패가망신하여서 죽고, 또 다른 10분의 4는 색욕을 탐하여 쇠약해져서 죽고, 10분의 2 정도가 타고 난 수명을 누리고 죽고 있다."고 하였다. 이처럼 인간의 성공과 실패를 좌우하는 것이 성(性)이다. 그래서 부모들은, '자녀를 항상 깨어서 살며, 성의 노예 되지 않도록 지도하는 것'이, '자녀를 성공시키는 제일의 의제이다'는 사실에 눈떠야 하고, 그것이 부모의 사명이다.

인간의 생존의욕을 좌우하는 핵심에 자리하고 있는 것이, 바로 성 에너지이다.

이조 궁중비사를 보면, 포악하기 이를 데 없던 경종 모는, 19대 왕 숙종이 내리는 사약을 받게 되자, 세자 경종의 하반신을 쥐어짜 남성능력을 앗아 버렸다고 한다. '때문에 20대 왕 경종은, 일생 동안 모든 일에 의욕이 상실된 성 불구자'—성력이 없으면 존재감 · 자존감을 잃고, 삶의 의욕이 없어지고 만다. 이래서 성력이 중요한 것이다.—가 되고 말았다. 그래서 경종왕비 심씨는, 정욕이 발동하여도 '밤낮 없는 긴 긴 날'을 홀로 마르다가 세상을 일찍 떠나게 되고 말았다. 이어서 함종 이씨가 왕비가 되었으나 "이내 몸은 명문 갑부 높은 벼슬 남편 바란 적 없고, 내 몸 하나 기쁘게 해줄 서방 만나 한이 없을 삶을 바랐는데, 이 무슨 주야장천 가슴 답답 목이 마른 '멍울 한'인고?" 하고 한탄했다고 한다. 왕비는, 행복이 아니었다. 여성은 여성의 성 욕망을 풀어내는 것이 행복이었다.

성 욕망 생각에 파묻혀서 불행했던 여자가, 성불구자 경종왕의 왕비 심씨였고, 왕비 함종 이씨였다. 이처럼 인간의 삶을 지탱시켜 주는 것은 바로 성력(性力)이다.

그래서 중생들에게 있어서 생활의 중심은, 오로지 성(性)이다. 남자아이는 여자아이에게 칭찬받기 위하여 살고, 여자아이는 남자아이에게 칭찬받기 위하여 산다. 소년은 소녀로부터, 소녀는 소년으로부터 좋아한다는 말을 듣기 위하여 산다. 여자는 남자에게 사랑을 받기 위하여 살고, 남자는 여자에게 사랑을 받기 위하여 산다. '정치가, 기업가, 법률가, 언론인, 군경, 종교인, 근로자…' 인간들 모두가, 남성은 여성의 사랑을 받기 위하여 살고, 여성은 남성의 사랑을 받기 위하여 살며, '돈을, 밥을,

옷들을' 지어내고, 집을 짓고들 살고 있다.

구도자가 아닌 중생들에게 있어서 삶의 중심은 성이고, 환(幻)일 뿐인 성이 인간 삶의 성패를 좌우하고 있다.

전갈류 · 모기류 암컷들과 거미와 사마귀, 매미들은 교미가 끝난 다음에는 죽게 되고 마는 것을 보면, 성 에너지가 바로 생명의 근간이라는 것을 알 수 있다. 그래서 인간들도 성 에너지를 분출시킬 때마다 에너지의 분출이 있는 만큼, 면역력 약화와, '기(氣)가 사라져, 육신의 건강 · 젊음 황폐화 · 무덤화'를 촉진시키고 있다.

우리 몸의 핵심 물질이 바로 정액이다. 정액은 '면역력의 집이요, 무병장수 젊음의 집이며, 육신을 초월하여 있는 초능력 에너지의 집'이다. 정액을 몸 밖으로 배출시키면 배출시킬수록, 몸이 늙게 되고 체력과 활력 건강이 약화되며, 끝에 가서는 에너지가 바닥나게 되어 빈껍데기 육신이 되도록 하고 만다.

정액을 항상 몸 안에 간직하고 있어야, 항상 발기할 수 있는 저력이 되며, 몸은 늘 무엇이든지 할 수 있다는 자신감 넘치고 의욕에 찬 몸이 되고, 모든 병을 물리칠 수 있는 면역력 강한 몸이 되어, 항상 건강하고 젊은 몸이 될 수 있다.

정액을 몸에 항상 보존하고 있어야, 항상, 모든 일에 의욕이 넘치며 삶이 즐겁고 행복한 상태가 된다. 정액은, 항상 남근에 존재감 · 자존감을 충만하게 하며, '모든 일에 활기 의욕 넘치는 마음 든든 좋은 기분 상태'가 되도록 하는, '용솟음 힘'의 집이다.

정액은 함부로 배출해서는 안 되는 보물의 보물이다. 정액을 배출시킬 때마다 맑은 정신과 젊음을 없이 하며, 본래 자유요 본래 환희인 '창조근원

· 인식근원 0 · 청정심'을 어둠으로 뒤덮고 말게 된다.

사정 쾌감은, 영원히, 만족에 이를 수 없는 영원한 '불만족 블랙홀'이다. 그래서 '욕정 · 색욕 · 육욕 · 음욕'은, 끊임없이 끝이 없이 성 탐욕 생각이 되도록 하며, 정(精) 에너지만 고갈되도록 하여 '생명력 텅 빈 껍데기 육신'만 남도록 하고 마는 흡혈귀 거머리이다.

정액은 '성 에너지 용솟음 힘'의 집이다. 15초간의 짧은 찰나일 뿐인 사정쾌감 때문에, 남성이, 용(성 에너지 용솟음 힘)이 떠나버린 빈집이 되고, 육신이 알맹이 없는 빈껍데기로 되며, 무덤화(化)할 이유가 결코 없는 것인데, 우리의 육체 육욕 · 성욕은, 결코 만족 불가능한 성 쾌락 탐욕에 빠져서, '너무도 짧은 한 찰나 쾌감일 뿐'인 사정성교로, 성 에너지에 기반을 두고 있는 몸의 활기와 의욕과 정신마저 혼미하여지게 하는 '심신황폐화, 심신무덤화'를 초래시키고 있다.

사정성교의 사정 쾌감은, 너무도 일시적인 한 순간일 뿐인 짧디짧은 찰나에 성기를 통해서 빠져나가 버리며, 쾌락의 종말이 되는 속임수요, '정(精)을 빼내고 용솟는 의욕 활력'을 쫓아내서, 생명력을 고갈하게 하는 무덤이다.

사정성교는, 계속 쾌락을 거듭하고 싶게 하며, 연속해서 반복적으로 쾌락을 추구하게 함으로써, 결국은 삶의 활력이 고갈되며 육체를 말라죽게 하고 마는 죽음의 사자이다.

남근은, 사정하고 나면 시들어서 오그라지고 쪼그라들어 볼품없는 몰골이 되고, 사정 분비물로 바다를 이루고 턱 없이 크기만 한 여근에도 들어가지 못하는 쪼그라든 남근의 참담한 패배감을 안으며, 여근에서 물러나면서 그 여근에 대한 실망 · 혐오감 · 무관심이 되는 반면에, 여근은 비로소 뜨거워져서 끊임없이 뜨거워지고 싶은데, 남근은 더 이상 여근으로 들어오지 못하는 무기력이 되므로, 여성을 불만족이 되도록 하는 속물이다. 그래서 사정성교 그것이, 남성 몸의 존재감 · 자존감을 빼앗고 무기력하게 하며, 부부 사이를 멀어지게 하고, 혐오와 권태가 되도록 하며 이혼으로까지도 치닫게 만든다.

교합하되 결코 절대로 사정하지 않는 무 사정 교합이, 남편의 아내에 대한 '무관심 · 무성의 · 무기력 · 혐오 · 권태 · 짜증 · 싫증'이 없는 자력(磁力)이 되고, 식지 않는 열정이 되며, '남편과 아내 사이에 음- 전하와 양+ 전하 에너지의 평형'을 이루게 하는 것이다.

또한 『모든 생물은 섹스를 한다』를 보면, "버팔로되새 수컷의 성(性)세포 유전자들은, 정자 배출과는 무관한 길쭉한 가짜성기를 여분으로 하나 더 갖는 쪽으로 진화하여 만족할 줄 모르는 음탕한 암컷들의 성욕에 대처하게 되었다."고 한다. 새들도 암컷의 음욕이, 수컷이 감당하기 어려운 극강한 탐욕이다. 남근은, 교합하되 결코 절대로 사정하지 않는 무 사정 교합을 한다면, 버팔로 되새의 시정하지 않는 가짜 성기와 같은 구실을 할 수 있는 것이다.

그래서 성교하되 결코 절대로 사정하지 않을 줄 아는 것이 남근의 지혜이다. 성교를 하고 있는 속에서도, 육신의 근원이요 생각의 근원인 창조근원 마음을, 육욕 감각 쾌감 생각으로 파묻지 않고, 항상 생각으로 뒤덮이지 않는 창조근원 마음으로 있음으로 써, 무사정 교합이 가능하게 되고, 무사정 교합을 할 수 있고서야, 무의식적 성 충동 욕망에 빠지지 않는, 항상 깨어있는 인간일 수 있다.

그래서 방중술의 핵심은, '교합하되 절대로 결코 사정하지 말라'이다. 인간은, "교합할지라도 결코 절대로 사정하지 않는다." 의식으로 성교하며, 성교 속에서도 성 생각 · 사정 생각보다 먼저 있는 자기(무생각 무의식 무아 마음)를 결코 생각으로 뒤덮지 않는 자기제어를 함으로써, 결코 사정하지 않는 성기일 수 있다. 이것은, 결코 절대로 사정되지 않는 버팔로 되새 수컷의 무 사정 성기에 대응되는 것이다. 결코 사정하지 않는 성교를 위해서, 버팔로되새 수컷의 가짜 성기같이, 결코 사정하지 않는 성기가, 정을 남용하는 성폭력자이지 않고, 성을 목전에 두고도 성교에 빠지지 않는 성 초월자이게 할 수 있는 것이다. 이 마음이, 존재의 핵심이요 인간이 알아야 할 핵심이다.

참으로 성(性) 행복은, 정(精)을 방출하지 않는 무 사정 성교에 있다. 성교는 하되 결코 사정은 하지 않은 영원한 무 사정 성교에 성(性) 행복이 있다. 버팔로 되새의 수컷에게 사정하지 않는 성기가 있는 것같이, 결코 절대로 사정하지 않는 무사정 남근이, 회춘을 위하고 질병에 강한 면역력을 증강시키며 젊음을 위하고, 사정을 하고 만 여근에 혐오감 · 권태일 것도 없게 되는 것이다.

수음을 알게 되자마자 밤낮 없이 수음하다가 죽는 원숭이가 있는 것같이, 성에 무지한 상태로 있다가 불의의 상대에 의해서 성을 알게 되자마자, 성에 빠져서 패가망신할 수 있는 위험이 있기 때문에, 마치 코브라 독을 알고, 코브라 독에 죽지 않기 위하여 코브라 독을 마시며 코브라 독에 죽지 않는 마음을 양성하는 것같이, 성을 알고 성 속에 있으면서, 영원히, 생각보다 먼저 있는 '영원한 절대불변 창조근원 0 · 무생각 무의식 무아 마음'이, 결코 성 쾌감 성 생각으로 파묻히지 않음으로써, 성을 초월할 수 있어야 한다.

오직 파괴를 가져올 뿐인 성을 뿌리까지 알고 초월한다는 의미에서, 성의 모든 것을 알 필요가 있다. '성 감각 쾌감' 생각보다 먼저 있는

'영원한 절대불변 창조근원 0 · 무생각 무의식 무아 마음'(청정심)을 기둥으로 세우고, 절대로 결코 사정하지 않는 성교를 위하여 교합 하며, 성감대의 모든 부분이 적나라하게 자극하거나 자극되고 있는 속에서, 결코 '성 감각 쾌감' 생각에 파묻히지 않는 '항상 청정심 독존'을 위하는, 명상성교를 할 수 있어야 품위 있는 인간다워진다.

남성 · 여성 상(相)을 보고 있는 성 교합 속에서, 영원히 생각보다 먼저 있는 '항상 청정심 독존'일 수 있는 것이, 인간의 품위이고, '항상 청정심 독존'이, 사정성교의 함정에 빠지지 않을 수 있는 핵심이다.

성 교합 쾌감은, 너무도 짧은 한 순간일 뿐인 것이면서, 곧바로 무기력 불쾌감을 안겨주는 거간꾼이다. 깨어서 살지 못하므로, 성욕 생각의 노예가 되고, 버림받기도 하며, 병들거나 패가망신하기도 하고 죽기도 하는 것이다. 사정성교 탐닉이, '인체를 살아있도록 하는 에너지를, 몸 밖으로 내보내며, 쾌감을 줌'으로써, 그것이, '불행을 행복인 것같이 착각시키는 거간술 수법'이며, '생의 의지와 면역력을 빼앗고 병들고 늙게 하는 파괴력'이면서, 강간도 간음도 간통도 하게 하는 패가망신 망나니이다.

때문에 성욕 쾌감을 탐욕하여 '생활의욕 · 면역력 · 건강 · 젊음을 잃으면서 패가망신하지 않기' 위하여, '깨어서 살아야 하고, 깨어서 살기 위해서 나를 알아야' 한다.

나는 '영원한 절대불변 무생각 무의식 무아 마음'(청정심)이다. 그것을 알고, 결코 어떠한 때에도 마음을 생각으로 파묻지 않는, '항상 청정심'을 떠남이 없어야 한다. 그것이 지혜 중의 지혜이다.

4-3 숭고하고 위대한 동정(童貞)

자나깨나 가나 오나 날마다, 자기 생각자아 생각들을, 본래 생각이 아닌, 항상 청정심 마음으로 알아차리며, '마음을, 결코 생각으로 파묻음이 없는 어른들 · 아이들의 인생'이, 늘 행복하게 마련이고, 남을 괴롭힘이 없는 '평등 · 평화 · 박애'로 아름다운 인간일 수 있다.

자나 깨나 가나 오나 날마다 '항상 청정심'이 되는 마음 수행을 하고 있는 사람들이야말로, 늘 자기를 알고 자기로 살고 있어서, 살고 있는 이유가 무엇인지를 알고, 태어난 보람이 무엇인지를 알고 있는 사람들이다. 그래서 축복받은 사람들이다.

성 에너지가 용솟음 충천하여 막강하게 성의 문이 발동할 때에도, 성 생각에 휩쓸려서 '창조근원 마음'을 성 생각으로 파묻지 않고, 성 생각을, 생각 없이 알아차리는 '항상 청정심 마음'이 되고, 항상 '청정심을 생각으로 뒤덮음이 없이' 보고 듣고 말하고 생각하고 행하는 것이 깨어있는 것이다.

현대는 성관련 잡지 · 도서 · 유선TV · 인터넷 등 '성 사업' 매체들을 통하여, 성의 온갖 체위 및 기교들이 대중에게 알려지고 있어서, 생각 없이 알고 생각 없이 보는 거울마음으로, 성의 모든 것을 보고 아는

'항상 청정한 마음 독존'이 더욱 필요해진 시대이다.

순진한 여성은, 여성 홀리는 남성의 '눈 맞추기 눈 홀림' 최면에 빨려들어, 자신을 망칠 수 있다. 이런 때는, 결코 어떠한 생각에도 갇히지 않는 '항상 청정한 마음'이 되고 거울마음으로 상대남성의 눈을 꿰뚫어보며, '이 얼간이 인간아, 나는 너에게 안 속아.' 하는 염력을 보내주고 무시하여 버려야 한다.

장끼는, "정말로 여성이 강간당할 마음이 없다면 강간당하지 않는다. 죽음을 각오하고 결사적으로 단호하게 저항하면 강간할 수 없다."고 말한다. 이런 때 죽을 각오로 결사적으로 저항하는 방법도 있고, 힘 안 들이고 남성의 급소를 공격하는 방법도 있고, 또는 이런 때, 산골 암자의 수도승 여자가 그러했듯이, 느닷없는 뜻밖의 질문을 하여 상대의 마음을 텅 비게 함으로써, 남성의 성 탐욕 생각을 날려버릴 수도 있다.

짐승같이 달려드는 남성에게는, 살짝 몸을 피하고, "서두를 것 없지 않습니까? 먼저 내 질문에 답을 하세요. 옳은 답을 한다면, 당신의 뜻을 존중할 것입니다."고 말하여 남성의 마음을 누그러뜨려 놓는다. 그리고 질문을 한다. "전기는 있는 것입니까? 없는 것입니까?" "? …" "전기는 있음이면서 공(空)입니다. 바람도 그렇고, 마음도 있음이면서 공(空)입니다. 우리 속에서 마음 공(空)이 우리를 살아있도록 하고 있습니다. 그래서 당신도 공(空) 이고 나도 공(空)입니다. 공(空)이 공(空)을 어떻게 하시렵니까?"

그러면 상대방의 마음은 그 답을 찾느라고 현안의 성욕 생각을 날려버리게 되며, 마음이 생각 없는 공백 상태에 빠지게 될 것이다.

또는 "마음은 하늘과 같고, 생각은 구름과 같습니다. 그대 마음이 있는 현주소는 어디입니까? 구름입니까? 구름 없는 하늘입니까?" 또는 "성인은 '신은 그대 안에 있다. 그대가 이 세상을 사는 동안 신(神)과 하나를 이루지 못한다면, 그 삶은 무의미한 것이다.'고 했습니다. 당신은 신(神)과 하나를 이루고 있습니까?" 한 번도 생각해 보지 못한 전혀 뜻밖의 질문을 한다.

그런 뜻밖의 질문을 만나게 되면, 상대의 마음은, 뜻밖의 질문에 대한 답을 찾으려고 마음이 비어 있게 되는 법이다. 성욕은 생각이고, 마음은 생각 이전의 공(空)이다.

위와 같은 느닷없는 뜻밖의 질문법이, 강간 위험으로부터 해방되며, 자신의 순결을 지킬 수 있도록 할 것이다. 그래도 안 될 때는 MBC 드라마 「야인시대」에 나오는 개코의 특기(불알 쥐어버리기)를 사용할 수도 있을 것이다.

참으로 있는 것은, 오직, 창조된 바 없고 생겨난 바 없고 태어난 바 없는 근원이 있을 뿐이고, 창조되고 생겨나고 태어나고 변하고 사라지는 것은, 참으로는 없는 허상이다.

육신은 찰나변화 생멸연속 파동 입자로 가공된 허상이다. 육신을 현상하고 있는 원자 현상의 99.95%를 차지하고 있는 -(전자)들은 +(원자핵)의 둘레를 회전하고 있는 공간이고, 원자 현상의 0.05%를 차지하고 있는 +(원자핵)는 초극소의 공(空)이 초고속으로 회전하고 있는 공간이다. 이처럼 육신은, 없는 것이 있는 것같이 보이는 '회전 공간'으로 가공되어 있는 허상이요, 생기고 변하고 사라지는 허울이다. 또한 생각도, 본래 없는 것이면서 '끝이 없이 끊임없이 생기고 변하고 사라지는 찰나변화 생멸연속'이, 존재인 것처럼 보이고 있는 허울 환(幻)이다. 육신은 이러한 환(幻)이므로, 참 실재가 아니요, '나'가 아니다.

참으로 있는 것은, 영원한 무 현현으로 영원히 육신과 생각보다 먼저 있으면서, 참으로는 있지 않는 육신을 창조하고, 참으로는 없는 생각을 생기고 있는 '영원한 절대불변 창조근원 0 · 중도 · 무생각 무의식 무아 마음'(청정심)이다. 창정심이 나이다.

육신도 환(幻)이고, 남성도 환이고, 여성도 환이고, 남근도 환이고, 여근도 환이고, 성 욕망도 환이고, 성 쾌감도 환이다.

창조되고 생겨나고 태어나고 변하고 사라지는 모든 현상이 참으로는 있는 것이 아닌 환(幻)이다. 우리는 이러한 환에 속아서 환의 장난 속에 빠져 살고 있다. 이러한 환의 핵심 장난이 성교이다.

사정성교는, 사정 될 때, 마치 행복인 것같이 한 순간만 쾌감을 주며 정액이 몸 밖으로 나가 버리고는, 곧바로, 그 쾌감이 실재하는 것이 아닌 허무요, 무기력이요, 불쾌인 것으로 드러나는 환(幻)이다. 사정쾌감은, 배출 될 때 15초 동안만 행복인 듯이 쾌감을 주며, 곧바로 무기력으로 사라지는 허깨비이다. 그래서 성교 쾌감은, 사실은 행복이 아니라 불행이 되는 파괴력이다.

사정쾌감은, 정액을 방출하는 8초~15초 후 곧바로 육신의 활기를 빼앗아 육신을 빈껍데기로 만들고, 육신을 무기력하게 만들며, 면역력을 약화시켜 병약하게 하고, 늙음을 촉진시키는 파괴력이다. 그리고 고요함과 지혜를 잃게 하여, 정신을 탁하게 하며 산만하게 하고, '삶의 의지와 결단력 실천력'을 잃게 하여, 삶의 즐거움을 잃게 하고 마는 황당한 망나니이다. 따라서 사정쾌감은, 행복이 아니라, 불행을 안겨주고 고통을 안겨주는 망나니 환(幻)이다.

사정성교는, 건강 파괴력이요 불쾌를 안겨주는 망나니이므로, 경계하고 초월해야 할 허깨비 도깨비이다.

성교는, 부부 사이에서 청정심 마음 성찰과 건강을 위하는 절대 무사정 성교일 때만, 의미 있고, 가치 있는 것이다.

만일 그대가 지금 수음을 하고 있다면, 결코 절대로 사정이 되지 않도록 하라. 사정하지 않고 시간을 뛰어넘어서 수음하되 결코 절대로 결코 사정되지 않도록 수음하고, 사정(射精)없이 수음을 끝내라. 그것은 무(無) 사정(事情) 성기를 훈련하는 수행이 된다. 수음할 때는, 반드시 '무생각 무의식 마음'을 성 생각으로 파묻음이 없이 행하며, 반드시 1초를 2초로 더 느리게 자위하라. 1초를 2초로 느리게 더 느리게 매우 조심하여 자위하며, 끊임없이 면밀하게 자신의 성기 감각을 알아차리고 있다가, 초미세 감각으로라도 사정될 기미가 오면, 곧바로 자극을 멈추고, 결코 생각에 파묻히지 않는 '청정심 마음'에 확고부동 집중하라. 이러한 법으로 매우 느린 자위와, '잠시 무(無)체동'으로, 결코 절대로 정액 무배출이 되는 훈련으로, 수음을 이용하라. —탄트리카

최고의 성교육은, 사춘기가 되어 성 에너지가 용솟음하고, 성기가 막강하게 발기하게 될지라도, 그 때문에 생각의 근원인 '창조근원 0 · 청정심 마음'을 발기성기 생각으로 뒤덮지 않는, 항상 청정한 마음일 수 있도록 하는 수행에 있다.

늘 항상 청정심 홀로 존재가 되는 공부를 함으로써, 뜻밖에 성 생각이 일어나거나, 포르노를 보게 되거나, 뜻밖에 빨가벗은 성을 보게 되거나, 친구들이 수음 성교를 찬양하며, 수음 성교하는 것을 보게 될지라도, 뜻밖에 타의로 성기가 자극되어질지라도, 청정심 마음을 생각으로 뒤덮지 않을 수 있게 되고, 성의 노예 되지 않을 수 있게 되면, 몸을 빛나게 하고 '초능력적이게 하는 고귀한 보물 품성 동정'을 잃지 않고, 지켜나갈 수 있게 되는 것이다.

사춘기 자녀 아이가 성기발기에 신경을 쓰며, 성기발기에 집착되어 성기를 자극하고 있으면, 부모는 자녀에게 결코 사정하지 않는 자위행위를

깨우쳐 주는 것이, 나중에 아이가 '성교하게 될지라도 결코 절대 사정하지 않는' 수행 공부가 되며, 결코 어떠한 성의 상(相, image)에도 현혹되지 않는 청정심 마음을 강화하는 수단이 될 수 있게 할 것이다.

비록 수음하는 아이들을 보게 될지라도 부모는 그것을 자연 현상으로 인식하고, 아이들이 성 감각 욕망의 포로가 되지 않도록, 아이들이 성 감각 욕망 속에서도 성 생각으로 뒤덮이지 않고, 항상 청정심 홀로 존재일 수 있도록, 창조근원 마음 · 순수의식 · 청정심을 가르쳐 주어야 한다.

그리고 결코 어떤 때일지라도 결코 사정을 하지 말도록 깨우쳐 주어야 한다. 그래야 병 없이 건강하며, 공부에 열중할 수 있으며, 성공할 수 있다고 알려주어야 한다.

인생에 실패하는 사람들은, 모두 성욕의 노예 된 때문이다. 따라서 인간이 짊어진 중심과제는, 성을 어떻게 무난하게 통과하느냐? 하는 성 철학 확립에 있다. 그리고 항상 청정심 독존이 생활이 되도록 하는 데 인생의 성패가 달려 있다. 아이가 성의 노예 됨이 없고, 결코 어떠한 상황에서도 항상 청정심 독존이 되며, 반드시 이루고자 하는 꿈을 정하고, 자기가 이루고자 하는 일에 항상 매진한다면, 성공이 보장되어 있는 것이다.

결코 어떤 상황에서도 항상 청정심 독존일 수 있게 되면, 남이 한다고 나도 따라 하는 것은, 생각이 아닌 '나'(마음)가 생각의 노예 되는 '꼭두각시 · 로봇 · 허수아비'인 것을 알게 되고, 양심의 가책으로 스스로 괴로워지고 불행해 지는 일도 하지 않게 되며, 인간이 사는 목적은, 항상 자기(창조근원 마음)로 깨어서 사는 것이라고 알게 되어, 삶을 방황하지 않게 되는 것이다.

남녀 모두 동정을 잃지 않고 얼굴에 빛을 발산하고 있는 동안에 젊음이 절정을 이루고, 동정을 잃고, 정이 소진되기 시작하여 얼굴에 빛이 사라지기 시작하면서, 그 절정의 젊음이 서서히 사라지게 되며, 나이가 들기 시작한다.

남성이든 여성이든 얼굴에 빛을 발산하고 있는 시기는, 사춘기 최초의 성 에너지 용솟음 힘이 그대로 몸 안에 보존되어 동정(童貞)을 잃지 않고 있는 동안이다. 그러므로 얼굴에 빛을 발산하고 있는 그 시기야말로, 남성 여성 모두의, 인생의 황금기요, 인생 다이아몬드 기이다.

아기를 가질 때가 아닌 한, 절대 무사정이어야 한다는 것을 알고, 정액을 한 번도 몸 밖으로 배출한 적이 없는 동정남보다 거룩하고 숭고하고 고귀하고 위대하고 아름다운 남성은 없다.

정액이야말로, 신(神)을 구현하는 보물이고, 신령한 에너지가 살고 있는 집이다. 정액을 몸 밖으로 배출하는 것은, 너무도 소중하고 귀중한 보물을 몸 밖으로 빼내 버리며 스스로 무능한 인간을 자초하는 무지이다.

태어난 이후 한 번도 정액을 잃음이 없이 동정을 지키는 일이야말로, '삶의 의지와 결단력 · 실천력'이 몸 안에 살아있도록 하여, 항상 원기 왕성하고 의욕 넘치는 행복한 인간일 수 있도록 하게 마련이다. 이러한 육신의 보물을 잃지 않고 항상 몸 안에 보존하고 있는 동정이야말로, 참으로 위대한 능력이고 행복이고, 이러한 행복이야말로 참으로 위대한 행복이며, 항구적인 행복이다.

젊음을 위하는 비법은, 정액을 몸 밖으로 배출하지 않는 것을 기둥으로 하고 있다. 또, 병약한 자의 건강회복이나 중병치유의 법에서도 정액을 방출하지 않는 법이 핵심 요체가 되고 있다.

또 깨달음을 위하는 수행자에게 있어서도 정액을 몸 밖으로 배출시키지 않는 것이, 기둥이 되어 있다. 이처럼 정액은 결코 절대로 몸 밖으로 배출해서는 안 되는 보물의 보물이다.

뿐만 아니라 자신의 성(性)을 항상 청정심으로 관리하고 지배할 수 있었던 사람들이, 관료적으로도 기업적으로도 예술적으로도 성공한 사람들이었다.

4-4 회춘하는 용

참으로 행복을 위해서는, 나를 알고, 성의 정체를 알고, 남근 · 여근의 감각에 대한 모든 미련을 없이하며, 육신과 성교와 생각보다 영원히 먼저 있는 근원 쪽으로 나아가는 데 있다.

성 욕망을 채우지 못해서 오는 불만은 단지 생각일 뿐이다. 성 욕망 생각을, 생각보다 먼저 있는 '생각없는 무(無)'로 놓아버리면, 바로 거기가 지복의 자리이다.

영원히 육신보다 성교보다 먼저 있는 '창조근원 0 · 청정한 마음'이, '영원한 절대불변 창조근원 0'을 떠나지 않고, 항상 창조근원에 있게 되면, 바로 거기가 '본래환희 · 근본환희'가 있는 자리이다. 참으로 행복은, '남근 · 여근 감각 사정 쾌감'에 있지 않고, 영원히 언제나 항상, 결코 어떠한 생각에도 휩쓸림이 없고, 파묻힘이 없고, 갇힘이 없이 '무애(無碍 · 無礙) 자유'한 '창조근원 마음'에 있는 것이다.

육신은, 70조 개 전후의 세포들로 짜여지고 있다고 한다. 세포들은, 유전자 분자들로 짜여지고 있고, 유전자 분자들은, 원자들로 꾸며지고 있다. 원자들은, '+와 -' 원자핵 공간과 '+와 -' 전자 공간이 합일하고 있는, 끝이 없이 끊임없는 찰나변화 생멸연속 '+ - 0' 공간이다. 원자의

0.05% 공간이 원자핵이 차지하고 있는 공간이고, 원자의 99.95% 공간이 전자가 차지하고 있는 공간이다. 이런 원자 공간으로 짜여지고 꾸며진 것이 우주만유 삼라만상 현상이고, 우리의 육신이다.

일체의 우주만유 삼라만상 현상이 "회전하는 부분부극 공(空) 공간'일 뿐인, '원자 분자들의 조합으로 꾸며지고 있는 공간'이므로, '모두가 본디 없는 것이 있는 것같이 보이고 있는 허상 · 허울 현상'이다. 그래서 일체 현상이 마야요 환영이다.

참으로 있는 것은 마음일 뿐이고, 육신과 생각은 참으로는 없는 환(幻)일 따름인 것인데, 진여 진리와 합일을 이루지 못하고, 항상 육신 생각이 되어 있는 우리는, 육신 생각이 바라는 욕망 쪽으로만 휩쓸리며, 성 욕망의 포로가 되어 살고 있다.

성교라는 언어만 만나고도 마음 출렁이며 낯 붉어지고, 빨가벗은 여성 · 남성의 사진을 보는 것만으로도 성 욕망 탐욕이 되어버리는 사람은, 육체와 생각이 자극되기만 한다면 간음이든 간통이든 강간이든 하고 말 위험성에 노출되어 있다.

성교는, '참으로 있는 것이 아닌 남성육신 환(幻)'과, '참으로 있는 것이 아닌 여성육신 환(幻)'이 짝을 짓는 '허상 환(幻)'이며, 사정쾌감은, 짧은 한 순간만 행복인 것같이 느끼게 하면서, 육신의 알맹이인 정액을 방출하는 곧바로, 육신의 활기를 빼앗아 버리고 육신을 빈껍데기로 만듦으로써 육신을 무기력하게 하고 면역력을 약화시켜 병약하게 하며 늙음을 촉진시킨다.

그리고 정신을 탁하게 하고, 산만하게 하며, 삶의 실천력을 잃게 하고, 삶의 의지를 잃게 하며, 삶의 진정한 즐거움을 잃게 하여, 허무감에 빠지게 하고, 자살 충동을 일으키는 파괴력이다.

정액배출 사정은, 사정 될 때, 마치 행복인 것같이 15초간만 쾌감을 주며 몸 밖으로 나가 버리고는, 곧바로, 그 쾌감이 실재하는 것이 아닌 허망한 것이요, 무기력이요 불쾌인 것으로 드러나는 속임수이다. 그래서 남성과 여성은, 성의 속성을 깊이 앎으로써, '성교쾌감 · 사정쾌감'에 속지 않으며, 남근 · 여근의 감각을 초월하는 것이 지혜이다.

사정성교는, 순결하기 어렵도록 하고, 인간과 인간 간의 신의를 지킬 수 없도록 하고, 인생을 파탄나게 하며, 모든 좋은 것을 파괴하고 마는 '파멸 왕, 변심 왕 원숭이'이다. 이를 초월하는 길이, 마음성찰 교합이요 무사정 교합이다.

성기의 위생과 건강을 위해서는 노팬티나 헐렁한 팬티가 좋다는 지적이 있다. 엉덩이 가랑이 주변 하체에 바람이 잘 드나들 수 있도록 하는 것이, 청결 역할을 하여 항문과 성기 주변 마을 피부 건강에 아주 좋다는 지적이다. 때문에 성기를 바짝 감싸지 않는 헐렁한 옷이면서, 바람 잘 드나드는 옷이 몸에 좋다고 한다. 또 그런 옷이, 불순한 상대들에게 섹시하게 보이지 않도록 하는 효과를 낸다.

여성 성기는 더욱 통풍이 중요하고, 남성의 경우도 몸에 바짝 달라붙는 옷들은 불알을 몸에 바짝 달라붙도록 하여 불알주머니의 수축이완 기능을 방해하고, 불알의 호르몬 정자 생산능력을 떨어뜨린다고 한다. 그러므로 남녀 모두 성기의 건강 및 위생과 피부건강을 위해서, 팬티와 겉옷 모두 몸에 바짝 달라붙지 않는 헐렁한 옷이면서, 습기를 잘 흡수하는 천 종류의 옷이 좋고, 노팬티가 통풍에 좋다는 것이다.

불알은, 기온이 떨어지면 스스로 몸 쪽으로 바짝 달라붙고, 날씨가 더워지면 몸에서 떨어지도록 늘어져서 언제나 체온보다는 좀 낮은 온도로 있으려고 자율 조정되며 호르몬 생산에 이롭도록 하고 있다고 한다. 따라서 추울 때에 불알이 오므라드는 것은, 몸 쪽으로 가까이함과 동시에 불알주머니 표면적을 작게 함으로써 불알의 온도를 높이기 위함이며, 더울 때에 불알이 늘어져서 불두덩 아래로 늘어지는 것은, 불알주머니의 표면적을 크게 하여 열을 흩어지게 하기 위함이라는 것이다.

그러니 불알과 불알주머니의 세계에서도, 앎을 알며 앎을 이루는 파동앎 에너지가 의식으로서 역할을 하고 있다는 이야기이다. 불알의 이러한 자체 온도 조절능력인 신체에너지의 요구에 맞추기 위해서라도, 불알을 바짝 감싸지 않는 헐렁한 옷이면서, 바람 및 공기 드나듦이 좋은 천 종류 옷이 좋다는 것이다.

성과학을 보면, 남성의 성기는, 들어 올리는 인대와 요도, 두 개의 스펀지 같은 혈액자루 해면체와, 귀두 해면체로 되어 있다. 남근 해면체는, 성기가 부풀어서 딴딴하고 꿋꿋하게 일어나도록 하기 위하여 혈액을 받아들이는 동맥과, 성기가 오그라들고 줄어들도록 하기 위하여 혈액을 내보내는 정맥으로 구성되어 있으며, 남근을 커지게 하며 꿋꿋하게 일어서게 하는 것은, 남근 해면체에 혈액이 가득 담김으로써 있는 일이고, 남근이 줄어들고 오그라들어 작아지며 누워버리고 마는 일은, 남근 해면체에서 혈액이 나가버림으로써 있는 일이다.

남근의 머리 부분 해면체 '피자루 · 피주머니'에 혈액이 가득 담기게 되면, 남근의 머리 부분 감각이 크게 민감하여 지게 된다. 남근 해면체는, 들어오는 혈액양은 정상이라도 정맥을 통해 혈액이 흘러나가 버리는 '혈관성 발기부전'이 있을 수 있다고 한다. 이런 때는, 정맥을 묶어주면 치료가 된다고 한다.

남성이 성적 흥분을 하게 되면, 굵은 동맥을 통해 스펀지 같은 음경해면체에 혈액이 흘러 들어가 팽창하게 되고, 가느다란 정맥은 차단되어 남근에 유입된 혈액이 남근 밖으로 흘러 나가지 못하도록 하여, 남근이 풍선처럼 부풀어오르는 상태가 유지되도록 함으로써, 발기가 지속되도록 하게 된다다.

남근 속에는 피를 가득 담을 수 있는 '피주머니 길'들이 줄지어 있으며, 이 '피주머니'에 피가 들어오고 나가는 동맥과 정맥 '울림 앎'을 열고 닫는 열쇠와 자물쇠 판막이 있고, 뇌와 척수를 이으며 '파동 앎'이 오고 가는 길(신경)이 이어져서, '파동 앎'을 아는 '파동 앎'이 조절되고 있는 것이다.

뇌신경과 척수는, 남근에서 척수를 거쳐서 뇌로, 뇌에서 척수를 거쳐서 남근으로 파동 울림 앎이 흐르도록 전달하는 길이다. 이러한 파동 앎 정보들이 뇌에서 성기로, 성기에서 뇌로 전달되므로 성기 감각이 있게 되고 쾌감이 감각되고 있다는 것이다.

수행승이 남근을 잘라내 버리고도 마음으로는, 성 충동 감정을 벗어나지 못하더라고 하는 이야기가 있다. 남근과 여근이라고 하는 성문(性門)은 물건일 뿐이고, 육신의 주인이요 근원인 마음에 모든 능력과 원인이 있는 것이다.

발기가 잘 되는 절륜력 성기를 달고 있으며, 이성의 성문을 보고 있으면서도, '영원히 생각보다 먼저 있으며 끝이 없이 끊임없는 찰나변화 생멸연속 생각보다 끝이 없이 끊임없이 앞서 있는''영원한 절대불변 창조근원 0 마음'을, 생각으로 파문음이 없이 '항상 청정심 홀로존재인 것'이, 성의 초월이다.

탄트라(성 교합을 깨달음의 수단으로 삼는 테크닉) 가르침에, "사정은 결코 세게 분출시키지 말라. 사정 때는 분출되는 정액 쪽으로 정신을 집중하지 말고 '생각 없는 근원' 쪽으로 집중하라."고 했다.

필자가 어렸을 때는, 남자아이들 몇이 수음을 하며 누가 더 멀리 정액을 내쏘는지 시합하는 것을 본 일이 있다. 성교 때 남성은 사정으로 인하여 용(성 에너지 용솟음 힘)을 잃게 되고 만다. 때문에 결코 절대로 사정해서는 안 된다. 이것이 기본인 것인데, 사정을 하며 그것도 일부러 정액을 남근 밖으로 힘 있게 내쏘는 행위는, 더욱 용을 죽이며 생명력 약화를 촉진시키는, 어리석고 어리석은 바보짓이다. 뿐만 아니라, 아기를 가질 때가 아닌 한 결코 절대로 사정하지 않는 것이, 탄트라의 심오한 비법이고 비결이다.

남성이 정액을 절제 없이 사정하며 고단백질 섭취를 해도, 그것은 물질 에너지일 뿐이다. 정액에 깃들어 있는 기(氣)는, 물질 기(氣)로 보충할 수 없는 신기(神氣)이다. 정액은, 육신이 생겨날 때 일정량이 정해지는 것이다. 그래서 사정을 하게 되면, 사정 때마다, 이미 한정되어 있는 양에서 그만큼 덜어내어지며, 정액이 고갈되고 마는 것이다. 그러므로 '결코 절대로 사정하지 않는 무사정 성교가 최고의 정력제'가 되는 것이다.

뿐만 아니라, 사정을 목적으로 삼고 자신에게 사정을 강요하여 사정을 서두르는 사정 강박관념 성교는, 여성이 뜨거워지기도 전에 남근이 시들어지고 마는 어리석고 초라한 성교가 되고 만다. 그것은 남녀 쌍방 모두에게 불만이 되고, 스트레스가 되며, 그것이 원인이 되어, 무기력 · 게으름 · 싫증이 되며, 아내의 불만이 쌓이게 되고 이혼까지도 하게 되는 것이다. 이런 때문에도 '절대 무사정 교합'이 절대 필요하고, '절대 무사정 교합'을 함으로써만, 남성$^{+}$ 기(氣)와 여성$^{-}$ 기(氣)가 기(氣)의 균형을 이룰 수 있게 되며, 남$^{+}$녀$^{-}$ 기(氣)의 평형 조화를 이루게 되는 것이다.

뿐만 아니라 결코 사정하지 않는 절대 정액 무배출 교합을 위함으로써, 오히려 교합이 회춘법이 될 수 있으며, 더욱 교합이 가능하게 되는 것이다.

'사정하지 않는 교합을 위해서 결코 절대로 사정하지 않는 교합을 한다. 결코 사정을 생각하지 않는 교합을 한다. 성교하되 결코 절대 사정하지 않는다. 결코 절대로 사정하지 않고 교합을 끝낸다.'는, '의식이 핵심이고, 시종일관 결코 생각 없이 깨어있는 무생각 무의식 마음을 생각으로 뒤덮지 않으면서 교합한다'가 요체이다.

'교합하며, 결코 사정을 위한 빠른 체동을 하지 않는다. 반드시 천천히 체동하며 '사정될 초미세 느낌'이 있기 직전에 성교체동을 멈추고, 성기의 대부분을 질 밖으로 꺼내어 링가(남성 문) 머리 끝부분만 요니(여성 문)의 입술에 두고, 방출 움직임이 되려고 하던 '성 에너지 용솟음 힘, 용'이, 그대로 완전히 몸 안에 보존되도록 한다. 그런 다음에 다시 체동을 한다. 이런 법으로 '초미세 사정 직전 절대 무(無)체동 절대 무(無)사정'이 되는 '초미세 사정 직전 절대 무체동 절대 무사정' 법을 연이어서 10회 반복한다.'

탄트라 교사들은, "교합을 사정하기 위한 수단으로 삼지 말라. 결코 절대로 사정할 목적으로 교합하지 말라. 반드시 결코 절대로, 사정하지 않기 위한 교합을 하라. 교합하되, 교합 속에서 무아로 깨어있는 명상을 하라. 교합은, '남+녀- 기(氣)의 합일 서클' 사랑을 위하며 무아로 깨어있는 명상 수행으로 하라."고 가르친다.

탄트라의 가르침을 보면, 만약 남성이 사정하지 않고 교합하는 법으로 10회 '초미세 사정 직전 절대 무체동 절대 무사정' 테크닉을 지키게 되면, 남성의 사정 쪽으로 움직이려고 하던 정액이 그대로 몸 안에 보존되면서 몸을 젊어지게 하는 성 호르몬을 활성화시키며 육신의 신력(神力)을 강화하게 된다.

탄트라 가르침에, "교합하며 사정하지 않은 자제력을 단련하고, 성에너지 용솟음 힘이 사정으로 움직이기 바로 앞 단계에서 체동을 멈추고 사정하지 않는 테크닉을 열 번 반복하게 되면, 열 가지 이로움이 있다."고 하였다.

사정 절대 직전까지 가고 절대로 사정되지 않도록 하는 '사정 절대 직전 절대 무체동 절대 무사정 테크닉' '1회'는, 몸의 혈액순환이 좋아지게 한다. '사정 절대 직전 절대 무체동 절대 무사정 테크닉' '2회'는, 창조력 기(氣)가 온몸에 충만하게 한다. '사정 절대 직전 절대 무체동 절대 무사정 테크닉' '3회'는, 청각과 시력을 매우 밝아지게 한다. '사정 절대 직전 절대 무체동 절대 무사정 테크닉' '4회'는, 허리가 튼튼하여지게 한다. '사정 절대 직전 절대 무체동 절대 무사정 테크닉' '5회'는, 오장육부가 튼튼하여지게 한다. '사정 절대 직전 절대 무체동 절대 무사정 테크닉' '6회'는, 만병이 사라지게 한다. '사정 절대 직전 절대 무체동 절대 무사정 테크닉' '7회'는, 모든 일에 늘 의욕이 넘쳐 충천하게 한다. '사정 절대 직전 절대 무체동 절대 무사정 테크닉' '8회'는, 의식이 매우 밝아지게 되며 청정한 의식이 되게 한다. '사정 절대 직전 절대 무체동 절대 무사정 테크닉' '9회'는, 수명이 길어지게 한다. '사정 절대 직전 절대 무체동 절대 무사정 테크닉' '10회'는, 마침내 긴 시간 성교할지라도 사정되지 않는 '사정 절대 직전 절대 무체동 절대 무사정 테크닉' 마스터가 되며, 신선이 되는 길이 열리게 된다. 이것이, 방중술경의 핵심 가르침이다.

부부간에 나날이 '초미세 사정 절대 직전 절대 무체동 절대 무사정 10회 테크닉' 수행을 하고, 이것이 시간을 뛰어넘어 지속할 수 있는 성교명상이 되면, 언제나 발기가 가능한 남성 존재감 · 자존감을 얻게 되며, 그런 긴 성교 과정에서 아내는 멀티오르가즘(파도 오르가즘)을 얻게 되며, 그것이 남편에게는 여성을 기쁘게 했다는 성취감이 되고,

성교함으로써 남편이 오히려 회춘하게 되는 법이 되며, 본래 환희인 청정심 마음이 생각으로 파묻힘이 없도록 하는 수행이 되고, 마음을 성의 노예 되지 않게 하는 수행이 되는, 일석삼조 사조의 보람이 되는 것이다.

또한 천상천하 그 어떠한 즐거움과도 비교할 수 없는 환희가, 바로 결코 어떠한 생각에도 뒤덮임이 없는 '청정심 마음'에 있다고 알려져 있다. 항상, 생각보다 영원히 먼저 있으며 '영원히 생각이 아닌 창조근원 0'에 마음이 머물러서, 영원히 생각화(化) 없이 깨어있는 궁극침묵 근본지 부동심을 회복하는 것이 목적이요, 삶의 최고 의미이다.

마음은, 창조된 바 없고 생겨난 바 없이 모든 곳에 가득한 '텅 빔'이다.

창조된 바 없고 생겨난 바 없이 모든 곳에 가득한 '텅 빔'이, 결코 끊어질 수 없고 나누어질 수 없고 분리될 수 없는 무극(無極)—전체, 바다, 유일무이한 불이의 하나—이고, 결코 어디에도 있지 않음이 있을 수 없는 일신(一身)이요, 결코 무엇도 하지 않음이 있을 수 없는 일신(一神)이다.

창조된 바 없고 생겨난 바 없이 모든 곳에 가득한 '무극일신일신(無極一身一神) 텅 빔'(텅 빈 전체 一身 一神)이, 근본에너지요 창조에너지요 마음이다.

마음은, 창조된 바 없고 생겨난 바 없이 모든 곳에 가득한 '텅 빈 전체 일신(一身) 일신(一神)'이기 때문에, 모양 · 형상이 없는 영원한 무 현현이요, 마음은, 영원한 무 현현이기 때문에, 고통당할 것이 없을 뿐만 아니라, 결코 무엇으로도 없이할 것이 없는 '무한영겁 무생 무멸 불괴'이다.

창조되고 생겨나는 모든 것이 마음속에 있으며 마음이 모든 것 속에 있다. 그래서 마음이 모든 것 밖에 있으며 모든 것 안에 있다. 모든 것 밖에 있는 마음이 진여이고, 모든 것 안에 있는 마음이 여래이다.

마음은, '무한영겁 무생 무멸 불괴'요, 영원한 무 현현이고, 육신과 생각만이 생기고 변하고 사라지고 있다. 모든 '나'는 마음이고, 육신과 생각은 '나'가 아니다.

모든 나는, 영원히 생각보다 먼저 있으며, 끝이 없이 끊임없는 찰나변화 생멸연속 생각보다 끝이 없이 끊임없이 앞서 있는 '영원한 절대불변 창조근원 0 · 중도'(영원히 생각 없이 깨어있는 무생각 무의식 무아 근본지, 생각 텅 빈 청정한 마음)이다. 때문에 '생각 텅 빈 청정한 마음'이, 끝이 없이 끊임없이 생각 없이, 생각을 알아차리며, '생각 텅 빈 청정한 마음'을, 생각으로 뒤덮지 않고, '항상 청정한 마음 독존'이 된다면, '항상 청정한 마음 독존'이, 무상(無上)의 자유이고 무상의 행복이게 되는 것이다.

'항상 생각 텅 빈 청정한 마음'이, 끝이 없이 끊임없이, 생겨나고 있는 생각을 생각 없이 알아차리고, 머무르고 있는 생각을 생각 없이 알아차리고, 변화하고 있는 생각을 생각 없이 알아차리고, 사라지고 있는 생각을 생각 없이 알아차려서, '항상 생각 없이 생각을 알아차림'이 모르는 때가 없게 되면, 본래 있는 것이 아닌 생각은 사라지게 되고, 결코 생겨날 것 변화할 것 사라질 것 없는, 마음만 남게 되는 것이다.

'항상 생각 텅 빈 청정한 마음'이 '끝이 없이 끊임없이 생각을 생각 없이' 알아차려서, 영원히 언제나 '항상 청정한 마음'이 생각으로 뒤덮임이 없다면, '항상 청정한 마음' '나'가 모르는, '비의도적 · 무의식적 · 우발적'인 마약중독 · 도박중독 · 게임중독이나, 간음 · 간통 · 강간 · 성 폭력 · 성 타락이나, 자살이나, 유아납치 · 여성납치 · 인력납치 · 인신매매나, 살인강도나, 주먹폭력 · 정치폭력 · 법폭력, 경제사범 · 방탄비리 · 부패공무원 같은 일들이 있을 수 없게 되는 것이다.

4-5 여성의 구조

부부 사이이면서도 서로 간의 성감대 부위들을 모르고 있으며 거의 무시되고 지나쳐 버리고 있다는 지적이다. 부부 사이이면서 서로 모르고 지나쳐 버리고 있는 성감대들을 탐색하고, 그 자극법을 탐구하는 것만으로도, 부부 사이에 때마다 새로운 성을 창출하여 낼 수 있게 되어, 새로운 상대에 관심을 기울일 틈이 없게 되며, 그만큼 부부 사랑이 넓어지고 깊어질 수 있는 것이다.

음모(陰毛)는 생식기의 냄새를 붙잡아 농축시킨다고 한다. 그래서 건강한 여성의 질의 냄새는 매혹적일 수 있다는 지적이다.

성 생리학을 보면, 여성의 외음부 성기는, ① 대음순 ② 소음순 ③ 음핵 ④ 음핵소대(음핵 아래 음핵을 매달고 있는 음핵 목 줄기) ⑤ 요도구 ⑥ 질 전정(요도구에서 질 입구까지의 사이) ⑦ 질구로 구성되어 있다.

대소음순을 벌리면, 윗부분이 음핵, 음핵소대, 그 아래에 요도구, 그 아래가 요도구 둘레와 질구 사이 질 전정, 그 아래에 질구가 있다.

발생학적으로 대음순은 남성의 불알주머니에 해당하고, 소음순은 남성의 요도에 해당하고, 난소는 남성의 불알에 해당하고, 음핵(클리토리스)은 남성의 남근에 해당한다고 한다.

음핵은, 좌우 소 음순이 시작되는 상단 한가운데에 삼각포피를 둘러쓰고 있는 콩알 꼴 둥근 해면체이며, 음핵도 페니스가 커지고 딱딱해지는 원리와 꼭 같은 원리로, 딱딱해지며 일정 크기로 커지는 조직이다.

음핵은 오직 성적 쾌감 역할을 위해서만 있다고 한다. 음핵은 부드러운 혀로 문지르거나, 미끈미끈한 분비물이 분비된 요도구 질 전정 등 외음부를 포피 위로 문지르거나, 눌렀다 놓기 압박자극을 받으면 매우 민감하게 느끼게 된다.

성감을 일으키는 구체적인 조직은 음핵 말단신경이다. 음핵에는 페니스에 있는 만큼 같은 수의 말단신경들이 겨우 콩알 크기의 작은 것에 압축 중합되어 있어서 매우 민감하다는 설명이다. 그 조그만 콩알 크기에 거대조직인 페니스에 있는 만큼의 같은 수 말단신경들이 압축 중합되어 있기 때문에, 음핵은 그만큼 극강한 초강력 '느낌씨 묶임체'일 수 있어서, '음핵이 여성 성감의 중심이다'고 일컬어지고 있다.

음핵 귀두는 8천 개나 되는 신경이 몰려 있어서 너무나 민감하고 예민하기 때문에 손가락으로 직접 자극하면 여성은 고통이 될 수 있고, 매우 불쾌감을 느낄 수 있으므로, 단번에 손가락으로 거칠게 직접 자극하는 것보다, 그 근처 피부나 수풀이 덮여있는 비너스(치골 삼각언덕, 수풀이 우거진 사랑언덕) 전체를 자극하는 쪽을 선호한다고도 한다.

또 여성의 심리상태나 클리토리스가 큰 기쁨일 수 있기 위해서는, 먼저 뇌에 사랑전기가 충전되어 있어야 하는데, 남성이 난폭하게 강제적이거나 냉담하거나 혐오감을 가지면, 그것은 침묵하고, 남성이 열정적으로 그것에 사랑 애무를 할 때, 그것의 성감이 절정에 이른다는 지적이다. 또 체위에 따라서라든가 어떤 이유로 음핵의 상하좌우 가운데 어느 특정 부위 쪽이 더 민감하고 쾌감도가 높아지기도 한다는 지적이다.

대음순은 질 둘레의 점막 질을 덮고 있는 좌우 두두룩 덮개 표피이다. 질 둘레의 점막 질을 덮고 있는 좌우덮개 골짜기 입술점막 질을 제외한 수풀이 있는 좌우 표피 두두룩 전체가 대음순이다.

소음순은, 좁은 의미로는, 음핵의 아래쪽에서 시작하여 밑으로 도랑을 내고 있는 좌우점막 골짜기 점막입술이고, '넓은 의미로는 대음순의 좌우 점막골짜기 점막입술에서부터 안으로 펼쳐지고 있는 내부덮개 전체 점막 부위이다'고 할 수 있다. 따라서 소음순은, 클리토리스 하단의 좌우에서 요도와 질 전정과 질을 덮고 있는 '좌우점막 질 내부덮개'에서부터 외부에 이르는 좌우점막골짜기 입술이다.

소음순을 좌우로 벌리면 위쪽에서부터 차례로 아래로 클리토리스, 요도구, 질 전정, 질구이다. 질 전정은 요도구에서 질 입구까지의 사이 점막이다. 산부인과 의사들의 지적에 따르면, 처녀의 경우는 요도구에서 질구까지 질 전정 거의가 처녀막 베일로 덮여 있다고 한다.

비너스 언덕의 자극은, 대음순 두두룩 성 신경들을 잠 깨우는 쾌감으로 이어지게 된다. 대음순 두두룩 부위 자극은, 근육의 간접자극에 의하여 성 신경으로 자극이 전달되면서 무수한 성 신경 그물로 자극이 전파되기에 이르는 곳이니만큼, 대음순 자극에 앞서서 그 옆 좌우 넓적다리 안쪽과 회음(성기와 항문 사이 중간 부위)으로의 애무가 중요하다는 지적이다.

거친 자극에 대하여 더없이 약한 곳이 배꼽이라고 한다. 따라서 배꼽을 거칠게 자극하지 말아야 한다. 배꼽과 배꼽 아래 '숲이 우거진 역삼각 언덕 불두덩'을 비너스라고 한다. 아랫배 중간보다 조금 밑에 있으며 비너스 동산 사이에 있는 경혈을 자극하는 일은, 여성의 난소 호르몬 분비를 촉진하게 된다고 한다.

유방에서 엉덩이에 이르는 성감대들이 애무되고 여성의 꽃에 사랑

물이 넘쳐 나오면, 비너스 마을 검은 숲 동네를 산책하게 된다. 질 부위로 옹달샘 물이 흘러나왔다고 곧바로 삽입하는 일은, 여성 온천이 느리게 뜨거워지고 느리게 끓어오르는 뜨거움과 끓음의 깊이, 넓이를 살피지 못한 풋내기 성교라는 지적이다. 남자는 사정이 되고 나면, 그것으로 활기를 잃고 힘없는 물건이 되고 마는데, 여근은 일단 여근을 자극받고 나면, 그때에야 성이 눈뜨게 되고, 성교를 바라게 되고, 성교를 하면 할수록 점점 더 자극을 바라는 속성이니, 이의 균형을 어떻게 맞추느냐가 남편의 책무요 사명이다. 따라서 느리게 체동하며 '사정 절대 직전 절대 무(無)체동 절대 무(無)사정 반복' 결코 절대 무 사정 성교가 그 대안이 된다.

이러한 여성에 대한 애무와 교합 전 과정 동안에, 남성의 '창조근원 0 · 생각 없이 깨어 깨어있는 무생각 무의식 무아 마음'이, 기둥이 되어, '마음이 결코 생각에 파묻히지 않으면서', 보고 듣고 말하고 생각하고 행하는 것이다.

처녀막 재생 성형이 있다고 한다. 그런 의술을 개발한 목적의식, 그런 의술을 팔고 있는 성형의사들의 상업성, 그런 의술을 사들이는 여성의 영혼은, 천박하다.

첫 경험인 남성, 여성, 동정남, 동정녀는 난생 처음으로 성교를 맞이하게 되는 것이어서, 그렇지 않을 수 없는 영혼의 떨림이 있게 마련인 법이어서, 처녀막 잣대기준 처녀판단은, 바른 판단법이 될 수 없는 것이다.

뿐만 아니라, 처녀도, 처녀막도, 여근도, 성교도, 성감각도, 성 쾌감도, 육신도, 생각의식도 생기고 변하고 사라지고 없어지는 환(幻)인 것이니, 따질 것 없고, 오직 남성 영혼과 여성 영혼의 합일이 사랑이요, 마음과 마음의 합일이 가치이다.

마음은, 결코 어떠한 무엇에도 소유당할 속성, 지배당할 속성이 없는 영원한 절대 무속성인 영원한 무현상이다. 육신은 본래 무능력인 허상이고, 마음이 육신의 주인이며, 마음은 아무에게도 무엇에도 소유당하거나 강간당할 것 없는 영원한 무 현현이다. 누구의 마음이든 마음은, 어떠한 결코 무엇에도 소유당할 수 있는 현상이 아니다. 그래서 고문당하거나 폭행당하거나 강간당하고 '고문 · 폭행 · 강간당한 기억 생각'은, 실체 있는 실상이 아닌 허상에 마음이 집착되어 있는 무지이다.

육신도 '나'가 아니요, 기억도 '나'가 아니요, 생각 의식도 '나'가 아니다. 영원히 육신도 생각도 기억도 아닌 마음이 '나'이다. 항상 생각 없는 마음이 근본자유 · 근본환희이다.

생각으로 동화되고, 생각의 노예 되고, 생각에 묶이고, 생각에 갇히고, 생각에 휩쓸리고, 생각에 빠지고, 생각으로 뒤덮이고, 생각에 파묻히고, 생각이 되어 생각의 부림을 당하는 마음은, 마치 구름으로 뒤덮이고 구름에 파묻혀 있는 하늘과 같다.

구름이 걷히면 본래 구름 없는 하늘이 드러나는 것과 같이, 생각이 걷히면 본래 생각이 아닌 마음이 드러나는 것이다. 이 마음이 가치이고 구극의 힘이다.

영원히 언제나 항상, 생각에 파묻힘이 없는 '창조근원 0 · 생각 없이 깨어있는 무생각 무의식 무아 마음 홀로 존재'가, 자유요, 환희이다. 항상 무아 마음이 가치요, 목적이다.

실체는, '육신이 아니고, 성기가 아니라, 처녀성이 아니라, 생각이 아니라' 오직 마음(空) 이고, 처녀성을 강간했다고 해서 남성이 '여성의 실체인 마음'을 소유할 수 있는 것이 아니고, 여성 육신이 강간당했다고 해서 강간한 자에게 마음이 소유당할 수 있는 것이 아니다.

모든 의미는, 마음이 생각을 일으키면 있는 것이고, 마음이 생각을 일으키지 않으면 본래 없는 것이며, 마음이 결코 어떠한 기억이나 생각에도 파묻히지 않고, 어떠한 생각에도 동화되지 않으면, 오직, 영원히, '창조근원 0 · 생각 없이 깨어있는 무아 마음'만 있게 되며, 그것이 자유이고 행복이고 지복(至福)인 것이다.

4-6 + − 기(氣)의 합일 사랑

성 에너지는 생명 에너지에서 온다. 정액은, 결코 절대로 몸 밖으로 방출하지 않고, 반드시 항상 몸 안에 보존하고 있어야 하는 귀중한 물질이다. 정액을 몸 안에 항상 보존하고 살기 위하여, '절대 무사정 교합'을 해야 하는데, '절대 무사정 교합'을 위해서는, '항상 생각 텅 빈 청정한 마음'을 생각으로 뒤덮음이 없어야 가능하다.

육신보다도 생각보다도 영원히 먼저 있는 '생각 텅 빈 청정한 마음'이, '나'이다. '항상 생각 텅 빈 청정한 마음'이, 근본 자유이고, '본래 환희'요, '근본환희'이고, 영원한 환희이다. 그래서 육신에 있을 때나, 육신을 떠나 있을 때나, 항상 청정한 마음이, 구극의 가치이다.

영원히 생각보다 먼저 있는 '생각 텅 빈 청정한 마음'을 생각으로 파묻음이 없이 성 감정 생각을 알아차리며, '항상 생각 텅 빈 청정한 마음 성찰'로서 육체자아 생각에 파묻히지 않는, 항상 청정심으로 초월하여야 할 대상이, 성이다.

성 교합은, '항상 생각 텅 빈 청정한 마음'이 성 교합 속에서도 결코 성 감정 생각에 빠지지 않기 위한 '항상 생각 텅 빈 청정한 마음' 성찰 수행을 위한 수단으로 쓸모가 있고, 절대 무 사정 교합으로 회춘 건강을 위해서 필요할 뿐이다. 따라서 결혼을 하고서도, 자녀를 가질 때가 아닌 한, 사정은, 결코, 절대로 하지 않는 '절대 무 사정 교합'으로, 부부 함께 성을 달관(達觀)하면서, 근원환희를 위하는 것이 지혜요 목적이다.

성을 초월하기 위하여 다음의 성감대들을 자유방임으로 '자극하고 자극받으면서도' 시종일관 '생각 텅 빈 청정한 마음'이, 성 생각으로 파묻힘이 없어야 한다.

성 생리학을 보면,

여성의 대음순과 소음순 경계도랑 점막에서 내부 좌우덮개 소음순점막 질은, 혈관그물 점막이어서 성 흥분 때 혈액이 혈관그물에 들어차게 되며 스펀지같이 부풀어 올라 탄력성을 얻게 된다. 질 전정 부위 요도 둘레 혈관모음떨기에서 가지 쳐서 나누어지는 가지 정맥과 가지 동맥들이 그물처럼 짜여져 소음순 내부 덮개로까지 혈관그물을 이루고 있으며, '혈관그물 분지점'마다 '정맥입구 옆'에는, 혈액이 채워지면 나가지 못하도록 닫히는 '날름막 밸브'가 있어서, '일단 들어차게 된 혈액'은 역류할 수 없게 되어 있다. 성교 때 그토록 수없이 링가(남근) 드나들기가 되풀이되어도 소음순이 마찰마모 피로가 없는 것은, 그만큼 소음순이 혈액으로 스펀지같이 부풀어서 탄력이 붙어 있으며 '질액의 매끄러움'이 마찰마모를 막아주고 있기 때문이라고 한다.

성 생리학을 보면, 여성의 성적 흥분에 따라 '대음순과 소음순 · 클리토리스 · 질 전정 · 질구 · 내 음부 자궁'에 이르기까지 '요니(여근) 안팎이 함께 피모임 부풀음'이 일어나게 되며, '음핵 귀두'도 팽창하며 포피에서 노출하여 있게 되었다가, 오르가즘을 경험한 후 음핵 귀두가 서서히 작아지며 포피 속으로 숨어 버리게 된다.

소음순과 질 전정의 경계기부에 동맥과 정맥 혈관이 모음떨기를 이루고 있고, 이 혈관모음 떨기는 '요니 언덕 두두룩 대음순 골짜기 점막'인 '소음순 도랑 중심부'로 달리고 있다. '소음순 도랑 점막'은 말단신경모음 무더기여서 '간지럼자극 · 더듬이자극'에 민감하다. 더군다나 소음순과 질 전정의 좌우 고랑 경계선은 혈관모음떨기여서 자극에 민감한 초감도 성감대이다.

소음순에서 질 전정 좌우 고랑에는, '숨골에서 나오는 제10쌍 뇌신경인 미주신경'의 밀도가 매우 높게 분포되어 있어서, '소음순 도랑 점막에서 안쪽 소음순 덮개 점막 쪽'과 '질전정 좌우 고랑 쪽'으로는, 가벼운 건드림 조차도 여성에게 높은 감도로 쾌감을 주게 된다. 이 '내부 소음순 점막 덮개'와 '질전정 좌우의 고랑'에는 성분비물인 하얀 찌꺼기가 끼기 쉬우므로, 오랄 자극 때 청결이 필요한 지대이다.

'소음순이 덮고 있는 요도'와 '질 입구 사이 질 전정 점막'은, '막다른 가장자리 끝 말단신경들'이 모여 있는 '초감도 성감지대'로서 '혈관그물인 소음순 내부점막 덮개'로 덮여 있고, '좌우 소음순 내부점막 덮개'와 '질 전정 좌우 고랑 쪽 혈관모음 떨기'는 '여성의 1급 쾌감 성감대'라고 일컬어지고 있다.

질 전정은, '감각 수용기 집중처'이며 '말단신경의 집중지대'여서, '여성의 몸 전체에 있는 성감대' 중에서도 가장 민감한 지대이다.

질 전정은, 성교 때 남성 불두덩과 직접 밀착되는 영역이기도 하여 링가 삽입 없이 '불두덩 밀착' 문지름으로 질 전정이 적절하게 자극되는 것만으로도, 몇 번이고 오르가즘에 도달하는 여성이 있다고 할 만큼, '질 전정은 초감도 성감대'이다.

먼저 대소음순과 소음순의 경계 골짜기를 자극하는 것은, 질 성감대 자극을 위한 스위치 자극이 된다. '음핵과 질 사이에 있는 요도구'에 많은 말단 신경들이 분포되어 있어서 '요도구가 높은 성감대'이다. 요도구를 '한 올의 부드러운 머리카락''으로 간지럼 태우는 지극'을 말하는 이도 있다. 그리고 '좌우 소음순과 질 전정의 좌우 고랑 애무'와 '질전정 애무'가 큰 기쁨을 일깨우는 곳들이다.

질 전정과 같이 "말단신경의 밀집지대인 질 내부 3분의 1쯤'의 깊이(음핵이 있는 쪽 질 내부, G스폿) 내부 벽'은, '초고감도 쾌감지대'인 것으로 알려져 있다. 검지 · 중지는 '질 내부 3분의 1쯤 깊이'에 넣고, 엄지는 음핵을 누르는 식의, 질 안팎으로 '음핵과 질 내부 G스폿(질 내부 3분의 1 깊이, 음핵이 있는 쪽) 동시 애무'는, 성감을 초감도로 증폭하게 된다는 지적이다.

프로들은 이런 초고감도 애무는 맨 나중으로 미루어 두고 안달내기 애무를 한다고 한다. 성기에 대한 접촉을 의도적으로 피하고, 대음순이나 안쪽 넓적다리 애무를 하는 것은, 흥분을 고조시키는 안달내기 애무라고들 하고 있다.

남성의 손길이 항문에 닿았을 때 여성은 새로운 쾌감에 눈뜨게 된다는 지적이다. 두 언덕으로 갈라지며 도랑을 내고 있는 '엉덩이의 복숭아꼴 도랑'에의 애무가, 민감 지대로서 높은 감도 성감대이다.

항문 성감대 또한 중점자극이 필요한 성감대라고 지적되고 있다.

'엉덩이의 좌우 언덕'은, 손바닥으로 눌러서 성기 쪽을 향해서 진동을 전하듯이 떨게 하는 '눌렀다 놓기 진동애무'에 민감하게 반응하는 '파티니소체'가 울림 울려서 사랑의 신이 눈뜨게 된다는 곳이다.

성감대를 자극받고 있거나, 성감대를 자극하고 있으면서도, 남편 아내 각자 마음이 '끝이 없이 끊임없는 찰나변화 생멸연속 생각을' '끝이 없이 끊임없이' 알아차림으로써, 결코 마음을, 생각으로 뒤덮음이 없이 '항상 생각 텅 빈 청정한 마음'이어야 한다.

'남녀 합신(合身) 일신(一身)'은, 서로 분리되어서는 존재일 수 없는 '음-양+에너지'를 하나로 합하려고 하는 생명학적 결합 사랑을 위하는 것이다. 그것은 에너지 방출을 위함이 아니라, 에너지 방출을 하지 않음으로써, 항상 서로 분리되지 않는 기(氣)로써 하나이기 위한 '남$^{+}$녀$^{-}$ 음$^{-}$양$^{+}$ 에너지 합일'을 이루고자 하는 것이다.

용(성 에너지 용솟음 힘)의 방출 없이, 남$^{+}$녀$^{-}$의 몸이 한몸을 이룬 속에, 남$^{+}$녀$^{-}$의 넘치는 '성 에너지 용솟음 힘'이 '남$^{+}$녀$^{-}$ 합신 몸' 안에 그대로 머물러 떠나지 않도록 하여, 시종일관 '남$^{+}$녀$^{-}$ 합신 기합일(氣合一)'이 되도록 하는 것이, '남녀합신일신(男女合身一身)'으로 '남$^{+}$녀$^{-}$ 기합일(氣合一)'을 이루는 목적이다.

사정 따위 생각은 완전히 버려버린다. 사랑은, 마치 '+ −' 전류의 +에너지와 −에너지가 '서로 끌어당겨서 서로 끌어들이고 서로 끌어 붙는 힘'으로 분리되지 않는 하나를 이루듯이, 남$^{+}$녀$^{-}$ 에너지가, 전류같이 '서로 끌어들이고 서로 끌어당기며 서로 끌어 붙는 힘' '기(氣)의 합일'을 이루고, 처음의 불의 상태 '성 에너지 용솟음 힘'이 사라지지 않도록 하는 데 있다.

사랑은, 서로 분리되어서는 존재일 수 없는 음-양+ 두 에너지가, 마치 전류와도 같이, 서로 떨어지지 않고 서로 끌어당겨서 서로 끌어들이고 서로 끌어 붙는 기(氣)의 합일 파동(+ ⇆ 0 ⇄ −) 에 있다. 그것은, +전기와 −전기 흐름과 같고, N^{+}극과 S^{-}극 자력 흐름과 같은, 에너지의 끝이 없이 끊임없는 아날로그 흐름이다.

남$^{+}$녀$^{-}$ 음$^{-}$양$^{+}$ 에너지의 합일 서클(원)이 이루어질 때, 남$^{+}$녀$^{-}$ 몸의 모든 세포들이 새록새록 감각을 찾게 되며, 빛과 같은 진동수로 진동하는 진동 몸을 일깨우게 된다. 그 진동에 집중하고 그 진동을 일깨우는 것이 남녀합신의 의미이다.

'남$^{+}$녀$^{-}$ 음$^{-}$양$^{+}$ 문'의 합일은, 분열된 '남$^{+}$녀$^{-}$ 두 몸'의 음$^{-}$양$^{+}$ 에너지를 연결하는 고리가 된다. 정액 방출이 없이 남$^{+}$녀$^{-}$ 음-양+ 기(氣)가 파동(+ ⇆ 0 ⇄ -)으로 원(O, 서클)을 이룰 때, 남$^{+}$녀$^{-}$ 음$^{-}$양$^{+}$ 기(氣)는, 서로 분리되지 않고 서로 끌어당기고 서로 끌어들여서 서로 끌어 붙는 '음$^{-}$ ⇆ 0 ⇄ 양$^{+}$ 파동(+ ⇆ 0 ⇄ -) 흐름'으로 하나의 원(O)을 이루게 되고, 기(氣)의 합일이 되며 분열이 없게 되는 것이다.

4-7 남녀 합신 기(氣)의 합일

어디에서든 무엇을 하든, '생각 텅 빈 청정한 마음'을 항상 숙지하는 것이 기본이다.

성 과학을 보면, 유방에는, 젖샘에서 젖이 나올 수 있도록 하는 젖줄기 대롱과, 젖줄기 대롱 가장자리에서 입을 열고 젖을 내는 점막과, 혈액이 가득 차서 꼿꼿하게 일어서는 힘 핏줄과, 점액을 내는 기름멍울 신경들이 있다. 성적인 감동이 높아지면 젖꼭지가 일어서고, 그다음으로 유방이 커지며, 이어서 젖꼭지 밑 둘레에 둥그렇게 둘러서 있는 작은 돌기들인 '젖꽃'이 꼿꼿하게 된다.

'유방은 쾌감 엔진이다'고도 하며, 유방 자체는 성감대로서는 둔감씨라고도 한다. 유방보다 젖꼭지가 민감해서, 젖꼭지는 몸의 다른 부위와 견줄 수 없이 빠른 반응을 하는 경향이 있다고 지적된다. 젖꼭지 점막 부위에서부터 젖꼭지 최정상에 이르는 '젖샘 점막 가장자리'가 쾌감지대라는 지적이다. 젖꼭지를 자극하면 차차 클리토리스가 일어서게 되며, 질이 젖게 된다. 그러나 유방감각이 매우 민감하여 조금만 자극하여도 오르가즘에 도달하는 여성이 있을 수 있고, 만지는 것조차 싫어하는 여성도 있을 수 있다는 점이, 젖꼭지 성감대의 두드러진 특성이다.

유방 애무에 대하여서는 다음과 같이 알려져 있다.

먼저, 손바닥으로 유방을 감싸고, 좌우로 또는 상하로 움직이든가, 원을 그리듯이 상하로 또는 좌우로 자극하거나, 손바닥으로 유방을 문지르거나, 상하로 흔들면서 눌렀다 놓기 진동을 줄 수도 있다. 유방을 회전시키면서 좌우 유방을 맞대어 비비며 주무를 수도 있다. 유방 애무 다음 '젖꽃, 젖꽃 애무 다음, 젖꼭지' 차례로 애무하며, 유방 밑에서 위로, 양손으로 유방을 밀어 올리면서 엄지손가락으로 젖꼭지를 지그시 눌러 줄 수도 있다.

중지와 무명지로 젖꼭지를 끼고, 엄지손가락으로 젖꼭지에 작은 진동을 주는 자극을 가하면, 성감을 더욱 높일 수 있다는 지적이다.

두 손가락 사이에 젖꼭지가 놓이도록 하고, 두 손가락 사이에 놓여 있는 '젖꼭지 맨 위 젖샘 점막 말단신경 다발'을, 두 손가락과 동일한 손의 손가락 엄지나, 다른 손의 손가락뿌리로 자극할 수도 있다.

유방의 성감대 개발을 위해서는, 유방의 살갗이 팽팽해지도록 하는 체위로서, 앉은 자세나 기마식 체위, 등 뒤에서 유방을 애무하는 방식, 젖꼭지가 수직 아래쪽에서 매달려 있게 되는 배후위의 방식 등 유방의 살갗이 수축되어 팽팽한 상태에서 유방 애무를 하는 것이, 유방의 성감대 개발을 위한 핵심 포인트라고 지적되고 있다. 이러한 유방애무의 핵심은 유방을 수직 아래로 매달려 있도록 하는 데 있다.

애무하는 손의 엄지손가락이 겨드랑 쪽으로 놓이도록 하는 손 운용이 더욱 자극적일 수 있다. 이런 자극이 가능한 체위에서 컵 모양으로 오므린 네 손가락과 손바닥으로 유방을 에워싸듯 하며, 남성의 좌우 손 엄지손가락이, 여성의 좌우 겨드랑이에 놓이도록 하면, 손바닥을 컵 모양으로 오므린 안에 유방을 넣고 손바닥 중앙부로 젖꼭지와 그 동네를 미묘하게 자극할 수 있게 되면서, 남성의 좌우 손바닥 네 손가락은 유방 밑에서 유방을 위로 비벼대며 주무를 수 있게 된다.

입술로 유두를 물고 둘레로 원을 그리며 이빨로 젖꼭지를 가볍게 자극할 수도 있다. 입 속에서 혀로 젖꼭지를 좌우로 흔들거나, 원으로 돌리거나, 상하로 출렁일 수도 있다. 따라서 그것은 혀로 젖꼭지 입 말단신경 다발을 자극하는 일이 될 수 있다. 혀로 젖꼭지를 상하로 눌렀다 놓기 출렁임 애무는, '젖꼭지 맨 위 젖샘 말단신경 다발'을 자극하는 일이 될 수 있다. 거기에 젖을 빠는 어린애같이 젖꼭지를 힘껏 빠는 일을 덧붙일 수도 있다. 그리고 긴 키스가 쾌감 엔진이 된다.

남성의 젖꼭지도 여성과 같이 성감을 느낄 수 있는 꾸밈새이다. 남성 젖꼭지는 여성이 남성의 사랑을 일으키기 위하여 필요한 애무지대이다.

여성의 질이 충분하게 젖어 있다면 그 미끈 물을 매개로 하여 엄지는 질 속에, 인지와 약지는 양쪽 '소음순 안쪽 점막기부'—또는 중지와 약지는 질 속에, 인지와 새끼손가락은 양쪽 소음순 안쪽 점막기부—를 자극한다는 아이디어도 있다.

애무 쾌감이 높아져서 아픔을 없이하는 아편 물질이 뇌 속에서 만들어지고 있을 때는, '귓불 미간 엉덩이 젖꼭지 등'에 부드럽게 깨무는 애무가 특이한 성감을 준다고도 한다.

여인을 애무할 때에는, "큰 바다에 온갖 빗물과 여러 강물들이 모두 흘러 들어와도, 바다를 채울 수 없는 것같이, 여인의 음욕은, 황하의 모래알 수처럼 많은 남자가 한 여인과 더불어 음욕을 하여도 만족하지 못하고, 모든 중생이 모두 남자가 되어서 한 여인과 음욕을 행하여도 만족하지 못한다."고 하는, 여인의 음욕에 대한, 이 같은 충고를 기억하고, 시간을 뛰어넘어서 긴 동안 열심히 열중하여 여성의 음처와 성실하게 노니는 애무를 즐기지 않으면 안 되는 것이라고 기억할 일이다.

여성의 오르가즘은, 한 번으로 끝나지 않고, 수없이 밀려왔다가 밀려가고, 밀려갔다가 밀려오는 파도와 같은, 멀티오르가즘이라고 일컬어지고 있다. 마치 파도와 같이 끝이 없이 끊임없이, 밀려왔다가 밀려가고, 밀려갔다가 밀려오는 파도와 같은 여성의 멀티오르가즘이 무시되어서는 '여성악기 연주'에 실패하게 된다는 지적이다.

파도는, 다양한 리듬으로 왔다가 가고 갔다가 오고를 끝이 없이 수없이 반복하는 것이다. 여성의 오르가즘 파도도 이러한 것이므로, 남성이, 짧은 삽입체동으로 자기 혼자 불타고 마는 사정성교는, 폭력과 같은 독단이고, 아내에게 사랑받을 수 없는 천박한 무지이다.

여성은 오르가즘 10회에 이르고도 거듭하여 다시 끓어오르는 온천이므로, 남근삽입 없이 애무로 여러 차례의 오르가즘을 이끌어내는 테크닉을 살려야 한다는 것이 방중술의 토대이다. 또 애무는 남성 본위로 하는 것이 아니라, 여성의 느낌 쾌감 요구에 맞추어서 하는 것이라고 일깨우고 있다.

여성의 성감대를 빨리 찾고 싶으면 가능한 한 혈관이 떠올라 있는 곳을 만져 보아야 한다. 그리고 겨드랑 밑은 매우 민감하고 예민하므로 '입술이나 입으로, 내쉬는 숨의 바람으로, 부드러운 것으로 해야 한다.' 사람에 따라서는 '허리 안쪽 넓적다리, 질구, 음핵'보다 오히려 '소음순, 질 전정 쪽'에서 더 큰 느낌을 받을 수도 있다.

애무의 기본은, '천천히 부드럽게, 착실하게, 느긋하게, 여유롭게, 유유자적하게, 성실하게' 열정적으로 애무에 몰입하여 애무들 즐기는 데 있다는 지적이다.

애무는 가해지는 곳의 느낌이 높은 부위일수록 처음은 부드럽게 한다는 것이 원칙이다. '손바닥사용 애무는 '면의 애무', 손가락사용 애무는 '선의 애무'와 '점의 애무'라고 일컬어지고 있다. 손바닥 접촉은 면적이 크므로 자극은 분산되며 전체적이고, 자극 면적이 작을수록 그만큼 민감한 부분자극 초점자극이 된다.

성감대 가르침들을 보면, 여성 성감대의 주역은 미주신경계이다. 미주신경터미널은 '대음순과 소음순의 경계도랑 점액질세포'에 집중되어 있다. '대음순과 소 음순 사이 경계, 그리고 소음순 덮개 속'은 '감추어진 성감대 집결처'로서 '점의 애무'가 마땅한 지대들이다.

'비너스 언덕 불두덩 위에 손바닥을 놓고 알맞게 힘 넣고 리드미컬하게 진동'을 울림 울려주는 자극은, 'G스폿 울림'이 되어 'G스폿 울림' 진동을 시켜주는 것만으로도 여성은 삽입 없이도 오르가즘에 달할 수 있는 것이라고도 한다.

오럴로 애무를 할 때에도, 처음 시작 때는 '애태우는 간지럼 닿기, 부드러운 깃털같이 가벼운 만지기, 리드미컬한 눌렀다 놓기, 애무 움직임마다 다른 새로움'으로 함으로써, 관습적인 고정관념에 갇혀 있지 않고 시종 열려 있으며 창조적인 새로움으로 '뜻밖의 임기응변으로 신선한 변화를 주라.'이다.

혀는, 혀의 양쪽과 끝 쪽은 미끈미끈하고, 혀의 한가운데는 가칠가칠하므로, 혀로 애무하는 데도 혀의 어느 부위로 하느냐에 따라서 느낌이 다르게 된다.

'오므린 입술로 클리토리스를 물고 가볍게 눌렀다 끌어올리기' 되풀이, '좌우 소음순 한쪽을 입술로 물고 누르고 끌어당기기' 되풀이, '혀끝으로 요도구를 눌렀다 놓기' 되풀이 등 민감한 부위는, 부드러운 부위로 애무하기에 궁합이 맞는 곳들이다. '질 전정, 요도, 질구, 클리토리스, 소음순 등'은, '막다른 가장자리 신경얼개 점막'이다. 이러한 곳들은, '점막에는 점막으로 하는 오럴 애무'를 기뻐하는 곳들이라고 지적된다.

하나도 숨기고 감춘 것 없이 '있는 그대로의 모습'이 완전하게 적나라하게 클로즈업 되는, '남성 대롱피리와 여성 질 피리를 자연 자유방임

입 혀로 연주'하는 69쌍방, 또는 교대로 이루어지는 오럴 과정에서 모든 가면을 벗어버리고, 모든 관념을 떠나 버리게 되면, 여성도 섹스에서 놀랄 만큼 적극적으로 된다고 알려져 있다.

최고의 쾌감을 즐길 수 있는 것은, 여성 자궁에서 사정진동이 일어날 수 있도록 했을 때라고 한다. 아내를 적극적인 능동으로 이끌어내어, 잠재의식에 파묻혀 있는 '원시본능 욕정 · 원천본능 욕정'이 '자주적인 자연방임 · 자유방임'으로 해방되도록 배려한다면, '자궁진동 오르가즘'도 가능하게 된다는 것이다.

그러한 거기 자신을 감추고 있는 일체의 가면이 사라진 자연으로, '한몸 · 한마음'으로 하나 되고 있는 '자연 자유방임 · 남녀합신 · 여남일신교합(女男一身交合)'을 연출하는 것이다.

질 내에서 성적으로 가장 민감한 부위인 G스폿은, '가운데 손가락을 질 속으로 넣어서 질 외부 쪽 요도와 음핵이 있는 쪽'으로 꾸부리면, 손가락 끝에 특이하게 둥글게 부풀어 오르는 곳으로서, '질 속에서 음핵과 요도 쪽 부위 질 외부 쪽'으로 '작은 구멍으로 이어지며 해면체와 분비선들이 분포되어 있다'고 하는 지대이다. 이 부위가 자극되어, '질 속 분비선들'이 부풀어 오르고 '질 속 G스폿에서 음핵과 요도 쪽 질 외부'를 통해 '기쁨 물 분출'이 있을 때 여성은, 남성의 사정 때와 같은 '사정 쾌감을 동반하는 극치의 오르가즘'에 이르게 된다고 지적되고 있다.

'열정과 열의와 열망 의지'가 없는 성교는, 죽은 성교이다. 단지 빠른 체동으로 사정만을 하고 죽어버리는 용을 남발하는 맹목적인 사정목적 성교가, 성교열의를 잃게 하는 원인이다. 결코 절대로 마음을 생각으로 뒤덮지 않는 수행을 기둥 삼고, 오히려 교합함으로써 만년청춘 건강일 수 있는 회춘을 위하는 '사정 절대 직전, '절대 무체동 절대 무사정'이 되는 '무체동 무사정 되풀이 10회" 연출로, 결코 절대 무사정을 함으로써 '연속 열정 열의 열망 의지'일 수 있어야 하는 것이다.

남편이, 1초를 2초로 느리게 느린 체동을 구사하는 느린 체동으로 '불두덩 밀착, 불두덩 문지름'을 도입하여, 남녀 에너지의 평형을 위하며, 아내의 멀티오르가즘(파도오르가즘) 기쁨을 위하고, 만년청춘 건강 즐거움을 위하여, 절대로 결코 사정하지 않는 '결코 절대 무사정 무체동 10회 기법' 교합을, '열정과 열의와 열망'으로 연출하며, 결코 절대로 마음을 생각으로 파묻지 않는 수행으로 성교명상을 한다면, 그것이 남녀교합 '최정상 절정 환희'일 수 있는 것이다.

여근 오르가즘은, 한 번 오르가즘으로 뜨거워지게 되면, 그것이 더하기 되며 점차로 보다 깊은 쾌감으로 몇 번이나 달아오르게 되는 멀티오르가즘 파도이므로, 남성은, 아내의 끊임없는 '파도 오르가즘 리듬'에 부응하여 이에 걸맞게 '사정 절대 직전 절대 무체동 절대 무사정 기법 되풀이'를 구사하며, 시종일관, 본디 생각보다 영원히 먼저 있는 '생각 텅 빈 청정한 마음'이, 생각으로 파묻힘이 없게 되면, 교합이 '마음성찰 명상 수행'이 되면서 회춘과 건강을 위하게 되어, 남녀교합이, 여성의 멀티오르가즘 기쁨을 위하며, 남성 자존감 · 존재감도 위하고, '항상 생각 텅 빈 청정한 마음'이 됨으로써 맞이하는 기쁨 · 성취감까지, 일석 3조 4조가 될 수 있는 것이다.

성 교합은, 절대 무 사정으로 '무생각 무의식 청정심 마음 수행'을 위하며 회춘을 위하고 건강을 위하는 수단일 때, 가치 있는 것이고, 의미 있는 것이다. 무엇이든지 노력 없이 이루어지는 것이 아니다. 부부 함께 만년청춘 건강 즐거움과, 아내의 멀티오르가즘 즐거움을 위하며,

마음성찰 명상까지 할 수 있는, '사정 절대 직전 절대 무체동 절대 무사정 되풀이' 교합은, 부부가 일생을 다 바쳐서라도 완성해야 할 고귀하고 숭고한 명상수행법이 될 수 있는 것이다. 이런 노력 수행으로 '얼굴보다, 몸보다, 돈보다, 권력보다' 가치 있는, '항상 생각 텅 빈 청정한 마음 홀로 독존'이 자리잡힐 수 있게 되는 것이다.

4-8 사랑전기 회로도

창조된 바 없고 생겨난 바 없이 결코 어디에도 있지 않음이 없는, 가득한 '텅 빔'이, 결코 끊어질 수 없고 나누어질 수 없고 분리될 수 없는 바다이고, 공(空)이고, 무극이고, 진여이고, 마음이다.

창조되고 생겨난 무엇보다도 가장 먼저 마음(空)이 있다. 모든 현상이 무의식 마음그림 파동(+ ⇆ 0 ⇄ -)으로 나타나고 있다. 창조됨 · 변화함 · 사라짐 없이 공(마음, 氣)만이 참으로 있고, 현상이라는 것은 본디 없는 것이 공(空)에서 생겨나서, 있지 않는 것이 있는 것같이 보이고 있다. 인체 및 인체를 형성하고 있는 유전자와 세포들은, 무궁무진 무한한 전체 허공 파동(+ ⇆ 0 ⇄ -) 입자 원자(회전하는 공간 空)들의 모임으로 꾸며져서, 있지 않는 것이 있는 것처럼 보이고 있는 허상이다. 따라서 우리의 몸은, '파동입자 환(幻)+원자 환(幻)+분자 환(幻)+유전자 환(幻)+세포 환(幻)'들의 중합 환(幻)이다. 육신은 '헛것(원자)+헛것(분자)+헛것(유전자)+헛것(세포)'들이 중합한 허상이다.

뿐만 아니라, 우리의 모든 행위의 동인이 되고 있는 '말 · 언어 · 생각 · 의식 · 감정 · 사상 · 관념 · 행위'도, 찰나로 생기며 변화하고 사라지는 찰나변화 연속생멸 현재 사간의 환(幻)이다.

'남성육신 · 여성육신, 여근 · 남근, 남성생각 · 여성생각, 성욕 · 성감각

· 성쾌감 모두' 참으로 없는 것이 참으로 있는 것같이 보여지고 있는 환(幻)이다. 성교는 남성환(幻)과 여성환(幻)이 합하고 있는 남녀합신 환(幻)이다. 이런 환(幻)을 실상으로 알고, 행복으로 알며, 헛것에 속고 헛것에 빠지고 있음이, 강간 · 간음 · 성추행 · 미투 · 패가망신의 원인이다.

인간의 의식을 지배하는 원초의 본능이 성이고, 인간은 성 때문에 패가망신하거나 나태해지고 허약해지고 죽고 있다. 그래서 인광대사는 "인간은 전체 인간의 40%는 성 때문에 망해서 죽고, 40%는 성 때문에 젊어서 죽고, 20% 만이 제 명에 죽고 있다."고 말하였다. 인간은 성탐욕 · 음욕에서 벗어나지 못하는 한, 성공할 수 없고, 믿을 수 없는 속물이다.

성은, 빠질 것이 아니라, 뿌리까지 철저하게 알고, 반드시 초월해 버려야 할 환(幻)이다. 성을 초월하는 법은, 우선 성을 뿌리까지 알고, 성의 노예 되지 않고, 성 속에서도 '영원히 생각이 아닌 창조근원 · 인식근원 마음'을, 생각으로 뒤덮지 않고 생각으로 파묻지 않는 데 있다.

성에 대한 바른 철학이 있으며, 성 속에서도 성 쾌감 생각에 빠지지 않고, 생각 이전의 '영원히 생각이 아닌 창조근원 · 인식근원 마음'일 수 있으면, 아무도 성 때문에 패가망신 · 실패하지 않게 될 것이다.

처음에는 서로 미치게 좋아서 결혼하고는, 남편이 정액 배출로 무기력해지고 아내에 대하여 무관심해지게 됨에 따라 불만이 쌓이며, 남편은 남편대로 아내의 문이 별것이 아니어서 싫고, 아내는 아내대로 아내와의 교합에 관심이 없는 무기력 남편이 아무것도 아니어서 싫어지며, 새 것을 바라지만, 새 것을 만나도 남성은 정액 배출 사정을 하는 한, 한시적인 동안만 새 여성을 좋아하다가 새 여성에 대하여도, 역시 싫증이 나고 말 속물이다. 사정교합이란, 계속 상대를 바꾸어도 계속 '성 만족 불만

실망'만 떠안게 하는 원흉이다. 이런 불만에서 해방되는 법은 오직, 수없이 교합할지라도 남성이 결코 절대로 정액을 몸 밖으로 배출하지 않는 무 사정 교합이 있을 뿐이다. 그런 남성은 성추행할 이유도 없게 되는 것이다.

여성은, 자신의 음욕이, 세상의 모든 남자와 교합할지라도 만족되지 않는 '만족불가능 블랙홀'이어서, 결코 '성 탐욕 만족 행복'일 수 없는 숙명인 것을 알고, '영원히 생각이 아닌 마음'보다 더한 행복이 없는 것을 앎으로써, '스스로 행복할 줄 아는 여성이 최고로 행복한 여성'인 것을 알아야 하는 입지이다. 남성 또한, 아무리 많은 여성들과 교합할지라도 결코 성 만족일 수 없는, '음욕 불만족 결함'이면서 '정액방출 남용 정액결핍 의욕상실 발기불능' 불행인 것을 알며, '항상 생각 텅 빈 청정한 마음'이 완전한 행복인 것을 자각해야 하는 입지이다.

남녀 모두 부부 밖의 음욕을 탐착하지 않고, 부부만의 성 교합만으로 만족할 줄 아는 성철학이 확립되어 있어야, 실패 없이 성공하는 부부일 수 있다.

결코 절대 무사정 교합이, 남편의 아내에 대한 '무관심 · 무성의 · 무기력 · 권태 · 짜증 · 싫증'이 없는 자력이 되고, 식지 않는 열정이 되며, 남편과 아내 사이에 '음⁻전하와 양⁺전하 에너지 합일 · 0 · 근원력 · 창조력'일 수 있다.

선도수행에, "인체의 즐거움은 정(精)으로부터 생기고, 의지와 결단력은 기(氣)가 충만함으로써 생기며, 지혜는 신(神)의 고요한 정(定)에서 생기는 것이다."고 하였다.

정(精)을 소모하게 되면, 지혜를 잃게 되고 '늘 의기충천하는 삶의 활기 · 생활의욕 · 실천력 · 생존의지'가 없어진 무기력한 몸이 되고, 면역력이 약화되어 쉽게 병들게 되고, 늙음이 촉진되며 쭉정이 육신이 되고 마는 것이다.

정액은, 생명체의 정수요 육체 활력의 정수(精髓)이며 육신을 있게 한 원질이다. 정액은 기(氣)가 살고 있는 집이고, 신(神)이 살고 있는 집이다. 사정성교로 인한 15초간의 짧은 찰나일 뿐인 사정쾌감 유혹 때문에, 남성은 '성 에너지 용솟음 힘, 용'의 죽음으로 '용'이 떠나버린 빈집이 되지 말아야 하는 것이다.

사정성교는, 항상 몸 안에 보존하고 있어야 할 '성 에너지 용솟음 힘'을 분출시키며 한 찰나 쾌감으로 무기력이 되고 불쾌감이 되며 여근을 혐오하여, 권태가 되는 불행의 원인이 된다.

정액을 사정해 버리는 것은, '인체의 즐거움과 생존 의지, 활동력 · 실천력 · 결단력, 맑은 정신과 지혜'를 모두 몸 밖으로 날려버리는 막대한 상실이 된다. 되풀이 사정하고 나면 몸은 나태해지고, 권태로워지고, 눈이 달라붙어 졸음이 오고, 목이 마르고, 몸 마디마디의 힘이 약해지게 된다. 짧은 한 찰나뿐인 사정쾌감이 '지혜 없음, 인지력 약화, 활기 의욕 결단력 · 실천력 상실, 발기력 상실, 무기력, 불안, 초조, 면역력 약화 병약함, 쭉정이 육체, 노쇠함'으로 되며, 사정쾌감 몇십 갑절의 불쾌감이 되도록 하는, 막대한 대가를 치러야 한다.

남성은, 사정성교 후의, '무기력 · 허탈감 · 불쾌감…'을 항상 기억하고 항상 잊지 말아야 할 처지이다. '교합하되 결코 절대로 사정하지 않음'으로써만, 남성은, 참담하게 작아지는 남근이 되지 않을 수 있게 되고, '여성 분비물과 사정액 혼합 불순물로 불결한 여근'이 되어 크기만 한 웅덩이에 혐오하지 않을 수 있다. '교합하되, 절대로, 결코, 사정하지 않음'으로써만, 항상 정을 몸에 보존하고 있게 되므로, 기가 항상 몸 안에 살고 있게 되어서, 때마다 아내를 가까이할 수 있게 되므로, 남편에 대한 아내의 실망을 방지할 수 있게 된다.

사정쾌감은, 정액을 방출하는 곧바로 육신의 활기를 빼앗아 육신을 빈껍데기로 만들고, 인생의 즐거움을 잃게 하며 살고자 하는 의지를 빼앗아 가고 마는 파괴력이다. 따라서 사정쾌감은, 행복인 것같이 유혹하며, 비극을 안겨주고, 고통을 안겨주는 속임수 망나니이다. 사정성교는, 건강 파괴력이요 불쾌감과 실망을 안겨주는 망나니이므로 경계하고 멀리해야 할 사기꾼이고, 결코 절대 무사정 교합이, 참으로 즐거움일 수 있는 성교과학이다.

교합하되 결코 절대로 사정하지 않게 되면, 남편은 남편대로 아내의 문이 싫어지지 않아서 찾게 되고, 아내는 아내대로 남편이 무능하지 않으므로 실망이 없게 된다. 그러니 잊지 않고 교합하되 결코 절대 사정하지 않는 교합이 부부 함께 행복할 수 있는 비법이다.

사정성교는, 인생의 즐거움을 빼앗고 실망을 주는 원흉인 것을 잊지 않고 기억하고, 성감대 애무에 성실하며, '영원히 생각이 아닌 청정한 마음'을 생각으로 뒤덮음이 없는 '항상 청정한 마음 환희'를 즐기며 '절대 무 사정 교합'을 위하는 '성교명상'을 하는 데에, 부부 행복의 길이 있는 것이다.

성 생리학자들의 가르침을 보면, 회음은 성기와 항문 사이 중간으로서, 남녀 모두에게 회음은 1급 성감대이다. 회음부에는 여러 줄기 감각 수용기들이 밀집하고 있어서, 감각의 집합을 이루고 있다. 성 분비물이 질 밖으로 흐를 때, 여성의 질에서 항문 사이 회음을 문지르면, '큰 기쁨이 되는 미끄럼마찰 간지럼'이 된다는 지적이다. 회음부 자극이 '항문부위 성감대 자극'이 되며 강렬한 쾌감이 된다는 것이다.

성과학 가르침을 보면,

회음부는 피부의 아주 깊숙한 곳에 파티니 소체 감각수용기가 있어서, 눌리면 튀어오르는 '눌렀다 놓기' 자극에 극히 민감하게 반응하게 되어 있다. 파티니 소체는 '질 전정, 회음 항문, 페니스, 클리토리스'에도 많이 분포하고 있다. 따라서 '페니스, 클리토리스, 질 전정, 회음, 항문'은, 눌렀다 놓기 자극 수용기들이다. 말이나 오토바이를 타면 리드미컬한 진동을 받는 것만으로도 강렬한 성감을 느끼는 여성은, '질과 항문 회음부'에 있는 파티니 소체가 자극되어, 그 감각이 성적 쾌감으로 이어지고 있기 때문이라고 한다. 따라서 '파티니 소체 성감대는, 눌렀다 놓기 자극에 쾌감을 느낀다.'

간지럼을 쉽게 타는 부분은, 촉각 자극에 매우 민감하고, 당연히 성감도 매우 높다는 지적이다. 특히 사타구니에서 넓적다리 안쪽은, 대단히 민감하게 성적 반응을 불러일으키는 곳이다.

'아랫배의 옆면과 넓적다리와의 경계부 라인'에는, '여러 줄기 가지 혈관들'이 모여 있는 '피의 터미널 지대'이다. '외음부의 양쪽 안쪽 넓적다리에서 엉덩이에 걸친 부위'는, 아주 민감한 성감대지대이다. '이들 간지럼을 잘 타는 부위 성감대'는, '머리칼같이, 깃털같이, 숨결같이, 산들바람같이, 가늘게 가볍게 살짝 스치는 더듬이 자극'에 민감한 '초감도 부위'로 알려져 있다.

엉덩이에 있는 둔근은, '항문이나 질 페니스 근육의 수축'과 동시적으로 수축한다. 남성이든 여성이든 성적인 흥분을 느낌에 따라 넓적다리의 커다란 근육이 둔근과 함께 리드미컬하게 수축한다. 이 수축이 성기에 간접적인 자극을 주어 전신으로 성적 반응을 전달하게 된다.

엉덩이는 압박자극에 아주 민감한 특징을 지니고 있다. 엉덩이는 항문과 넓적다리와 외음부와 이어져 있어서, 엉덩이와 넓적다리는 '최고의 성감대인 항문과 외음부'의 도입부이며, 초조하게 애타게 만드는 지역이다. 충분하게 이곳이 '눌렀다 놓기 자극'과, '간지럼부위 더듬이 자극'으로 다스려진 다음, '직접 성감대'를 자극하는 쪽이 효과적이라고 한다.

몸에 구멍이 있는 곳들은 모두 민감한 성감대 지역들이다. 구멍부위에는 반드시 감각 수용기 점막과 말단 신경들이 밀집하여 있다. 입은, 아래쪽과 더불어 가장 큰 성감대이다. 여성은 남성의 아랫입술을, 남성은 여성의 윗입술을 빠는 법은, 제2의 성교라고들 하고 있다.

타액의 성분은 교감신경이 지배하느냐? 부교감신경이 지배하느냐? 하는 데 따라서 변화한다. 긴장된 상태 때는 교감신경으로 내는 끈적끈적한 침이 나오고, 긴장이 풀린 상태 때는 부교감신경에 의한 끈기 있는 침이 나온다.

'오르가즘 때 분비되는 침은 투명하고 맑은 분비물'로서 '그것은 고귀한 생명수'라고 일컬어지고 있다.

아주 민감한 성 감각 수용체는 모근이다. 모근 아래에는, 그곳을 둘러싸듯이 그물 모양의 모근이 서로 가장자리 얼개 말단신경으로 되어 있어서, 머리카락을 부드럽게 쓰다듬어 주면, 그 자극이 머리털을 거쳐서 모근신경을 자극하게 되며 전신으로 감미로운 자기력을 전달하게 한다. 머리카락을 부드럽게 쓰다듬으며 귓속말을 속삭이는 법은, 모발의 자기력 애무가 되며 성감을 증폭시키게 된다.

'몸에 있는 구멍들과 점막과의 경계를 이루는 곳에 있는 털'이, '초고감도로 민감한 성감대'이다. '목덜미, 배꼽 둘레, 귓불 등 솜털이 모여 있는 곳'은, '민감한 더듬이 감각 수용기들'이다. '솜털은 부드러운 털에 의한 자극을 거쳐서 털뿌리의 신경계로 이어지는 중개자극 수용기들'이다. '대뇌조직과 짧은 거리에 있는 후두부'나, '후두부와 목덜미의 경계부위 털'이 특히 민감하다.

코에 있어서 성감대는 콧구멍 입구 점막 경계, 귀에 있어서는 귓구멍 입구 경계가 된다. 그 외에 코의 냄새 수용기는 냄새를 따라 강렬하고 민감하게 성감을 높여 준다.

피부의 얇은 부위가 느낀다. 그 점에서 겨드랑이는 민감함이 두드러진다. 겨드랑이 밑에 숨결을 불어넣거나 겨드랑 밑을 가볍게 만지면 움찔거리게 되는 것은, '겨드랑이 털을 가볍게 어루만질 때, 모근의 신경들이, 자기력'으로 기쁘게 춤을 추게 되기 때문이다.

다음의 애무와, 교합이 이루어지고 있는 내내, 결코 한 순간도 놓치지 않고 '생각 없이 생각을 알아차리며' 영원히 생각보다 먼저 있는 '생각 아닌 청정한 마음'이 결코 생각으로 파묻히지 않도록, '항상 생각 텅 빈 청정한 마음 독존'을 위하도록 한다.

발의 애무는 엄지발가락과 둘째 발가락부터 시작하여 점점 위로 넓적다리를 거쳐서 중심까지, 손의 애무는 가운뎃손가락부터 집게와 약지 등 손가락들을 어루만진 다음에 손등으로 옮기고 다음, 손바닥 중심부를 자극한 다음, 팔의 안쪽을 정성들여 애무하고, 어깨 부위 등에 충분한 시간을 들여 여성이 견딜 수 없을 정도로 오르가즘에 이를 때까지 애무한다. 다음 입을 사용한 목, 목덜미, 유방, 입의 애무로 들어간다. 다음 여성의 중심부 애무로 들어가기 위하여 한 손으로는 여성의 등으로 다른 한 손으로는 여성의 중심부로 옮긴다.

여성이 넉넉하게 성감이 뜨거워지기 전에는 '손가락 지문부로 간지럼 닿기 더듬이 닿기' 하고, 느낌이 높아지면 손가락을 뒤집어서 손톱 면으로 성감대를 미끄럼자극 한다. 손가락을 뒤집고 '손톱 면'으로 회음에서 대음순 쪽으로 미끄럼으로 달리다가, 갑자기 손가락을 엎어놓으며 '손가락 지문부'로 대음순 쪽에서 회음을 거쳐서 꽁무니뼈 쪽으로 달린다. 이때 항문으로 건드림은 피한다. 다음 손가락을 되돌리면서 '손가락 손톱 면'으로 거슬러서 미끄럼으로 쓸어 올린다. 이때 질은 일부러 건너뛰어서 비너스 언덕으로 쓸어 올리는 안달나기 자극을 한다. 이것은 선의 애무이므로 하나의 손가락만을 사용한다.

질로 옮겨서 질 부위를 애무하는 데 있어서도, '손가락 지문부'로 쓸어내리고 천천히 '손톱 면'으로 쓸어 올리는 강약법을 쓴다.

'소음순 지대 및 클리토리스 부위'는 매우 민감한 점막 부위여서 '점막에는 점막으로 자극한다.'를 따라, '입술로 혀로 페니스 귀두부'로 자극이, 손꼽히고 있다. '대소음순을 벌리고 음핵에서 질구에 이르기까지 입과 혀로 애무'를 하고, '클리토리스 발기'가 되면 '클리토리스 집중 자극'으로 옮겨 간다. 다음의 애무가 알려져 있다.

① 클리토리스(음핵) 발기가 되면, 입술을 둥글게 말아서 '둥글게 만 입술' 안에 클리토리스를 넣고, 입술로 '클리토리스 빨기' 하여 '클리토리스 오르가즘'에 이르도록 한다.

② 손바닥을 위로 하여 검지나 중지, 한 손가락이나 두 손가락 지문부를, 질 속 G스폿(질 얕은 속, 질 앞벽)에 대고, 손가락 꾸부리고 펴기 되풀이로 '손가락 지문부로는 G스폿'을 문지르고, '손가락 꾸부리고 펴기 되풀이 전체'로는 '질 속 좌우 벽과 질 속 뒤 벽'이 자극되도록 하여 'G스폿 오르가즘'이 일어나도록 한다.

③ 손바닥을 위로 하여 '검지나 중지 한 손가락'이나 '검지 중지 두 손가락 지문부'를 질 속 G스폿 부위에 놓고, 엄지는 음핵에 놓고, 질 안팎에서 음핵과 G스폿을 동시 자극하여, '음핵과 G스폿 동시 오르가즘'

이 되도록 한다.

①자극법으로 '클리토리스 오르가즘'이 오고 나면, ②자극법으로 옮겨서 'G스폿 오르가즘'이 오도록 하고, 'G스폿 오르가즘'이 오고 나면, ③자극법으로 옮겨서 '음핵과 G스폿 함께 오르가즘'이 되도록 하고, '음핵과 G스폿 함께 오르가즘'이 오고 나면, 다시 ①자극법으로, ②자극법으로, ③자극법으로 옮기는 ①②③자극을 여러 번 되풀이하여, ①②③애무로 여성이, 몇 번이든지 번갈아 가며 클리토리스 오르가즘 파도와, G스폿 오르가즘 파도와, 클리토리스와 G스폿 함께 오르가즘 파도를 타도록 한다.

멀티오르가즘의 파도가 끊이지 않고 이어지도록 하기 위하여, '음핵'에는 오므린 입술과 엄지손가락이 계속 머물러 있도록 하고, 'G스폿'에는 중지 · 인지가 계속 자리 잡고 있도록 한다는 아이디어가 알려져 있다. 이런 속에서도 남편 아내 모두 '영원히 생각이 아닌 창조근원 · 인식근원 마음'을 생각으로 뒤덮이지 않도록 하여 '단절 없이 청정심 독존'이 되도록 한다면, 그것이야말로 초강력 막강한 명상수단이 되며, 그것은 수준 높은 고귀한 명상성교가 될 것이다.

여성의 성 흥분은, 긴 시간 삽입체동이 지속되고 있을 때 쾌감 빈도수 갭이 짧아지며, 쾌감도가 높아지게 된다고 알려져 있다. 여성은 한 번 오르가즘으로 뜨거워지게 되면, 자극의 자극이 끊이지 않는 한, 멀티오르가즘(끊임없는 파도 오르가즘)이 되며, 점차로 보다 깊은 쾌감으로 몇 번이든지 오르가즘 파도를 타게 된다고 한다. 그러므로 체위변화를 위할 때에도 자극 공백이 없도록, 계속 자극이 이어지는 상태에서 체위변화를 이루어서, 멀티오르가즘 파도가 끊이지 않고 이어지도록 해야 한다는 것이다.

여성의 멀티오르가즘을 위할 때, 만일 여성이, 쾌감을 얻고 몸부림치게 되면 급히 귀부두만 질 입구에 물려 있도록 함으로써, 여성의 질로부터 안전지대로 벗어나서 사정이 되지 않도록 체동을 멈춤으로써, 결코 절대로 사정이 되지 않도록 하여, 결코 절대 무사정이 됨으로써, 여성의 여러 번 오르가즘 파도를 타도록 하며, 부부의 마음과 마음의 합일, 부부의 에너지와 에너지의 합일, 두 몸의 진동을 함께 공유하여 느끼도록 한다.

원효 스님이 당나라 유학길에 길가 동굴 속에서 하룻밤 잠을 자게 되었다. 잠을 자는 동안에 목이 몹시 말라서 물을 찾다가, 어둠 속에서 마침 물그릇이 손에 잡혀서, 그 물그릇의 물을 마시고 목마름이 가시게 되자, 매우 흡족한 마음으로 잠들 수 있게 되었다. 그런데 아침에 일어나서 보니, 간밤에 몹시 목이 말라서 자신이 달다며 마셨던 물그릇의 물이, 사실은 벌레들이 우글거리고 있는 해골바가지의 물이었다. 그것을 알고, 구역질을 하며 토하게 되었다.

행복은, 목말라서 물 마시며 달다던 간밤의 생각이었고, 불행은 간밤에 달다며 마신 물이 벌레들이 우글거리고 있는 해골바가지의 물이던 것을 알고 구역질하여 토하는 아침의 생각이었다. 결국 행복은 긍정생각이고 불행은 부정생각인 것을 알게 되었다.

우리나라에서도, 이 나라의 대통령을 했던 이도, 이 나라의 자본을 지배하는 대재벌이었던 이도 자살한 바가 있다. 그것은, 행복은 결코 돈에도 있지 않고, 권력에도 계급에도 있지 않는 것이기 때문이다.

'임금님 · 여왕 · 왕자 · 공주 · 대통령 · 판검사 · 지구 제일 재벌 자본 권력 · 정보 권력가'라고 할지라도, 그가 '황금보석 · 자본 · 정치권력'을 행복으로 알고, '자본 · 권력 계급 · 주지육림 성 탐욕'으로 인하여 '갈등 · 질곡 · 감정'이 되어 있다면, 그가 바로 불행한 자이다.

비록 지게꾼 거지 장애자라 할지라도, 결코 어떠한 생각으로도 뒤덮임이 없고 어떠한 생각에도 파묻힘이 없이 영원히, 항상, '생각이 아닌 창조근원 · 인식근원 공(空) 마음'이 결코 생각에 갇힘이 없다면, 그야말로 그가 바로 참으로 행복한 자이다.

결코 어떠한 속에서도 '항상 생각 텅 빈 청정한 마음'이 참행복인 것이다.

그래서 영적 지성들은, "금은보석 · 자본 · 권력탐욕 · 색욕 · 식욕 · 수면욕 · 재물욕 · 명예욕 등, 세상 오욕락을 누리는 것은, 일시적 행복이고, 수행하여 근원을 깨우치면, 영원히 행복한 대자유인이 될 수 있다."고 하는 것이다.

교합하되 결코 절대로 사정하지 않으며, 교합 속에서도 '항상 생각 텅 빈 청정한 마음'일 수 있다면, 그것이 지고의 수행이고, 지고의 명상성교인 것이다.

4-9 항상 새로움의 내밀한 비의

생각은, 끝이 없이 끊임없는 찰나변화 · 연속생멸 현재 '눈 · 귀 · 코 · 혀 · 몸 · 뜻 6식'이 알아차리지 못하고 있는 마음 근원에서 떠올려지고 있는 끝이 없이 끊임없는 찰나변화 · 연속생멸 무의식 마음그림들이다. 이 무의식 마음그림들이 육체의식 · 생각자아이고 있으며, 이 무의식 마음그림들이 말 · 언어 · 생각 · 행동의 동기가 되고 있지만, 6식은 하나하나의 무의식 마음그림들을 인지하지 못하고 있으며, 그것이 최면의 원인이 되고 있다. 그래서 중생은 항상 최면 속에서 살아가고들 있다.

끝이 없이 끊임없는 찰나변화 · 연속생멸 현재 끝이 없이 끊임없이 단절 없는 무의식 마음그림(생각) 흐름이, 우리의 의식이요, 관념이요, 감정이고, 그것이 인간이고, 인생이요, 현실이다.

우리의 본성은, 창조되고 생겨난 무엇도 있기 전에 무엇보다도 가장 먼저 있는 '영원히 생각이 아닌 창조근원 0 · 생각 텅 빈 마음'이고, '영원히 생각이 아닌 마음'이 참자유요 참행복인 것인데, 우리의 마음은, 끝이 없이 끊임없이 생각으로 뒤덮이며, '영원히 생각이 아닌 창조근원 공(空) 마음'을 생각으로 파묻어 버리고, 생각만 존재되며, 끝이 없이 끊임없는 '찰나변화 · 연속생멸 헛것'일 뿐인 생각이, 근원인 듯이, 주인인 듯이 왕노릇을 하고 있다.

모든 나는, 창조되고 생겨나는 무엇보다도 가장 먼저 있으며 모든 것을 생기고 있는 마음이고, 마음은, 영원히 생각보다 먼저 있는 '영원한 절대불변 창조근원 · 인식근원 0 · 무생각 무의식 무아 근본지'이다.

모든 나는, 생각이 아니라, 생각보다 영원히 먼저 있으며 생각을 생기고 있으며, 영원히 생각이 아닌, '창조근원 · 인식근원 0'이고, '끝이 없이 끊임없는 찰나변화 · 연속생멸 생각'보다 끝이 없이 끊임없이 앞서 있는, '영원히 생각이 아닌 창조근원 · 인식근원 0, 진여마음'이다. 그러므로 진여마음은 영원히 생각이 아니다. 결코 어떠한 때에도 생각으로 파묻힘이 없는 '영원한 절대불변 창조근원 · 인식근원 0 · 무아 마음'이, 모든 나, '참나'이고, 생각은 끝이 없이 끊임없는 '찰나변화 연속생멸'이므로, 참으로 존재하는 것이 아니요, '나'가 아니다.

사바세계는, '우주만유 삼라만상 현상'보다 영원히 먼저 있는 마음이 만듦으로써 있는 세계이고, '만들어지고 창조되고 생겨난 말 · 언어 · 생각 · 의식 · 관념 · 감정 · 사상 · 모양 · 형상'으로 파묻힌 세계요, '일이 어렵게 꼬이도록 해살을 부리는 요사스러운 궂은 일 투성이 때와 장소 장벽'이 조직화되어 있는 세계이다. 이 세계는 마음이 만듦으로써 있는 세계이므로, 마음이 만들지 않으면 없는 세계이다.

세상에는 별의별 사악한 인간들이 있는 법이다. 제비족 남성은, 상대 여성을 노예화하는 불순한 자이다. 이러한 자와 함정성교에 빠져 있는 여성은, 깊은 성교 때 주어지는 불순한 암시가, 그 여성의 영혼을 '종으로, 노예로, 최면 된 자, 후 최면된 자'로 굴레가 씌워져서, 성교가 끝난 이후에도, 자기도 모르게 언제나 그 불순한 자의 후 최면 암시에 갇혀 있게 되며, 그 불순한 자가 좌지우지하는 대로 맹종하게 되고 만다. 무엇보다도 가장 먼저 있으며 결코 아무것에도 파묻히지 말아야 할 '창조근원 · 인식근원 마음'이, 생각에 파묻혀서 생각이 되어 버림으로써, 최면에 빠져 있기 때문이다.

여성을 애무하거나 교합하며 여성의 귓가에 사랑의 말, 달콤한 말을 속삭이는 일은, 여성의 심리적인 긴장을 풀고 성교에 대한 불안감 · 수치감을 제거하는 힘을 발휘한다. 성교하는 동안에 귓속말 속삭임으로 속삭여진 '칭찬의 말, 사랑의 말, 감사의 말, 희망의 말'은, 지속적인 인상으로 잠재의식에 남는다. 그것이 최면의 원인이 된다.

성교하는 동안에 '칭찬의 말, 사랑의 말, 감사의 말, 희망의 말'을 귓속말로 속삭여 주는 것은, 부부간에는, 상대 영혼의 진화를 위하는 자기암시 수단이 될 수 있다. 그러나 이러한 법은, 제비족 남성이 여성을 포로로 만드는 법이 될 수 있으며, 포로가 된 여성은 제비족 남성의 말 · 언어 · 생각 · 관념의 종으로 노예로 전락하고 말 수 있다. 유혹당하고 흑마술 최면당하여 제비족의 노예로 로봇이 되고 싶지 않은 여성은, 당연히 이러한 칭찬암시의 말 · 언어 · 생각에 최면당하지 말아야 한다.

성 교합 때뿐만 아니라 결코 어떠한 때에도, 선량한 모든 '나'는, 악의 씨가 될 암시를 배격할 수 있도록, 모든 때에, 절대로, 영원히 생각보다 먼저 있는 '영원히 생각이 아닌 0 · 중도 마음'을 생각으로 뒤덮음이 없어야 한다.

포르노 사진을 보고 있거나, 포르노 영화 만화를 보고 있거나, 자기가 직접 성 교합하고 있는 속에서나, 교합 이후나, 항상 '창조근원 · 인식근원 마음'이 끝이 없이 끊임없는 찰나변화 · 연속생멸 현재 생각보다, 끝이 없이 끊임없이 앞서 있는, '영원히 생각이 아닌 창조근원 마음'을 생각으로 뒤덮지 말아야 한다. 그것이 항상 나가 나로 깨어 있는 것이다.

결코 어떠한 때에도 '창조근원 마음'을 생각으로 파묻음이 없이 보고, '창조근원 마음'을 생각으로 파묻음이 없이 듣고, '창조근원 마음'을 생각으로 파묻음이 없이 말하고, '창조근원 마음'을 생각으로 파묻음이 없이 생각하고, '창조근원 마음'을 생각으로 파묻음이 없이 행함으로써, 영원히 언제나 항상 '창조근원 마음'을 위하는 것이, 존재의 목적이다.

누구든지, 언제든지, 어디서든지, 무엇을 하고 있을 때든지, '영원히 생각이 아닌 창조근원 마음'인 자! 그만이 '인간들의 언어마술이나 행동마술'의 사상(事相)에 종이 되지 않는 자유인일 수 있다.

성은 초월하여야 할 대상이다. 성을 달관하며 미련 없이 성을 초월할 수 있기 위해는, 성의 모든 것을 알고, 그런 속에서 항상 청정심 '창조근원 마음'일 수 있어야, 결코 어떠한 성에도 유혹당하지 않는 자유인일 수 있다. 그런 진여마음으로 다음의 성감대들을 관광한다.

성 생리학에 따르면,

입김을 불어넣기만 하여도 여성이 타오르는 곳은, 귓바퀴의 뒤 유양돌기 부위에 걸친 피부라고 한다. 귀밑 뒤 동그스름한 오목한 부분에 입김이 닿는 것만으로도, 성감이 일어나며 하반신에 반응이 나타날 수 있다.

성 생리학자들의 글을 보면, 여성의 온몸에 퍼져 있는 성감대의 연락을 맡은 주역은, '반사 신경 곳곳에 중추신경과 말초신경 사이를 연락하고 있는 미주신경'이다. 신경계의 기둥 굴대는, 뇌신경계이다. 뇌신경계와 말초신경계를 연결하면서 온몸을 달리고 있는 미주신경은, 숨골에서 나오는 제10쌍 뇌신경계와 말초신경계를 연결하면서 온몸을 달리고 있다.

미주신경은, 중추신경인데도 마치 말초신경(갈려나간 신경의 끝자리) 같은 모양으로 전신에 퍼져 있어서, 온몸의 성감대들과 맺어져 있다. '미주신경 밀도가 높은 고감도 성감대'의 하나가, '좌우 대음순 경계의 좌우 소음순 입술점막'과, '좌우 내부 소음순 기부 도랑점막'이라는 일깨움이다.

대표적인 성감대는, '신경의 맨 끝자리'와, '느낌을 받아들이는 수용기'

가 밀집하고 있는 곳들이다. 이런 곳들은 언제나 끈끈물을 스며내는 '점막과 피부의 경계'에 속하고 있다. '점막과 피부로 경계 짓고 있는 곳'들이야말로 느끼기 쉽고 느낌이 큰 곳들이다. 이러한, '몸의 구멍이 있는 자리'들마다의 '점막과 피부로 경계 짓고 있는 곳'들 성감대를, 느끼기 쉽게 애무하는 법이 애무의 극의이다.

서해부는, '아랫배와 그 아래쪽 좌우 넓적다리 경계의 골짜기 양쪽'이다. '손가락으로 아랫배 아래쪽 좌우 넓적다리 경계 골짜기 길'을 가며 좌우로 흔들리도록 흔들어 출렁이게 되면, 여성의 성감이 출렁이게 된다는 곳들이, 서해부 지대이다. 서해부는 '성기와 아주 가까운 미묘한 골짜기 라인'이어서, 이곳은 '어루만짐, 클리링구스, 링가 미끄럼 태우기' 등 온갖 미묘하고 내밀한 수법으로 애태울 수 있는 자리로 지목되고 있다.

'겨드랑이, 안쪽 넓적다리 서해부, 항문, 엉덩이 도랑 라인, 무릎과 팔꿈치 관절부 안쪽, 엉덩이 위 허리, 턱 밑' 같은 곳은, 피부가 얇아서 '부드러운 것으로 부드럽게 어루만지는 느낌'을 즐기는 곳들이다. '이러한 피부가 얇은 곳 성감대들'은 '입술과 같은 부드러운 것으로의 애무'가 걸맞은 곳들인 것으로 지목되고 있다.

여성이든 남성이든 쾌감이 높아지지 않을 때, '민감한 부위가 거친 취급'을 받게 되면 거부반응이 일어나게 마련이다. 그리고 '민감한 성감대일수록 뒤로 미루는 것'이 성감을 일깨우는 효과적인 방법이라고 한다. '처음에는 쾌감이 둔한 몸 부위'로부터 시작해서 '점차적으로 민감한 몸 부위'로 옮겨가서 '낮은 자극법에서 높은 자극법'으로, 그리고 '지극히 예민한 부위'는 마지막으로 미룬다.

'몸 맨 아래쪽에서부터 점점 몸 중심부 쪽'으로, '몸 위쪽에서부터 점점 아래 부위로 내려가며 중심부 쪽'으로 애무를 함에 따라, 여성은 긴장을 풀고, 다음에 올 애무에 대한 기대를 갖게 되며, 큰 느낌을 바라게 되고 받아들이게 된다.

'처음에는 넓은 면의 손바닥으로 자극을 시작하여 점점 자극 부위를 손가락의 선의 자극'으로 옮기고, '다음에 좁은 점으로 좁혀서 초점자극 애무'를 한다. 그러므로 애무는 처음부터 갑자기 손가락 끝을 쓰지 않는다. '처음에는 손바닥 전체를 사용해서' 손 움직임마다 다른 닿기, 만지기, 누름, 두드림, 문지름을 느리게, 빠르게, 약하게, 강하게 자극하며, '느낌이 높아지면, 면에서 손가락으로, 손가락에서 점'으로 옮겨간다.

성의 중심을 애무하게 될 것이라고 느끼게 하면서 그곳에는 가지 않고 주변부를 애무하는, 안달내기 애무를 한다.

사정 성교가 인간을 망하게 한다. 무사정 성교가 남성을 음란에 빠지지 않게 하며, 성의 노예 되지 않고 성의 주인이 되도록 한다.

새로움이 없이 늘 '진부한, 구태의연한' 맹목적인 타성 성교는, 성교의 무덤이다.

늘 함께하고 있는 부부간일지라도, 처음 서로 상대를 스킨십 할 때 같이 항상 설레는 의식으로, 때마다 뜻밖의 장소변화, 의류변화, 체위변화로, '독창성 · 창의성'을 살리는 부부애에, 새로움이 있다.

날마다 함께 살고 있는 아내(또는 남편)인데도, 새로운 옷을 입히면 새롭게 느껴지고, 장소가 다른 데서는 새롭게 느껴지며, 체위변화도 새롭게 느껴지는 것이다. 이렇듯 새로움이란 단지, 경험된 적이 없는 새로운 변화에 따른 새로운 생각일 뿐이다. 근본적으로 새로움은, 생각으로 경험된 적이 있을 수 없는, 영원히 생각이 아닌, 생각보다 영원히 먼저 있는, 영원히 생각보다 끝이 없이 끊임없이 앞서 있는 '창조근원 · 인식근원 마음'에 있다.

근본적으로는 새로움은, '영원히 생각보다 먼저 있는 창조근원 · 인식근원 마음'이, 생각보다 끝이 없이 끊임없이 앞서 있는 데에 있다. 영원히 생각보다 먼저 있는, 영원히 생각이 아닌 '창조근원 · 인식근원 마음'이, 찰나도 생각으로 경험된 적이 없는 끝이 없이 끊임없는 새로움이다.

싫증도 권태도 생각이다. 무사정 교합을 위한 성감대 여행 속에서도, 교합 속에서도, 찰나도 '창조근원 · 인식근원 마음'을 생각으로 파묻음이 없는 '항상 창조근원 · 인식근원 마음 독존'이, 싫증도 권태도 없는 늘 새로움이다.

거울은, 끝이 없이 끊임없는 현재 끝이 없이 끊임없이 생각 없이 깨어있는 무(無)로서, 무엇이 거울에 비춰들거나 비춰들지 않거나, 거울 속에 비춰드는 사상(事相)이 어떠하거나, 결코 생각 냄이 없이 보기만 하고 생각 없이 알아차리기만 하는 '영원한 절대불변 창조근원 · 인식근원 0 · 생각 없이 깨어있는 무(無)'이다. 이러한 '거울인식'이, '영원히 끝이 없이 끊임없는 새로움 연속'이다.

한 순간도 말 · 언어 · 생각 · 관념으로 뒤덮임이 없이 날마다 순간마다 끝이 없이 끊임없는 생각보다 끝이 없이 끊임없이 앞서 있는 '창조근원 · 인식근원 마음'이야말로, 끝이 없이 끊임없는 찰나변화 · 생멸연속 생각자아로는 찰나도 경험된 적이 없는 '끝이 없이 끊임없는 새로움 연속'이다.

누구에게나 오직 끝이 없이 끊임없는 찰나변화 연속생멸 현재 생각이 현실이고, 영원히 생각보다 먼저 있는 '창조근원 · 인식근원 마음'이, '끝이 없이 끊임없는 새로움'이다.

늘 함께 살고 있는 아내라고 생각하고, 아내를 가볍게 여기고 내 물건 함부로 하듯이 다루는 말 · 언어 · 생각 · 행위가, 무감동의 원인이다.

늘 함께 살고 있는 아내일지라도, 날마다 언제나, 결코 한 번도 만난 적이 없고 접촉한 적이 없이 서로 아무것도 아는 것이 없는, '일생 첫 상대에게 첫 프러포즈 하는 의식'이 새로움이다.

항상 함께 살아 온 부부인데도, '처음 만나는 이성(異性)을 첫 사귀는 의식'으로, '거절당하면 어쩌나 하는 가슴 설레는 의식'이 된다면, 그것이 새로움이다. 따라서 언제나 늘 '전혀 상대하여 본 적이 없는 미지의 난생 처음 새로운 첫 연인과 첫 사귀는 의식'으로 아내에게 프러포즈한다면, '항상 함께 살고 있는 부부일지라도 항상 새로운 부부'인 것이다. 또한 새로움이란, '끝이 없이 끊임없이 생각보다 먼저 있는 0 · 생각 없이 깨어있는 0 · 창조근원 마음'이다.

늘 함께 살아온 부부인데도 항상 '처음 만나는 이성을 첫 사귀는 의식'으로, 늘, '전혀 상대하여 본 적이 없는 미지의 난생 처음 새로운 첫 연인과 첫 사귀는 의식'으로 커뮤니케이션 하는 부부가, 참으로 행복하게 마련이다.

4-10 오르가즘 플랫폼

남성육신 · 여성육신 · 남근 · 여근 · 성교 현상은, 본디 없는 것이 있는 것같이 보이고 있는 허상이라는 것이, 양자과학적 사실이다. 사정성교는, 탐욕할수록 더욱 탐욕스러워지며 육신이 멸망할 때까지 막가게 되고도 결코 만족에 이르지 못하는 '불만족 블랙홀'이다. 뿐만 아니라, 사정쾌감은 참으로는 행복이 아니면서 행복인 것같이 착각하게 하는 속임수이다. 결코 '창조근원 · 인식근원 마음'을 '성 탐욕 · 성 감각 생각'으로 파묻지 않으며, 절대로 사정하지 않는 교합이 제일이다.

'성 에너지 용솟음 힘 용'을 방출하게 되면, 곧바로 용은 사라지고 무기력이 되며, 남근의 존재감을 상실하는 좌절감이 된다. 그러면 남성은 어떤 것도 얻는 것이 없이 남성의 보물인 정액만 낭비하고 마는 어리석음이 된다. 남성은 너무도 짧은 한 순간만의 사정 쾌감이, 용(영원히 보이지 않으며 몸 속에서 모든 조화를 다 부리는 氣)을 빼앗아 가며 남근의 자존감을 잃게 하는 속임수라는 각성이 보배이다.

사정성교는, 초월하여 버려야 할 망나니인 것을 잊지 말고 기억하고, 결코 절대로 정액방출 없는 교합을 하며, 결코 절대로 생각으로 뒤덮이지 않고 성 속에서도 '창조근원 마음'을 밝히는 명상목적으로 성교를 한다.

여성에게만 주어진 '질 마을 성감대들'을 손가락기법 · 혀기법으로 골고루 자극하고 느끼도록 하여, 여근의 멀티오르가즘(파도오르가즘)을 위하고 나서, 불두덩을 밀착하고 있으며 불두덩 문지름을 활용하여 1초를, 2초로 느리게 체동하여, 사정될 것 같으면 더 이상 남근마찰 자극은 멈추며, 결코 절대로 사정되지 않을 사정 문턱 직전에 체동을 멈추고, 결코 절대 무사정이 되도록 한다. 그럼으로써 늘 활기 넘치는 열정적이고 의욕적인 삶을 살 수 있게 되며, 늘 함께 살고 있으면서 첫 만남 의식으로 항상 새로운 부부가 됨으로써, 부부간이 무관심 · 권태가 되지 않도록 한다.

항상 함께 살고 있는 부부일지라도 날마다 시간 마다 첫 만남인 것 같은 항상 생각 이전의 '창조근원 마음'이 된다면, '창조근원 마음' 자체가, 날마다 순간마다 끝이 없이 끊임없는 새로움 연속이다. 또한 그러한 항상 새로운 부부이면서 부부 각자 때에 따라서 '다양한 의상 · 장소 · 체위 · 성감대 · 성교리듬'을 찾는 것만으로도, 오랫동안 함께 살고 있는 부부간인데도 항상 새로운 부부일 수 있는 것이다.

성과학을 보면, 질 벽은 늘어날 수도 있으며 줄어들 수도 있는 부분이, 모두 주름살로 접힌 조리개 주름이어서, 아무런 제한이 없이 조건과 입지에 맞추어서, 마음대로 늘어났다 줄어들었다 한다. 그 조리개 주름 구실을 하고 있는 것이, 질 속의 셔터와 같은 괄약근이다. 이 셔터근육은 질의 입구에서 2, 3cm 들어간 곳에 있고, 또 좀 들어간 안에도 있다. 조리개 주름 근육은 질 속 '길이로 주름 조리개 살'과, 질 속 '가로로 주름 조리개 살' 조합으로 '조건에 맞추어 변모하는 질 대롱'을 이루고 있어서, 그것을 연주하는 페니스 꼴에 걸맞게 '다양한 꼴 모양'으로 바뀔 수 있도록 되어 있는 구조이다.

질은, 입구 쪽과 안쪽이 다르게 뒤틀 비틀 세로로 조리개 주름살과,

가로로 조리개 주름살로 대롱 통(筒)을 이루고 있어서, 늘어나고 줄어듦이 마음대로이다. 그래서 '길이로 주름 조리개 살'과 '가로로 주름 조리개 살 터널 대롱'인 질은, 삽입된 페니스를, 혈액이 몰려들어서 늘어나고 줄어듦이 신축자재한 질 벽 주름점막으로 페니스 꼴로 죄어 감싸는 동시에, 자궁 질이, 페니스 쪽으로 접근하여 와서 페니스 꼴로 페니스의 둘레 전후좌우 상하 모든 방위로, 페니스를 감싸는 구조라는 설명이다.

여성의 성감이 높아짐에 따라 가로로 및 세로로 조리개주름 질 대롱 혈관에 혈액이 몰려들어, 늘어나고 줄어듦이 페니스 꼴로 유동적이 되며, 자궁 질도 페니스 쪽으로 가까워지게 되면, 삽입된 페니스는, 상하전후좌우 둘레가 온통 질 대롱의 자궁과 질의 가로로 및 세로로 조리개주름살로 감싸여지게 된다.

그리고 페니스가 빠져나가게 되면 그에 따라서 질 터널 세로로 및 가로로 조리개주름살들이, 페니스가 들어섰던 공간을 메우는 동시에 페니스 쪽으로 내려왔던 자궁 질이 올라가게 되며, 늘어나고 줄어듦 다르게 바뀜이, 질 벽의 '뒤틀 비틀 주름'에 괴어 있는 정액을 달아나지 못하도록 하게 되고, 자궁 질이 안으로 수축하여 들어가면서 자궁으로 정액을 실어 나르게 된다는 설명이다.

질 앞쪽 벽에 방광이 있고 G스폿이 있으며, 질 뒤쪽 벽 뒤에 직장이 있다.

성 생리학자 글레펜 버그(미국인)가 밝힌 바에 따르면, 질구에서 4~5cm 들어간 질 앞 벽에 자극을 주면, 그 부위가 부풀어 올라 오르가즘에 도달하고, 점액질과 비슷한 분비액을 질 외부 '요도구'로 분출하는 데, 여성에 따라서는 질에서 바깥으로 10cm까지 뿜어낸다고 한다.

여성 누리꾼들이 밝힌 바로는, G스폿에서 액체가 분출될 때 자궁에서도 분출되는 액체가 있는 것인지, 이때 자궁구에서 따뜻한 액체가 튀어나오는 느낌이 든다고 한다. 여성에게 자궁에서 사정이 일어날 수 있도록 하기 위해서는, 무엇보다도 먼저 남녀 모두 성교 열망 · 열의가 큰 상태에서, '능동성 · 자주성 · 자유방임성'으로 여성이 주체가 되어, 여성이 교합을 즐기려는 열정이 높아 있어야 한다고 한다.

여성의 느낌 높이는, 질 앞 벽과 질 뒷벽의 쾌감 높낮이가 다르게 되며, 질 뒷벽보다 질 앞 벽의 자극이 여성에게 큰 느낌을 준다. 그 내뿜기는 성분은, 남성의 정액이 만들어질 때 기초가 되는 전립선 분비액과 비슷하다. 그 내뿜는 곳을 G스폿이라고 한다.

G스폿은, 페니스나 클리토리스의 해면체와 같이, 자극하면 혈액이 몰려들면서 부풀어 오르는 성질의 해면체구조 세포로서, 치골 아래이며 질 앞 벽의 알 듯 말 듯한 엷은 동전만 한 부풂 멍울이어서, 자극하면 혈액이 몰려들면서 부풀어 오르게 되는 곳이라고 설명되고 있다.

가로로 조리개주름과 세로로 조리개주름으로 늘어나고 줄어듦 다르게 바뀜이, 신축자재하게 다양한 질의 꾸밈새 때문에, 아무리 질 벽을 더듬어 찾아보아도 내뿜는 샘 구조를 찾아 볼 수 없어서 꼭 집히게 말할 수는 없지만, G스폿은 질구에서 2~5cm 들어간 치골의 아래인데, 가운뎃손가락을 가볍게 질 속에 넣어서 질 앞 벽 쪽으로 약간 꾸부리면, 그 손가락 끝이 닿는 부위라고 지적되고 있다. 아주 높은 느낌을 불러일으키는 이 지역이 손가락으로 자극되면, 동전 크기로 부풀어 오르게 되고, 이 지역을 자극하면 투명액체가 요도구 밖으로 분출된다는 것이다.

'쾌감도 다르기 차이'로 사람마다 투명액 분출이 되는 것은 아닐지라도, 질 밖으로는 엄지로 음핵을 누르고, 질 속은, 질 속에서 질 바깥 음핵 쪽이나 요도구 쪽을 향하여 중지로 눌러서, 질 바깥 엄지와 질 속 중지

동시에 질 안팎에서 '상하로, 또는 좌우로, 또는 회전으로' 문지르며 특별하게 감촉이 다른 질 속의 부풀음 멍울을 찾으면 짚이게 되는 부풀음 멍울이 G스폿이다. 이 곳을, 질 안팎에서 엄지와 중지로 마주대어 누르고 문지르기 자극을 하면, 이곳으로 혈액이 몰려들어 부풀어 오르게 되며 그곳이 감촉되는데, 그곳이 극강한 쾌감처라는 것이다.

성생리학자 연구자들의 발표에 의하면, G스폿 해면체는, 요도를 둥그렇게 둘러싸고 음핵과도 이어져 있다고 한다. G스폿은 요도를 둘러싸고 클리토리스와도 이어진 '결합조직 섬유'로서 질 벽을 통과하는 '샘 얼개 미크로 구멍'을 이루고 있어서, 이 '미크로 구멍'에 '음핵 해면체'와 똑같은 짜임새 '해면체세포'들이 있으며, 그 '미크로 구멍'으로 '음핵과 요도와 G스폿'과 통하고 있다는 것이다. G스폿은 음핵 해면체와 같은 해면체이기 때문에, 자극을 받으면 부풀어 오르게 되고, 부풀어 오르게 되므로 그것이 G스폿인 것을 알 수 있게 되는 구조여서, 자극해 보아야 자극을 받고 부풀어 오르게 되어 그것이 있음을 알 수 있고, '자극해 보지 않으면 그것이 있고 없음을 알 수 없는 구조'라는 설명이다.

성 생리학을 보면, 여성의 가장 민감한 성감대인 G스폿은, 남성의 전립선에 대응되는 성 기관으로서, 질 앞 벽 요도와 방광 사이 부위에 위치하고 있고, G스폿이 자극되면 동전 크기로 단단하게 부풀어 오르게 되는데, 그것은, 여성의 G스폿에, 남성 성기의 피 주머니들인 페닐혈관과 같은 해면체들이 있기 때문이라고 설명되고 있다.

G스폿은, 질구에서 2~5cm 들어간 질 속 4~5cm 깊이의 '요도와 방광 클리토리스'가 있는 쪽 질 앞벽의, 자극되면 동전 크기로 부풀어 오르는 부풀음 멍울이다 고 지적되고 있다. 그것은 '교합 때 성감을 높이고 오르가즘에 이르게 하는 초감도 성감대'로서, 오르가즘에 이르러서 G스폿 분비액 내쏨이 없어도, 질의 괄약근과 회음근, 그리고 질 내의 G스폿에서

0.8초 간격으로 수축운동을 일으키는 것을 확인할 수 있는 지대라고 한다. 오르가즘의 강도에 따라서 다르나 한 번의 오르가즘에서, 0.8초 간격으로 5~6회나 10~15회 G스폿 수축이 되풀이된다고 하니, 이것은 남성의 사정 때 쾌감을 능가하는 극강한 쾌감이라는 것이다. 따라서 G스폿을, '오르가즘 플랫폼'이라고도 한다.

결코 정액을 사정시키지 않는 무사정 교합으로 '오르가즘 플랫폼 감동시키기'를 하는 중에도, '창조근원 마음'이 생각에 뒤덮이지 않는 '항상 창조근원원 마음'이, 제일 환희요 제일 가치이다.

실상이 아닌 것을 실상인 것으로 착각하고 사는 데에 괴로움이 있다. 영원히 창조된 바 없고 생겨난 바 없는 창조근원 · 인식근원 마음에 의지하지 않고서는 결코 아무도 괴로움에서 벗어나지 못한다.

'창조된 바 없고 생겨난 바 없이 영원한 무 형상으로 무한영겁 무생무멸 영존하는 창조근원 · 인식근원 공(空) 마음(氣)'에서 방사되는 생각에너지들이 우주만유 삼라만상으로 화현하고 있다. 일체의 현상계가 마음의 작용인 생각을 통해서 현화하는 환상이다. 일체의 세계가 환상으로 지어진 헛것들이다. '남성 · 여성, 남근 · 여근 성 교합 성 쾌감'도 애욕도, 생멸변화하지 않는 실체가 없는 헛것이다.

'남성 · 여성, 남근 · 여근 성 교합 성 쾌감' 또한 환상으로 지어진 헛것일 뿐이면서, 인간의 운명을 좌지우지하는 코브라이다. 교합할지라도 사정하지 않기 위해서나, 음욕에 빠지지 않으려면, 영원히 생각이 아닌 자기의 근원 본성을 보면 된다. 근원 본성만을 보며 근원 본성에 이르게 되면, '창조되고 생겨난 아무것도 없는 근원 본성'에는, '남성 · 여성, 남근 · 여근'도 없고, 성 교합 성 쾌감 애욕보다 영원히 먼저 있는 근원 본성이 생멸 없는 환희이다.

중광스님의 글을 소개한다.

옛날에, 한 천진중이 길을 가다가 한 아주머니를 만나게 되었다. "아주머니, 아주머니, 아랫마을 '골짜기 물'이 꿀같이 달다고 하는 데, 나 맛 좀 보게 해주소." 이에 아주머니, 천진중의 천진성에 감탄하고 감탄하여 "예, 그러세요." 하므로 천진중은, 걸망에서 숟가락을 꺼내들고 아주머니의 사랑마을 '골짜기 물'을 한 숟가락 떠서 마셔보고는, 하는 소리, "아휴, 퇘 퇘. 꿀맛이 아니네요. 퇘 퇘." 하고 숟가락을 걸망에 넣고는, '나무관세음보살' 합장 배례하고, 가던 길을 가는 것이었다.

누가 그곳의 물을 숟가락으로 떠서 입으로 먹어보는 맛이 꿀같이 달다고 했나!

그곳에서 꽃과 나비로 노니는 맛이 그런 것 같은 것이라고 한 거지!

아니지! 그것은, 마치 파리가 꿀맛에 취하여 꿀 속에 깊이 빠져들게 되면 '다리, 날개, 몸통' 모두 꿀 끈끈이에 달라붙게 되어 꿀 밖으로 나오지 못하고, 꿀에 빠져서 죽게 되고 마는 '꿀 늪' 같은 것이기도 하지. 그래서 빠져들면 빠져나오지 못하는 '골탕 늪'같은 것이지.

만일 여성 골짜기 물 물맛을 알고, 사정쾌감을 즐겨서, 그것에 빠져들게 되었더리면, 피골이 싱접하고, 몸이 '말라깽이 비라 몸'이 되어 '수음하다 죽는 원숭이'가 될 뻔하였습니다. 천진중 스님!

천진중이시여! 아무리 천진중이시라지만, 그곳이 불나비를 유혹하고 타서 죽게 하는 불꽃이기도 한, '꿀 늪 골탕 늪 우물'인 줄을 모르고, 그곳을 숟가락으로 떠서 먹어볼 수가 있는 것입니까.

기막히게 희귀하게도 그 성품이 아기같이 천진하고 순진한 품성은, 참으로 고귀하고 숭고하십니다. 천진 중께서는 꽃을 보고 숟가락으로 꽃물을 떠서 먹어보시고도 나비 될 줄은 모른, 참으로 '순진한 이, 천진한

이'이 십니다.

동정(童貞)을 잃지 않고 있는, 고귀하고 숭고하고 거룩한 이여! 부디 끝까지 동정을 지키시면서, '참으로 수행을 바르게 옳게 성실하게 잘 하셔서', 반드시 금생에 성불하시는 축복이 있기를 기원합니다. 나무아미타불! 나무아미타불! 나무아미타불! 합장 배례합니다.

제5장 사랑나라 사랑마을

결코 어디에도 있지 않음이 없는 우주진동 속에 '육체 나'가 있고, '육체 나' 속에 우주진동이 있다. … '육체 남성' 속에서 느껴지는 진동과, '육체 여성' 속에서 느껴지는 진동이 합일되도록, 생각 없이 진동을 느끼며, 생각 없이 진동을 알아차린다. 남녀 몸속의 진동과 우주진동은 단일한 하나의 진동이다. 시간이 몇 시간이 걸리든지 시간을 생각할 것 없이, 시간을 초월하여 있으면서, 남녀 두 몸의 합일진동이 우주진동과도 이어지도록, 생각 없이 진동을 느끼고, 생각 없이 진동을 알아차린다.

5-1 용의 리듬 ①

남성들에게는, 모든 재앙 중에서 여색에 빠져서 패가망신하는 재앙이 가장 크다.

색욕처럼 끊기 어려운 욕망이 없고, 사음보다 범하기 쉬운 죄가 없다. 아름나무를 뽑아 던질 힘과, 세상을 뒤덮을 만한 기계를 자랑하는 영웅도, 여색에 걸려 나라를 망치고 목숨을 잃으며, 비단결 같고 폭포수 같은 달변을 갖춘 천재도, 여색 때문에 절개를 꺾고 명예를 땅바닥에 떨어뜨린다. 이는 동서고금을 막론하고 '어진 이'나 '어리석은 자' 가릴 것 없이 모두 한결같이 되풀이되고 있다. 모든 남성들이여! 발을 헛디뎌 여색에 빠지는 일이 없도록 일평생 기억하고 주의하고 예방할지니라.

—『불가록(不可錄)』의 가르침 중에서

성(性)은 인간을 시험하는 최후의 보루이다. —인류의 지성들

음란에 빠지지 않으면 성공하고, 음란에 빠지면 망한다.

사랑은, 허상일 따름인 남근과 여근의 결합이 아니라, 기운의 합일이다. 우주 천지만물 일체가 '0'(1)에서 분화되어 '0'(1)이 되는 파동(+ ⇆0

⇄ –)으로 현상되고 있는 허상이다. 양⁺과 음⁻은 그림씨 그림자일 뿐인 허상이고, 실체는 오직 '0'(1)이 있을 뿐이다. 사랑은 +양와 –음로 분리되어서는 존재일 수 없고, 서로 합하여 '0'이 되고 '1'이 됨으로써만 존재일 수 있는, '음⁻ 양⁺ 기(氣)의 합일'이다.

사랑은 서로 끌어들이고 서로 끌어당기며 서로 끌어 붙는 '기(氣)'의 '합일(合一)'.

사랑은, 서로 분리되어서는 존재일 수 없고, 서로 합하여 '1'이 됨으로써만 존재일 수 있는 '음–양+ 기(氣)'의 '합일 0'이다.

인도의 성전(性典)인 『카마수트라』에는 다음과 같은 '성 리듬 아이디어'들이 있다.

> 요니(여근)의 한쪽 벽에 링가(남근) 머리를 붙이며 들어가고 나오기, 소가 뿔로 치받아 들어 올리며, '뒤로 밀리기도 하고, 앞으로 밀어내기도 하고, 좌우로 위치가 바뀌기도 하는 것같이', 링가 머리로 요니의 벽을 치받고 들어가고 나오기, 몸을 꾸부렸다가 몸을 펴며 앞으로 나아가는 자치벌레같이, '앞 질벽 뒷 질벽'을 받으며 그네와 같이 들어가고 나오기, '좌 질벽 우 질벽'에 부딪치며 들어가고 나오기, 링가를 요니에 깊게 삽입하고, 불두덩 뿌리까지 밀착시키고, 참새가 모이를 쪼아 먹는 것같이, '한 번, 두 번, 세 번' 쪼고 나서, 마치 물고기가 잽싸게 미끼를 채서 달아나는 것같이 나오기, 마치 새들이 바람을 거슬러서 날다가 느닷없이 휙 방향을 꺾어 바꾸는 것같이 리듬 바꾸기, 불두덩을 밀착하고 있으며 마치 바다에 떠 있으면서 파도를 타고 있는 갈매기같이, 파도에 들어 올려졌다가, 파도가 가라앉으므로 내려앉는 통나무배같이, 뱀장어가 좌우로 꼬리를 치며 상류를 거슬러 올라가고 있는 것같이, 전투마가

계곡을 뛰어 날아 건너서 착지하고, 뒷발 두 발로 서서 좌로 우로 몸을 틀다가, 한 바퀴 휙 돌고는, 자세를 가다듬고 힘차게 앞으로 내달리는 것같이, 구멍 밖으로 나왔다가 사람을 보고 놀란 쥐가, 급하게 되돌아 구멍으로 숨는 것같이….

위와 같이, 자연에서 가지가지 리듬들을 찾으면, 무수한 성교 리듬들을 만들어 낼 수 있다.
중국의 방중술 가르침들에, 다음과 같은 성 리듬들이 있다.

우왕좌왕은, 남근이 오른쪽 질벽을 두드리고, 왼쪽 질벽을 두드리며 들어갔다가, 왼쪽 질벽을 두드리고 오른쪽 질벽을 두드리며 나오기 되풀이이다. 이 법으로 여러 가지 변환을 이끌어낼 수 있다.
우삼 좌삼은 오른쪽 질벽을 세 번 자극하고, 왼쪽 질벽을 세 번 자극하는 것을 되풀이하는 것이다. 이 리듬법을 '여러 법'으로 변화시킬 수 있다.
약입강출은, 약하게 들어가고 강하게 나오기 되풀이로, 약하게 들어가서 강해져서 나오기이다. 부드럽게 하여 진입시키고, 강대해지며 나오는 되풀이이다. '약입강출 구천일심' 단련으로 발기지속력과 정기를 증강하게 된다.

교합의 법도는, '들어가는 것은 힘이 나가버리지 않도록 부드럽게 들어가고, 나오는 것은 항문 괄약근을 힘껏 조이며 힘을 안으로 끌어들이고 힘을 거두어들이면서 나오기 되풀이로, 출입 횟수를 적게 하는 것'이다.
남성은, 느긋하고 유유자적한 마음으로 교합에 임하여, 교합이 지루하지 않고 권태롭지 않으면서, 여성의 끝없는 욕구에 부응하여 여성을 즐겁게 하면서, 남성의 정이 강화되도록 하는 것이다.

사왕생환(死往生還)은 '죽어서 들어가서 살아서 나오기' 되풀이이다. 이렇게 하면 남성은 결코 쇠약해지지 않는다. 이 법으로 여성이 먼저 환희의 정상에 도달하면, 여성의 넘쳐나는 정이 남근으로 흘러들도록 한다.

여성이 오르가즘이 되었을 때에는 반드시 옥과 같이 아름다운 수액이 혀로, 용궁으로, 나온다. 이때 남성은 입으로도, 남근으로도, 정기를 거두어들인다.

여성의 넘쳐나는 기를 거두어들이는 데는, '가능한 한 남근 여근 하나 된 시간'을 길게 갖는 데 있다. 처음에는 여근의 언덕에 남근의 언덕을 내리눌렀다가 늦추고, 늦추었다가 내리누름으로 여근 전체를 압박한다. 다음 상부로 치골을 옮겨서 치골로 여성의 음핵을 강하게 누르는 등, 점진적으로 서서히 자극지점이 여성의 민감한 곳으로 바뀌면서, 집중공략지점이 특정지점으로 바뀌어 옮겨지도록 하는 법을 써서, 남근을 서서히 꺼내며 '질 전정, 소음순, 요도구, 음핵 등' 여성외부 성기 종합 오르가즘'을 위하고, 남근을 서서히 넣어서 '여성의 외부성기 모두에 골고루 치골이 닿도록' 하여, '여성외부 성기 종합자극'을 위한다. 이러한 법으로 치골이 음핵에 닿도록 문지르고 빼내고 넣고를 계속하여, 되도록 남근 마찰 횟수를 최소로 줄이도록 한다. 다음 단계로 여성이 절정에 이를 때 입으로도 성기로도 기를 거두어들이도록 한다.

성의 리듬 가운데 왕인 구천일심(九淺一深)은, '아홉 번 얕게 삽입하고 한 번 깊게 삽입하기'이다. 구천일심의 아홉 번 얕게는 질의 가장 민감한 부위인 G스폿 지대를 집중하여 자극할 수 있는 리듬법이다. 이 법은 질 입구에서 1~5인치 깊이 질 앞 벽 부위 G스폿을 얕게 9회 삽입 자극하고, 깊게 한 번 삽입 자궁구를 자극하는 것이다.

구천일심을 아홉 번 되풀이는, '9회 얕게 삽입' 아홉 번으로 81번이 되고, '1회 깊게 삽입' 아홉 번으로 9회가 되어, 90번 출입이 된다.

9천1심의 '아홉 번 얕게'로 여성의 '질 속 태극허공 공간파 출렁임'이, 마치 물웅덩이를 출렁이듯이 출렁여지다가 한 번 깊은 삽입으로 '질 속 태극허공 공간파'가 마치 물이 넘쳐나듯이 질 밖으로 넘쳐 나오게 되면서, 몸의 모든 감각이 일깨워지는 쾌감이 될 수 있다.

구천일심의 구천 다음 '일심'을 '9회9진 9회9퇴'로 변형할 수 있다. 이때는, 주로 G스폿이 있는 질 앞 벽을 '9회9진 9회9퇴'로 집중 자극한다는 의념을 기둥으로 삼을 수 있다.

또 구천일심의 일심은, 질의 얕고 깊은 넓은 둘레를 모두 자극한다는 의념으로, 구천은, 질 둘레 360도 질벽에 여의봉을 바짝 붙이고, 여의봉으로 질 둘레 360도 얕은 데를 9회 휘두르고, 일심은, 질 속 얕은 데서 점차로 질 속 깊은 데로 질 둘레 360도를 휘두르면서 바닥까지 들어가서, 남근 불두덩을 여근 불두덩에 바짝 붙이고 불두덩으로 음핵까지 자극하고 나서, 질 속 바닥 쪽에서 여의봉으로 얕고 깊은 질벽 전체 360도를 휘두르면서 점차로 얕은 데로 나와서, 질벽 얕은 360도 질벽을 9회 360도 회전 자극함으로써, '깊고 얕은 질속 360도 질벽 전체'와, '여근 불두덩 360도 전체'를 자극하는 법 9천1심 변형을, 구사할 수도 있다.

또 일심구천의 '구천'은 페니스를 G스폿이 있는 질 앞 벽에 바짝 붙이고, G스폿이 있는 질 앞 벽 얕은 데를 집중적으로 천천히 왼쪽 오른쪽으로 비벼 문지르기 아홉 번 우왕좌왕하다가, '일심'은 얕은 데서 깊은 데로 페니스로 360도 질벽을 회전으로 문지르며 깊게 들어가고, 깊은 데서 페니스를 질 앞 벽에만 바짝 붙이고 왼쪽 오른쪽 G스폿 벽을 강하게 빠르게 비벼 문지르며 나오는 리듬으로 전환할 수도 있다.

이 밖에 구천일심 리듬법만 가지고도 8천일심 7천일심 6천일심 5천일심

4천일심 3천3심 등, 다양한 변형리듬들을 창의적으로 수없이 창출할 수 있다.

9천1심은, 9회 얕게 삽입 9회로 81번, 깊게 1회 삽입 9회로 '얕게와 깊게 합계 90번' 다음, 8천2심 7천2심 등 다양하게 변환할 수 있다.

여성의 질 둘레 사이즈는 남근 굵기보다 턱 없이 넓은 것이 자연이기 때문에, 구천 때와 일심 때, 여의봉용을 질벽 중에서 가장 민감한 부분인 G스폿이 있는 질 앞 벽에만 바짝 밀착시키고, 상하 리듬을 창출하는 것이, 질의 기쁨에 걸맞은 자극이 될 수 있을 것이다.

레즈비언은 여성끼리이지만, 불두덩과 불두덩, 음핵과 음핵, 소음순과 소음순을 서로 밀착시켜서 문지르기하는 것보다 앞서는 자극은 없다고 하며, 전적으로 불두덩끼리 문지르기 자극을 즐긴다고 한다.

성의 리듬 가운데 장군은, '페니스를 깊이 삽입하고 불두덩을 밀착시키고 있는 채'로, 불두덩과 남근 함께 동시 휘돌리기로, '여성 불두덩과 음핵과 음핵소대, 소음순과 질 전정, 요도구, 질구 등 외음부'와, '질 속 얕은 질벽 및 G스폿에서부터 질 속 깊은 질벽과 자궁구까지 내음부'의 '얕고 깊은 질 속 질벽 360도 상하전후좌우 전체'와 '불두덩으로 여성의 외음부 360도까지' 동시에 한꺼번에 자극하는 것이다.

불두덩 밀착 휘돌리기 테크닉은, '여성 불두덩에 바짝 붙인 남성 불두덩'과 '여성 질 속으로 깊이 삽입하여 여성 질벽으로 바짝 밀어붙인 페니스 360도 회전'으로, '여성 불두덩 360도'와, '음핵, 음핵소대, 소음순, 요도, 질전정, 질구 360도'와, '얕고 깊은 상하전후좌우 360도 질 속 질벽 전체'를, 한꺼번에 동시에 총합 자극하는 법이다.

이 법은, '여성 불두덩과 음핵, 음핵소대, 소음순, 요도, 질전정, 질구로 바짝 밀어붙인 남근 불두덩'과, '질 속 얕고 깊은 질벽으로 바짝 밀어

붙여 밀착된 페니스로 360도 얕고 깊은 질벽 내 음부 전체'와, '음핵, 음핵소대, 소음순, 요도, 질 전정, 질구, 불두덩 등 외음부 전체'를 360도 휘돌리기 함으로써, 한꺼번에 '질 내부와, 외부 음부 전체 성감대들'을 한꺼번에 동시에 자극하는, 총 통합자극법이다.

페니스를 깊이 삽입하고 남성 불두덩을 여성 불두덩에 밀착하고, '불두덩으로 외음부 360도'를 휘두르며, '동시에 질 속 페니스로 얕고 깊은 질 속 질벽 360도'를 휘두른다는 의념으로, 불두덩과 페니스를 360도 휘돌리게 되면, 남녀 불두덩이 밀착되어 있는 '대음순, 소음순, 음핵, 음핵소대, 요도, 질 전정, 질구' 등 '외음부 종합자극'과, '질 입구와 G스폿과 자궁구' 등 '360도 내 음부 얕고 깊은 질벽 360도 종합자극'이, 한꺼번에 동시에 이루어지게 되어 있는 것이다.

남근 깊은 삽입 불두덩밀착 휘두르기는, 남녀 어느 한쪽만 하는 경우와 남녀가 서로 반대 방향으로 돌리기, 한쪽은 회전 운동을 하고 다른 한쪽은 상하로 운동하는 리듬을 창출할 수도 있다. 이 리듬은 자극이 너무 극강하여 사정되고 말 위험이 있으므로, 짤막 단발로 그치거나, 아주 느리게 천천히 자극하는 법을 따라야 할 것이다.

또는 불두덩을 끝없는 밀어 누르기로 내리눌러 문지르다가, 느닷없이 빠른 튀어오름 리듬을 창출할 수도 있다.

또는 불두덩밀착 문지름 법으로 대각선 문지르기, ○ ◎ ◒ ☺ ◇ □ △▽ ♡ ♣ ★ ▤ ▥ ▦ ▧ ▨ ▩ ◈ ※ 등 다양한 원운동 각운동 리듬이나, ㅂ ㅊ ㅎ 등 한글 자음 리듬이나, 진(眞), 선(善), 미(美), 도(道), 곡(曲), 선(禪) 등 한문리듬이나, '나는 너를 사랑한다. 너는 마음이 맑고 밝고 아름답고 착하다…' 등 '어떠한 테마 문자 문장리듬'으로 문지르기를 할 수도 있다. '이런 성 리듬법들 창출과 아울러' 인도의 성전(性典)에 소개되고 있는 '카마수트라 법 성 리듬'을 포함한다면, 성 리듬은, '끝없이 새로운 무궁무진한 성 리듬들'이 창출되어 나올 수 있다.

또한 '아내 칭찬 문장 성 리듬'이나, '깨달음을 위한 자기암시 문장들 리듬'을 창출할 수도 있다.

이상의 리듬들을 활용하며 때마다 새로운 리듬을 창의적으로 계발하며 활용한다면, '때마마 새로운 무궁무진한 새로움'을 창출할 수 있어서, '부부는 때마다 새로운 만남'일 수 있게 되며, '이러한 방면의 창의적인 성 리듬을 개발하는 것'만으로도, 전혀 '밖의 성'에, 관심 기울일 겨를도 필요도 없게 되는 것이다.

성은, 탐욕하여 불순해지고 순결을 잃게 되면, 모든 귀중한 것을 잃게 하고 마는 파괴자인 것을 잊지 않고 기억하고, "'성은 초월해야 한다.'는 의지와 철학"을 '굳게 지녀 지키며', '결코 사정하지 않는 명상성교'로, 영혼의 각성을 위하는 긴 유희가 가능하게 됨으로써만, '만족 보람'이 구현될 수 있는 것이다.

성교 속에서도 '영원히 생각이 아닌 창조근원 마음 본성'을 잃음이 없이, '영원히 생각이 아닌 창조근원 마음 본성'이, '몸과 성과 생각'을 부리는 왕이 됨으로서, '영원히 생각이 아닌 창조근원 마음 본성'이, 성교의 주인이 되는 주권자일 수 있어야 하는 것이다. 이것이 철학 있는 성교이다.

철학 있는 성교는, 비록 성 교합 속에서도, 육신보다 생각보다 먼저 있는 '창조근원 · 인식근원 마음'이, '성 욕망 · 성 탐욕 · 성 감각 생각'으로 파묻히지 않고, '창조근원 마음'을 잃음이 없어야 하는 것이다. 그럼으로써만, 성의 노예 되지 않으며, '무궁무진한 성 리듬'을 무애자재하게 구사할 수 있는 것이다.

5-2 용의 리듬 ②

인간에게는 반드시 '성 철학 확립'이 있어야 한다.

철학은, 근원을 탐구하고 근원지식을 밝히며 근원지식을 확립하는 '근원지식 인식체계'이다.

자기철학이 없으며 성 철학이 없는 인간은 성으로 패가망신하기 쉽다.

'자기철학과 성 철학'이 없으면, 아무도 성의 노예 되지 않을 수 없고, 성에 희생당하지 않을 수 없다.

무엇이 있다는 것은 현상(창조된 것, 만들어진 것, 생겨난 것, 모양 형상이 있는 것, 말 · 언어 · 생각 · 의식 · 사상 · 관념 등)이 있다는 것이다. 무엇이 없다는 것은 창조되고 생겨난 것이 없다는 것이고, 모양 형상이 없다는 것이다.

현상은 창조되고 만들어지고 생겨난 것이다. 현상은 '파괴되고 부서지고 변화하고 사라지고 없어지는 것'이다. 그래서 현상은, 참으로는 있는 것이 아닌, 허상이고 신기루이다.

근원은 창조되지 않는 것이다. 근원은 만들어지지 않는 것이다. 근원은 생겨나지 않는 것이다. 근원은 변화하지 않는 것이다. 근원은 사라지지 않는 것이다. 근원은 결코 무엇으로도 없이할 수 없는 영원한 무현현이다.

무(無)는, 창조된 것, 생겨난 것, 모양 형상이 있기 전의 근본 0이다. 근원은, 영원히 모양 형상이 없는 영원한 무(無)이다. 창조된 바 없고 생겨난 바 없이 모든 곳에 가득한 '텅 빔'이다.

창조된 바 없고 생겨난 바 없이 모든 곳에 가득한 텅 빈 전체인, 결코 끊어질 수 없고 나누어질 수 없고 분리될 수 없는 공(空)이고, 바다이고, 무극이고, 결코 어디에도 있지 않음이 있을 수 없는 무소부재 일신(一身)이고, 결코 무엇도 하지 않음이 있을 수 없는 무소불위 일신(一神)이고, 기(氣)이고, 모든 것을 다 알고 모든 것을 다하는 '근본에너지 · 창조에너지'이다.

모든 것이 마음 속에 있으며, 마음이 모든 것 속에 있다.

마음이 모든 나이다. 마음은, 영원히 생각보다 먼저 있으며, '끝이 없이 끊임없는 찰나변화 · 생멸연속 생각'보다 끝이 없이 끊임없이 앞서 있어서, 영원히 생각이 아닌 '영원한 절대불변 창조근원 0'이다. 영원히 생각으로 뒤덮임이 없고 생각에 파묻힘이 없는 '무생각 무의식 마음'이, '무생 무멸 영존하는 근본행복'이다.

24시간 날마다 언제나 무엇을 할 때나, 비록 남근 · 여근이 하나 되고 있을 때에도, 생각으로 뒤덮임이 없는 '무생각 마음'이, 존재의 목적이다.

또한 부부 함께, 영원히 24시간 날마다 언제나, "영원한 절대불변 창조근원 · 인식근원 마음'을, 생각으로 뒤덮음이 없이 보고 듣고 말하고 생각하고 행하는 생활을 한다면, 영원히 부부는 24시간 분(分)마다 초(秒)마다 한 순간도 알아진 바가 없이, 바닥이 드러나지 않는, 끝이 없이 끊임없는 새로운 부부이다. 그러면 부부간에 싫증이나 권태 같은 것이 있을 수 없다는 것이다.

또한 성 교합 속에서도 '영원한 절대불변 창조근원 마음'을, 생각으로 뒤덮음이 없는 성교명상을 위하며, 남편은 결코 절대로 사정하지 않는 교합을 한다면, 항상 언제나 갈등이 있을 수 없는 완전한 부부일 수 있다.

음핵이 꼿꼿하게 발기하고 음순이 충혈하며 질이 수축하다가 오르가즘을 맞이하게 될 때 요니가 도취의 극에 이르러서 쾌감의 절정에 이르게 되면, 질벽과 자궁이 기묘하게 율동을 하게 되는 자궁진동을 하게 된다고 한다.

자궁진동은, 고차원의 쾌감으로서 자궁 내 공간(태극 空)의 출렁임으로부터 비롯되고 있는 것이라고 인식할 수 있다.

여성의 오르가즘은, 질 속과 자궁 속을 가득 메우고 있는 우주근원(무극 空)이 울림 울리는 태극 공(空) 파동으로부터 비롯되어 질 벽 세포들과 G스폿과 자궁이 진동하게 됨으로써, '질 속 공간과 자궁 속 공간이 용솟음하는 파동'이라고 연역할 수 있다.

G스폿 쾌감으로 G스폿 오르가즘이 있고 난 다음에 이르게 되는 오르가즘이, 자궁진동 오르가즘이고, 자궁진동 오르가즘이 극치의 오르가즘이요, 정신적인 오르가즘인 것으로 거론되고 있다.

자궁진동 오르가즘은 '궁극의, 지고의 정신적인 오르가즘'이라고 한다. G스폿 진동 오르가즘을 지나서 있는 자궁진동 오르가즘도, 모든 것의 근원인 마음의 감동이 없이는 있을 수 없는 일이다.

또한 자궁진동 오르가즘은 '근원오르가즘'(우주오르가즘)이므로, 딴 여자와 딴 남자를 만난다고 해서 체험될 수 있는 것이, 결코 아닌 것이다.

'아담과 이브는, 남근과 여근, 여의봉 용과 용궁, 수꽃과 암꽃'이요, '영원히 마음을 생각으로 파문음이 없는 순결한 남편과 아내'이다. 아담과 이브가 감동하게 되면, 아담의 사랑 전기와 이브의 사랑 전기가 하나로 합일되는 '+에너지 −에너지 합일 0'을 이루며, '여성 · 남성 마음합일

0'을 이루는 사랑이 된다.

'마음감동 오르가즘 · 자궁진동 오르가즘'은, 남편과 아내의 마음과 마음의 합일에 따른 '깊은 삽입 불두덩 밀착 휘돌리기'와 '일심구천'과, 결코 절대로 사정 목적이 아닌, 결코 절대로 사정되지 않기 위한 '사정 직전 절대 무 체동 절대 무 사정' 기법을, 수없이 되풀이하며, '자유방임 여성능동 성교' 종합으로 체험될 수 있는 것이라고 지적되고 있다.

유방이 커지면서 젖꼭지가 일어서는 성 흥분기를 거쳐서 음핵이 커지게 되는 성 흥분 고조기에 '음핵, 음핵소대, 대음순, 소음순, 요도구, 질 전정, 질 입구 등 외음부'와 '질 속 G스폿 등 내음부'에 분산되어 있는 성감대들이, 한꺼번에 연동되어 자극받게 되면, 'G스폿과 자궁 등 내음부'도 감동을 하게 된다. '질 내외음부 전체'를 한꺼번에 동시에 종합자극 하는 '남성의 밀착 불두덩'과 '페니스 360도 휘두르기'로 여근 남근이 높은 느낌 감동을 하는 속에서도, 아담 마음과 이브 마음이 결코 생각으로 파묻히지 않는 '영원한 절대불변 창조근원 · 인식근원 마음'인 것이, 초월이다.

성교 리듬에 있어서 '불두덩 밀착 360도 휘두르기'는, '질 안팎 내외(內外) 음부 전체'를 한꺼번에 동시에 종합 자극하는 법이다. 이 기법의 특징 및 강점은, '여성의 불두덩 아래 대음순 음핵, 음핵소대, 요도구, 질 전정, 좌우 소음순, 질구 등 외음부'에, 남성의 불두덩을 밀착시키고, 남성 불두덩이 '여성의 불두덩 밑, 질 속'까지 깊이 밀착되도록 하여, '남성 불두덩과, 삽입한 페니스 휘두르기'로, '질 안팎 내외 음부'를 한꺼번에 동시에 360도 휘두르기 자극하는 데 있다.

'불두덩 밀착 휘두르기'로 질 안팎 성감대들을 한꺼번에 동시에 전체 종합 자극하는 기법은, '불두덩 밀착 문지름으로 질 외부 성감대들 전부'와, '질 속 깊은 곳 자궁구까지 삽입된 페니스 몸통'으로 '질의 깊고 얕은 질 벽 상하전후좌우 360도'를 휘두르기 함으로써, '한꺼번에 질 속 얕고 깊은 질 벽 상하전후좌우 전체'를 자극하면서, 동시에 '불두덩으로 대음순, 음핵, 음핵소대, 소음순, 요도구, 질 전정, 질구 등 외음부 성감대들 전부'를 360도 휘두르기로 자극하기 때문에, 여성의 외음부 '대음순, 소음순, 음핵, 음핵소대, 소음순, 요도구, 질 전정, 질 입구 등 360도 전부'와, '내음부 질구와 G스폿에서 자궁구에 이르기까지 질 속 얕고 깊은 상하전후좌우 전체 질벽 360도 전체'가 한꺼번에 동시에 전체 종합 자극되기 때문에, 여성이 이 체동을 좋아할 수밖에 없게 되어 있다는 점이다.

이러한 '남근 깊은 삽입 불두덩 밀착 360도 휘두르기'는, '불두덩 밀착 깊은 삽입'으로 '질 바깥 외음부 성감대들 360도 전체'와, '깊고 얕은 질 속 질 벽 성감대들 360도 전체'와, '자궁구'를 한꺼번에 동시에 중합(重合) 자극하는 기법이어서, 아무리 넓은 여근의 넓이도 깊이도 동시에 일시에 문지르게 되기 때문에, 아무리 성정이 둔감한 여성일지라도 여러 번의 오르가즘을 체험할 수 있다는 것이다.

이러한 성 기법을, '영원한 절대불변 창조근원 · 인식근원 마음'을 생각으로 파묻지 않는 명상으로, 긴 동안 심화시키게 되면, 드디어 몸의 진동이 우주진동과도 합일을 이루게 되어, 우주 오르가즘에 이르게 된다는 것이, 탄트라의 가르침이다.

탄트라는 성교 속에서도 생각 없이 깨어있는 의식을 지향한다. 그래서 성 교합의 어떠한 경지에서도, '육신보다도, 말과 언어 · 사상 · 생각 · 행위보다도, 성교보다도, 성교 쾌감보다도' 먼저 있는 근원인 '영원한 절대불변 창조근원 · 인식근원 마음' 본성이, 결코 무엇에도 예속되지 않는 자유이고, 무상(無上)의 행복이다. 그래서 "영원한 절대불변 창조근원 마음 · 무생각 무의식 무아 본성'이 궁극 가치이고, 목적이다.

"아기를 가질 때가 아닌 한, 사정은 결코 절대로 하지 않는다. 결코 사정목적 성교는 하지 않는다. 성교는 '무사정'을 목적으로 하며 초월을 목적으로 한다."

'360도 질 외부와 질 내부 깊고 낮은 질 속 성감대 전체 종합 감각'을 경험하는 속에서, 부부 함께 각자 '영원한 절대불변 창조근원 · 인식근원 마음 · 무아 본성'을 생각으로 뒤덮지 않는 선정을 이루고, 생각에 파묻히지 않는 '무생각 무의식 마음'을 떠나지 않는 것이, 성스러운 교합이며 명상이다.

5-3 언덕 위의 언덕

오르가즘 파도가 지나가게 되며 여성이 '휴~' 하고 내뿜는 탁기를 남성이 호흡으로 흡입하게 되면, 잠시 동안 마치 폐가 타는 듯한 고통을 당하게 되므로, 남성은 이때의 탁기를 마시지 않도록 주의하라는 지적이 있다.

사람들이 운집하여 밀집되어 있는 속에서 오직 그 밀집을 헤치고 그 밀집을 통과하여 들어가려고 하는 데만 열중하고 있는데, 그 밀집 속에서 나오려고 하는 여성과 정통으로 서로 몸이 마주치고 얼굴과 얼굴이 마주쳐지며, 그 순간 그 여성이 내쉬는 숨을 바로 받아 마시게 되어버려서, 폐가 타는 듯한 고통을 느끼며 펄쩍 뒤로 물러난 적이 있었다. 그래서 '탁기 흡입의 해악이 바로 이런 것이로구나!' 하고 느낀 바가 되었다. '상대가 내뿜은 숨을 바로 받아 들이쉬는 것은, 폐가 타는 듯한 고통을 당하게 된다.' 이것이 알아둬야 할 날숨의 정체이다.

남근과 여근의 방아찧기가 방광을 압박하게 된 결과, 방광이 흥분되어 성교 후 소변을 보게 되는 것이라고 한다.

질 벽의 점막은 수렴제를 사용하면 수축하는데, 기생들은 질 벽 수축을 위하여 명반을 쓴다고 한다. 올리브유를 바르고 삽입하면 질의 수축을 돕게 되어 그 질 수축력이 남근을 조이는 효과가 있다고도 한다. 이것이 몸에 어떤 부작용이 있는 것인지는, 모른다.

인간을 망하게도 하고, 제 명에 죽지 못하게도 하고 마는 것이, 성욕이기 때문에, 성욕을 어떻게 다스리느냐가 인생의 중심 과제이다.

세상의 모든 남성들과 모든 여성들이 모두 식욕을 해결하고 성욕을 해결하기 위하여 성 에너지로 살고들 있다. 그래서 모든 남녀는, 식욕 다음 오직 성욕 충족이 삶의 중심 핵심이 되고, 삶의 요체가 되고, 삶의 관건이 되며, 인간들은 잘못 저지른 성욕 때문에 패가망신하여 망하는 일들을 다반사로 일으키고들 있다. 때문에 성을 알고 성을 제어할 수 있는 철학을 확립하여야 하는 것인데도, 인간이 성에 대해서 진지하게 숙고하고 사색하고 근본적으로 알기를 기피하는 것은, 웃기는 아이러니이다. 인간이 반드시 알아야 하는 것이 바로 '자기'요, 성이다.

남성의 성기는 길이와 굵기가 각각 다르고, 여성의 성기는 깊이와 넓이가 각각 다르기 마련이어서, 이러고 저러한 다양한 성기들 이야기가 있지만, 현상이란 모두가 참으로는 있는 것이 아닌 허상인 것이, 움직일 수 없는 사실이다. 이 점을 기억하고 잊지 않는다면, 헛것일 뿐인 현상에 집착할 바가 아닌 것이다.

뿐만 아니라 남근의 굵기와 길이에 꼭 맞는 여근도 없고, 여근의 넓이와 깊이에 꼭 맞는 남근도 있을 수 없는 것이 자연이다. 또한, 새로운 첫 상대라 할지라도 막상 교합하고 사정되고 보면, 모두가 꼭 같은 속물 속성일 뿐인 것이 남근이고 여근이다.

본래적으로 여성의 성기는 아기를 낳을 만큼 신축자재한 큰 물건이다. 그럴지라도 남성은, 여성의 질 벽이 아무리 넓을지라도 '불두덩 밀착 남근 휘돌리기'로 '질의 상하전후좌우 360도 얕고 깊은 질 벽 전체'를 자극할 수 있고, 질의 깊이에 걸맞은 체위를 선택하고 '불두덩 밀착 남근 휘돌리기'로써 질의 넓이와 깊이 어느 쪽 자극이든 가능하게 되어 있는 것이니, 여성의 질이 좁고 넓고 깊고 얕은 것에 의미를 둘 바도 없는 것이고, 남근 · 여근, 남성 몸 · 여성 몸 모두 환(幻)이라는 사실에 주목하고, 환(幻)에 속을 것이 없는 것이다.

여성의 문이 '넓고 좁고 얕고 깊고'의 문제는, 남성 상위 체위일 때는 여성의 엉덩이 밑에 양손을 넣고 골반을 위로 올려주면 깊이 삽입이 될 수 있고, 이 체위에서 여성의 두 다리 무릎을 가슴까지 바짝 들어 올려붙일수록 질의 깊이를 짧게 만들어 줄 수 있어서, 바닥까지 삽입이 가능하게 되며, 이런 체위에서 남녀 가랑이가 十자로 되는 체위로 옮기면 더욱 깊은 삽입이 될 수 있고, 불두덩 밀착 휘돌리기를 하면, 여성의 질 외부성기들 전체와, 질 속 낮고 깊고 넓은 질벽 전체가 모두 한꺼번에 자극될 수 있으므로, 질의 넓이도 문제될 것이 없다고 지적되고 있다.

또한 여성의 열정적인 성감에 따라 여근 질벽이 남근의 굵기 · 길이와 꼭 맞는 터널을 이루는 기능이 있어서, 남녀 간의 '영적 열정적 합일의식'이 남녀 성기 크기를 초월하게 되는 핵심 요체라고 하고 있다.

여성의 성기는, 여성이 스스로 마음껏 즐기려는 의지를 가지고 능동적으로 자유분방하게 기능하게 되면, '여성의 질벽 근육 세로로 조리개와 가로로 조리개 주름살 세포'들이 남성 성기 꼴로 바짝 좁혀들며, 여성의 '자궁 쪽 조리개 주름살 세포'들이 '남성 성기 쪽으로 바짝 좁혀들게 되는 기능'이라고 지적되고 있다.

이런 여근의 질 수축 기능은, 여성의 '질 수축 경직' 때 질이 '극한으로 조여들고 죄어져 굳어진 질' 속에 남근이 꽉 물려서 빠지지 않는 현상이 되는 '질 수축 경직' 기능과 이어져 있는 것으로 이해되고 있다.

여근의 '넓고 좁고 얕고 깊고'의 문제는, 여성의 성기는, 여성의 '성교에 대한 의지 · 열망 · 열정 · 흥분도'에 따라, 남근의 굵기와 길이와 크기에 딱 맞게 신축자재하게, 교합 중의 남성 성기를 상하전후좌우로 꼭 조여 감싸서 콘돔같이 될 수 있는 조리개 근육으로 구성되어 있어서, 남성이, 교합하며 여성의 열망 · 열정 · '흥분도'를 얼마만큼 이끌어내고 있는가? 하는 관건이 문제될 따름이다. 여근이 어떻게 넓든 깊든, 남근의 굵기 · 크기 · 길이가 어떠하든, 그것이 문제가 아니라 '남성의 성교 열의, 여성의 성교 열의'가 어떠한가에, 늘어나고 좁혀듦이 신축자재한 여성 성기가, 남성 성기와 꼭 맞는 크기 성기일 수 있는 것이다. 따라서 남성 여성 모두 자신들의 '성교 충실도와 성교 질'이 어떠한가를 각성하고 시정하는 것이 핵심 사안이다.

되풀이하지만, 남녀의 방사(房事)에는 절대 지켜야 할 지식이 있다. "겨울철의 1회 사정은, 봄철의 100회 사정만큼 정을 소모시킨다. 4월과 5월 봄에는 3일에 한 번, 여름과 가을에는 1개월에 두 번, 겨울에는 정(精)을 닫고 사정하지 말아야 하고, 60세 이후부터는 정(精)을 완전히 닫고 결코 사정하지 말라." 이 가르침 속에도 정액 사정을 함부로 해서는 결코 안 된다는 경고음이 들어 있다.

또, "남근이 지나치게 '극강'하게 발기한 때 교합해서는 안 된다. 소변이나 대변을 참고 교합해서는 안 된다. 음식을 배부르게 먹고 난 직후, 심한 노동을 하여 몸이 피로한 때, 목욕을 한 후, 땀을 많이 흘리고 난 후, 화를 낸 후, 길을 많이 걷고 난 후, 먼 길을 여행한 후, 술 마신 후, 임신 중, 출산 후 100일 이내, 월경 기간 중, 질병이나 사고가 난 후, 지나친 근심 · 공포 · 긴장을 한 뒤에는, 성관계를 피해야 한다. 초승 상현달 때 · 보름달 때 · 그믐 하현달 때, 번개가 치고 폭풍우가 칠 때, 천지가 캄캄할 때, 지진이 일어날 때, 몸이 건강하지 않을 때 교접하지 말라. 성교 후 찬 음식을 먹거나 찬 기운을 쬐면 즉사할 수 있다."

위의 가르침을 기억하고, 잊지 않고 잘 지킬 수 있어도, 함부로 성교하지 않을 수 있고, 간음 간통 같은 것은 아예 바랄 것이 못 되는 것이다.

결국 교합할지라도 결코 절대로 사정하지 않는 것이, 방사(房事)의 왕도이다.

방중술 가르침은, 여성의 성 반응을 '성 흥분기, 성 흥분 지속기, 성 흥분 쇠퇴기'로 나누어서, 여성의 '성 흥분 개시기'에서 '성 흥분 지속기'에 이르기까지 전희를 즐기고, '성 흥분 쇠퇴기 가까이에서 교합한다.' 로 되어 있다.

또 방중술에, "남성은 먼저 용궁 전체를 진동시켜서 그 진동파를 전신으로 퍼뜨리는 것으로부터 시작한다. 남성은 남근을 삽입하고 여근의 어느 부위를 마찰했을 때 여성의 몸에 경련이 일어나는지? 그곳을 잘 알아두었다가, 그곳을 집중적으로 다스리는 것이 여근을 다스리는 비결이다."고 하였다. 여근을 감동시키는 것이 성실한 애무에 있고, 삽입 체동은 성의 리듬의 충실도 성실도를 따르며, 절대 '정액 무 방출'에 있는 것이다.

전희에 의해 여성이 매우 흥분되었다고 하더라도 서둘러서는 안 된다. 엄지를 제외한 네 손가락 뿌리께로 음핵을 눌렀다 늦추기 하거나, 전후좌우로 또는 회전으로 문지르며, 젖꼭지를 오랄 애무한다. 그리고 미끈물로 링가를 적시고 젖은 링가로 음핵을 천천히 자극하고, 음핵소대를 자극하고, 또 질 전정과 요도구와 소음순 도랑을 자극한다.

요도 입구는, 손가락 같은 거친 것으로 자극하면 성감을 반감시키기 쉽다는 지적이 있다. 요도 입구는 '소음순 점막과 같은 점막'의 점막으로 짜여 있어서 더욱 민감하다는 것이다. 이 요도구에 대한 링가나 혓바닥이나 혀끝으로 유사성교 애무를 함으로써 얻어지는 쾌감이, 클리토리스나 소음순에까지 전해져서 강한 성적 울림 진동을 일으키게 된다고 알려져 있다.

음핵이나 소음순 내부지대나 질 속은 과민한 점막이기 때문에, 그 둘레의 성감대를 달구어서 미끈물이 넘쳐난 다음에 미끈물로 몸 감은 손가락으로 애무한다.

대음순 도랑에서부터 소음순으로 향하는 골짜기의 혀 만지기는 여성의 성감 출렁임을 크게 높이게 된다.

미끄럼 마찰을 돕는 미끄럼 분비물을 닦아내 버린 다음에 실린더와 피스톤 운동이 있게 되면, 실린더도 피스톤도 몹시 아리게 된다. 이것은, 사랑 물 분비액은, 샘솟듯이 넘쳐흐름으로써만, 상호 조직을 '마모되지 않게, 아리지 않게' 하는 윤활유 역할을 한다는 사실과 이어져 있다.

미끄럼 물이 넘쳐나면 중지와 인지 사이에 한쪽 음순을 끼우고 약지와 새끼손가락 사이에 또 한쪽 음순을 끼워서, 전체를 감싸듯이 자극하면서 엄지손가락은 질에 삽입하고 문지르는 테크닉을 취하게 되면, 약지 끝이나 중지 끝으로는 음핵을 애무하는 법일 수 있게 되며, 이 법이 양변 소음순과 질 전정과 클리토리스와 G스폿을 동시적으로 애무하는 종합자극법이 되어 줄 수 있다.

때마다 체위와 기교를 달리하며 언제나 주역을 여성에게 맡기고, 남성은 '여성이 바라는 대로, 여성이 시키는 대로' 따르는 법이, 여성의 G스폿사정이나 자궁진동 사정에 이르는 데 촉진제가 되고, 그것이 남녀 모두 최대의 쾌락이 될 수 있다는 지적이다. 이러한 과정 속에서도 시종일관 '창조근원 마음'이 생각에 파묻힘이 없어야 한다.

늘 새로운 변화로 시간의 흐름을 잊어버리도록 새로운 느낌을 지향하며, 살며시 부드럽게 하거나-, '거칠게 빠르게 강하게'—이 리듬은 사정될 위험이 있으므로 5회 전후 단발로 그치는 것이 안전할 것이다.—하거나,

천천히 얕게 깊게 하거나, 남성의 불두덩이 여성의 불두덩 외음부에 단단히 밀착되어 있으며 자극에 다양한 변화를 주거나, 링가 귀두부가 질 입구에서 노닐다가 불두덩 압력껏 질 안쪽 깊이까지 가거나, 단조롭지 않게 그때그때 시의에 맞게 마땅하게 새로움으로 다양한 리듬을 창의적으로 행하여, 여근의 기쁨을 최고절정에 이르도록 하라는 것이다.

이때 여성도 남성도 함께 조급해지기 쉽다. 이런 때 부부가 함께 분위기나 성 감각에 사로잡히지 않고 오직 '창조근원 마음'을 생각으로 뒤덮지 않는 명상의식을 떠나지 않으며, 남편은, 집요하게 요도구 오럴을 계속하여 여성 온천이 끓어오를 대로 끓어오르도록 자극을 멈추지 않는다. 그러면서 결코 삽입 강박관념이 되지 않고, 여성의 애무 성감이 초절정이 되어서 삽입을 하고도, 결코 절대 사정 생각 없는 무사정 성교를 지향한다.

질 속은 조리개 주름 질 벽으로 사랑 물을 스며내며 용의 몸을 감싸는 온천 옹달샘이다. 삽입하고서도 되도록 남근의 자극을 아끼고 여성의 외음부 마을을 불두덩으로 밀착하여 누르고 있으며 남근의 뿌리께로 상하 또는 좌우로 눌렀다 늦추기 하거나 회전자극 체동을 한다.

성감대가 집중하여 있는 음순 가장자리와 음순 도랑 부위는, 성을 일깨워 주는 안테나이고, 음핵은 성감을 일으키는 스위치라고 지칭되고 있다.

음핵 포피 밑 음핵과 음핵 밑바닥 사이에 감추어져 있는 '음핵소대(음핵의 목줄 부위 줄기)'가 민감하다고 알려져 있다. '음핵 목줄 부위 줄기 출발처'인 '음핵 밑바닥'과 '음핵소대'를 혀끝으로 자극한다는 의식이 음핵소대의 기쁨을 뛰놀게 하는 자극이 된다고 한다.

여성의 사랑언덕은, '음핵과 음핵소대(음핵목줄기) · 음순도랑 · 질 전정 · 요도구 · 질구 등 질구 부근 외음부'에 성감대가 밀집하여 있어서,

남근 불두덩으로 여근 불두덩을 문지르기하는 애무는, 전희 때뿐 아니라, 삽입 후에도 이들 민감 지대들을 한꺼번에 동시에 자극한다는 의식으로 자극하는 법이다. 남녀 두 불두덩끼리의 문지름이나 눌렀다 늦추기 등 그 밀착 강도의 가감리듬 무수한 변화가, G스폿과 자궁을 오르가즘 진동으로 흔들어 출렁이는 효과까지 이끌어낼 수 있다는 지적이다.

남근 운동보다 남근 · 여근 불두덩끼리 밀착하여 문지르는 쪽이, 남성의 빠른 사정을 막고, 긴 놀이로 이끌어 주며, 그러므로 여성 쪽에서도 즐거운, 서로 좋은 교합법이 될 수 있다. 여성은, 질 깊은 속 보다 오히려 음핵이나 음순이나 질 전정이나 질 입구나 질 속 얕은 G스폿 부위 등, 외음부나 질 얕은 쪽의 자극에 민감하므로, '남근 · 여근 불두덩 밀착 문지름'은, 여성을 기쁘게 하는 최고의 성 리듬 기법이라고 일컬어지고 있다. 특히 긴 놀이로 남근이 위축되어 있을 때에는 오직 불두덩밀착 문지름, 이 법만이 여성을 다스리는 구극의 묘법이 될 수 있다는 지적이다.

클라이맥스 직전이 되어 여성이 팔로 단단히 남성을 끌어안고 손가락은 남성의 근육에 파고들며 호흡이 몹시 가빠지고 몸을 뒤틀든가, 즐거운 비명을 지르든가 할지라도, 이런 때 남성이 냉정을 잃고 함께 흥분되어 사정하여 버리게 되면, 여성은 이제야 끓어올라 여근 질로 남근을 죄어 감싸려고 하는데, 남근은 더 이상 여근을 연주할 수 없게 되어 남녀 둘 다 불만이 되고 만다. 시종일관 무사정 남근에, 여성을 끝까지 연주할 수 있는 생명이 있다.

여성이 흥분 쾌감이 높아져 발을 힘껏 뻗거나, 몸을 빳빳하게 경직시키거나, 남성을 힘껏 부둥켜안으며 몸에 힘을 주게 될 때에는, 그때마다 그 반응에 걸맞게 용궁 언덕에 대한 밀착부위를 좀 더 새로운 자극 포인트로 옮겨서, 주로 요도구나 '소음순 골짜기'나, 요도구 질 전정 음핵에 초점 겨냥하는 법으로, 시의에 맞게, '보다 다른 각도 초점 자극'으로, 보다 빠르게, 보다 힘 있게 문지르기 한 다음, 천천히 눌렀다 늦추기, 좌우로 문지르기, 회전 문지르기 등으로 변화를 준다.

링가와 요니가 하나를 이루고 치밀하게 밀착된 남성의 불두덩으로 '음핵소대, 소음순, 질전정 마을'을 마찰한다는 의식으로, 그것들이 마찰받게 되는 '불두덩 밀착 남근 휘두르기'를 연출하면, 요니는 큰 기쁨에 이르지 않을 수 없을 것이다. 그럴지라도 남녀 모두 그 쾌감에 파묻히지 않는 마음이 깨어있는 마음이며 초월이다.

암놈 개의 물건은, 교미하고 사정한 수놈 개의 물건 기부를 꽉 조여 물어서 긴 동안 수놈 개의 물건이 암놈 개의 물건에서 빠져나가지 못하도록 하는 것을 목격하게 된다.

암놈 개의 물건과 같은 여근도 있는 모양이다. 일본 영화 「설녀(雪女)」에서, 설녀의 여근은 성 쾌감이 극에 달하면 몸이 차가워지며 여근이 굳어져 여근 속에 있는 남근을 꽉 물기 때문에, 남근은 여근 밖으로 빠져나오지 못하고, 설녀의 여근이 유연해지기까지 한참 후에야 남근이 빠져나올 수 있게 된다. 이런 때 설녀는 "아아 더, 조금만 더 깊게 강하게, 이제 조금만 더 하면 될 것 같아. 아아, 더 강하게 빠르게!"라고 하는 여성의 교성(嬌聲)이 남성을 빠져들게 하여, 남성이 자신을 잃어버리게 한다. 이러는 동안 설녀는 의식을 잃어버리고 있게 되어, 이때의 행복이 무엇인지조차 전혀 알 수 없다고 한다. 이것은 희귀한 여성의 희귀한 오르가즘 현상이지만, 이런 여성의 여근에 물려서 빠져나오지 못하는 동안, 남근의 정기는 그만큼 고갈되어 버릴 것이다.

남성이 여성의 "아아 더, 조금만 더 깊게 강하게, 이제 조금만 더 하면 될 것 같아. 아아 더 강하게 빠르게!"라고 하는 여성의 교성에 최면되어, 여성의 교성에 맞추어서 '더 깊게, 강하게, 더 강하게, 빠르게' 체동하다

보면, 자신도 모르게 사정하고 말게 될 것이다. 비록 "아아 더, 조금만 더 깊게 강하게, 이제 조금만 더 하면 될 것 같아. 아아 더 강하게 빠르게!"라고 하는 여성의 교성이 있을지라도, 이런 여성의 교성에 최면되지 않는 남성이라야, '성교 환(幻)'의 노예 되지 않을 수 있는 것이다. 그런 정신력을 기르는 것이 최고의 수행이고, 최고의 공부이다.

5-4 애무기술자 수말의 애무기술

정액이 다하면 목숨이 끊어진다. 금전이나 재물이나 권력은 지엽말단이고, 정액이 육신을 살아있게 하며, 건강하게 하고, 병들지 않게 하고, 삶의 의지와 의욕을 좌우하는 핵심 요체인 것인데, 사람들은 금전과 재물 · 권력은 진귀하게 여기고 소중하게 대하며, 정액의 귀중함은 모르고 음욕으로 소모하고 탕진하여 제멋대로 정액을 쏟아내면서, 조금도 아까워할 줄 모른다. 재산이 다하면 건강한 몸으로 노력하면 해결되지만, 일단 정액이 고갈되고 골수가 텅 비게 되면, 몸 안의 '선천 물 기운'이 마르게 된다. 그러면 백약도 효험이 없고, 의술이 신(神)의 경지로 뛰어난 신의(神醫)도 손을 쓸 수 없게 된다. 그때는 후회해도 이미 늦다.

—『불가록(不可錄)』

예로부터 얼마나 많은 뛰어난 영웅호걸들이 정말 성현이 되기에 충분한 자질을 지니고서도, 단지 여색의 관문을 통과하지 못하여 도리어 어리석은 범부로 떨어졌던가? 색욕이 성현을 범부로 추락시키는 요인이다.

—인광대사

'번뇌 · 망상 · 음욕 생각'과 '권력 계급 · 황금보석 자본' 사물에 마음이

> 묶이거나 얽매이는 것을, 계박(繫縛)이라 한다. 하늘 속에서 가장 큰 계박은, 여색을 능가하는 것이 없다. 여인은 화려하게 치장한 미모와 삿된 눈길로 노래하고 웃으며, 28천 욕계 하늘을 결박하여 예쁜 입과 입술을 놀리며, 은혜와 애착으로 남자를 결박하고, 죄의 문으로 끌고 간다. 결코 함부로 여근 속에 남근을 넣지 말아라. —사분율(四分律)

위와 같은 경고가 있게 되는 것은, 성은 거짓된 것이면서 그만큼 사람을 홀리는 황당한 것이며, 성으로 인한 패가망신의 원인은, '창조근원 · 인식근원 마음 본성'이 성 생각의 노예가 되어, 생각에 파묻혀 버리고, 생각자아가 사정쾌감에 빠져서 정액의 귀중함을 모르며, 정액을 무가치하게 몸 밖으로 방출해 버리는 무지에 있다.

마음을 성 생각으로 파묻히지 않게 하며, 결코 절대로 사정하지 않는 영원한 무사정이, 회춘원리이고, 건강 원리이고, 부부행복 원리이며, 방중술의 왕도이다.

정액은 몸 기능 · 정신 기능의 모든 원천으로서 육체보다 먼저 있는 무상(無上)의 보물 물질이다. 정액은, 육신을 있게 한 원천이고 원질이며, 생명의 집이고, 건강과 무병의 집이요, 만년 청춘의 원소이다.

정액은, 존재의 열정과 의욕의 집이며, 삶의 의욕 활력의 집이요, 몸 안에 언제나 보존하고 있어야 하는 보물이다. 그래서 결코 몸 밖으로 배출해서는 안 되는 보물이, 정액이다. 정액은, 아기를 가질 때가 아닌 한, 절대로, 결코 몸 밖으로 배출해서는 안 되는 보물이다.

사정성교는 백해무익 해악이다. 사정(射精)의 만 가지 해악을 알고 항상 기억하고, 무사정 성교로 회춘 건강을 위하며, 무사정 교합으로 근본마음을 성찰하는 수행법으로 삼는 것만이 최고이다.

탄트라 가르침에, 제 아무리 젊고 잘난 남녀를 보게 될지라도, 똥으로 채워진 위와 대장 소장을 떠올리고, 똥오줌 싸는 육신을 떠올리고, 자신의 생각 없는 마음을 떠올리라고 한다. '임금님이든 여왕이든 왕비이든 공주이든 왕자이든 미인대회 진선미 여성이든 미인배우이든 가수이든 운동선수이든', 모두가 바깥 모양을 걷어내면 똥으로 채워진 위와 대장 · 소장인 것이어서, 누구의 본질도 특별한 것이 아니다. 따라서 누구도 자기가 특별하다거나 열등하다고 생각하는 것은, 모두가 '똥으로 채워진 위와 대장 · 소장, 똥오줌 육신이며, 죽어서 해골인' 본질을 망각한 무지이다.

누구를 만나든 아무도 특별하지 않고 다 같은 본질이니, 각자 결혼한 부부 사이에 서로 겸손하고 순결하고 성실하고 충실할 일이지, 그밖의 다른 남녀에게 현혹되어 해바라기가 되거나, 간음 간통이 될 이유가 전혀 없는 것이다.

영화배우 · 가수 · 댄서 등 미인의 질이라고 해서 특별하지 않다. 누구의 질에서든, 질액이 회색 · 초록색 · 노란색 · 분홍색이거나 작은 알갱이 덩어리가 나오거나 고약한 냄새가 날 때는, 감염증 현상으로 보고 치료를 받아 보아야 한다는 지적이다.

질 속에 정액이 유입되면 질의 수소이온 농도가 달라져서 일시적으로 질의 환경이 교란되는 것인데, 질 속에 여러 남성의 정액이 유입되고 있을 때에는 생선 비린 냄새가 심해지며, 심하게 되면 질염의 원인이 된다고 한다. 창녀 · 기생들은 뭇 남성들의 정액을 받아낸 청결하지 않는 질 속이 되기 쉬워서 불결해지기 쉽고, 그런 복잡 섹스를 거듭하고 있는 동안에, 초기에는 뚜렷이 증상이 없는 20여 가지 종류의 감염이 있기 쉽다고 한다.

여성이 여러 날 몸을 씻지 않아도 질에서 생선 비린내 같은 냄새가 풍기게 되고, 질에 유산균의 균형이 깨지게 되면 악취가 나는 혐기성

질염이 생기게 되며 심하면 세균들이, 썩은 고기에서 나는 냄새를 만들어 낼 수 있고, 악화되면 시체에서 나는 냄새 화합물도 만들게 된다고 한다.

질병 없이 건강하게 청결할 때만 질은 신성한 용궁일 수 있다.

성 생리학은, 정액은 수소이온 ph농도 8도 알칼리성이고, 질 속은 ph농도 4~4.5도 산성이라고 한다. 질 속의 질액은 수소이온 농도가 4~4.5도 정도의 강한 산성으로서 쉴 새 없이 끊임없이 자정운동을 하고 있다고 한다. 질 속은 쉴 새 없이 스스로 깨끗해지고 있는 자정작용을 하고 있을 뿐 아니라, 건강한 질의 질 속 균들은, 유산균으로서 요구르트의 젖산 냄새가 나는 것이 정상이라고 한다. 따라서 세정제로 질 세척을 하게 되면 건강한 질의 유산균들을 죽이고 혐기성 균들과 뒤를 이어 더 악질 균들을 불러들이게 되므로, 질을 세정제로는 세척하지 않고 깨끗한 물로 질을 헹구어야 한다고 지적되고 있다.

질 세척기는, 질의 수소이온 농도 4~4.5도 일정 산성농도를 교란시켜서 감염의 원인이 될 수 있으므로 사용하지 않는 것이 안전하다는 지적이 있다. 다만 용변 뒤 매일 반드시 항문 및 질을 구석구석 깨끗이 씻는 것을 잊지 않도록 하라는 것이다.

동물의 페로몬 냄새는, 종족번식을 위한 암컷의 수컷 유혹신호라고 한다. 그렇다면 활짝 핀 식물의 꽃향기도 동물의 페르몬 냄새에 상당하는 종족번식을 위한 벌 나비 유혹신호인 것이라고 인식할 수 있다.

암말이 발정을 하게 되면, 마치 꽃의 개화 때와도 같이 혈색소가 외부생식기로 피어올라 개화된 붉은 꽃 계통의 빛을 띠고, 유난히 꼬리를 치켜들며 배뇨를 자주 하는데, 그 오줌에 수말을 흥분시키는 페르몬이 들어 있다고 한다.

관련 글들을 보면, 발정한 씨암말은, 처음에는 접근하는 수말을 경계하며 공격할 태세를 취하다가도 '암말 성정 애태우기 노하우'가 쌓인 수말이 요령껏 암말을 애무하여 주게 되면, 성정이 고조됨에 따라서 수말의 끈질긴 애무 열정에 자연히 마음을 열고 수말을 받아들이게 된다고 한다.

경주마 관리사들의 글을 보면, 발정을 하고도 특히 성경험이 처음인 동정녀 암말은 겁을 먹고 수말이 접근하면 갑자기 발길질을 하며 난동을 부리고, 동정남 수말은 접근법이 서툴기도 한 때문에 종마 생산업자들은, 씨수말 보호 차원에서, 씨암말이 발정하면, 수말을 무난히 받아들일 수 있도록 시정마(試精馬, 애무기술자 수말)를 끌어들여서 암말의 성정을 불 질러 놓도록 한다. 암말의 성정을 끈질기게 적극적으로 달구어 줄 줄 알고 있는 '애무기술자 수말'은 암말이 순종하지 않고 대드는데도 끝까지 인내하며 능숙한 애무기술로 씨암말을 솜씨 좋게 달구어 간다. 시정마가 '발정암말의 항문과 질을 혓바닥으로 핥아 주는 애무' 열정을 펼치는 동안에 '발정암말'이 성욕 탐욕이 최고조에 달하게 된다.

그런데 그토록 애무 열정을 다 쏟아부어서 암말의 성정 열기를 최정점으로 달구어서 시정마가 발기 성기를 꺼내들고 막 삽입하려고 하고 암말이 시정마에게 막 몸을 내맡기려고 엉덩이를 내밀고 있는데, 종부업자는 시정마를 씨암말에서 강제로 끌어내리고, 씨수말과 씨암말을 짝짓기시키고 만다.

온 열정을 다하여 자기가 달구어 내었으므로, 뜨거워질 대로 뜨거워져서 성정이 불붙은 씨암말 엉덩이로 시정마가 기어오를 수 있게 되고, 그 씨암말의 용궁으로 발기할 대로 발기된 여의봉을 막 들여놓으려고 하는 순간에, 종부업자 인간이 시정마를 강제로 끌어내려 버리고 시정마가 달구어 놓은 그 씨암말과 씨수말의 교미가 이루어지도록 하고 만다. 시정마는, 바로 자기 눈앞에서 자기가 달구어 놓은 씨암말과 씨수말이 짝짓고 있는 광경을 목격하게 되면 분노 충천 광란하게 된다.

시정마는 다른 생각은 전혀 할 수 없고, 현재 자기가 달구고 자기가 달군 암말과 자기가 막 교미하려고 하는 자기를 강제로 끌어내려 버린 종부업자에 대한 분노와, 자기가 달구어서 자기가 교미하려던 암말과 자기 아닌 씨수말이 교미하고 있는 사실에 대하여, 어처구니없고 억울한 생각밖에 할 수 없게 된다. 그래서 종부업자들은 씨암말이 아닌 잡종 암말로 시정마의 성욕을 달래 준다고 하지만, 시정마는 그런 분노 스트레스가 쌓이게 되어 빨리 죽게 된다고 한다. 그것이, 자기가 발정 난 씨암말을 불태우기만 하고 교미는 자기가 할 수 없도록 되어 있는 것이 직업인 시정마의 애환이다.

시정마의 애무기술 중 핵심은, 암말의 항문과 질을 혓바닥으로 핥아주는 데 있다. 인간도 동물이며, 인간도 최고위 성 애무 기법으로는 시정마 같은 애무기술을 활용하고 있는 것으로 알려져 있다.

인간의 입안의 침은 그 사람의 감정에 따라 성분의 질이 크게 다르다는 실험 결과가 알려져 있다. 성교 오르가즘 경지 때에 나오는 입안의 침은 투명물이고 생명수라고 한다.

탄트라와 선도 방중술 가르침을 보면, 여성은 입과 유방과 요니로부터 생명수가 생산된다. 여성은 오르가즘 때, 질 속에서는 자궁주스, 입 속에서는 혀의 아래쪽 비취 샘에서 비취주스, 유방 속에서는 산호주스가 나온다고 한다. 그것들은 모두 생명수들이고, 특히 오르가즘 때 입안에서 샘솟는 '투명 맑은 물' 침인 비취주스는 지상 최고의 생명수라고 한다.

따라서 건강한 몸에서 '오르가즘 때 스며나오는 입안과 유방과 질 속의 분비액'들은 불결한 것이 아니라 생명수여서, 남성에게 이로운 것이라는 것이다. 이때 남성의 입안의 침이 생명수인 것도 같은 이치이다.

여성의 유방을 빨면 자궁이 수축하며 각 분비샘이 활성화하게 되고, 성 흥분 상태 때는 여성의 혀 아래쪽 비취 샘에서 투명한 맑은 빛을 띤 비취 액을 스며낸다고 한다. 성 교합 때 키스는, 입안에서 비취액이라고 하는 기쁨액을 분비시키게 하여 줌으로써, 비취액을 마실 수 있도록 하는 기능이게 된다. 이때 혀는 파트너의 입천장이나 혀 아래쪽 비취샘을 문지를 수 있게 된다.

여성 문 내부의 자궁 문은 여성이 절정에 이르렀을 때에 열리며 투명한 분비물을 분비하게 되는데, 이때 요니 주스를 요니 속에 있는 링가로 흡수할 수 있다고도 한다. 뿐만 아니라 마른 대추가 여성(아내)의 질 속에서 요니 주스 또는 오르가즘 액으로 불려지면 해구신을 능가하는 정력제가 된다고 한다. 오르가즘 때 분비되는 액체가 생명수인 이상, 그때 분비액으로 마른 대추가 불려진다면, 그 대추가 영약 성품이 될 것임은 자명한 것이다. 그래서 오르가즘 때 여성의 분비액으로 불린 음중비약(陰中祕藥)이라는 말이 있게 된 것이다.

오럴섹스는 기생 여성하고나 하는 것이라고 생각하는 이들이 있다. 기생과 하는 섹스는 아무래도 불결하고, 부부끼리는 서로의 몸 현재 청결과 건강상태를 알 수 있는 상대여서 오럴섹스 상대로서 아내가 적격인 것이다. 그리되면 아내 여성이 오럴섹스 상대로 바깥 남성을 향한 선망이나 미련이 없게 되는 것이다. 성의 초월을 위해서는, 성에 대한 어떠한 미련도 없어지도록 경험하며, 영혼으로, 완전하게 성에 대한 미련을 없이 하여 버려야, 성 초월이 가능하게 되는 것이다. 성의 모든 것을 직접 체험하되 결코 절대로 정액 사출이 없어야 한다.

부부간의 오럴애무는 성의 초월을 위하는 관점에서도 중요한 의미를 지니지만, 이런 경험 인식이 없이 바깥 성을 통해서 이런 경험을 얻게 되며 그 인식의 노예가 된다면, 그것이야말로 걷잡을 수 없는 위험이 되기 때문에도, 이런 경험 인식은 당사자 본인이 직접 체득하면서 그런 인식을 벗어날 수 있어야, 초월이 가능하고 초월이 완벽하게 이루어질 수 있는 것이다.

성의 초월은, 결코 절대로 사정을 하지 않으며 성의 모든 기교를 직접 체험하는 것이다.

요니를 입과 혀로 애무하는 컬리링구스와 링가를 입과 혀로 애무하는 펠라치오를 오럴섹스라 한다. 오럴섹스는, 상호 사랑 전기가 열리도록 하는 사랑명상으로 승화될 때, 품격 높은 것이라고 지적되고 있다.

컬리링구, 오럴섹스, 그것이야말로 동물들의 기본 애무기법이고 동물들의 자연본능 기법이고, 인간 역시 생물학상 동물이다. 오럴섹스가 부부끼리의 동물적인 무의식 본능을 만족시키는 성애일 때, 부부간에 '무의식 본능 성욕불만 스트레스'나, 제비족 인간들과의 간통 · 간음 등의 방종성교라든가, '무의식적 · 불수의적 · 우발적 성 불륜'을 방지하는 데 공헌하게 되는 것이다.

남근이나 여근은, 입안보다 위보다 더럽다는 생각, 입안이나 위가 남근 · 여근보다 깨끗하다는 생각은 선입견이며 편견이고 착각이다. 입속도 온갖 세균들이 살고 있는 잡균 소굴이고, 몸 속 위와 창자 속은 섭취된 농축음식물과 만물잡균 들이 물리작용 화학작용을 하고 있는 오물창고 · 악취창고이다. 입안과 위와 창자들과 비교한다면, 질병이 없고 오염이 없는 청결한 질 속이나 청정한 페니스가 깨끗한 것임은 자명하다. 오럴애무를 부정하는 이들 자체 육신이 성호르몬의 정자 · 난자로 된 몸이고, 건강한 성기의 분비물은, 생명력 기의 엑기스로서 1급수 물과 같은 생명수인 것이다.

꽃은 식물의 성기이다. 암술은 여성의 성기와 같다. 여성의 성기는 식물의 성기인 꽃의 암술과 같은 속성이다. 암술 액은 난자를 포함하고 있는 여성액과 같다. 씨방은 여성의 자궁과 같다. 수술은 남성의 성기와 같고 꽃가루는 남성의 정자나 정액에 속한다. 수술은 암술을, 암술은 수술을 오럴애무하는 것은, 생물 본연의 자연 모습인 것이다. 자극을 할 때 쾌감을 느끼게 해주는 곳은 질이 아니라, 바로 음핵이므로, 음핵소대를 포함한 음핵을 중점적으로 오럴하라는 지적이 있다.

성급하지 않고 서두르지 않는 부부 69 상호 오럴섹스가 알려져 있다. 남녀 동시 69 구강섹스는, 남성이나 여성으로 하여금 오럴애무에 열중할 수 없도록 의식을 분산시키게 만든다는 지적이다. 그래서 69체위 동시가 아닌 개별 오럴이, 입술성교의 중요성인 '몰입 · 정신집중, 자유분방 애무'로 감동성교일 수 있다는 지적이다. 남성이나 여성이 시간을 초월하여 오럴애무에 정신을 집중하는 열중이 되기 위해서는, 여성이나 남성이나 입의 모든 기능으로 창의적으로 여근 · 남근을 오럴하며, 남편과 아내 서로 입술과 혀로 링가 요니를 오럴 하는 속에서, 부부 각자 생각보다 먼저 있는 '창조근원 · 인식근원 마음'이 결코 생각이 아닐 수 있어야, 컬리링구스 · 펠라치오 · 오랄이 자연으로 받아들여질 수 있는 것이다. 결코 절대로 사정을 하지 않으며 '창조근원 · 인식근원 마음'을 생각으로 뒤덮음이 없는 오럴 또는 남근 · 여근 교합은, 마음성찰을 위한 최고의 수행법일 수 있게 되는 것이다.

흥분이 높아짐에 따라 질 벽에 일어나는 세찬 수축 압이 있을 때마다 항문도 수축하게 되는데, 질압이 30~60 누름 힘이라고 한다면, 항문 수축 압은 200 누름 힘이나 된다고 한다. 항문에는 괄약근과 항문을 추켜올리는 역할을 하는 거항근이 있어서, 이 거항근의 일부가, 회음부에서 질 주위의 근육과 항문 성감대와 성기 성감대를 '∞자 같게 8자'

같은 매듭을 짓고 있어서, 질이 수축함에 따라서 항문도 수축하게 되고, 항문근육이 수축하는 데 따라서 질 둘레 근육도 조였다 풀렸다 하게 되어 있다는 설명이다.

입술 · 유두 · 성기 · 항문 등 점막이 있는 곳에 반드시 그에 마땅한 자극에 민감한 성감대가 있다. 여성이 항문 위생을 세심하게 관리하고 있어서, 그곳이 깃털이나 그밖의 것 등으로 간지럽게 애무를 당하게 되면, 여성은 몸에 사랑 전류가 흐르는 쾌감을 얻게 된다고 한다. 그래서 항문은, 부드럽게 자극하면 여성을 말할 수 없이 오그라들게 하는 성감대이다.

시정마와는 달리, 인간은, 애무기술 기량을 한껏 베풀고 있는 속에서도, 성교를 하고 있는 속에서도, '창조근원 · 인식근원 마음'을 생각으로 파묻지 않는 명상자일 수 있고 수행자일 수 있다. 또, 인간은, '육신도, 남근도, 여근도, 성교도, 성 감각도, 성 쾌감도' 행복이 아닌 것이 행복인 듯이 느끼게 하는 환(幻)인 것을 인식할 수 있는 지성인이고, 정액은 육신을 존재하게 하는 보물인 것을 알고, 결코 절대 사정하지 않는 성교를 하고, 사정은 결코 절대로 하지 않고, 성교를 마무리할 수 있는 지성인이다.

성 에너지는, 남성이 여성에게 주는 위치에 있고, 에너지는 가득하여 넘치는 쪽에서 부족한 쪽으로 흐르게 되는 엔트로피 법칙이다. 오르가즘 파도 때 링가(남성 문, 남성 성기, 페니스)가 요니 안에서 이완되어 있으며 성 에너지가 링가로 흘러들고 있다고 의념하고 있으면, 요니(여성 문, 여성 성기, 바기나, 자궁)에서 넘쳐서 밖으로 자연 방사되어 버리는 성 에너지가 자연히 링가 쪽으로 흘러들게 된다고 했다.

요니는 요니 속의 점막으로 남성에너지를 흡수하게 되고, 링가는 귀두 점막으로 여성에너지를 흡수하게 된다고 한다. 관련 가르침을 보면, 링가 귀두부만 요니에 물리고 있으면서 링가 쪽으로 에너지가 흘러들고 있다고 이념하고 있으면 링가로의 에너지 흡수가 이루어질 수 있게 되며, 그것이 링가에 사랑 전기 충전이 되며 링가가 요니 속에 오래 머물러 있으면서 요니를 다스릴 수 있는 제어력이 되며, 느리게 끓어오르고 느리게 식는 여성의 성정(性情)과 균형을 맞출 수 있는 힘이 된다고 하고 있다.

남편은 '솜씨 있게, 솜씨 좋게, 끈기 있게' 아내의 성정을 마음껏 고조시키는 애무기술자이면서, 교합하면서도 결코 절대로 사정하지 않는 성교로, 성을 명상으로 승화시키는 것이다. 성 교합 상태에서 시종일관 결코 절대로 생각에 뒤덮임이 없는 '창조근원 · 인식근원 마음'일 수 있으면, 아내를 감동시키면서 아내도 성 초월자일 수 있도록 할 수 있는 일이다.

5-5 성감대 지도

'나'가 무엇보다도 가장 먼저 알아야 할 것은, 바로 '나'이다.

'나'가 '나'를 알기 위해서는, 무엇보다도 가장 먼저 마음을 알아야 하고, 생각을 알아야 하고, 태어남과 죽음을 알아야 한다.

'나'가 '나'를 안 다음 '나'가 알아야 할 것은, 인간을 망하게도 하고, 제 명에 죽지 못하게도 하며, 인간의 운명을 결정하고 마는 성(性)이다. 그다음 알아야 할 것들이 '나'를 좌지우지하는 신, 종교, 정치, 언론, 사상과 점술, 최면술 같은 것들이다.

창조자 신은 과학이요 진리이다. 과학이 아닌 것은 창조자 신일 수가 없다. 하나님은 모양 · 형상이 없다.

지구 밖에서 하늘에 떠 있는 우주인의 시각으로 하늘을 보면, 하늘이 없는 곳은 결코 어디에도 없으며, 하늘이 바로 호흡과 함께 우리들의 입으로 코로 우리들 속으로 드나들고 있다. 하늘에 계신 하나님이라고 하며 기도하는 분들의 하늘이 바로 호흡과 함께 우리들 속으로 드나들면서, 하늘이 우리를 살아있도록 하고 있다. 호흡과 함께 우리들 속으로 드나들면서 우리를 살아있도록 하고 있는 하늘이 바로 하나님이다.

결코 창조된 바 없고 생겨난 바 없이 모든 곳에 가득한 텅 빔이, 결코 끊어질 수 없고 나누어질 수 없고 분리될 수 없는 전체—유일무이한 불이의 하나, 무극, 바다—이다.

바다는 결코 끊어질 수 없고 나누어질 수 없고 분리될 수 없는 전체이다. 결코 끊어질 수 없고, 나누어질 수 없고, 분리될 수 없는 전체를 무극이라 한다. 하늘은, 결코 어디에도 있지 않음이 있을 수 없는 무소부재 일신(一身)이고, 결코 무엇도 하지 않음이 있을 수 없는 무소불위 일신(一神)이므로, 무극이다.

'텅 빈 전체 무극(無極) 일신(一身) 일신(一神) 하늘'의 무극이, 무소부재로 전지전능하는 과학이고, 근본에너지(창조에너지)일 수 있는 과학이고, 마음일 수 있는 과학이며, 무엇이든 화현(化現)하는 창조자일 수 있는 과학이다. '텅 빈 전체 무극(無極) 일신(一身) 일신(一神) 하늘'이, 신이요 마음이다. 신이요 마음인 하늘은 모양 · 형상이 없다.

결코 창조된 바 없고 생겨난 바 없이 모든 곳에 가득한 텅 빔이, 결코 어디에도 있지 않음이 있을 수 없으며 결코 무엇도 하지 않음이 있을 수 없는 무극 기(氣)요, 무극마음이다. 모든 것이 마음 속에 있으며 마음이 모든 것 속에 있다. 그래서 마음은 모든 것 밖에 있으며 모든 것 안에 있다. 꿈을 꿀 때 마음이 우리들 속에서 우주만유 삼라만상을 현화(現化)하듯이, 모든 것 밖에 있는 마음이 모든 것을 창조하고 있다. 신은 마음이다.

예수님이 "나는 하나님 속에 있고 하나님은 나 속에 계시다"고 하신 하나님이, 바로 모든 것 밖에 있으며 모든 것 속에 있는 마음이다. 예수님은 각자 자기 속에서 신을 찾고 자기 속에 있는 신과 합일을 이루는 것이 참 종교이고 참 신앙이라는 것을 깨우치신 것이었다.

무엇보다도 가장 먼저 마음 곧 텅 빈 전체 무근(無極) 일신(一身) 일신(一神) 무극하늘 공(空) 무극마음이 있으며, 마음(텅 빈 전체 하늘 空)이 인간 형상 신들과 우주만유 삼라만상을 창조하였고, 마음이 마음그림으로 우주만유 삼라만상 현상을 화현(化現)하고 있다.

'시작도 끝도 없는 무극으로 무궁무진 무한한 전체허공'(텅 빈 전체 무극 一身 一神 무극하늘 空 무극마음, 진여)이, 영원히 언제나 항상, 전체이면서 부분이 되고 부분이 전체가 되는 중도(0) 파동(+ ⇆ 0 ⇄ −)으로, 우주를 현화(現化)하고 있다.

우주창조 과학은, '텅 빈 가득한 무극 일신(一身) 일신(一神) 무극하늘 공(무극마음)'에서, 서로 합하면 0이 되는, 서로 정반대로 꼭 같은 짝 + −로 분화하고 합하여 0이 되며 무극이 되는 파동('+ ⇆ 0 ⇄ −)'에 있다.

우주는, '유일무이한 불이의 하나'(시작도 끝도 시간도 공간도 없는 전체, 무극)에서, 서로 합하면 0이 되는, 서로 정반대로 꼭 같은 값으로 2원화하고, 합하여 0이 되며 '유일무이한 불이의 하나'가 되는 '+(陽) ⇆ 0 ⇄ −(陰)' 파동으로 현상되고 있기 때문에, 우주 현상은, 모두 '+와 −, 양과 음, 작용과 반작용, 정과 반, 선과 악, 흑과 백, 동과 서, 좌와 우…' 등 '무수한 정과 반 상대성 2극성 이원성 양변 현상'들이고, '무수한 정과 반 양변 현상'들은, '참으로는 있는 것이 아닌, 참으로는 없는 것'들이며, '참으로 있는 것'은 오직 '유일무이한 불이의 하나'(창조근원 0 · 중도 · 무극 · 전체 · 진여 · 마음)가 있을 뿐이다.

좌파의식과 우파의식 양쪽 의식은, '각자 자기가 선이고 백이고 천사이고, 상대는 악이고 흑이고 악마이다'고 주장하는, '자기본위 자기중심 자기 편 자기 쪽 고정관념 생각'이다.

양쪽 현상은 허상이고, 진상(眞相)은 '중도 · 0 · 순수 · 하나'가 있을 뿐이다. 중도에는 결코 '자기본위 자기중심 생각'이 없다.

중도에서 보면, 좌도 우도 참으로는 없는 것이면서, 각자 '자기만 옳고 상대만 틀렸다'고 세뇌되어 최면화된, '선입견 · 편견 · 최면 인식체계, 꼭두각시 인식체계'이다. 그래서 좌와 우 양쪽 의식은, '어느 쪽도 바르고 옳은 판단자 · 행위자'일 수 없다.

좌파 우파 양쪽, '결코 어느 쪽도, 어느 편도' 없는, '창조근원 0 · 중도의식 · 순수의식 · 본성'을, '끝이 없이 끊임없는 찰나변화 생멸연속 생각'으로 파묻음이 없이, 항상 '무생각 무의식 · 중도의식 · 순수의식 인간'만이, 바르고 옳은 판단자 · 행위자일 수 있다. 판단기준은 결코 좌와 우 어느 편이 아니라, '창조근원 0 중도 순수'인 것이다.

근본계는, '무극 일신(一身) 일신(一神) 무극하늘 공(空) 무극마음'이다. 우리가 꿈을 꿀 때 생각이 우주만물로 현화하는 것과 같은 법리로, 근본계의 생각이 모든 현상으로 현화하며 현상계(물질계)가 화현하고 있다. 근본계에서는, 생각이 물질이고, 생각이 우주만유 삼라만상 현상이고, 생각이 세계이고, 생각이 우주이고, 생각이 모든 것이다.

생각은, 의식을 구성하고 있는 원소이며, 시간을 구성하고 있는 원소이다. 끝이 없이 끊어짐 없는 찰나변화 생멸연속 현재가 호흡이고, 시간이고, 생각이고, 의식이고, 말 · 언어이고, 현실이고, 인생이고, 인간이며, 세계이다.

현실이란, 단지 끝이 없이 끊어짐 없이 생겨남이 사라짐이고 사라짐이 생겨남인 아날로그 찰나변화 생멸연속 현재 생각이다.

생각을 벗어나 있는 현실은 없다. 생각을 벗어나 있는 인생은 없다. 생각을 벗어나 있는 인간은 없다. 생각을 벗어나 있는 세계는 없다. 생각을 벗어나 있는 슬픔은 없다. 생각을 벗어나 있는 고통은 없다. 생각을 벗어나 있는 지옥은 없다. 생각을 벗어나 있는 천국은 없다.

생각을 벗어나 있는 신(神)은 없다. 생각을 벗어나 있는 종교는 없다.

일체의 생각이, 끝이 없이 끊임없는 찰나변화 생멸연속 현재 현상이요 세계이다.

행복과 불행이 생각이고, 모든 현상이 생각이다. 생각 아닌 것은 결코 아무것도 없다. 생각을 떠나서는 결코 아무런 현상도, 현실도, 인간도, 세계도 있을 수 없으며, 생각을 떠나서는 어떠한 의미도 있을 수 없다. 끝이 없이 끊임없는 찰나변화 생멸연속 아날로그 생각이 인생이고, 인간이고, 세계이고, 행복이며 불행이다.

무엇보다도 가장 먼저 마음이 있으며, 마음이 생각을 생기고 있고, 생각이 우주만유 삼라만상으로 화(化)하고 있다. 현상은 무엇이든지 생각이다. 물질계에서 근원계로 갈수록 생각과 물질이 하나이며, 생각이 바로 현상이고, 생각이 바로 물질이다.

우주는 마음과 생각으로 이루어지고 있다. 우주는, 오직, 마음과 생각일 뿐이다. '나'가 알아야 할 것은, 오직 마음과 생각이다. 이밖의 것들은, 모두 마음과 생각에서 비롯되고 있는 것들이다. 따라서 마음과 생각을 알면 모든 것을 알게 되어 있다.

모든 나는, 모든 것 밖에 있으며 모든 것 안에 있는, '결코 끊어질 수 없고 나누어질 수 없고 분리될 수 없는 무극마음'의 '부분마음 여래마음'이다.

마음은 생멸변화 없이 무한영겁 무생 무멸 영존이고, 육신과 생각만이 태어남과 변화함과 죽음을 거듭하고 있다.

마음은 태어남이 없이 육신만 태어나고, 마음은 변화함이 없이 육신만 변화하고, 마음은 죽음이 없이 육신만 죽고 있다. 그리고 마음은 생겨남이 없이 생각만 생겨나고 있고, 마음은 변화함이 없이 생각만 변화하고 있고, 마음은 사라짐이 없이 생각만 사라지고 있다. 모든 나는, 생멸변화 하는 육신이 아니요, 생각이 아니고, 생멸변화 없이 무한영겁 무생 무멸 영존하는 마음이다.

마음은, 창조되고 생겨나는 것보다 영원히 먼저 있으며, 끝이 없이 끊임없는 찰나변화 생멸연속 현재 생각보다 끝이 없이 끊임없이 앞서 있는 '영원한 절대불변 창조근원 0 · 무생각 무의식 무아 근본지 청정심'이다. 항상 청정심이 자유요 행복이다.

『티베트 사자의 서』를 보면, 육신이 죽는 곧바로 육신과 호흡과 생각 의식에서 풀려난 정광명(무색투명한 눈부신 빛 마음태양)이 드러나지만, 우리들 중생의 마음은, 육신이 죽으면 정광명을 알아차리지 못하고, 온전히 오로지 '생각 질료 · 의식 질료로 이루어진 의식신'이 되어, 의식신의 생각들이 그대로 물질이 되고 세계가 되며, 죽은 자를 심판하는 가공할 무서운 신(神)들로 형상된다. 그래서 바로 자기 마음에서 나오는 '의식형상 · 사고형상' 바로 그것이, 신의 심판이고 공포이고 지옥이고 고통이게 된다.

깨달은 이들이 지적하고 있는 바와 같이, 우주의 근원은 마음이다. 모든 것은 마음에서 생기고 있다. 마음에서 생각이 생기며 생각이 물질로 되고, 생각이 천상 · 아수라 · 인간 · 축생 · 아귀 · 지옥 육도세계가 되고, 생각이 온갖 모양 형상 신들로 형상되고 있다. 그래서 육신이 죽어서도 영원히 생각에 파묻힘이 없는 '영원한 무생각 무의식 마음'이 목적이다. 마음에서 생각이 텅 비면 육도세계도 없고, 신의 심판 상벌도 없는 것이다.

생각은 보이지 않는 물질이다. 생각은 물질을 현상하는 근원 질료요 근원물질이다. 생각이 우주만유 삼라만상이고, 우주만유 삼라만상이 생각이다.

끝이 없이 끊임없는 찰나변화 생멸연속 현재 생각이 시간이다. 시간이란, 찰나도 생멸변화하지 않음이 없는 끝이 없이 끊임없는 찰나변화 생멸연속 현재 생각이다. 시간은, 찰나도 생겨나지 않음이 없는 생각이고, 찰나도 사라지지 않음이 없는 생각이며, 찰나도 변화하지 않음이 없는 생각이다.

참으로 있는 것은 오직 마음이 있을 뿐이다. 마음은, 창조되지 않는 것이다. 만들어지지 않는 것이다. 생겨나지 않는 것이다. 변화하지 않는 것이다. 부서지지 않는 것이다. 상처 나지 않는 것이다. 불에 타지 않는 것이다. 사라지지 않는 것이다. 영원히 결코 무엇으로도 없이할 수 없는 것이다. 영원히 마음은 불생 불변 불멸이다.

마음은, 끝이 없이 끊임없이 생각을 생기고 있으며 영원히 생각이 아닌 '영원한 절대불변 생각없이 깨어있는 0'이다. 모든 나이다.

영원히 생각보다 먼저 있는 마음이, 끝이 없이 끊임없이 찰나변화 생멸하고 있는 생각으로 뒤덮여서 생각으로 파묻혀 버리고 있는 상태가, 부자유요 불행이요 모든 문제이다.

영원히 생각보다 먼저 있는 '창조근원 · 인식근원 마음'이, 끝이 없이 끊임없는 찰나변화 생멸연속 현재 생각으로 파묻혀버리고 있음이, 성탐욕 갈망 갈등이요 최면이다.

그러므로 영원히 생각에 파묻힘이 없는 '창조근원 마음'이 존재의 목적이다.

불의의 남성이 유방을 만지고, 불두덩을 만지고, 넓적다리나 엉덩이를 만지고, 성기를 만지도록 허락하는 것 자체가, 스스로 불륜성교의 함정으로 빠져들게 되는 최면이다.

부당한 남성이 자기 육신을 자극할 때 어정쩡하게 불분명한 태도를 보이게 되면, 남성이 계속 성감대를 자극하여 오게 되고, 여성은 성감대가 자극되어지면서 '창조근원 마음'을 생각으로 뒤덮으며 성욕망 감정의 포로 되고 노예 되는 최면이 되고 만다. 그것이, 육체본능 · 동물본능 인간의 속성이다.

영원히, 생각에 파묻히지 않는 '창조근원 마음'이 목적인 인간은, 포르노를 보고 있으면서도, 빨가벗은 남녀가 짝짓고 있는 것을 보고 있으면서도, 자신이 직접 성교하고 있으면서도, 마음을 생각으로 파묻음이 없고, 누가 성감대를 자극하여 올지라도 '창조근원 마음'을 생각으로 뒤덮음이 없다. 그래서 성의 유혹에서 벗어날 줄을 안다.

불의의 남성의 유혹을 바라지 않고, 성교를 바라지 않는 여성은, 불의의 남성의 불의의 성적 접근 접촉을 애초부터 단호하고 분명한 태도로 거절해서 물리쳐 버릴 줄을 한다.

페팅은, 성교만 안 하고 몸의 성감대들을 서로 애무하는 것이라고 하지만, '페팅은 성 최면이다'고 해야 바른 해석일 수 있다. 그래서 페팅은 내가 아니라 상대가 좋아하는 방식으로 애무하는 것이라는 지적이 옳다.

전희는, 성 온천이 오르가즘으로 더워지게 하기 위하여 성교 앞 단계에서 성감대를 자극하는 것이다. 사랑의 말소리는 훌륭한 전희이며 최면암시가 되기 마련이다.

'상상은 최고의 성감대'라고 일컬어진다. 칭찬의 말소리 · 달콤한 말소리는, 황홀한 상상을 불러일으키며 최면으로 끌어들이는 동기가 된다. 그래서 여성은 본능적으로 육체적인 페팅보다 말로써 소리로서 애정표현을 하는 '정신적인 페팅'에 약한 경향이 있다고 한다. '육체적인 페팅'이든 '정신적인 페팅'이든, 그것이 성감각 · 성 욕망 생각으로 마음을 뒤덮고 파묻는 최면이 되는 것이다.

전희는, 성교로 들어가기 전에 성의 문이 점차로 뜨거워져서 성을 받아들일 준비가 될 때까지, 서두르지 않고 성감대를 일깨워가는 창조적이고 열정적인 '최면애무'이다. 그러므로 끝이 없이 끊임없는 생각보다 끝이 없이 끊임없이 앞서 있는 '창조근원 마음'을, 생각으로 뒤덮음이 없이 깨어서, 전희 그 자체를 각성을 위한 수행으로 즐길 수 있어야 깨어있는 교합일 수 있다.

인간은 눈으로 앎을 알고 눈으로 앎을 이룬다. '사랑의 눈으로 서로 마주 바라보는 것은 뛰어난 전희'라고 하는 것도, 마음을 시선으로 사로잡는 최면이 된다.

여성은 온몸이 성감대이며 어느 부위가 민감한지는 개인차가 있게 마련이다. 그러므로 전희기교의 비법은 여성이 민감하게 느끼고 바라는 것을 열정적으로 애무하는 데 있다고 지적되고 있다.

미혼남녀는, '페팅도 애무도 성교도 과정 일체가 최면'이라는 사실을 잊지 말아야 한다. 영원히 언제든지 무엇을 할 때든지 무엇에도 최면되지 않는 항상 '창조근원 마음'이 가치이다.

다양한 애무를 즐기면서 아내가 잘 느끼는 성감대를 알아가며 아내의 '성감대 지도'를 그려내는 일도, 새로움을 찾아가는 길이 될 것이다.

페팅 때이든, 전희 때이든, 성교 때이든 아니든, 항상 '창조근원 · 인식근원 마음'이, 생각으로 뒤덮이지 않는 것이, 깨어있는 것이요, 영원한 미지의 새로움 연속이고, 이것이 참다운 즐거움이며 깨어있는 즐거움이다.

교합은 빠지기 위하여 있는 것이 아니라, 알고 초월하기 위해서 있는 것이다. 남편도 아내도, 영원히 생각보다 먼저 있는 '창조근원 마음' '나'를 생각으로 파묻음이 없이, 페팅을 하고 교합을 한다.

성감대는, '신경의 말단이 집중되어 있는 곳들로서, 입 · 귀 · 코 · 눈 · 항문 · 성기 등 구멍으로 열려 있는 둘레의 점막 부위'에 많으며,

'젖꼭지, 넓적다리 안쪽, 목덜미, 겨드랑이, 엉덩이 도랑, 대음순과 소음순 등 불쑥 솟아있는 부위'와 '오목 들어간 부위'에 분포되어 있는 '점막부위와 점막 사촌 되는 부위'들이다.

관련 서적들을 보면 성감대는 다음과 같이 분류되고 있다.

'눈이나 귀, 코, 머리카락 등 감각자극이나, 보이는 것과 말과 언어 · 소리 등이 성적 분위기에 따라 심리적으로 성감으로 옮겨지게 되는, 심리성감대', '비빈다, 댄다, 누른다, 출렁인다 등 남근 자극이나 여근 자극 성감을 연상시키는 상상성감대', '엄지손가락에서 손과 팔 안쪽을 거쳐서 겨드랑 안쪽과 옆구리를 지나 성기로 이어지는 선을 따라서 누르거나 문지르거나 하면 성감이 높아지는 경락성감대', '항문 · 둔부 · 회음부 · 아랫배에서 비너스 좌우 허벅다리 안쪽 라인 서해부 등 만져지면 성기가 애무 당하는 것같이 느껴지는 착각성감대', '젖샘 · 젖꼭지 · 성기 등 순성감대' 등이다.

성 가르침을 보면, 단번에 민감한 부분에 손을 대는 것은 빵점 애무이다. 먼저 심리성감대 자극으로 여성의 긴장감을 풀어주며 서서히 민감한 곳으로의 기대감을 갖도록 한다. 몸이 달아오르게 되면 상상성감대 쪽으로 옮아간다. 머리카락을 매만지며 귀 가까이 속삭임으로 성적인 매력이 있는 점을 칭찬하여 준다. 심리성감대나 상상성감대로 성감이 높아지게 되면, 여성도 남성의 체취나 속삭임으로 성감이 자극되며 평상시에는 간지럽다고 느끼던 곳이 성감으로 느껴져 가게 된다.

머리카락을 만진다든가 빗질해 주면 여성은 이완되어 간다. 머리카락 애무는 친밀을 높이고 자연스럽게 깊이 파고들 수 있는 스타트 애무로 이용되고 있다. 손가락 전체를 머리에 얹고 머리카락 결을 따라 천천히 쓰다듬어 내린다. 이때 손가락이 약간 각도를 지어 머리 피부를 애무하게 되면, 모발근에 민감한 사랑전기 자극이 될 수 있다는 지적이다. 머리카락

안에 손가락을 넣는 것은, 모발근 신경에 민감한 원자 분자 세포들의 사랑전기 자력 자극이 될 수 있기 때문이라는 지적이다. 머리카락 안에 손가락을 넣게 되면 '모발근 신경세포 분자자석 원자자석' 전자기력선이 활성되면서, 모발근 신경에 두뇌 전기력을 자극하게 되기 때문이다.

손바닥으로 엉덩이를 가볍게 문지르는데도 진동울림이 효과적이라는 주장이다. 성기 계곡에 양손바닥을 포개어 덮고 몸 전체의 체중으로 누르며 진동으로 출렁여 주는 것은, 상상성교 페팅이 될 것이다.

성교의 기대감으로 아내가 적극적이 되고 능동적이 될지라도 서두르지 않고 조급하지 않으며 결코 사정을 생각하지 않는 것이, 아담의 책무이다.

'교합할지라도 결코 절대로 사정하지 않는다'가, 목적이다. 그런데도 어쩌다가 무사정 의지가 실패하여 사정이 되어지고 만다면, 사정될지라도 절대로 힘차게 사정하지 말아야 한다. 반드시 최소 사정이 되도록 귀두만을 겨우 질 안에 있도록 하고, 질 얕은 자리에 있으며, 마음을 페니스 쪽으로 두지 않고 무생각 · 무의식 마음 쪽으로 두어야 한다는 것이, 탄트라의 가르침이다.

결코 사정없이 교합을 끝내야 하는 것인데, 만약 사정되고 말았다면, 사정되었다고 해서 죽은 꼴이 되어 곧바로 질 밖으로 나와 버리지 말고, '에너지는 높은 데서 낮은 데로 흐른다'는 엔트로피 법칙에 의존해서, 질 속에서 기를 축적하고 난 다음에, 질 밖으로 나와야 한다는 것이, 방중술의 정도(正道)이다.

사정이 있고 난 다음 페니스 뿌리께 불두덩을 요니에 밀어넣고 있으며 여근의 외음부를 밀착 문지름으로 자극하고 있으면, 성 에너지가 높은 데서 낮은 데로 흐르는 엔트로피 법칙을 따라서 자연히 남근이 발기하게 되는 사왕생환이 되고, 여성도 오르가즘을 얻을 수 있게 된다는 지적이다.

그러므로 사정 후 불두덩 밀착 문지름은, 아내도 오르가즘을 얻게 되며 남편은 남근의 기력을 회복하는 수단도 되어지는 일석이조의 의미를 지니게 된다.

사정이 되고 난 다음에 발기가 될 때까지 페니스가 질 속에 머물러 있으면서, 반드시 에너지를 얻고 난 다음에 나오기 위하여, 죽어서 들어가서 살아서 나오는 사왕생환하고, 약하게 들어가서 강하게 나오는 약입강출함으로써, 페니스가 힘 있게 힘차 오른 다음에, 질 밖으로 나와야 한다는 것이다. 힘없이 들어가서 힘 있게 나오는 약입강출 리듬은, 기(氣)를 축적하는 리듬이라고 한다.

불두덩 밀착 문지름은, 사정 후 남성이 시들어도 계속 삽입한 채로 치골로 성교의 무드를 이어갈 수 있는 최선의 수단이 된다는 일깨움이다. 따라서 사정 후일지라도 그대로 여성의 불두덩에 남성의 불두덩을 밀착시키고 있는 채로, 미끄럼 옮김 문지름으로 성 체동을 이루는 것이 요긴하다는 것이다.

불두덩 밀착 체동 문지름은, 여성의 음핵과 요도구와 질 전정과 소음순과 질구와 G스폿 얕고 깊은 질 벽과 자궁구 등 외음부 전체와, 내음부 얕고 깊은 전체에 대한 여성의 자극은 크면서, 남성은 남성의 성 감각 중심인 귀두부 자극이 크지 않으므로 사정이 정화될 수 있을 뿐만 아니라, 남성의 체력소모를 크게 줄일 수 있는 최선의 기법이기도 하다는 지적이다.

또 그 법이 후희 성교 기교로도 으뜸이게 된다. 후희는, 교합을 하고 나서 끝을 잘 마무리하는 애무이다. 여성은, 한 번 불붙은 후 섹스 열이 식는 데 최저 30분 정도 시간이 필요하다고 한다. 그러므로 교합 후, 후희가 필요하다는 것이다. 여성은 절정기가 지나도 남성처럼 빨리 식지 않으므로, 남성은 끝까지 사정하지 않음으로써만, 아내의 열정과 짝이 될 수 있는 것이다.

5-6 최고의 성감대

최면주술로 인간을 좌지우지 지배하는 것이 목적인 사악한 자의 흑마술 칭찬은, 인간의 영혼을 잠들게 하고 병들게 하는 악의 카르마요 간악한 마왕 파순이다. 여성은 결코 흑마술 최면의 희생이 되지 말아야 한다. 남성도 그런 흑마술 창찬에 최면되지 말아야 한다. 그런 부당한 최면에 걸려들지 않기 위해서 '항상 생각 없이 깨어있는 창조근원 마음을 생각으로 파묻지 않는 마음성찰 수행'이 생활화되어야 한다. 그래서 생활이 곧 마음성찰 수행이 되어야 한다.

인간의 영혼을 '위로, 위로, 높이, 높이' 끌어올리는 사랑으로 하는 칭찬은, 시요 예술이요 훌륭한 교육이다.

인류의 지성들은, "칭찬이 그의 희망이 되도록, 칭찬이 그의 능력이 되도록 칭찬하는 달인이 되라. 부모가 자녀에게, 아내가 남편에게, 남편이 아내에게, 칭찬이 그의 희망이 되도록, 칭찬이 그의 능력이 되도록 아주 적절할 때에 적절하게 칭찬하라."고 한다.

'칭찬이 그의 희망이 되도록, 칭찬이 그의 능력이 되도록' 인간의 영혼을 '위로 위로 높이 높이' 끌어올리는 칭찬이, 사랑이다.

여성이 어떤 이유로 걱정이나 불안에 싸여 있으면, 좀처럼 성교 감각으로 몰입될 수 없게 마련이다. 아무리 유방이나 음핵을 애무하더라도 자궁진동과 같은 정신적인 오르가즘 쾌감 반응이 나타나지 않게 마련이다. 때문에 체취가 다른 이성을 찾는 육체 차원의 맹목적인 성교로는, 육체 오르가즘이 고작이고, 자궁진동과 같은 정신 오르가즘은 있어질 수 없는 것이 당연하다.

성감대의 자극이 성 신경을 거쳐서 뇌로 전해지면, 뇌에서 엔돌핀이라는 쾌감물질이 만들어지고, 이 물질파가 쾌감신경과 이어지며 몸으로 성 쾌감을 퍼뜨리게 된다는 지적이다. 이 파동 울림 앎 정보가 창조근원 · 인식근원 마음으로 전달됨으로써 몸의 쾌감이 의미를 얻게 되는 것이다.

아무리 기교가 뛰어나더라도 '창조근원 0 · 궁극침묵 근본지'와 마음이 이어져서 성감대로부터의 울림 앎이 성 신경을 거쳐서 궁극침묵 근본지 마음으로 전달되지 않는다면, 오르가즘에 이를 수 없게 마련이다.

아무리 안테나의 감도가 우수하다 하더라도 TV 화면에 파동 울림 앎인 파동 공(空) 전기가 들어 있지 않는다면 TV화면에 앎(정보)이 나타나지 않는 것같이, 성감대의 자극이 성 신경 울림 앎을 타고 뇌신경을 거쳐서 마음으로 전해지지 않으면, 오르가즘은 있어질 수 없는 것이다.

어느 천재 음악가는 말했다. "신의 영혼이 인간의 맥박에, 숨결에, 말을 건다. 침묵은 신의 숨결이다. 침묵은 신의 리듬이다. 음악은, '신의 언어'—영원히 현상이 아닌 불멸진동 파동주파수 춤—이다." 그래서 마음에 울림 울리도록 하는 '마음울림 음악'이, 정신적 오르가즘의 필수조건이라고 지적되고 있다.

사랑은, +자력과 -자력 +전기와 -전기와 같이, 서로 끌어들이고 서로 끌어당겨서 서로 끌어 붙는 힘이다. 탄트리카는, 진심으로 사랑(근원과 근원의 합일, 영혼과 영혼의 합일, 마음과 마음의 합일)하는 마음이 없으면 페니스를 질 속에 삽입하고 있어도 마음이 연결되지 못한다고 지적한다.

사랑이 없이는 아무리 링가가 요니 속에서 춤을 추고 있어도 '+기(氣)와 -기(氣) 두 기(氣)'가 합일될 수 없고, 마음이 하나로 합일될 수 없는 것이다. 그러므로 강간으로 이루어지는 성교는, 사랑일 수 없는 무덤성교요 증오성교가 되고 마는 것이다.

성 생리학은, 여성의 오르가즘에는 클리토리스 오르가즘, G스폿 오르가즘, 자궁진동 오르가즘이 있다고 지적한다. 클리토리스나 G스폿은 감각 성감대이고, 자궁은 감동성감대라고 한다. 클리토리스 오르가즘이 있고 난 다음에 G스폿 오르가즘이 있게 되고, G스폿 오르가즘이 있고 난 다음에 자궁진동 오르가즘이 있게 된다는 것이다.

서로 분리되어서는 존재일 수 없고 서로 합하여 0이 되며 무극이 되고 하나가 됨으로써 존재가 되는 '음-양+ 기(氣)의 합일'이 이루어지게 되면, 클리토리스와 질 자극에 의한 G스폿 오르가즘에 불이 당겨지고 타오르게 되며, 조리개 주름 터널 자궁대롱으로 혈액흐름이 흘러들면서 자궁대롱이 일어서고, 자궁대롱이 질 속에 있는 링가 쪽으로 바짝 다가가서 자궁질이 마치 콘돔처럼 링가를 뿌리까지 감싸게 되는 자궁섹스가 이뤄진다고 하는 섹스학자도 있다. 이것이야말로 희귀하고 신비하고 신기한 '남성 신(神)과 여성 신(神)'의 합일이라고 할 수 있다. 이런 감동성교는, 결코 강간 같은 폭력 성교나, 성실하지 못한 무책임 무성의한 성교에는 있을 수 있는 것이 아님은 자명한 일이다. 오직 무사정 성교로 시간을 초월한 '남성 신(神)과 여성 신(神)'의 합일 속에서, 영혼의 합일을 이루고 만족감동을 체험하고 있는 연인 사이에서만 있을 수 있는 일이다. 그래서 사랑을 아는 이는, "최고의 성감대는 마음"이라고 하고 있다.

무궁한 전체허공 '무극(無極) 일신(一身) 일신(一神) 무극하늘 무극마음 공(空)'이 무한수로 분화한 태공 공(空)들이 무극이 되는 파동(+ ⇆ 0

⇄ -)으로 원자 분자 유전자 세포들이 생겨나고, 원자 분자 유전자 세포들에 마음이 들어 있으며, 마음이 들어 있는 원자 분자 유전자 세포들로, 육신의 모든 기능구조들이 조직화되어, 마음의 창조능력 · 인식능력으로 육신이 존재되고 있다. 육신의 기능그물망인 '신경그물망 시스템'이, '창조근원 · 인식근원 마음'과 분리된다면, 육신은 아예 아무런 기능도 발휘될 수 없는 무능한 물건이 될 뿐만 아니라 죽게 되고 마는 것이니, 마음의 창조기능 · 인식기능이 최고의 성감대이게 마련이다.

남성이 마음감동 칭찬을 아끼지 않으며 사정을 초월하고 시간을 초월하여 교합하는 동안에 여성은 '클리토리스 오르가즘, G스폿 오르가즘, 자궁진동 오르가즘' 단계로 오르가즘 파도가 밀려들게 된다는 지적이다.

자궁진동 오르가즘은, 정신적으로 마음이 감동되어 사랑 전자기력이 자극될 때, 여성이 완전히 모든 생각 · 관념으로부터 해방되어 자유방임 능동성으로 성교에 열의와 열정이 타오르게 될 때 얻어지는, 여성 최고의 초절정 오르가즘이라고 한다.

자궁 진동 오르가즘을 경험한 여성은, 자궁 진동 오르가즘 때 자신의 아랫배 속을 마구 흔들어대는, 지진인 듯한, 강력한 진동을 체험한다고 한다. 그리고 자궁진동 쾌감이 한 번 일깨워진 여성은, 오르가즘 때마다 강한 자궁진동 오르가즘을 체험하게 된다고 한다.

이러한 여성 최상의 쾌감인 자궁진동 오르가즘은, 남성이 결코 절대로 사정을 생각하지 않는 교합으로, 절대 무사정 성교를 하며, 무사정 성교로 시간을 초월한 의욕적이고 정열적인 열의로 마음감동을 줄 수 있을 때, 여성의 온몸과 마음이 감동 전자기력으로 출렁여지며 일어나게 되는 것이라고 사료되고 있다.

그러므로 여성의 자궁진동 오르가즘을 위해서는, 남근과 여근이 합일하고 있는 내내 남성은 '의식의 근원인 창조근원 마음'을 생각으로 파문음이 없이 사정을 초월하고 시간을 초월하여 있으면서, '오르가즘의 근원인 여성의 마음'을 '에너지와 에너지의 합일 영혼과 영혼의 합일 감동'으로 감동시키는 마'음감동 테크닉'(사람의 영혼에 어필하는 영적인 칭찬)이 핵심 요체로 자리잡고 있어야 한다는 것이다.

클리토리스 진동 오르가즘을 지나고, G스폿 진동 오르가즘을 넘어서 있게 되는 '정신감동 오르가즘, 마음감동 오르가즘, 자궁진동 오르가즘'이, 초절정 오르가즘이므로, 이 오르가즘을 성교의 다이아몬드라고 할 수 있다. 이러한 다이아몬드 오르가즘은, 마음과 마음이 서로 끌어들이고 마음과 마음이 서로 끌어당기며 마음과 마음이 서로 끌어 붙은 힘으로 마음과 마음이 합일을 이루고 있는, 사랑하는 부부끼리의 '절대 무사정 열정성교'로만 꽃피워질 수 있는 것이다. 열정성교 또한 육신의 알맹이인 신기(神氣)가 깃들고 있는 정액(보물)을 결코 절대로 몸 밖으로 배출하지 않는 '무생각 무의식 창조근원 · 인식근원 마음' 부동심으로 절대 무사정 명상성교일 때 비롯되는 것이라고 이해할 수 있는 것이다.

부부 서로가 각자 "사랑한다. 훌륭하다. 아름답다. 참 잘한다. 옳다. 멋있다."고 칭찬하고 긍정하고 찬양하는 말이, 최고의 성감대인 마음을 애무하고 감동시키는 법이 되며, 결코 절대로 정액을 배출하지 않는 절대 무사정 성교가, '아내가 기쁘니 남편도 기뻐지는 기쁨, 항상 성 용솟음 힘이 몸에 간직되어 있는 남성존재감에서 오는 기쁨, 항상 젊어 있는 기쁨, 성교를 하고 나서도 정(精)을 잃지 않았으므로 남성존재감이 충만해지고 강해지는 기쁨'을 얻는 최상의 음양 합일법일 수 있는 것이다.

5-7 아담과 이브의 행복

문화가 발달하는 그만큼 교묘하게 둔갑하게 되는 '유명문화 뱀, 가짜 진짜 여대생 뱀, 골프 뱀, 꽃뱀' 여자들이, '조폭과 법과 결합하여 술 · 음식 · 숙박업 · 도박업으로 뻥 튀겨지는 조직'의 부속품이 되고, 사회 유명인을 홀리고 성교되도록 하여 놓고, 성추행했다고 유명인 남자에게 수십억 원을 요구하는 수법이 학습되며, 사회 전반으로 넓혀지고 있는 듯이 보인다. 그것은 사정성교 쾌락을 탐닉하는 '성탐욕 · 성 노예족 남성들'을 유혹하여 들이는 함정으로 적격일 수 있는 희극비극합작 시그널이 된다.

남성은, 사정을 하고 나서 더 이상 여근에 들어가지도 못하고 허망하게 여근에서 밀려나기만 하는 남근 앞에서, 사정성교가 쾌감인지 절망인지도 돌아보아야 하고, 사정을 하고 나서 느껴 보면, 어떤 여근도 특별한 것이 아닌 꼭 같은 속성 속물이라는 사실을 돌아보는 것이 정상이다.

몽테뉴는 "결코 싫증나지 않는 여자는, '얼굴보다 마음이 아름다운 여자'이다."라고 했고, 괴테는 "왕이건 농부이건 자신의 가정에 평화를 이루고 있는 사람이 행복한 사람이다."라고 했다. 부부는 다음과 같아야 서로 원만할 수 있다.

상대를 변화시키려고 하지 말고, 바로 자기가 변하여라.

현재 당면하고 있는 논쟁꺼리를 벗어난, 다른 논쟁꺼리를 끌어들여서 과거 이야기를 하거나 동서남북 이야기를 하지 말라. '현재 당면한 현안 테마'만 말하라.

'남이 뭐라고 하더라.'고 말하며, 남과 비교하며, 상대의 결점을 말하고 상대를 땅바닥 밟듯이 하지 말라. 남과 비교하지 말라. 천 사람이 천 법으로 생각하고 말하고, 만 사람이 만법으로 생각하고 말하는 것이, 사람의 말이다.

화가 나 있는 상대의 말을 부정하지 말라. 상대가 화가 나서 말하고 있는데, 마주 화를 내지 말라. 상대가 말하는 동안에, 상대가 바르고 옳은 주장을 하든 말든, 무시하고 상대의 말이 끝나기도 전에 자기주장만 하지 말라. 상대의 말을 귀담아 듣지 않고, '상대의 말이 끝나면 무슨 말로 되받아칠 것인가?'만 궁리하지 말라. 상대방이 화를 내고 있는 바를, 선입견 · 편견 없이 순수하게 성실하게 진지하게 들으며, 상대의 입장을 자신의 입장으로 전이시켜서 상대의 말을 조용히 듣고 수용하고 긍정하라. 상대가 화난 말을 하고 있는 동안에 침묵하고 경청하라. 상대방의 화가 누그러진 다음에, 서로 교훈이 될 말을 하라.

부부 함께 늘 '영원히 생각이 아닌 근원인 창조근원 마음'을 생각으로 뒤덮음이 없이 살며, 부부 중 어느 한쪽이 화가 나서 '창조근원 마음'을 떠나 있을 때에는, "당신(영원한 절대불변 창조근원 0 · 무생각 무의식 무아 마음)은 지금 어디에 있는가?"라고 질문하여, 상대의 '창조근원 마음'을 일깨워 주어라.

싸운 뒤에는, 묵묵부답으로 길게 끌거나, 그냥 그대로 방치하지 말고, 가급적 빠른 시간 안에 반드시 서로 간의 생각 갈등을 풀어버리라.

부부간의 성 도덕은 순결이다. 부부간의 행복의 근원도 순결이다.

성(性)은, 중생인 남녀인생의 불가피한 중심이다. 남녀 인생의 중심은, 남성성과 여성성이며, 남녀 인생의 출발은 부부이다. 남녀인생에서 성(性)이 순결하지 못하면 남녀 인생이 파탄나게 되어 있다.

남녀 인간 부부의 삶에서 가장 중요한 문제가 성(性)이다. 남성과 여성 인간은 성의 기반 위에서 가정을 세우고, 가정을 위하여 취직하거나 사업을 일으키며, 자녀가 있게 되고, 자녀양육이 이뤄지고 있다. 그러한 부부 사이의 성이 바르고 흐르며 간음 · 간통이 있게 되면, 부부 사이 성을 기반으로 해서 구축되었던 모든 것이 일시에 와르르 무너지며, 자녀양육이 실종되고, 남녀인생이 파탄나고 만다.

하나하나 인간들이 모인 것이 사회이고 국가이다. 부부간의 성이 잘못되면, 인간들의 삶이 잘못되고, 사회가 잘못되고, 국가가 잘못되고, 세계가 잘못되고, 더 나아가서는 우주가 잘못되고 만다.

생각보다 영원히 먼저 있는 마음, '영원히 생각이 아닌 창조근원 · 인식근원 마음'이 자기이지 못하고, 끝이 없이 끊임없는 찰나변화 연속생멸 생각이 자기가 되고 있는 한, 찰나변화 연속생멸 생각자아 인간은 아무도 순결할 수 없으며, '창조근원 마음' 자기도 모르는 사이에 성 생각 · 성 현상으로 현혹되고 홀려들고 빠져드는 최면이 되며, 찰나변화 연속생멸 생각자아 · 육체자아 남녀 성문(性門)이 패가망신하는 속성을 발휘하게 되고 마는 것이다.

성은, 육체감각 · 생각의식보다 먼저 있는 무생각 · 무의식 마음의 '무의식 마음그림'으로부터 비롯하고 있는 '무의식 마음그림' 동기를 알아차리지 못하고, 끝이 없이 끊임없는 찰나변화 생멸연속 생각에 속고 있기 때문에, 약속을 지키기 어렵고, 신의를 지키기 어렵고, 순결을 지키기 어렵고, 도덕적이기 어려운 속성이다. 그래서 성이 항상 문제를 야기하고 있다.

성 에너지 용솟음 힘 · 음욕 탐욕은, 육체감각 · 생각자아 자기도 모르는 무의식 마음그림 동기로 비롯하는 것임을 알고, 육체생각의식 무의식마음 그림보다 영원히 먼저 있는 '창조근원 마음'이, 무의식 마음그림 생각으로 파묻히지 않는 데에, '영혼의 평화도 · 진아각성 능력도 · 모든 인적 관계 신의도 · 순결도' 있는 것이라는 인식에, '모든 문제 해결 핵심'이 있다. 그래서 늘 생각보다 먼저 있는 '창조근원 0 · 중도'를 생각으로 파묻지 않는 항상 중도의식을, '생활의 중심 · 삶의 중심'으로 삼아야, 항상 믿을 수 있는 인간일 수 있다. 결코 어떠한 생각에도 빠지지 않는 항상 '창조근원 마음'만이, 믿을 수 있고 의지할 수 있는 핵심이다.

또한, 생각으로 뒤덮임이 없이 영원히 생각이 아닌 '창조근원 마음' 부동심은, 영원히 생각으로 알아진 것이 없는, 끝이 없이 끊임없는 새로움 연속이다. 항상 부부가 날마다 시간마다 분마다 초마다 끝이 없이 끊임없이 생각이 아닌 '창조근원 마음' 부동심을, 생각으로 뒤덮지 않는다면, 부부는 영원히 늘 새로운 아담이요 새로운 이브이다.

싫증 · 권태라는 것은 생각이다. 모든 것은 마음에서 일어나는 생각으로 비롯하고 있다. 모든 현실은 끊임없는 현재 끊임없는 생각연속일 뿐, 생각 밖의 것이 아니다. 남편도 아내도 날마다 시간마다 찰나마다, 한 순간도 결코 생각이 아닌 근원을 생각으로 파묻지 않고 산다면, 늘 함께 살고 있는 부부가 날마다 시간마다 분마다 초마다 서로 아무것도 알아진 것이 없이, 서로 모르고 있는 남자 여자가 서로 첫 만남을 위하고 있는 것 같은, 영원한 미지의 남성(아담)이고 영원한 미지의 여성(이브)이다.

부부 모두 늘 생각 없는 근본지일 때, 부부는 늘 서로 아무것도 모르는 가슴 설레는 사이일 수 있으며, 체위변화 · 정감변화 · 환경변화 · 장소변화 · 의류변화 · 분위기변화 · 색깔변화를 통한 생각변화에 따라, 서로 첫 프러포즈를 하는 것 같은, 늘 '낯선 만남'처럼 설레일 수 있다. 그것이 생각의 법칙이다. 생각의 법칙이란 그런 것이다.

'다르다, 새롭다'는 것은, 생각이 새롭다는 것이고, 어떠한 육신의 · 성의 문도 다 같은 속물 속성인 것이요 실체가 아닌 것이니, 생각만 바꾸면, 꼭 같은 사람이 다르게 느껴지는 것이며, 꼭 같은 부부가 다른 부부일 수 있는 것이다.

부부만이 있는 공간에서, 태어난 자연 그대로의 몸이 되어 서로 보고 있으면서 무생각 · 무의식 생각 없이 깨어있는 0 선정이 되어 관능적인 음악을 듣는 것도, 서로 새로운 사랑 드라마일 수 있고 명상일 수 있다. 부부간의 성애(性愛) 때 여성의 자유재량에 맡기는 여성상위, 앉아 있는 체위, 서 있는 체위 등 성 체위나 의상이나 장소나 환경 요소도, 이때까지 경험한 적이 없는 첫 상대끼리의 만남이나 접촉과 같은 '심리적인 새로움 효과'를 내는, 새로운 아담과 이브의 길이다.

그러므로 부부 양쪽이, 각각 이팔청춘일 적' 옷을 착용하거나, '공주 왕자 · 왕비 왕'과 같은 의상을 착용하거나, 엉덩이로 자크가 달린 섹시한 옷을 입어보거나, 장소 변화 · 분위기 변화 등에, 새로운 연인과의 첫 만남인 것 같고, 새로운 상대를 첫 프러포즈 할 때 같은 심리요소가 있게 되는 것이다.

항상 함께 살아온 부부이면서, 새로운 의상, 새로운 환경, 새로운 분위기에서 마치 처음 만나는 상대를 대할 때와 같이, 옷을 벗기지 않은 채 옷 위에서 온몸을 애태우듯이 애무하는 법으로, 처음 만나는 상대를 처음 접촉할 때 같은 생각 · 의식 · 상상으로 처음 만나는 상대에게 첫 프러포즈하듯이 가슴 설레며 접근하면, 늘 함께 살고 있는 부부가 바로 처음 만나는 상대인 것이다. 왜냐하면 모든 것은 생각이고, 모든 현실은 생각이며, '상상 밖의, 생각 밖의' 현실은 없는 것이기 때문이다.

날마다 순간마다 끊임없이 생각보다 먼저 있는 마음이 생각으로 뒤덮임이 없는 무생각 · 무의식 마음이기만 한다면, 늘 함께하고 있는 부부가 바로 새로운 남자요 새로운 여자이고, 서로 아무것도 접촉한 적이 없고 아무것도 경험한 적이 없는, 첫 만남이고 첫 경험인 서로 새로운 아담과 이브 사이이다.

새로운 의상과 새로운 분위기 연출은 지엽이고, 허상이고, 영원히 생각보다 먼저 있는 '영원한 절대불변 창조근원 · 인식근원 0 · 마음'이, 실상이요 근본이다. 늘 함께 살아온 부부라는 생각을 떠나고, 늘 함께 살아온 부부이니 모르는 것 없이 모두 알고 있는 사이이고, 부부끼리는 내 생각 멋대로 내 소유라는 생각을 떠나서, 부부가 늘, 한 번도 만난 적이 없는 첫 상대와 첫 대면하고 있는 '창조근원 마음', '생각 없이 깨어있는 0 마음'을 생각으로 뒤덮음이 없다면, 부부는 서로 아무것도 알아진 것이 없는, 늘 새로운 아담이요 새로운 이브인 것이다.

5-8 이제 곧 피어날 꽃봉오리

자본 · 권력 계급 · 금은보석 등 현상에 바탕을 둔 행복과 불행은, 본디 없는 것이 쌍생성 쌍소멸로 생기고 변하고 사라지는 상대적인 것이다. 행복과 불행은 '창조된 바 없고 생겨난 바 없는 근원인 0'에서 생겨나서 0이 되는 +와 - 양쪽 현상이요 양쪽 생각이다. 절대행복은, 행복과 불행 양쪽 생각보다 영원히 먼저 있는 '창조근원 0 · 근원환희'이다. 생각으로 뒤덮임이 없는 마음 자체가 본래 환희이고, 참으로 있는 환희이며, 생멸이 없는 항상 환희이다.

결국 인생의 목적은, 결코 절대로 생각에 파묻히지 않는 '영원한 절대불변 창조근원 · 인식근원 0 마음'이다.

늘 함께 살아오고 있는 아내나 남편을, 서로 알 것 다 알고 있어, 이제 더 아무것도 알 것이 없는, 내 멋대로 소유물이라고 생각하는 타성이, 싫증이요 권태요 새로움의 무덤이다.

부부는, 서로 모르는 것이 없어서 '이제 더 알 것이 없는 사이'라는 생각이 되고, 또 '내 생각 멋대로 소유'라는 생각으로 서로 함부로 대하며, '그런 오만, 자만, 무성의, 게으름'으로 새로운 감동이 없고, 열정이 없는, '늘 꼭 같은 무감동, 무성실, 무관심, 싫증, 권태'가 '부부의 무덤'이라는 지적이다.

생각의 전환, 의식혁명이 필요하다. 생각자아는 끝이 없이 끊임없는 찰나변화 생멸연속 생각이다. 육체자아 · 생각자아에는, 생각이 인간이고 생각이 인생이고 생각이 현실이다. 육체자아 · 생각자아에는, '상상 · 생각 밖의 현실, 생각 밖의 인생, 생각 밖의 인간'이 없다. 부부가 서로 새로운 옷을 입고 처음 만나는 여성을 상대할 때같이 설레는 마음으로 스커트 위로 애무하고, 팬티 가랑이를 옆으로 젖히고… 와 같이, 부부간일지라도 때마다 첫 상대와 첫 프러포즈 할 때같이 가슴 설레는 새로운 상황 · 분위기 · 생각 · 의식 · 상상으로 접근하고 접촉하면, 늘 함께 있는 아내도 남편도 심리적으로 처음 상대하는 상대인 것 같은, 새로운 상태가 된다. 이것이 생각의 법칙이다.

그러나 부부가 항상 서로 새로운 모습 의상을 꾸미고 새로운 상대인 것 같은 생각에 빠질지라도, 그것은 허상이요 실상이 아니다. 실제로 새로운 상대를 만날지라도 역시 허상이다.

실제로 새로운 남자 여자, 임금님, 왕자 공주, 가수, 배우 등과 사정성교 할지라도, 결국은, 여느 때와도 다를 것 없이 에너지를 잃고 여성 · 남성 분비물을 뒤집어쓴 쭉정이 남근이 되고, 여근 · 남근 분비물 오물로 더럽혀지고 크기만 한 여근 감각에 혐오감이 되며, 새로울 것 하나도 없는, 꼭 같은 실망 허망이 되고 말 것이, 명약관화한 것이다.

새로운 의상 새로운 분위기, 새로운 사람… 등 이런 새로움들은, 허상이고, 지엽이고, 새로움의 핵심은 '창조근원 마음'에 있다. 참으로 새로움은 창조되고 생겨난 것보다 영원히 먼저 있는 '창조근원 0 마음'이다.

무엇보다도 가장 먼저 마음이 있고, 마음에서 생각이 생기며, 생각이 우주만유 삼라만상으로 현화(現化)하고 있는 현상들이, 사바세계이다.

결코 창조된 바 없고 생겨난 바 없이 모든 곳에 가득한 텅 빔이, 결코 끊어질 수 없고 나누어질 수 없고 분리될 수 없는 전체―유일무이한 불이의 하나, 무극 바다―요, 결코 어디에도 있지 않음이 있을 수 없으며 결코 무엇도 하지 않음이 있을 수 없는 무극 기(氣)요, 무극 마음이다. 모든 것이 무극마음 속에 있으며 무극마음이 모든 것 속에 있다. 우리들 속에 있는 무극마음이, 우리들 밖에 있는 무극마음의 태극마음 부분마음이요 여래 마음이다. 우리들 밖에 있는 무극마음은 진여이고, 우리의 마음은 무극마음에서 온 여래이다.

마음은 생멸변화가 없는 '영원한 텅 빔'이요, '창조근원 0'이다. 생각은 생기며 변하고 사라지는 것이다. 마음에서 생각이 생기며 우주삼라만상 갈등 · 질곡이 있고, 마음에서 생각이 사라지면 우주삼라만상 갈등 · 질곡 텅 빈 마음뿐이며, 생각 텅 빈 마음이, 항상 새로움이고, 무상(無上)의 자유 · 행복이다.

마음은, 창조된 바 없고 생겨난 바 없이 생각보다 영원히 먼저 있으며, 끝이 없이 끊임없는 찰나변화 생멸연속 생각보다 끝이 없이 끊임없이 앞서 있으면서 영원히 생각 없이 깨어있는 '영원한 절대불변 창조근원 0 · 생각 없는 0 · 무생각 무의식 무아 · 궁극침묵 근본지'요, '항상 생각 텅 빈 청정심'이다.

'항상 생각 텅 빈 창조근원 0 마음'이, 무한영겁 무생 무멸 영존하는 마음이고, '항상 생각 텅 빈 창조근원 0 마음'이 모든 나, 참나이며, '항상 생각 텅 빈 창조근원 0 마음'이 무엇보다도 높은 무상(無上)의 자유 행복이요 근본자유 · 근본행복이다. 그러므로 '항상 생각 텅 빈 창조근원 0 마음'이 존재의 목적이다.

부부 함께 날마다 '항상 생각 텅 빈 창조근원 0 마음'을 밝히며 언제나 항상 '생각 텅 빈 창조근원 0 마음'을 생각으로 파묻음이 없다면, 몇십 년을 함께 살아온 부부일지라도, 서로 아무것도 아는 것이 없는 날마다 새로운 부부이다.

끝이 없이 끊임없는 찰나변화 생멸연속 현재 생각보다 끝이 없이 끊임없이 앞서 있는 '영원한 절대불변 창조근원 0 · 생각 없는 0'이, 영원히 생각으로 경험된 적이 없는 영원한 새로움이다.

영원히 서로 아무것도 경험된 적이 없는 끝이 없이 끊임없는 새로움의 주역은, 언제나 끝이 없이 끊임없는 찰나변화 생멸연속 현재(생각)보다 끝이 없이 끊임없이 앞서 있는 '영원한 절대불변 창조근원 0 · 생각 없이 깨어있는 무(無)'이다.

'영원한 절대불변 창조근원 0 · 무(無)'야말로, 영원히 말 · 언어 · 생각 · 현상보다 먼저 있으며 말 · 언어 · 생각 · 현상보다 끝이 없이 끊임없이 앞서 있는 영원한 처음이요, 끝이 없이 끊임없이 이어지고 있는 미지의 끝이 없이 끊임없는 새로움이다.

그러므로 "늘 함께 살아온 부부라는 생각보다 영원히 먼저 있는 '영원한 절대불변 창조근원 0 · 생각 없는 무(無), 항상 생각 없이 깨어있는 창조근원 0 무(無)'를 떠남이 없이, 부부가 날마다 시간마다 끝이 없이 끊임없는 찰나변화 생멸연속 현재, 서로 아무것도 안 것이 없고 서로 만난 적이 없는 첫 상대를 처음 만나는 것같이 서로 대하라." 여기에, '영원히, 새로운 남편, 새로운 아내, 새로운 부부, 새로운 남성, 새로운 여성'만이 존재하게 되는 사랑혁명이 있게 된다. 부부간에 이러한 명상이 서로간에 유용하고 유용하다.

새로운 남성 · 여성은, 생각 의식을 떠나서 존재하는 것이 아니다. 아무리 새로운 남성 · 여성을 만날지라도 끝이 없이 끊임없는 찰나변화 생멸연속 현재, 끝이 없이 끊임없이 생각이 되고 있다면, 새로운 남성 · 여성이 구면이요 싫증이요 권태이다. 새로움은, 오직, 시간마다 분마다 초마다 끝이 없이 끊임없이 영원히, 분보다 1초 1초 시간보다, 생각보다, 먼저 있는 '영원한 절대불변 창조근원 0 · 생각 없는 무(無)'를 떠남이 없는 '창조근원 0 · 생각 없는 무(無)'가 있을 뿐이다.

부부 모두 언제나 날마다 '영원히 24시간 분 초' 끝이 없이 끊임없는 생각보다 끝이 없이 끊임없이 먼저 있는 '영원한 절대불변 창조근원 0 · 생각 없는 무(無)'를 생각으로 뒤덮음이 없이, 항상 '영원한 절대불변 창조근원 0 무(無)'를 떠남이 없으면, 몇십 년을 함께 살아온 부부일지라도 영원히 서로 만난 적이 없는 첫 만남인 것이며, 아무것도 알아진 것이 없는 영원히 새로운 부부 사이이다. 그래서 수 십 년을 함께 살아온 부부일지라도 언제나 끝이 없이 끊임없는 날마다 24시간 순간마다 영원히, 아무런 스킨십도 접촉도 없었던 첫 상대를 처음으로 만나며 난생 첫 상대에게 첫 프러포즈하는 처음 사이이게 된다.

날마다 함께 살고 있는 아내일지라도 날마다 난생 첫 상대를 상대하는 것같이, 끝이 없이 끊임없이 영원히 생각보다 먼저 있는 '영원한 절대불변 창조근원 0 · 생각 없는 무(無), 창조근원 무(無)'가, 영원히 생각보다 먼저 있으며, 서로 아무것도 아는 것이 없는 가슴 설렘으로 블라우스 위에서 아내의 유방을 만진다. 스커트 위에서 아내의 넓적다리를 만지고 불두덩을 애무한다. 이어서 아내의 스커트 속에 손을 넣고 이브 언덕을 애무한다. 이러할 때 부부 사이일지라도 서로 첫 상대를 만나는 것 같은 감동을 하게 마련이다.

부부가 서로 단절 없이 생각 없이 깨어있는 '영원한 절대불변 창조근원 마음'일 때, 부부는, 활짝 피어나 버리고 시들고 있는 꽃이 아닌, 서로 아무것도 아는 바가 없는 미지의 새로움으로 이제 곧 피어날 영원한 꽃봉오리 사이이다.

영원히 끝이 없이 끊임없는 찰나변화 생멸연속 현재(생각)보다 끝이 없이 끊임없이 먼저 있는 '영원한 절대불변 창조근원 마음'이, 끝이 없이 끊임없이 영원히, 생각으로도 몸으로도 알아진 것이 없는 영원한 새로움이다.

생각은 이미 피어나 버린 꽃과 같으며, 피었다가 시들어 버린 꽃과 같다.

부부 각자 끝이 없이 끊임없는 찰나변화 생멸연속 현재 생각보다 끝이 없이 끊임없이 앞서 있는 '창조근원 0 · 생각 없는 무생각 무의식 무아 마음'이 생각으로 뒤덮이지 않는 '영원한 절대불변 창조근원 0 · 생각 없는 마음 청정심 부동심'으로 존재한다면, 그 부부는 영원히 서로 알아진 바가 없는, 영원히 이제 곧 피어날 영원한 미지의 꽃봉오리 사이이다.

꽃봉오리는 아직 피어나지 않았으므로 그 속을 알 수 없는 미지의 꽃이다. 영원히 이제 곧 피어날 꽃봉오리는, 영원히 그 속이 알려진 바 없는 영원한 미지의 꽃이며, 이제 곧 활짝 피어나 열리면 그 화려하고 황홀한 향기가 이제 곧 알려질 꿈의 꽃, 미지의 꽃이다.

꽃의 일생 가운데서 가장 화려한 베일에 싸여 있는 때가 바로 이제 곧 피어날 꽃봉오리 때이다. 이제 곧 피어날 꽃봉오리는, 이제 곧 피어나게 되면 알아진 바 없는 미지의 향기를 내뿜으며 싱싱하게 아름다울, 미지의 새로움이 담겨 있는 신비의 꽃이다.

끝이 없이 끊임없는 찰나변화 생멸연속 생각보다 끝이 없이 끊임없이 앞서 있는 '영원한 절대불변 창조근원 0 · 생각 없는 0 마음'은, 영원히 생각보다 먼저 있는 '창조근원 0 · 생각 없는 무(無)'로 끝이 없이 끊임없는 새로움 연속이다.

아무리 긴 동안 함께 살아온 부부일지라도, 부부가 매일, 끝이 없이 끊임없는 찰나변화 생멸연속 현재 생각보다 끝이 없이 끊임없이 앞서 있는 '창조근원 0 마음'을 생각으로 뒤덮음이 없는 항상 청정심으로 삶을 산다면, 부부는 찰나도 끝이 없이 끊임없이 서로 알아진 것이 아무것도 없는 영원한 미지의 사이, '이제 곧 피어날 영원한 꽃봉오리 사이'요, 영원히 끝이 없이 끊임없는 미지의 새로운 부부인 것이다.

5-9 우주 오르가즘

우리에게 무엇이 있다고 여겨지는 '현실도, 현상도, 인생도, 인간도' 끝이 없이 끊임없는 찰나변화 생멸연속 생각이 화현하고 있는 허상이고 환(幻)이다. 생각 자체가 무의식 마음그림이요 현상이다. '사랑과 미움, 성과 성욕, 성 탐욕, 성교, 성 쾌감' 등 일체의 생각이, 생기고 변하고 사라지는 허상이고, 허상 아닌 것은 오직 생각(생기고 변하고 사라지는 모든 것)보다 영원히 먼저 있으며, 끝이 없이 끊임없는 찰나변화 생멸연속 생각보다 끝이 없이 끊임없이 앞서 있어서, 영원히 생각이 아니요, 영원히 생각 없이 깨어있는 '영원한 절대불변 창조근원 0 · 중도 · 무생각 무의식 무아 근본지 청정심 마음'이 있을 뿐이다.

생멸변화가 없는 것은, 결코 현상(생각)이 아닌 '창조근원 마음'이 있을 뿐이다. 마음이 나이다. 영원히 생각에 파묻힘이 없는 항상 '창조근원 마음'이, 생멸이 없는 근본환희이고, 인간 누구나 추구하여야 할 구극의 목적이다.

탄트라는, '성욕탐욕 · 사정쾌감 생각'을, 생각 없는 마음으로 단절 없이 알아차림으로써, 생각을 초월하고, '자기 안의 생각 없는 무(無) 근원'으로만 향하여 우주진동을 감지하고, 우주진동과 합일을 이루는 것이 목적인 명상성교이다.

남녀가 합신하고 있으면서 우주진동과 합일을 이루는 '우주진동 오르가즘'이, '육체성교 · 사정쾌감 오르가즘'과 비교할 수 없는 '히말라야 오르가즘 환희'라고, 탄트리카는 말한다.

우주 오르가즘은, 사라짐이 없는 '진여 오르가즘'이다.

'창조된 바 없고 생겨난 바 없이 모든 곳에 가득한 텅 빔'이 결코 끊어질 수 없고 나누어질 수 없고 분리될 수 없는 전체(무극 바다 · 유일무이한 불이의 하나)이고, 결코 어디에도 있지 않음이 있을 수 없는 무소부재 편재이며, 결코 무엇도 하지 않음이 있을 수 없는 전지전능 과학 본체이다.

'창조된 바 없고 생겨난 바 없이 모든 곳에 가득한 텅 빈 전체'가, 무극 기(氣)요, 근본에너지요 창조에너지요 마음이다.

무극은 '창조됨도 · 생겨남도 · 끊어짐도 · 나누어짐도 · 분리됨도, 시작도 · 끝도 · 시간도 · 공간도' 없이, 모든 곳에 가득한 텅 빈 전체(0)이다. 무극(0)에서 분화하여 무극이 되는 부분무극이 태극이다. 태극들이 합하여 0이 되며 무극이 되는 법으로 우주가 창조되고 있다. 무극(0)에서, 서로 합하면 0이 되는 서로 정반대로 꼭 같은 짝 양쪽으로 분화하고 합하여 0이 되며 무극(0)이 되는 법이, 우주창조법칙이다.

전체(무극 0)에서 분화하여 전체(무극 0)가 되는 부분(작용 반작용, 정과 반, +와 -, 2극성 2원성)들이 분화하고, 부분들이 합하여 0이 되며 전체(0)가 되는 중도(0) 파동(+ ⇆ 0 ⇄ -)으로 입자가 생겨나고 있다. 파동(+ ⇆ 0 ⇄ -)의 '+와 -, 양과 음, +크기와 -크기, +값과 -값, +힘과 -힘, +작용과 -작용, 2극성 2원성 상대성 인연성'들로 우주만유가 현상되고 있다.

무수한 정과 반 양변들은 참으로 있는 것이 아닌 허상들이고, 참으로 있는 것은 중도(0)가 있을 뿐이다. 중도(0)가 '마음'이고, 나이다. 생겨나는 아무것으로도 뒤덮임이 없는 항상 '창조근원 인식근원 0 마음'이 나이고, 근본환희이고, 위없는 환희이며, 불멸하는 환희이다.

'시작도 끝도 시간도 공간도 없는 무극으로 무궁한 전체허공'이 불멸파동하고 있는 우주기운이고 우주의식이다.

모든 것이 우주진동 속에 있으며, 우주진동이 모든 것들 속에 있다. 그래서 우리의 육신은 끝이 없이 끊임없는 불멸진동 파동(+ ⇆ 0 ⇄ −)으로 지어지고 있다.

탄트라는 다음과 같이 가르친다.

결코 눈에 보이는 현상에 파묻히지 않고, 남녀 각자 자기 내면의 마음을 보라. 한 순간도 끊임없이, 마음이 '창조근원 0 · 생각 없는 무(無) 근원'에 있도록 하라. 이제부터 어떠한 성관련 상(相, image)속에서도 모든 것을, '생각 없이 보며, 생각 없이 알아차리기만 하는 거울인식'이 되겠다고 자기암시를 하라. 또한 '결코 절대로 사정을 생각하지 않으며, 결코 절대로 사정되지 않는 교합으로 명상성교를 하겠다.'라고 자기암시를 하라.

각자 거울인식이 되겠다고 자기암시를 하며 서로 빨가벗어라. 결코 '생각 없이 보며 생각 없이 알아차리기만 하는 거울인식'으로 서로의 빨가벗은 알몸을 생각 없이 바라보며, 서로의 근문(根門)을 생각 없이 바라보라.

완전히 '생각 없이 보며, 생각 없이 알아차리기만 하는 거울인식'으로,

서로 각자 상대 성의 심벌을 바라보라. 그런 속에서 '마음+아뢰야식+말나식+육체의식' 전체의식이 만들어내고 있는 생각 감정들을, 속속들이 '생각 없이 깨어있는 거울인식'으로 알아차리리라. 자기 전체의식에서 일어나고 있는 미세의식의 심리적인 성욕 탐욕 생각들을, 결코 하나도 놓치지 말고 생각 속속들이 '생각 없이 깨어있는 거울인식'으로 알아차리리라. 어떤 생각 · 감정이든지, '결코 어떠한 생각도 없이 알아차리기만 하는 거울인식'으로 바라보면, 그 성 욕망 생각 · 감정들은 사라진다.

서로 빨가벗은 알몸을 호기심이 가는 대로 온갖 측면에서 보며, 몸의 모든 현상을, 결코 어떠한 생각도 없이 알아차리는 거울인식으로 바라보며, 전체의식에서 일어나고 있는 모든 생각 · 감정 · 욕망을 하나도 놓치지 않고 모두, 결코 '어떠한 생각도 없이 깨어있는 거울인식'으로 알아차리리라.

성 충동 욕망이 완전히 순화되어 고요할 수 있을 때까지 서로 가장 성 욕망을 충동시키는 몸꼴이 되어, 각자 자기 전체의식이 만들어내고 있는 생각 욕망들을, '결코 어떠한 생각도 없이 깨어있는 거울인식'으로 알아차리리라. 몸의 어떠한 상태를 보면서도 성 욕망 감정이 완전히 사라질 때까지, 서로의 빨가벗은 몸과 각자 자기의 전체의식 관념을, '어떠한 생각도 일으킴 없이 깨어있는 거울인식'으로 바라보라.

성 충동 욕망이 순화되어 고요하게 되었으면, 이제 각자 '생각 없이 보고, 생각 없이 아는 거울인식'으로 끝이 없이 끊임없는 '찰나변화 생멸연속 현재, 찰나변화 생멸연속 생각'을 생각 없이 알아차리며, 서로의 빨가벗은 알몸을 생각 없이 애무하라. 결코 어떠한 생각도 없는 거울인식이어야 할 마음이, 성욕 생각으로 움직인다면, 다시 서로 떨어져서 마음이 '결코 어떠한 생각도 없이 알고 보는 거울인식'으로 고요할 때까지, 끝이 없이 끊임없는 '찰나변화 생멸연속 현재, 찰나변화 생멸연속 생각'을, '결코 어떠한 생각도 없이 알고 보는 거울인식'으로 알아차리라. 이제 마음이 완전하게 '생각 없이 깨어있는 거울인식'으로 순화되었으면, 성 욕망 없이 '생각 없이 보고, 생각 없이 아는 거울인식'으로 서로의 성감대들을 보며, '전체의식'이 성 욕망 감정 · 생각의 포로가 되고 있지 않는지, 끊임없이 각자 자기 생각 · 의식 · 감정을, '생각 없이 알고 생각 없이 보는 거울인식'으로 바라보라.

주시는, 결코 어떠한 생각도 없이 보기만 하고, 알아차리기만 하는 거울과 같은 것이다. 거울은, 거울 속에 무엇이 비쳐들든지 결코 어떠한 생각도 없이 바라보며, 생각 없이 알아차리기만 하며, 결코 생각 일으킴이 없다.

우선 어떠한 생각도 완전하게 떠나서 얼마를 함께 산 부부일지라도, 서로 아무것도 아는 것이 없는 첫 연인에게 첫 프러포즈하고, 첫 접촉을 하는 인식으로 하며, 그것을 깨달음을 위한, 위대한 예법(禮法)을 따라 치르는 의식(儀式)으로 삼으라.

먼저, 남녀는, 각자 눈에 보이는 현상에 파묻히지 말고, 자기 속에서 자기를 살아있도록 하고 있는 기(氣)에 집중하라.

남녀는 빨가벗은 채로, 서로 아무것도 아는 것이 없는 첫 연인에게 첫 프러포즈하고 첫 접촉을 하는 인식이 되어, 자기 내면의 마음 설렘 인식체계를 생각 없이 알아차린다. 끝이 없이 끊임없이 생각 없이 보며, 생각 없이 알아차리는 거울인식이 된다.

거울인식으로 서로를 보며 거울인식으로 서로 접촉한다. 어떠한 애무 페팅의 국면에서도 '생각 없이 깨어있는 거울인식'일 수 있게 되었으면, 그때에야 비로소 남근 · 여근을 가까이 한다. 만일 이 단계에서 의식이 순수하지 못하고, 성 욕망 생각이 되어진다면, 다시 서로 떨어져서 각자 자기의 '마음+아뢰야식+말나식+육체의식' 전체의식을, 거울인식으로 단절없이 알아차린다. 이제 마음이 결코 어떠한 생각도 없이 깨어있는 무(無) 거울인식이 되었으면, 이제 남근과 여근을 결합한다.

그리고 결합하고도 몸 움직임 없이 있으며, 각자 자기의 '전체의식'이 결코 어떠한 생각도 없이 깨어있는 거울인식이 되어 있는지, 알아차리라. 남근과 여근으로 남녀가 하나 되어 있으면서, 끊임없이 육신을 살아있도록 하고 있는 기(氣)에 집중하고, 기(氣)를 알아차린다.

전체의식을 생각 없이 깨어있는 무(無) 거울인식으로 바라보며, 거울인식을 토대로 몸의 기(氣)를, 결코 어떠한 생각도 없이 알아차린다. 부부 각자 생각 텅 빈 거울인식을 떠나지 않고, 거울인식을 지키며, 거울인식을 잃음이 없이 체동하라.

결코 생각화(化)함이 없는 거울인식으로 나체 남녀가 합일을 이루고, 결코 절대로 사정을 생각지도 않으며, 결코 절대로 사정이 되지 않도록 하는 긴 성교 명상이 된다.

남성 · 여성 모두 자기 본능에서 우러나오고 있는 무위자연으로 교합하며, 그 속에서 무아(영원히 생각보다 먼저 있는 영원한 절대불변 창조근원 · 인식근원 0 · 무생각 무의식 근본지 청정심 마음) 거울이 되어 거울인식을 떠나지 않는다.

육체본능 자연 본래의 교합이 이루어지고 있는 속에서, 생명의 근원인 무아거울로 전체의식(마음+아뢰야식+말나식+육체의식)을 단절 없이 주시하라. 그럼으로써 결코 어떠한 생각도 없이 깨어있는 '창조근원 · 인식근원 0 마음'이 생각으로 뒤덮임이 없는, 무아거울화(化)하도록 하라.

남편과 아내가 각자 결코 어떠한 생각도 없이 깨어있는 거울인식이 되어, 육체적인 남성 · 여성 나체남녀가 사라져버린 무아거울의 경지에서, 이제까지 구속되어 왔던 모든 생각으로부터 완전하게 풀려나와, 육체본능

밑바닥에서 우러나오는 무위자연으로 자유방임 교합하며, 각자 자기의식의 밑바탕인 '생각 텅 빈 깨어있는 0' 무아거울로 존재하라.

자유방임 무위자연 교합이며 마음이 완전히 결코 어떠한 생각도 없이 깨어있는 0 무(無) 생각 거울로 고요하게 되었으면, 이제는 결코 사정없이 체동을 끝내고, 아무런 체동도 없이 완전한 무(無) 체통으로, 깊이 삽입되어 있기만 하며, 결코 어떠한 생각도 없이 깨어있는 무아거울이 되어 있으면서, 남녀 두 몸의 진동만을 느끼도록 한다. 긴 시간 동안 이런 합일로 우주 진동과 합일을 이루도록 한다.

삽입하고 있으며 어떠한 움직임도 불필요하다. 남근이 여근에서 빠지지 않도록만 하고, 결코 절대 무사정 무체동 무아거울이 되어, 몇 시간일지라도 시간을 초월하여 있으면서, 결코 어떠한 생각도 없이 깨어있으며 아담과 이브 몸속으로 유입되고 있는, 우주 진동만을 느끼도록 한다.

결코 어디에도 있지 않음이 없는 우주진동 속에 '육체 나'가 있고, '육체 나' 속에 우주진동이 있다. 결코 어떠한 생각도 없이 '생각 없이 깨어있는 0' 거울인식으로 육체적인 남성과 여성 나체남녀가 사라져버린, '음-양+ 합일에너지 진동'만을 느끼며, '음-양+ 합일에너지 진동' 느낌을 떠나지 않는 속에서, '육체 남성' 속에서 느껴지는 진동과, '육체 여성' 속에서 느껴지는 진동이 합일되도록, 생각 없이 진동을 느끼며, 생각 없이 진동을 알아차린다,

남녀 몸속의 진동과 우주진동은 단일한 하나의 진동이다. 시간이 몇 시간이 걸리든지 시간을 생각할 것 없이, 시간을 초월하여 있으면서, 남녀 두 몸의 합일진동이 우주진동과도 이어지도록, 생각 없이 진동을 느끼고, 생각 없이 진동을 알아차린다.

시간을 초월하여서 긴 명상합일로, 남녀 두 몸이 우주진동과 합일을

이루게 되면, 이제부터는 육체적인 성교 없이 남성도 여성도 각자 홀로, 명상만으로 몇 시간이든지 육체적인 성교 때 오르가즘 쾌감을 능가하는 우주진동 오르가즘과 합일 상태에 있을 수 있게 된다. 이제 육체적인 성교는 영원히 초월할 수 있게 된다.

육체를 구성하고 있는 무수한 원자들 자체가 바로, 끝이 없이 끊임없는 찰나변화 생멸연속 진동이다. 육체진동이 일깨워지며 육체진동이 우주진동과 하나로 합일을 이루게 되면, 육체성교 오르가즘 때 진동이 우주진동과 하나인 것을 알게 된다. 명상에서 우주진동과 합일을 이루고 있는 오르가즘이, 육체성교 때 오르가즘과는 비교도 안 되는 최상위의 쾌감인 것을 알게 되며, 우주진동 오르가즘이 육체진동 오르가즘의 근원인 것을 깨닫게 된다. 뿐만 아니라, 육체성교 오르가즘은 한 순간일 뿐이지만, 우주진동과 합일이 이루어지고 있는 우주오르가즘은, 우주진동에 몰입하고 있는 한 언제나 항상 존재하게 되는 영원한 오르가즘인 것을 몸으로 체득하게 된다. 그러므로 이보다 더한 지복이 있을 수 없게 되는 것이다.

—탄트라 가르침 참고

짐승의 성교가 아닌 인간의 성교는 이런 것이어야 고귀하다. 짐승이 아닌 인간이므로 이런 교합을, 일생 수행으로 삼을 수 있는 것이다. 이런 교합으로 성 속에서도 항상 청정한 마음일 수 있는 것이 인간이다.

5-10 우주 제일의 행복

호주 남부의 사막민인 참사람 부족은 물질 중심(육신 중심) 삶을 살지 않고, 항상 '창조근원 인식근원 0 · 청정본심 하늘마음'을 밝히며, 하늘마음을 빛내는 삶을 사는 것으로 알려져 있다.

그들은 항상 '창조근원 0 · 청정본심 하늘마음'으로 존재하며, '청정본심 마음'을 떠나지 않고, 항상 '구름 없는 청정한 하늘마음'으로 살면서, 결코 부정적인 생각을 하지 않는다고 한다. 그렇기 때문에 120세나 130세가 되도록 살면서도 치매에 걸리는 법이 없고, 나이 들수록 인식력이 더욱 밝아진다고 한다.

참사람 부족 사람들이 나이 들수록 더욱 인식력이 또렷하여지는 것을 보면서, '항상 순수의식 긍정인식'이, 치매 없이 무병장수하는 원리인 것을 발견하게 된다.

인류의 영적 스승들은, 다음과 같이 합창한다.

"마음에서 생각이 생겨나며, 세계가 생겨나고 고통이 생겨난다. 마음에서 생각이 사라지며, 세상이 사라지고 고통이 사라진다.

마음에서 생각이 사라지면 참으로 고요하고 행복하다. 당신이, 완전히,

당신이 떠나온 근원인 청정본심 그 자체로 존재하게 되면, 청정본심 그 자체가 바로 근본자유이고 근본행복인 것을 알게 된다.

그대가 그대 마음에서 생각이 나오기 전의 근원을 찾고, 그대의 근원인 청정본심(무생각 · 무의식 창조근원 0 · 순수의식)을 회복하여 '근본 자유 · 환희'에 이르게 되면, 한 순간에 황금이 산더미로 쌓이는 천황의 쾌락도, '청정본심 환희'에 미칠 수 없다는 것을 알게 된다.

그대가 마음 안으로 눈을 돌리고, '생각 없는 근원'에서 눈을 떼지 않는 삼매는, 천상천하 그 어떠한 즐거움과도 비교할 수 없는 환희 그 자체이다. 체험하기 전에는 아무도 그것을 모른다.

모든 수행의 종착역이 바로 마음 근원인 청정본심에서 눈을 떼지 않고, 청정본심에만 머무는 삼매이다. 근본삼매보다 더한 행복이 없고, 근본삼매보다 더한 자유가 없다.

때문에 자기 마음의 근원인 청정본심을 회복하는 일보다 더한 가치가 없고, 이보다 더한 보람이 없는 것이다."

인간이 존재하는 목적은, 무상의 자유 · 행복인 자기 마음을, 결코 어떠한 생각에도 파묻지 않고, 청정본심을 완전히 회복하는 데 있다. 자기의 근원인 청정본심보다 더한 자유가 없고, 청정본심보다 더한 환희가 없고, 이보다 더한 가치가 없는 것이다.

청정한 마음보다 더한 환희가 없다는 것을 다음을 보면 알 수 있다.

> 너는, 영원히 너의 눈을 '너의 근원'에서 떼지 말라. 오직 '자기 근원만을 보는 자'가 영원히 궁극의 기쁨을 누린다. —『까따 우파니샤드』

> 근원을 떠나지 말라. '100% 생각 없는 무(無) 근원'에 마음이 머물

때, 천상천하 그 어떠한 즐거움과도 비교할 수 없는 환희 그 자체, 삼매가 된다. 체험하기 전에는 아무도 그것을 모른다. —『티벳 해탈의 서』

'영원히 우리 마음을 생명의 근원에 머물게 하는 수행'을 지속할 때, 영생의 행복에 이르게 된다. '천상천하 즐거움이 끝이 없는 근원'으로 존재하는 것보다 더 행복하고 가치 있는 일은 없다. 아무리 지위가 높고 재산이 많고 명예가 있다 하더라도 그런 것은, 우리가 '근원으로 깨어있는 근원삼매' 때 행복감과 비교가 안 되는 것이다. 영원히 너는, 너의 근원을 떠나지 말라. —티베트 밀교 요가

당신이 완전한 근원 그 자체에 이르게 되면, '이 세상의 모든 명예, 쾌락, 행복'을 모두 함께 모아 쌓아 놓을지라도, 완전히 '존재의 근원'에 머무르게 되었을 때 맞이하는 법열에 미칠 수 없다. —소갈 린포체

근원삼매를 체험한 이는, 이 땅 위에서 왕이 되는 것보다, 더 나아가 우주 전체를 지배하는 천왕이 되는 것보다, 근원삼매를 성취하는 것이 행복인 것을 아느니라. 근원삼매 이상 으뜸가는 행복은 없느니라. —석가 부처님

우주 제일 행복은, 우주만유 삼라만상 무엇보다도 가장 먼저 있는 '창조근원 · 인식근원 마음'이, '결코 어떠한 생각 · 관념으로도 뒤덮이지 않고 파묻힘이 없는 중도삼매 무아삼매인 것을, 석가 부처님께서 밝히셨고, 이 밖의 인류의 스승들이 확인한 바이며, 끊임없이 후대의 인류의 스승들이 확인하고 있는 것이다.

나의 철학

레오나르도다빈치는 "인류가 발견한 발견들 가운데 가장 위대한 발견은 무(無)를 존재로 인지하는 것이다."라고 하였다.

나날이 첨단을 가고 있는 21세기 양자역학 과학은, 모든 입자들이 바로 무(無)에서 나오고 있음을 확인하고 있다.

수의 근원은 0이고, 현상의 근원은 무(無)이다.

'창조된 바 없고 생겨난 바 없이 모든 곳에 가득한 무(無, 0 · 하늘)는 '시작도 끝도, 시간도 공간도' 없는 무극으로, 결코 끊어질 수 없고 나누어질 수 없고 분리될 수 없는 하나(바다)이다.

이 '무궁무진 무한한 하늘'이, 창조된 바 없고 생겨난 바 없는 '텅 빔'으로 결코 어디에도 있지 않음이 있을 수 없는 무소부재 일신(一身)이고, 결코 무엇도 하지 않음이 있을 수 없는 무소불위 일신(一神)이다.

이 '무소부재 일신(一身) 무소불위 일신(一神)' 하늘이 신이고, 마음 에너지이다.

태극은 무극('0''1')에서 분화하여 무극이 되는 부분무극($\begin{smallmatrix}+&-\\-&+\end{smallmatrix}$, $\begin{smallmatrix}-&+\\+&-\end{smallmatrix}$)이다.

무극('0''1')은 영원히 전체이고, 바다이고, 하나이며, 태극($\begin{smallmatrix}+&-\\-&+\end{smallmatrix}$, $\begin{smallmatrix}-&+\\+&-\end{smallmatrix}$)은 무한수이다.

우주 본체는 영원히 분해될 수 없는 무극('0''1')이며, 서로 합하면 0이 되는 서로 정반대로 꼭 같은 짝 2극성($\begin{smallmatrix}+&-\\-&+\end{smallmatrix}$, $\begin{smallmatrix}-&+\\+&-\end{smallmatrix}$)으로 분화하고, 합하여 0이 되며 무극이 되는 중도(0)로, 무소부재 일신(一身) 무소불위 일신(一神)이다. 따라서 신(神, '0''1')은 중도(0)이다.

'1' (神, 텅 빈 가득한 0 · 하늘 · 마음)에서, 서로 합하면 0이 되는 서로 정반대로 꼭 같은 짝 '+와 -, 양$^+$과 음$^-$' 2극성으로 분화하고 합하여 0이 되며, '1'이 되는 중도변증법(정$^+$ ⇆ 반$^-$ ⇆ 합 0)으로, 모든 것들이 생겨나고 있기 때문에, 창조되고 생겨나는 것들은 무엇이든지 모두가 '+와 -, 양$^+$과 음$^-$, 정$^+$과 반$^-$' 양쪽 현상들이다.

이러한 '+와 -, 양$^+$과 음$^-$, 정$^+$과 반$^-$' 양쪽(2극성 2원성 상대성 인연성) 현상들은 모두가 서로 합하면 0이 되는 것들이고, 창조되고 생겨나고 변화하고 사라지는 것들이다. 따라서 창조되고 생겨나는 것들은 본래 없는 것들이다.

생멸 변화 없이 영원히, 언제나 항상 있는 것은, 오직 창조된 바 없고 생겨난 바 없이 모든 곳에 가득한 '무극 0 · 마음'이 있을 뿐이다.

천당과 지옥, 선과 악, 흑과 백, 좌와 우, 진보와 보수, 자본 권력 계급 사상 등 모든 현상은 생각이고, 생겨나고 변화하고 사라지는 무상한 것이다. 모든 나는 좌파의식이 아니고 우파의식이 아니다. 모든 나는 영원히 '창조된 바 없고 생겨난 바 없이 항상 있는 '창조근원 0 · 인식근원 0 · 중도 · 마음'이다.

창조되고 생겨나는 것보다 영원히 먼저 있는 '창조근원 · 0 · 중도의식'에는 결코 어떠한 양쪽 의식이 없고, 좌파의식과 우파우식이 없다.

인간지배자(정치가, 종교가, 점술가, 자본가, 권력 계급 경영자)들이 경영을 위하고 정치를 위하여 '좌와 우, 백과 흑, 선과 악, 천당과 지옥' 등 양쪽을 말한다고 해서, 공연히 쓸데없는 사상 생각을 일으키면서, 생각에 빠지거나 생각에 갇히지만 않는다면, 모든 나의 근본 본성인 마음(창조근원 0)은 '부자유나 불행, 지옥 고통'이 있을 수 없는 항상 청정한 순수이다. 누가 뭐라고 하든 좌와 우가 없는 '중도의식 · 순수인식'이 모든 나이고, 근본 자유이고 근본

환희이다.

우주는 신 속에서 창조되어 신 속에 있으며 신이 모든 것 속에 들어 있다.

신(神, 氣 · 마음)은 생멸변화 없는 영원한 무 형상으로 영원히 언제나 항상 있고, 창조되고 생겨나는 것들만 모양 현상이 있으며, 창조되고 생겨나는 것들만 생겨나고 변화하고 사라지고 있다.

창조되고 생겨나고 변화하고 사라지기를 끝이 없이 끊임없이 되풀이하고 있는 '원자들, 분자들, 세포들, 온갖 세균들과 동식물들, 인간들' 속에 신이 들어 있으며, '땅과 바다, 바위, 모래, 돌멩이' 속에도 신이 들어 있고, 자전 공전을 하고 있는 은하계들, 천체들 속에도 신이 들어 있다. 화산폭발, 지진, 해일, 홍수, 허리케인, 사이클론, 토네이도, 태풍, 폭우, 번개들 속에도 신이 들어 있다.

모양 형상은 모두 생겨나고 변화하고 사라지는 것들이고, 신이 모든 모양 형상을 창조하고 있으며, 신은 영원히 생겨나고 변화하고 사라질 모양 형상이 없는 영원한 무형상이다.

모든 현상은 '상하좌우 전후내외 공간'이 연기(緣起)함으로써 나타나고 있다.

'+극도 -극도, 시작도 끝도, 시간도 공간도' 없는 무극으로 '무궁무진 무한한 텅 빈 가득한 '0'(하늘)에서, 결코 어떠한 크기 작기로 무수하게 분화할지라도, '+(상) -(하) -(좌) +(우)' '+ - - + 4대칭 공간'이 $\begin{smallmatrix}+&-\\-&+\end{smallmatrix}$ 로 연기(緣起)한 0이고, '-(전) +(후) +(내) -(외)' '- + + - 4대칭 공간'이 $\begin{smallmatrix}-&+\\+&-\end{smallmatrix}$로 연기한 0이다. 그래서 허공 자체가 '남성 에너지와 여성 에너지'(남성 신과 여성 신)가 합일을 이루고 있는 신(神, 氣 · 마음)이요, 사랑이요, 에너지보존법칙이다.

마음(氣 · 神)은 생겨나고 나이 들고 춥고 배고프고 부서지고 변화하고 사라질 결코 어떠한 속성도 전무(全無)한 '텅 빈 가득한 전체'로 항상 있고, 창조되고 생겨나는 것들만 모양 형상이 있으며, 창조되고 생겨나는 것들만 생겨나고 변화하고 사라지고 있다.

마음(氣 · 神)은, 결코 어디에도 있지 않음이 있을 수 없고, 결코 무엇도 하지 않음이 있을 수 없는 '텅 빔'으로 모든 곳에 가득하며, 마음속에 모든 것이 있고, 마음이 모든 것 속에 있다.

우리들 속에 들어 있는 근본각(根本覺)이 신(神, 氣 · 마음)이다. 우리들 속에 들어 있는 신이 곧 '창조근원 0 · 인식근원 0 · 무생각 · 무의식 · 무아 · 청정심 · 마음'이고, 청정심이 무상(無上)의 자유요 무상의 환희이다.

참고문헌

『모든 생물은 섹스를 한다』(올리비아 저드슨 지음. 이나경 옮김. 홍익출판사. 2002.)

『슈리 샹카라차리야 주석의 바가바드 기따』(알라디 마하데바 사스트리 영역. 김병채 옮김. 슈리크리슈나다스아쉬람 펴냄)

『본능』(장경생 지음. 정성호 옮김. 도서출판 하림. 1996.)

『性 도인술』(만탁치아 지음. 권성희 옮김. 하남출판사. 1993.)

『性으로부터 初意識까지』(B. S. 라즈니쉬 강의. 정창수 역. 대가출판사. 1984.)

『性의 과학』(하재청 · 유태형 · 노영복 · 김병기 공저. 아카데미서적. 1992)

『性을 위하여』(브로인 도너기 지음. 황지현 옮김. 들녘미디어. 1999.)

『수행의 본질과 화두』(벽공스님 지음. 불광출판사. 2000.)

『아주 오래된 선물』(피터 켈러 지음. 홍신자 옮김. 파라북스. 2004.)

『여성백서』(백경남 발행. 2000.)

『여자』(나탈리 엔지어 지음. 이한음 옮김. 문예출판사. 2003.)

『깨달음의 향기』(원웅 저. 이화문화출판사. 2001.)

『티베트의 지혜』(소갈 린포체 지음. 오진탁 옮김. 민음사. 2000.)

『티베트 사자의 서』(백봉초 편역. 경서원. 1984.)

『불교우화』(이용법 편저. 도서출판 수희재. 2004.)

『인도의 지혜 히또빠데샤』(나리야나 지음. 이지수 옮김. 통나무. 2005.)

『정좌수도 강의』(남희근 지음. 신원봉 번역. 씨앗을 뿌리는 사람. 2003.)

『라마크리슈나』(로맹롤랑 지음. 박임 · 박종택 옮김. 정신세계사. 1988.)

『예언자』(칼린 기부란 지음. 김광섭 역. 광희문화사. 1963.)

『무탄트 메시지』(말로모건 지음. 류시화 옮김. 정신세계사. 2004.)

『평화로운 죽음 기쁜 환생』(툴쿠퇸둡 지음. 도솔 옮김. 청년사. 2007.)